환경윤리

환경윤리의 이론과 쟁점

환경윤리

환경윤리의 이론과 쟁점

지은이 • J.R. 데자르뎅
옮긴이 • 김명식
초판인쇄일 • 1999년 8월 30일
초판발행일 • 1999년 9월 5일
펴낸곳 • 자작나무
펴낸이 • 송인석
주소 • 서울시 마포구 상수동 21-1
전화 • 3142-9152~4
팩스 • 3142-9160
등록 • 서울시 제 10-713호(1992. 7. 7)
ISBN · 89-7676-824-8

값 15,000원

• 잘못된 책은 바꾸어 드립니다.

환경윤리

환경윤리의 이론과 쟁점

J.R. 데자르뎅 지음 / 김명식 옮김

자작나무

헌 사

어느 여름날 아침 시골길을 운전하고 있는데, 나의 네 살 난 아들이

"아빠, 나무는 무엇 때문에 좋은가요?"

하고 물었다. 아버지로서 소중한 순간이라고 느끼면서, 나는 부드럽게 설명했다. 나무도 살아 있는 생명체이기 때문에 꼭 다른 것을 위해 좋은 것일 필요는 없다. 하지만 나무는 많은 생명체들에게 보금자리를 마련해 주고, 우리에게 깨끗한 공기를 만들어 주고, 또 나무들은 장엄하고, 아름답기 때문에 소중하다는 이야기를 했다. 그때 아들은 다음과 같이 말했다.

"아빠, 나는 과학자이고, 아빠보다 더 많은 것을 알아요. 왜냐하면 아빠는 가장 중요한 것을 잃어버렸기 때문이죠. 나무는 거기에 올라갈 수 있기 때문에 좋아요."

나는 이 책을 쓰는 동안 다른 많은 중요한 진실을 잃어버리지 않았기를 소망해 본다.

이 책을 마이클(Michael)과 매츄(Matthew)에게 바친다.

서 문

몇 년 전 어느 겨울날 저녁, 나는 레오폴드의『A Sand County Almanac』을 다시 읽어보았다. 필라델피아의 도시 지역에서 미네소타의 농촌 지역으로 이사가고 몇 개월이 지나서였다.

농장에서 생활해 보지 않으면, 두 가지 정신적 위험이 있다. 하나는 아침식사가 마치 식료품점에서 온다고 생각할 위험이 있다는 것, 다른 하나는 난방열이 난방기에서 생긴다고 생각할 위험이 있다는 것이다. 첫번째 위험을 피하기 위해서는 식료품점이 없는 곳에서 채소밭을 가꿔 보아야 한다. 그리고 두 번째 위험을 피하기 위해서는 난방기가 없는 곳에서 떡갈나무 장작을 직접 패 쌓아 보아야 한다.

만일 대도시에서 계속 살았더라면, 이 구절은 떠오르지도 않았을 것이다. 바깥 온도는 영하 27도인데 나는 활활 타오르는 장작더미 앞에 앉았으니, 이런 생각을 하게 되는 것이다. 나는 농장을 갖고 있지 않으면, 이 두 가지의 정신적인 위험말고도 다른 위험이 있다는 것을 알게 되었다. 그것은 삶과 일을 분리시키는 것이다. 그날 저녁 나는 환경문제에 대한 강의도 도시에서 했을 때보다 나에게 개인적으로나 직업적으로나 더 큰 의미를 지니고 있다는 것을 깨달았다. 이 책은 이렇듯 나의 일과 삶을 통일시켜야겠다는 다짐에서 나온 것이다.

이 책의 기본 목표는 간단하다. 환경 관련 논쟁 배후에 놓여 있는 철학적 문제들을 명쾌하게, 체계적으로, 포괄적으로 소개하는 것이다. 21세기가 다가오면서 인류는 지구 역사상 유례 없는 환경 위기에 처하게 되었다. 인간으로 말미암아 6천 5백만 년 전 공룡시대 이후로 가장 엄청난 대량 멸종 시대를 지구의 생명체들은 맞고 있다. 매일 백 종 이상이 멸종하고 있으며 이러한 추세는 앞으로 수십 년 안에 두세 배 증가하리라는 관측도 있다. 지구 생명체의 삶의 토대인 대기, 물, 땅 등은 위험할 정도로 오염되고 파괴되고 있다. 인류의 인구는 몇 곱절씩 증가하고 있다. 1990년 55억의 인구는 십 년 안에 20%에 해당하는 10억이 증가할 것이다. 자연 자원이 파괴되고 고갈되리라는 전망은 인구문제를 더욱 어렵게 한다. 미래세대를 괴롭힐 유독 물질은 전 세계에 걸쳐 계속 축적되고 있다. 세계의 야생 지역, 삼림, 습지, 산, 초지 등은 개발되어 도로로 덮여지고, 간척되고, 불태워지고, 지나치게 뜯어 먹혀, 계속 존재할 수 없을 지경이다. 지구의 기후와 대기 또한 오존층 파괴와 온실효과로 위협받고 있다.

우리의 문화는 이런 문제들을 단순히 과학적, 기술적, 정치적 문제로만 보는 경향이 있다. 하지만 그것들은 그런 차원에 국한된 문제가 아니다. 그것들은 인간으로서 우리는 무엇을 소중하게 생각해야 하는가, 우리는 어떤 존재인가, 우리는 어떤 삶을 살아야 하는가, 자연에서 우리의 위치는 무엇인가, 우리가 추구해야 할 세계는 어떤 세계인가 등의 근본적인 물음을 제기한다. 요약하면 환경문제는 윤리학과 철학의 문제인 것이다. 이 책은 이 철학적 문제를 체계적으로 소개하려 한다.

개관

지난 일 이십 년 동안 환경문제에 대한 철학적으로 흥미롭고도 중요한 연구가 많이 나왔다. 이 책의 구조는 환경윤리와 환경철학 분야가 이 기간 동안 어떤 발전을 해 왔는지를 보여준다.

처음 두 장에서는 환경문제와 철학의 관련성을 소개하고, 전통적인 윤리이론과 원리들을 소개한다. 그 다음 3, 4장에서는 '응용윤리학'(applied ethics)의 주제들을 다룬다. 환경문제를 명료화하고 가치평가하기 위해 전통적인 철학 이론들이 응용된다. 내 생각에 환경윤리의 초기 저작의 상당 부분은 이런 응용윤리의 모델에 입각해 있다.

철학자들은 곧 전통적인 윤리와 이론들이 환경문제를 다루는 데 불충분하다는 것을 깨닫는다. 그래서 철학자들은 환경문제에 적절한 대응을 하기 위해 전통적인 개념들과 원리들을 확대한다. 다음 여러 장에서는 개별 동물, 미래세대, 나무, 기타 자연물에로 도덕적 지위를 확대하려는 시도들을 검토한다. 여기에서는 전통 이론과 원리들은 본질적으로 변화하지 않은 채 남아 있게 된다. 다만 이전 철학자들이 다루지 않았던 주제들을 포괄하기 위해 영역과 범위가 확대될 뿐이다.

최근 많은 철학자들은 단순한 확대만으로는 환경문제에 대응할 수 없다고 생각하게 된다. 그리고 전통적인 윤리이론과 원리들은 오히려 오늘날의 환경파괴를 야기한 세계관의 일부라고 보게 된다. 그들이 보기에 필요한 것은 더욱 더 급진적인 철학적 접근이고, 이것은 윤리적인 것뿐만 아니라 형이상학, 인식론, 정치적인 것에 대한 재검토를 포함한다. 이 지점에서 종전의 환경윤리학은 환경철학으로 확대된다. 끝 부분의 5개의 장에서는 급진적인 환경철학을 다룬다. 여기에는 생명중심주의, 생태중심주의, 근본생태주의, 사회생태주의, 생태여성주의가 포함된다.

제2판 서문

제2판을 통해 저자들은 자신의 오류를 시정할 기회를 갖게 된다. 보통 이 때 책을 더 두껍게 쓰고 싶다는 강한 유혹을 느낀다. 우리가 생태학에서 배우는 교훈들 중의 하나는 변화가 다 좋은 것은 아니며, 커진다고 해서 다 발전이 아니기 때문에 가급적 환경에 변화를 덜 주라는 것이다. 환경문제 배후에 깔린 철학적 문제를 명쾌하고 쉽게 소개한다는 이 책의 근본 목표는 초판이나 재판이나 마찬가지이다. 이번 판에서는 이러한 인식 하에서 덧붙일 것은 덧붙이고, 줄일 것은 줄이고 해서, 잘못을 시정하려고 노력했다.

나는 변화를 최소한도로 하려고 노력했다. 크게 달라진 부분은 도구적 가치와 목적적 가치에 관한 부분과 생태학의 모델을 소개하는 부분이다. 이 부분에서 나는 논의를 단순화시킴으로써 논의를 더욱 명료하게 하려고 노력했다. 새로 덧붙인 부분은 비용-편익분석, 지속 가능한 경제학, 사회정의, 환경정의, 환경인종주의를 소개한 부분과 그리고 도덕다원주의를 다룬 에필로그 부분이다. 다른 부분들은 새로 나온 자료를 보강하고, 문장을 고치고, 논의를 명료하게 하는 정도로 변화를 최소화했다.

학생들과 선생님들에게

이러한 교재를 쓰는 데는 두 가지 위험이 있다. 하나는 학생들이 선생님들만큼 추상적인 철학적 주제에 관심이 있을 것이라고 가정하는 것이고, 다른 하나는 환경윤리의 실천적 적합성에 치중한 나머지, 주의 깊고, 엄밀한 개념 분석의 중요성을 간과하는 것이다. 나는 이 두 가지 위험을 피하기 위해 다양하게 노력했다.

각각의 장은 한두 개의 사례에서 시작한다. 사례들은 철학적 논의를 위한 디딤돌이 될 것이다. 사례들은 현대 환경문제에서 쟁점이 되는 것이면서, 동시에 근본적인 윤리적, 철학적 문제를 제기하는 것들이다. 약간의 방향제시가 있은 후, 학생들이 환경문제에 대한 답변을 추구하는 과정에서 스스로 철학적 문제 제기의 필요성을 알았으면 좋겠다. 그리고 각 장은 일련의 탐구 문제로 끝난다. 이것은 한 장의 내용을 재검토할 기회를 제공하는 동시에 보다 나은 탐구의 토대가 될 수 있을 것이다.

두 번째 위험을 피하기 위해, 나는 철학자들이 어떻게 추리하고, 추리가 어떻게 진행되는가를 보여주는 데 부족하지 않을 만큼 충분히 철학적 논변을 진전시켰다. 물론 이 책에서 내가 이용한 1차 자료를 읽고 세밀히 검토하는 것만큼 좋은 일은 없을 것이다. 하지만 교재의 속성상 그것은 불가능했다. 너무 세세히 논의하다 보면, 학생들이 흥미를 읽고 싫증을 느낄 것이기 때문이다.

수업을 진행하면서 느낀 점은 주제를 소개하기 위해 관련 맥락을 설명하는 것과 깊이 있는 분석을 하는 것의 균형을 이루기 힘들다는 것이다. 관련 맥락에 대한 설명이 없으면, 학생들은 그것을 공부해야 필요성을 느끼지 못하고, 철학적 분석에 흥미를 잃게 된다. 반면 깊이가 없으면, 학생들은 자기가 모든 것을 다 안다고 생각하기 쉽다. 물론 맥락을 설명하다 보면 그만큼 깊이 있는 분석을 할 시간이 없어질 것이고, 철저하게 분석하다 보면 전체 윤곽을 잡는 데 어려움이 있게 된다.

이 책은 이러한 긴장 위에서 쓰여진 것이다. 나는 이 책이 관련 맥락을 설명하고, 문제제기를 해 주기 때문에, 수업시간은 선별된 주제를 보다 깊이 다루는 데 사용할 수 있지 않을까 생각해 본다. 가령 고전이나 현대의 1차 자료를 다룬다든지, 월드워치에서 나온 경험적 자료를 다룬다든지, 환경 관련 비디오를 본다든지, 시에라 클럽에서 얼스 퍼스트!에 이르는 환경운동단체의 주장을 검토한다든지 할 수 있을 것이다. 이처럼 선생님들이 나름의 수업계획을 발전시킨다 할지라도, 이 책이 학생들로 하여금 실제적인 환경문제만큼 철학적 문제에도 계속 관심을 가질 수 있을 만큼 충분한 맥락을 제공해 줄 수 있기를 희망한다.

감사의 글

나는 이 분야에서 창조적인 연구를 한 사상가들에게 많은 것을 빚지고 있다. 그들의 작업을 빠뜨리지 않으려고 했으나, 혹 빠뜨린 것이 있다면 양해해 주기 바란다.

이 책을 워드워즈 출판사를 통해 읽은 논평자들은 철저하고, 예리하고, 유용한 충고를 많이 해주었다. 특히 위스콘신 대학(메디슨 캠퍼스)의 카드(Claudia Card), 매사추세츠 대학(보스턴 캠퍼스)의 밀만(Arthur Millman), 노스 플로리다 대학의 클레인(Ellen R. Klein)에게 감사한다. 이들의 충고로 인해 이 책은 몰라보게 좋아졌지만, 물론 이 책에 잘못이 있다면, 책임은 전적으로 나에게 있다. 그리고 찰스턴 대학의 헤팅어(Ned Hettinger), 콜로라도 대학(보울더 캠퍼스)의 제미슨(Dale Jamiedon), 뉴 멕시코 대학의 리(Donald C. Lee), 아리조나 주립대학의 맥그레고(Joan L. McGregor), 세인트 올러프 대학의 텔리아페로(Charles Taliaferro)에게도 감사드린다. 이들 학자들은 이 책의 초판을 쓰는 데 사려 깊고 유용한 도움을 주었다. 또한 제2판에 충고를 해 준 텍사스 대학(오스틴 캠퍼스)의 브라우닝(Douglas Browning), 위스콘신 대학(매디슨 캠퍼스)의 카드(Claudia Card), 로체스터 기술공학연구소의 로빈슨(Wade Robinson), 크레턴 대학의 스테펜스(O. Stephens)에게도 감사드린다. 그리고 롤스톤(Holmes Rolston)과 디드리히(Ernie Diedrich)가 준 충고는 큰 도움이 되었다.

세인트 베네딕트 대학과 세인트 존스 대학의 학생들은 이 책 초기 원고를 가지고 수업을 했다. 그 수업에서 나를 포함해 모두가 학생이었고, 그들의 논평은 교수법 측면에서뿐만 아니라 본질적 측면에서 많이 도움이 되었다. 세인트 베네딕트 대학은 학장을 통해 이 책을 쓸 동안 재정적으로 후원해 주었다. 그리고 나의 연구 조교 하인즈(Heidi Heintz)는 여러 면에서 도움을 주었다. 끝으로 워드워즈 출판사 관계자들은 그들이 왜 최고의 교재 출판사에 있는지 자신의 능력을 다시 한번 입증했다. 이 책에 열광적 관심을 보여준 킹(Ken King), 그리고 나를 도와주고, 훌륭한 유머, 그리고 인내를 보여주었던 골드펠드(Tammy Goldfeld), 자비스락(Kelly Zavislak) 등에게 나는 오랫동안 빚지고 있다. 또한 제 2판에 도움을 준 아담스(Peter Adams), 글래드(Clay Glad), 맨(Angela Mann), 큐멜(Polly Kummel)이 보여준 프로 정신과 도움에 경의를 표한다.

옮긴이의 말

이 책은 세인트 베네딕트 대학 철학과 교수인 데자르뎅(Joseph R. DesJardins)이 쓴 『Environmental Ethics : An Introduction to Environmental Philosophy』를 번역한 책이다. 이 책은 1993년에 처음 출판되었고, 이 책이 원본이 된 개정판은 97년에 나왔다.

이 책은 역자에게 남다른 의미를 지닌다. 평소 역자는 우리의 생활에서 살아 숨쉬는 철학을 지향해 왔고, 이런 맥락에서 환경문제의 철학적 원인 및 처방을 다루는 환경윤리학이라는 분야에 대해 학문적 호기심을 갖고 있었다. 그래서 이 분야에 대해 그런 대로 꽤 많은 논문과 책을 읽었지만, 제대로 감을 잡지 못했다. 환경윤리가 최근에 대두된 모색 단계의 학문 분야인지라 체계적인 책이 없었던 것이다. 그러다 우연한 기회에 이 책을 접하게 되고, 환경윤리의 핵심 쟁점과 골격을 파악하게 됐다. 그 후 이 분야에 대한 연구를 계속해 박사학위까지 받았다.

그러던 중 96년 고려대에서 당시 신설된 교양강좌인 환경윤리학 수업을 맡게 되었다. 문제는 마땅한 교재가 없는 것이었다. 우리말로 된 몇몇 책이 있어 참고도서로는 활용할 수 있었지만 환경윤리 분야의 쟁점과 주요 이론을 일목요연하게 소개한 책이 없었던 것이다. 나는 궁여지책으로 이 책을 6장까지 번역, 학생들에게 나눠주면서 강의를 진행했다. 결국 수업은 복사물을 기초로 해서, 여러 환경 관련 쟁점들을 발표하고 토론하는 식으로 이루어졌다. 이 책은 토론의 기초 자료로서 자기 몫을 단단히 했고, 기회가 된다면 출판하는 것도 괜찮겠다 하는 생각을 하게 되었다.

이 책의 최고 미덕은 철학적 문제의식을 일방적으로 강요하는 것이 아니라, 사례 분석을 통해 자연스럽게 유도한다는 데에 있다. 이 책은 논의를 항상 구체적인 사례에서 시작한다. 그리고 일련의 분석작업을 통해 환경문제가 사실은 상당 부분 가치와 관련된다는 점을 보인다. 공공선과 개인의 권리, 현세대와 미래세대의 행복, 자연과 야생 동물의 가치 등 수많은 가치 관련 물음들에 대한 해명과 더불어 환경정책이 결정되어야 한다고 역설한다. 이런 면에서 이 책은 자원정책, 환경정책이 앞으로 나아가야 할 방향을 제시한다.

이 책은 크게 세 부분으로 구성되어 있다.

1, 2장은 본격적인 논의를 위한 준비 단계이다. 환경문제에 대한 윤리학적, 철학적 접근이 왜 필요한지를 설명한다. 과학은 과연 가치중립적인가 하는 고전적인 문제에서 출발해 환경과 관련한 의사결정에는 가치와 관련된 전제가 숨어 있다는 점을 잘 드러낸다.

본격적인 논의는 3, 4, 5, 6장에서 이루어진다. 캘리포니아의 한 계곡을 스키장으로 개발하려는 월트 디즈니 사와 이에 맞서는 환경보전단체의 법정 싸움을 소개하면서 환경문제를 둘러싼 정부와 기업, 시민단체의 가치관의 차이를 잘 보여준다. 또한 핵발전소 건립, 인구정책을 검토하면서 이 문제들은 우리 세대뿐만 아니라 미래세대와 관련된 문제라는 점을 보여준다. 그리고 토착종과 외래종의 갈등, 멸종 직전의 동물 보전 문제들을 다루면서 인간과 자연의 새로운 관계 정립을 모색한다. 그리고 동물실험과 동물의 비인도적 사육을 생생하게 묘사하면서 동물해방 운동의 의의와 문제점을 설명한다. 그 외에 시민불복종에서 생태테러리즘에 이르는 환경운동의 노선과 방법이라는 고도로 정치적인 문제까지 언급한다.

저자는 현대의 환경문제에 대한 철학적, 윤리학적 모색이 어떤 식으로 진행될 수 있는가를 책 전체를 통해서 보여준다. 이와 관련해 아리스토텔레스의 목적론, 아퀴나스의 자연법 이론, 로크의 소유권 이론, 칸트의 의무론, 벤담과 밀의 공리주의 등 고전적인 논의들이 현대에서 어떤 의미를 가질 수 있는가를 살펴본다. 그리고 더 나아가 오늘날 환경정책의 근간이 되는 자원경제학과 환경경제학의 접근법을 소개하고, 그것들의 철학적 전제들을 비판한다.

7, 8, 9, 19, 11장에서는 환경윤리학의 발달 과정을 소개하면서 자연스럽게 대표적인 이론들을 소개한다. 슈바이처에서 테일러에 이르는 생명중심윤리, 생태학과 진화론에서 힌트를 얻은 레오폴드와 캘리코트의 대지윤리, 오늘날 생태운동의 일가를 이루는 네스와 폭스의 근본생태주의, 그리고 문제를 사회학적 시각에서 보려는 북친의 사회생태주의, 그리고 여성의 시각에서 바라보는 생태여성주의 등에 이르기까지 환경철학의 중요 사조들을 고찰한다.

특히 3, 4, 5, 6장이 중요하다. 이 부분이 이 책의 백미라고 할 수 있다. 꼭 읽기 바란다. 이를 통해 환경문제라는 인류 최대의 과제에 직면해 철학이 어떻게 도전하고, 대응하는지를 보면서 더 이상 철학이 삶의 현실로부터 유리된 학문이 아니라는 것을 느낄 수 있을 것이다. 동시에 환경문제가 단순히 기술적 처방으로는 해결될 수 없는 삶의 근본 문제라는 점을 알 수 있을 것이다.

한 가지 아쉬운 점은 논의가 영미권에 한정되어 있다는 점이다. 최근 많은 나라의 유수한 학자들이 환경문제에 대한 관심을 표명하면서, 자신들의 이론을 발전시키고 있다. 안타깝게도 이 책에서는 이에 대한 언급이 거의 없다. 이는 비단 이 책이 저자뿐만 아니라, 현대철학이 안고 있는 한계라고 생각한다.

독자들이 편하게 읽을 수 있도록 최대한 매끄럽게 번역하려고 했다. 번역이 끝난 지금 그런 최초의 목표가 달성되었는지는 의심이 된다. 잘못된 부분이나 어색한 부분에 대해서는 독자 여러분의 선처를 바랄 뿐이다.

1999년 8월
김명식

차례

1장. 윤리학, 과학, 환경

사례 1 : 기술적 해결

1962년 카슨(Rachel Carson)의 『침묵의 봄』이 발표되면서, DDT와 기타 다른 화학 살충제의 치명적 효과에 대해 세계적인 관심이 일어났다. 이들 '죽음의 만능약(elixirs of death)'이 지속적이고도 무차별적으로 사용됨으로써 죽음과 약물중독이 '봄의 소리'를 침묵하게 했다고 카슨은 고발한다. 이 책은 화학적 오염과 환경보호에 대한 대중들의 관심을 불러일으키는 데에 심대한 영향을 끼쳤다.

해충을 통제하기 위해 화공약품이 사용된 것은 농경의 시작과 더불어 계속된 일이지만, 2차 세계대전 이후 화학살충제의 발명, 생산, 사용은 실로 엄청난 것이었다. (간단히 말하자면, 살충제는 해충, 즉 바람직하지 않은 벌레를 죽이는 약품이고, 제초제는 바람직하지 않은 식물을 죽이는 약품이고, 살균제는 바람직하지 않은 균류를 죽이는 약품이다.) 인구 증가와 그에 따른 식량 수요의 증대, 반면 농부 수의 감소는 농업 생산성을 증대할 필요성을 야기한다. 대략 곡물의 37% 정도를 먹어 치운다고 추산되는 해충으로 인한 손실을 줄이기 위해 이들 약품을 사용하는 것이다.[1)]

『침묵의 봄』이 출간되기 전까지 화학살충제에 대한 유일한 논의는 그것의 효능에 관한 것이었다. 즉 그것은 인체나 작물에 해를 미치지 않고 어떻게 해충들을 제거할 것인가 하는 문제였다. 카슨의 작품이 발표된 이후로 살충제 장기적 사용의 결과와 그것의 정치적, 윤리적 함의가 비로소 논의되기 시작된다.

언뜻 보기에 이들 살충제가 주는 이득은 명확하다. DDT 같은 살충제와 염화탄화수소는 말라리아와 티푸스, 그리고 페스트 질병을 전파하는 모기와 기타 다른 벌레들을 죽이는 데 큰 효과가 있다. 또한 살충제는 곡물 손실을 줄여 주고, 이것은 곡물 가격을

---

1) 이러한 추산은 1981년의 추산이고, David Pimental에 의한 것이다. "Is Silent Spring Behind Us?"183쪽. Gino Marco, Robert Hollingworth, William Durham 등이 편집한 Silent Spring Revisited(Washington. D.C. : American Chemical Society, 1987)에 수록되어 있다. 여기서 Pimental은 곤충이 13%, 식물 병원균이 12%, 잡초가 12%의 수확을 감소시킨다고 본다.

올리지 않고도 농부가 이득을 올리는 것을 가능하게 한다. 요약하자면, 살충제는 보건 및 농업 문제에 대한 효과적이고, 경제적이고, 기술적으로 가능한 해결책인 것이다.

그러나 여기서 다른 문제들, 즉 생태적, 정치적, 윤리적 문제들은 제기조차 되지 않았다. 살충제는 먹이사슬을 통해 다른 생명체에 어떤 영향을 미치는가? 과연 누가 위험과 안전의 기준치를 결정할 것인가? 과연 이러한 위험을 감수할 만큼 살충제는 우리에게 이득을 주는가?

『침묵의 봄』은 과학자, 기업가, 농부, 그리고 대중들의 통념에 도전하면서, 살충제 사용이 생태계에 미치는 장기적 결과에 대해 검토해야 한다고 촉구한다. 많은 화공약품들은 생태계에서 자연적으로는 분해되지 않고, 장기간 동안 그 효능을 유지하도록 만들어졌다. 예를 들어 DDT는 물에서는 용해되지 않는다. 하지만 그것은 지방에서는 용해된다. 그래서 생태계에서는 오랫동안 분해되지 않고 그 형태를 유지하지만, 생명체의 지방조직 내에서는 쌓여 농축되게 된다. 그 결과 수질에 함유된 DDT는 '생물학적 확장(biological amplification)'이라 불리는 과정을 통해 플랑크톤 같은 미생물 체내에 농축되는데, 이것은 플랑크톤을 먹고사는 작은 물고기에서는 그 정도가 심각해지며, 먹이사슬을 따라 올라가면서 그 정도는 더욱 심각해진다. 2차 세계대전 이후 수십 년 동안 살충제 사용이 급증하면서, 먹이사슬의 꼭대기에 있는 많은 새들 — 대머리 독수리, 송골매, 물수리, 펠리컨 — 은 심각한 위협을 받고 있다. 새들의 체내에 축적된 DDT의 잔류량이 늘어나면서, 이들 새들의 알 껍질에 함유된 칼슘량이 줄어들게 되고, 이로 인해 껍질이 너무 얇아 아직 부화되지 않은 새끼들을 보호할 수 없게 된다. 오늘날 PCBs(폴리염화비페닐), 수은, 납 같은 유독 물질의 이와 유사한 생물학적 확장 과정으로 인해 우리는 상당수의 많은 물고기를 먹을 수 없다.

예측하지 못한 위험은 비단 이것만이 아니다. 장기적인 견지에서 살충제는 해충으로 인한 곡물 손실을 줄이는 데 별 도움이 안 된다는 것을 보여 주는 많은 증거가 있다. 실제로 1940년대 이후로 살충제 사용은 10배 증가했지만, 곡물 손실 비율은 오히려 증가하고 있다.[2] 이것은 다음 몇 가지 요인들로 설명할 수 있다.

원래 표적으로 삼았던 해충만 골라 죽이고, 그것의 천적은 죽이지 않는 살충제는 거의 없다. 예를 들어 진디를 죽이려 했던 살충제는 진디뿐만 아니라 그것을 먹고사는 무당벌레와 사마귀까지도 죽인다. 천적이 없기 때문에 생존한 해충들은 더 빨리 번식할 수 있다. 둘째, 이렇게 번식한 생명체들은 살충제에 대한 저항력이 강해진다. 유전적 돌연변이를 통해 살충제에 대한 선천적인 저항력이 생길 수도 있다. 저항력이 약한 동종의 유기체나

---

2) 같은 글. Pimental의 글은 이 주장을 뒷받침해주는 유용한 자료들을 담고 있다.

천적이 죽어 없어졌기 때문에 자연선택과정을 통해 이들 유기체들은 더 급속히 증가할 것이다. 단기간에(많은 곤충들의 경우 하루가 한 세대이다.) 해충들은 유전적 저항력을 갖게 되고, 원래의 살충제들은 별 효능이 없게 된다. 그 결과 살충제를 살포하는 빈도와 농도가 증가하든지, 또는 새로운 화공약품이 개발되든지 할 것이다. 그리고 이러한 과정은 계속될 것이다.

물론 살충제 사용을 옹호하는 화학산업이나 농업에 종사하는 인사들은 이것은 단순히 과학적, 기술적 도전의 필요성을 의미할 뿐이라고 주장할 것이다. 하지만 인체에도 해롭지 않고, 그리고 해충과의 전쟁에서도 승리할 수 있는 그런 새로운 살충제가 개발될 수 있을까?

1.1 서론 : 왜 철학이 필요한가?

21세기가 다가오면서 인류는 지구 역사상 유례 없는 환경 위기에 처하게 되었다. 바로 인간 때문에 6천 5백만 년 전 공룡시대 이후로 가장 엄청난 대량 멸종 시대를 지구의 생명체들은 맞고 있는 것이다. 매일 백 종 이상이 멸종하고 있으며 이러한 추세는 앞으로 수십 년 안에 두세 배 증가하리라는 관측도 있다.[3] 지구 생명체의 삶의 토대인 대기, 물, 땅 등이 위험할 정도로 오염되고 파괴되고 있다. 인류의 인구는 몇 곱절씩 증가하고 있다. 1995년 거의 60억에 육박하는 인구는 앞으로 십 년 이내에 20%에 해당하는 10억이 증가할 것이다. 자연 자원이 파괴되고 고갈되리라는 전망은 인구문제를 더욱 어렵게 한다. 미래세대를 괴롭힐 유독 물질은 전 세계에 걸쳐 계속 축적되고 있다. 세계의 야생 지역, 삼림, 습지, 산, 초지 등은 개발되어 도로로 덮여지고, 간척되고, 불태워지고, 지나치게 뜯어 먹혀, 계속 존재할 수 없을 지경이다. 오존층의 파괴

3) E. Wilson은 여러 곳에서 그런 추산을 하고 있다. 예를 들어, "Threats to Biodiversity", *Scientific American* 261(1989), 108～116쪽.

와 '온실효과'가 지구온난화를 야기하리라는 관측에서 보이듯, 인간의 활동은 지구의 기후와 대기를 위협하고 있는 것이다.

이러한 현실에 절망하는 비관주의자들도 있지만, 과학과 기술이 이를 해결해 줄 것이라고 믿는 사람들도 많다. 그들은 안전하고, 효과 있고, 저렴한 살충제를 발명할 수만 있다면, 보다 효과적인 태양열 판을 개발할 수만 있다면, 지열(地熱)과 바람, 조수의 힘을 이용할 수만 있다면, 내부 연소 엔진을 개발할 수만 있다면, 냉각 융합을 할 수만 있다면, 그리고 오염을 막을 경제적 유인책을 제도적으로 만들 수 있다면 문제를 해결할 수 있다고 믿는다.

우리의 문화권에 있는 많은 사람들, 특히 정책 결정의 위치에 있는 많은 사람들은 과학과 기술공학이 환경문제를 해결할 수 있는 유일한 대안이라고 생각한다. 환경문제는 고도의 기술을 요하는 문제이기 때문에, 해답을 얻기 위해 이 분야의 전문가에 의뢰하는 것이 합당하다는 것이다. 그래서 살충제의 안전성과 효능에 대해서는 화학자들보다 더 아는 사람이 있겠냐고 반문한다. 더욱이 논쟁도 많고 여과되지 않은 감정도 많은 환경문제에 있어서, 객관적이고 사실적인 답변을 제공하는 과학은 환경문제를 해결할 수 있는 강력한 후보이다.

하지만 과학이 빠른 해결책을 제공해 줄 수 있다는 낙관적인 태도와 비관적인 태도는 사실 별로 다르지 않다. 두 가지 다 개별 시민들이 자기들의 문제를 자신들이 결정하는 것이 아니라 권위자에 맡긴다는 점에서 동일하다. 빠른 해결책을 위해서 우리는 과학과 기술에 의존하기 쉽지만, 환경위기는 과학과 기술만의 문제가 아니며 또한 기본적으로 과학과 기술의 문제도 아니다. 환경문제는 인간으로서 우리는 무엇을 소중히 여길 것인가, 우리는 과연 어떠한 존재인가, 우리는 어떠한 삶을 살아야 하는가, 자연에서 우리의 위치는 어떤 것인가, 우리는 어떤 세계에 살아야 하는가 하는 문제와 관계된다. 요약하자면, 환경문제는 윤리학과 철학의 근본 문제를 제기한다.

아테네 사회와 그 사회 안에서의 개인의 위치에 대한 소크라테스의 문제 제기를 철학의 출발점으로 본다면, 서양철학의 역사는 이천 오백 년쯤 된 것이다. 소크라테스는 "우리는 사소한 문제를 다루는 것이 아니라, 우리가 어떻게 살아야 하는가 하는 문제를 다룬다"고 말한 바 있다. 살충제 사용 문제와 같이 언뜻 보기에 별 해를 미치지 않을 것 같은 문제도 어떻게 살아야 하는가에 대한 철학적 문제와 관계 있다. 예를 들어 우리 주변의 다양한 생명체를 보전할 윤리적 책임이 있는가 하는 문제가 그것이다. 어떤 생명체를 해충으로 규정하고, 그것을 박멸하는 것에 도덕적 문제가 개입되는가? 환경 관련 논쟁 도처에서 철학적 가정이 깔려 있음을 우리는 볼 수 있다. 또한 살충제를 사용하기 전에 그 안전성이 검증되어야 하는가? 즉 입증 책임은 살충제의 유해함을 주장하는 사람에게 있는가, 아니면 그것의 무해함을 주장하는 사람에게 있는가?

윤리학적, 철학적 문제를 고려하지 않고 과학과 기술에 의존한다면 (그리고 경제학이나 법학에 의존한다면), 그것은 해결하는 만큼의 문제를 다시 야기할 것이다. 환경문제를 과학과 기술의 '전문가'에게 맡긴다고 해서, 이러한 정책 결정이 객관적이고 가치중립적임을 의미하지는 않는다. 그것은 단지 이러한 문제를 결정하는 가치들은 전문가 자신들이 갖고 있는 가치라는 것을 의미할 따름이다.

이 책은 철학적 윤리학이 건전하고 공정한 환경정책을 결정하는 데 공헌할 수 있는 여러 방법을 소개한다. 환경문제는 우리는 어떻게 살아야 하는가 하는 본질적인 문제를 제기한다. 그러한 문제는 철학적이고 윤리학적인 문제이기 때문에 철학적으로 정교하게 답변될 필요가 있다. 환경정책은 정치 영역에서 결정되어야 하지, 과학 실험실이나 기업 회의실, 정부 부서에서 결정되어서는 안 된다는 주장도 있다. 이 책의 또 하나의 목적은 시민들이 중요한 공공 정책 토론에 참여할 능력을 갖추도록 돕는 것이다. 그러기 위해서는 먼저 이러한 토론에 관계된 철학적 주제에 익숙해져야 한다.

1.2 과학과 윤리학

카슨의 책이 시사하듯이, 환경문제를 단지 몇몇 특수 분과에서 해결이 가능한 기술적인 문제로 생각하는 것은 위험한 발상이다. 환경문제는 매우 복잡한 차원의 문제여서 어떤 특정 분과의 문제로 국한되지 않기 때문이다. 예를 들어 살충제 오염 문제는 농업, 생물학, 화학, 의학, 경제학, 정치학, 법학과 관련된다. 가치의 문제와 관련되지 않은 환경문제는 거의 없다고 해도 과언이 아니다. 기술적인 단기적 해결책을 발견하려는 생각으로 환경문제에 접근하는 것은 실제 문제에 대한 협소한 이해만을 가능하게 한다. 기술적 또는 과학적 해결책들은 매우 종종 그것들이 해결한 만큼의 새로운 문제를 초래한다.

과학과 기술에 지나치게 의존하는 것이 위험한 이유는 기술이 매우 복잡하다는 사실 이외에도 과학이 많은 사람들이 가정하듯 가치중립적이 아니라는 사실에 있다. 과학의 중립성에 대한 믿음은 우리의 문화에 깊숙이 자리잡은 일종의 신화다. 그것은 지식과 진리의 문제에 관해 과학을 궁극적 판정자로 본다. '과학의 객관성 신화'는 만일 우리의 신념이 과학에 의해 정당화되지 않는다면, 그 신념은 단지 의견에 불과한 것이어서, 개인적이나, 주관적이거나, 자의적이거나, 편견에 불과하다고 본다. 환경문제를 인식하고 해결하는 데 과학은 엄청난 잠재 능력을 갖기는 하나, 과학은 그렇게 많은 사람들이 가정하듯, 순수히 객관적이지도, 가치중립적이지도 않다.

여기는 과학의 객관성 문제를 충분히 다룰 만한 지면이 아니지만, 몇 가지만 언급해 보자.

어떤 의미에서 과학적 방법은 지식에 대한 주의 깊고, 면밀하고, 엄격하고, 증거에 입각한 접근 그 이상도 그 이하도 아니다. 과학은 과학자로 하여금 가정을 최소화하고, 편견을 버리고, 결과를 검증하고, 증거에 기반해 결론을 내리도록 요구한다. 이러한 의미에서 과학적 방법에는 실제 지켜야 할 덕목이 있다. 그리고 그것은 불편부당하고 정확한 합리적 결과를 확보하기 위한 것이다. 그리고 이러한 덕목에 일치하는 정도에서, 그것의 결과물 또한 합리성을 갖췄다고 할 수 있다.

그럼에도 불구하고 이러한 방법 안에 감추어진 가정들은 과학적 탐구에 영향을 미칠 수 있다. 10장에 있는 사례에서 보이듯, 근대 과학은 물리학에서 유입된 모델에 입각해야 한다고 주장하는 사람들이 있다. 이러한 견해에 따르면, 대상을 그것의 가장 단순한 요소들(원자나 전자)로 환원해서, 그 요소들에 작용하는 힘들을 (중력이나 전자장)조사할 때, 그것을 가장 잘 이해할 수 있다. 하지만 비판자들에 따르면, 이러한 접근은 다른 분야—경제학, 사회학, 정치학—에서는 적절하지 않다. 사회를 자기 이익이라는 힘에 의해 기계적으로 추동되는 개인들의 집합으로 환원하는 것은 진실을 왜곡하는 것이다.[4] 또한 몇몇 생물학자들은 물리학의 모델은 생태계를 연구하는 데에는 특히 적절하지 않다고 주장한다. 그들이 보기에 환원주의는 생태계 내에 존재하는 복잡한 관계를 무시하거나 왜곡한다. 환원주의는 말 그대로 숲은 보지 못하고, 나무만 본다.

마찬가지로 기계론적 설명은 생태적 관계에 대한 우리의 이해를 왜곡

---

4) J. Mansbridge의 *Beyond Self-Interest* (University of Chicago Press, 1990)는 이 주제에 대한 유용한 논문모음집이다.

할 수 있다. 기계론적 설명에 따르면, 동물의 행동은 환경 조건에 의해 야기된 것이거나, 유전자의 계획에 의해 통제된 것이다. 두 가지 방식은 자연에 대한 불변적이고, 결정적이고, 기계적인 법칙에 따라 설명한다는 점에서 마찬가지이다. 하지만 이것들은 동물의 행동에 대한 왜곡된 설명이며, 동시에 지나치게 단순한 설명이라고 많은 생물학자들은 주장한다. 그들에 따르면, 아무리 단순한 생명체일지라도 자기가 환경에 의해 영향받는 만큼 환경을 변화시킬 능력이 있다. 생물학적 환경적 변화는 결정론적 법칙에 의해서도 일어나지만, 또한 그만큼 우연적으로 일어나기도 한다.[5] 그래서 기계론적 모델에 기반한 야생 관리 정책과 변화를 기본적인 상황으로 가정하는 정책은 내용과 그 시행 결과에서 판이할 것이다.

과학은 불편부당하고 객관적인 가치에 근거해야 한다는 주장에도 불구하고, 과학적 방법은 일반적으로 생각되는 만큼 그렇게 편견 없이 이루어지는 절차는 아니다.

또한 과학은 때때로 방법이나 절차가 아니라 정보 체계 또는 사실 체계로 이해된다. 확실히 사실은 객관적일 것이고, 그리고 과학이 사실을 발견했다면 과학적 지식은 객관적일 수밖에 없을 것이다. 하지만 이는 과학의 객관성 신화가 우리로 하여금 그렇게 믿도록 하는 것뿐이다.

만일 우리가 환경 위기를 해결하기 위해 과학적 정보에만 의존할 수 있다면, 얼마나 편할까? 사실들이 아무리 주의 깊고 방법론적으로 검증된 절차를 통해 확립된다고 가정할지라도, '사실들'이 모든 것을 다 말해주지는 않는다는 점을 인정할 필요가 있다. 아무리 잘 확립된 과학적 정보에 의존한다 할지라도, 그 정보는 완벽한 설명을 우리에게 줄 수

---

5) 생태학적 시각에서 행해진 기계론적 관점에 대한 비판으로는 D. Botkin의 *Discordant Harmonies* (Oxford University Press, 1990)를 참고할 수 있다.

없다. 아마 완벽한 설명을 얻는 데 가장 큰 장애물은 과학이 문제 해결 측면에서 갖고 있는 한계가 아니라 과학이 문제 제기 측면에서 갖고 있는 한계일 것이다. 환경문제를 해결하는 데 있어 과학적 답변에 의존하기 전에, 먼저 과학자들이 묻고 있는 물음이 어떠한 것인가를 알 필요가 있다.

세계적으로 인정받는 에너지 과학자인, 에머리 로빈스(Amory Lovins)는 "우리가 얻는 답은 우리가 묻는 물음에 의존한다"는 사실을 환기시킨다.[6] 로빈스는 이 점을 설명하기 위해 에너지 정책의 예를 든다. 만일 에너지 문제를 '공급(supply)'의 문제로 정의한다면, 에너지가 부족하니 새로운 에너지 자원이 필요하다는 식으로 결론 내리기 쉽다. 과학과 기술은 이 문제에 대한 많은 답변을 줄 수 있을 것이다. 과학은 자원이 실제로 고갈되었음을 입증할 수 있을 것이고, 또한 석유, 석탄, 우라늄 등의 매장량을 조사하고, 다양한 에너지원의 기술적 이익을 비교하고, 석탄과 석유, 핵에너지 발전의 효율성과 비용을 추정할 수 있을 것이다. 그래서 에너지 생산에 관한 여러 대안들에 대해 상당한 양의 과학적 데이터를 수집할 수 있을 것이다. 또한 그래서 여러 가지 대안들 중에서 한 가지 대안이(예를 들어 핵융합 증식로) 가장 합리적인 대안으로 부각될 수도 있다. 이러한 선택은 중립적이고 객관적인 과학적 사실에 기초한다고 볼 수도 있을 것이다.

하지만 에너지 문제를 '수요(demand)'의 문제로 정의한다면 이야기는 달라진다. 에너지 문제를 수요의 문제로 정의할 경우, 에너지 사용의 문제로, 또는 에너지원에 맞게 에너지 사용을 조절하는 문제로, 또는 에너지 효율에 관한 문제로, 또는 적절한 기술의 문제로 다양한 방식으로

---

6) A. Lovins, "Technology is the Answer(But What was the Question?)", G. T. Miller(편), *Environmental Science* (Worthworth, 1991), 56~57쪽.

접근하게 된다. 이렇게 접근하는 과학자는 가정용 난방, 단열재, 그리고 전기 모터나 전등, 전기기구 등의 효율성 또는 연료 절감차, 대중 교통, 태양열과 같은 주제에 초점을 맞출 가능성이 높다. 이 과정에서 나오는 정보는 앞서의 과정에서 나오는 정보만큼 객관적이고 사실적이긴 하지만, 앞서와는 다른 에너지 정책을 제시할 것이다. 공급의 측면에서 나온 '사실들'은 가성을 전기로 난방하는 것은 (그 에너지원이 다른 대안에 비해 안전하고 효율적이라 할지라도) 합리적이지 못하다고 당연히 판정할 것이다.

그래서 우리는 두 가지 사실이 존재하는 상황에 직면하게 된다. 거기에서 각각은 과학적 관점에서는 똑같이 타당하고 똑같이 객관적이나, 서로 다른 정책을 권고한다. 어떤 사실에서 보자면 새로운 핵발전소를 건설하는 것이 타당하지만, 다른 사실에서 보자면 다른 기술을 개발할 필요가 있다. 이런 상황에서는 과학적 사실만으로는 어떤 대안을 선택해야 할지 판단할 수 없다. 다음에 나는 사실로부터 가치를 도출해 내는 것과 관련된 난점을 검토할 것이다. 철학자들은 세계가 어떠한가에 대한 기술(記述)에서 세계가 어떠해야 하는가에 대한 가치결정을 이끌어 낼 수 없다는 점을 오래 전부터 인식해 왔다. 여기서는 사실 언명과 가치 언명의 차이를 인식하는 것만으로도 과학과 기술에 대한 지나친 의존을 경계하기에 충분하다.

우리는 환경과학자들이 어떤 문제를 탐구하는가를 특히 주의 깊게 살펴볼 필요가 있다. 문제가 제한된다면 당연히 답변 또한 제한될 것이기 때문이다. 그리고 그런 답변에 정책은 당연히 좌우될 것이다.

그렇다면 과학자들은 어디에서 자신들의 연구 주제를 얻어 오는가? 과학자들의 연구 주제는 대개 그들의 연구를 경제적으로 지원해 주는 사람들에 의해 주어진다. 현대에서 과학적 탐구에 드는 비용은 엄청나다. 따라서 대개의 연구 과제는 정부와 기업에 의해 지원된다. 재정 지원을 받는 프로젝트는 정부와 기업이 관심을 가진 문제를 다루는 프로젝트이다. 물론 이런 식으로 발주된 프로젝트라고 해서 항상 정부나 기업이 원하는 대답을 주지는 않는다. 하지만 그들의 원하는 대답과 완전히 다른 대답이 나올 가능성은 거의 없다.

로빈스이 든 예를 계속 들자면, 핵에너지에 대한 대부분의 정보는 미국 정부가 지원하는 연구에서 나온다. 특히 국방성은 수십 억 달러를 핵무기 개발에 투입했다. 사실 핵발전소의 표준설계도는 잠수함의 핵 반응로를 변형한 것이다. 그래서 핵에너지에 관한 우리의 지식은 그 근원을 찾자면, 다양한 맥락에서 행해진 정치적 결정의 결과물이다. (화학살충제에 대한 지식도 마찬가지다. 그것의 상당 부분은 세계 대전 중에 행해진 화학무기에 대한 연구에서 나온 것이다.)

이것은 과학적 지식이 생각했던 것보다 덜 합리적이라든가, 덜 타당하다는 것을 의미하지는 않는다. 하지만 환경 정책 결정은 이용 가능한 정보와 기술에 의존하며, 이것은 과학자들이 묻는 물음에 의존한다는 사실을 알 필요가 있다. 만일 지난 50년간 핵무기와 핵 연구에 쓰여진 그 많은 돈들을 대신 태양에너지 연구에 사용했었더라면, 우리들이 알았을 지식과 기술이 어떤 것이었을까를 상상해 보라.

설사 다른 이유가 없다 할지라도, 지적인 정직성은 과학자의 소견을 지나치게 일반화해서는 안 된다고 요구한다. 과학적 탐구 과정에 객관성과 중립성이 요구된다고 해서, 실제로 모든 과학이 객관적이고 가치중립적이라고 생각해서는 안 된다. 과학적 탐구가 불편부당하고 객관적인 방법에 의존한다고 할지라도, 그리고 그것의 결과물이 합리적이고, 진리라고 할지라도, 과학적 정보를 사용하는 실제 용도는 그렇지 않을 수 있다. 우리는 많은 환경문제들은 기술적인 문제이기 때문에 윤리적인 문제를 제기하지 않는다고 생각해서는 안 된다. 때때로 과학 주위에 맴도는 객관성의 신화는 이 점을 흐리게 할 수 있다. 환경철학의 한 가지 역할은 환경정책 안에 감추어진 가치와 관련된 가정들의 의미를 밝히는 것이다. 때때로 그것은 과학과 기술에 내재된 가치 관련 가정을 검토하는 것을 요구한다.

하지만 동시에 추상적 윤리이론이 환경문제를 해결할 수 있다고 생각하는 것도 잘못이다. 과학과 기술 등의 관련 분야를 무시하고 오직 추상적으로 행해진 철학적 윤리적 분석은 환경문제를 해결하는 데 별로 도움이 안 된다. 빠른 해결책을 위해 과학에 의존하는 것의 대안이 철학적 윤리학에 의존하는 것은 아니다.

세계를 어떻게 이해하고, 어떻게 평가하느냐는 세계에 대해 과학이 우리에게 말해 주는 것에 의해 많이 결정된다. 유일하게 진지한 대안은 환경문제를 해결하기 위해서는 과학과 윤리학 모두의 필요성을 인정하는 것이다. 다음의 오래된 철학적 격언을 채택함으로써 이러한 전망을 얻을 수 있다. "윤리학 없는 과학은 맹목이고, 과학 없는 윤리학은 공허하다." 이 책은 철학자들이 환경과학과 환경정책에 대한 그러한 견해를 제공하는 다양한 방식을 보여줄 것이다.

1.3 환경윤리학이란 무엇인가?

일반적으로 환경윤리학은 인간과 자연환경과의 도덕적 관계에 대한 체계적인 설명이다. 환경윤리학은 도덕규범이 자연 세계에 대한 인간의 행동을 지배하고, 지배할 수 있다고 가정한다. 그렇다면 환경윤리이론은 이러한 규범들이 무엇인지를 설명하고, 인간은 누구에게 과연 어떤 책임을 지고 있는지를 설명하고, 이러한 책임이 어떻게 정당화되는가를 보여야 한다.

이러한 물음과 관련해 여러 가지 답변이 가능하며, 여기서 다양한 환경이론들이 나온다. 이러한 답변들을 간단히 살펴봄으로써 이 책 내용 전체를 개괄할 수 있을 것이다.

우선 자연환경에 대한 우리의 책임은 간접적인 것이라고 보는 학자들이 있다. 예를 들어, 자원 보전의 책임은 다른 인간들에 대한 책임에서 나온다. 이러한 입장은 인간중심적 윤리(anthropocentric ethics)이라 불리는데, 이러한 입장에 따르면 오직 인간만이 도덕적 가치를 지닌다. 그래서 우리는 자연계에 관한(regarding) 책임은 있다고 할 수 있지만, 그렇다고 해서 자연계에 대한(to) 직접적 책임이 있다고 말하는 것은 잘못이다.

가령 대기오염, 수질 오염, 유독 폐기물, 살충제의 남용과 같은 초기의 환경운동의 많은 쟁점들은 바로 이러한 인간중심적 윤리에서 제기되는 문제들이다. 살충제에 오염된 식품과 식수는 인간의 복지에 대한 직접적인 위협이다. 그래서 인간중심적 환경윤리는 기존의 표준적인 윤리적 원리를 그대로 새로운 사회문제에 적용한다. 3장에서 이러한 접근방법의 실례를 볼 수 있을 것이다.

인간중심적 윤리는 미래세대의 인간을 도덕적 책임의 대상으로 간주함으로써 확장될 수 있다. 이러한 접근은 여전히 인간중심적이다. 왜냐하면 오직 인간만을 도덕적으로 가치 있는 존재로 간주하고, 다만 그 책임을 아직 존재하지 않는 인간들로 확대하기 때문이다. 초기 환경운동에서 다뤄진 문제들, 예를 들어 자원보호, 핵폐기물 처리 같은 문제들은 바로 이러한 윤리적 관점에서 제기된 것이다.

반면 인간 이외의 다른 자연적 존재에 대한 직접적 책임이 있다고 주장하는 철학자들도 있다. '탈인간중심적 윤리(nonanthropocentric ethics)'라고 불리는 이 입장은 동물과 식물 같은 자연물에도 도덕적 지위를 부여한다. 이러한 접근방식에 따르면, 현재의 표준적인 윤리적 원리를 수정하고, 확대할 필요가 있다. 동물에 대한 윤리적 대우, 멸종 위기의 동식물 종에 대한 논쟁은 탈인간중심적 윤리와 관련해 잘 알려진 주제들이다. 5장에서 7장까지의 내용이 탈인간중심적 윤리에서 제기하는 문제들을 다루는 내용이다.

한편 개별 생명체—예를 들면, 얼룩올빼미, 레드우드 나무—에서 종, 군집, 생태계에로 관심의 초점을 바꿈으로써 환경윤리는 또 다른 발전을 한다. '전체주의 윤리(Holistic ethics)'라 불리는 이 입장에 따르면, 우리는 개체가 아니라, 개체들의 집합, 또는 관계에 대한 도덕적 책임을 갖는다. 예를 들어, 전체주의 환경윤리는 개체수가 많아 멸종 위기에 처하지 않은 개별 동물에 대해서는 선택적 사냥을 허용한다. 생태학에서 많은 영향을 받은 전체주의는 개체주의 윤리에서보다 더 중대한 철학적 도전을 감행한다. 예를 들어, 살아 있거나, 고통을 느낄 수 있거나, 의식을 갖고 있는 등의 도덕적 지위에 대한 표준은 개체에는 적용되겠지만, 집합에는 적용되지 않는다. 8장에서 11장까지 전체주의적, 탈인간중심적 윤리를 다루게 되는데, 여기서 철학자들이 이러한 도전에 어떻게 대처하는지를 볼 수 있을 것이다. 그리고 이 부분을 읽으면서 환경윤리의 문제는 윤리학의 영역을 넘어, 인식론, 형이상학, 정치철학의 영역에서 논의될 필요가 있다는 점을 알 수 있을 것이다.

1.4 요약 및 결론

지금까지 이 책에서 다룰 전반적인 사항을 간략히 살펴보았다. 이 책의 주요 목표는 환경 관련 논의에서 철학자들이 공헌한 부분들을 소개하는 것이다. 이것은 또한 환경과학자와 정책 결정자들이 참고해야 할 철학적 비전을 제시하는 것이기도 한다. 하지만 여기에는 현대 환경 위기에 직면하여 철학적 윤리학 자신이 어떻게 도전 받고 있고, 어떻게 확대되고 있는가에 대한 설명이 포함된다. 우리는 전통적인 철학의 이론들이 환경문제를 해결하는 데 불충분하다고 주장하는 철학자들을 목격하게 될 것이다. 그래서 이 책은 철학적 윤리학을 완성된 형태가 아니라, 계속 진행중인 지적인 활동으로 소개할 것이다. 여기서 학생들은 소극적인 관찰자가 아니라 적극적인 참여자가 되기를 바란다.

생각해 봅시다

1. 화학살충제의 안전성을 평가할 때, 위험 허용치를 누가 결정해야 하는가? 위험(risk)은 과학적 사실의 문제인가, 아니면 가치의 문제인가? 문제를 가치의 문제로 만드는 것은 무엇인가?
2. '자연적(natural)'과 '자연(nature)'이란 개념의 다양한 용법에 대해 알아보자. 여기에는 혹시 어떠한 가치가 함축되어 있지 않은가? '자연적'인 것은 모두 좋은 것인가? 인간의 본성(nature)이라고 다 좋은 것인가? 인간에 있어서 '자연적'인 것, 즉 본성에 해당하는 것은 무엇이고, 본성이 아닌 것은 무엇인가?
3. 훌륭한(good) 과학과 그렇지 않은 과학의 차이는 무엇인가? 우리는 과학은 가치중립적이어야 한다는 소리를 종종 듣는다. 이것은 맞는 말인가? 과학적 활동이라고 불리는 것에는 어떤 가치가 숨어 있지 않는가?
4. 윤리학의 추론과 과학의 추론은 어떻게 다른가? 과학자들은 과학에서 논쟁이 되는 주장을 평가할 때 어떻게 평가하는가? 또 우리들은 논쟁이 되는 윤리적 주장을 평가할 때 어떻게 평가하는가?
5. 신념이나 언명을 객관적인 것으로 만드는 것은 무엇인가? 객관적 언명과 주관적 언명을 비교해 보자. 예를 들어 나무에 대한 언명은 객관적인가? 어떤 것이 주관적인 것인가?

2장. 윤리이론과 환경

사례 2 : 개인의 권리와 사회적 선

미국에서 중요한 환경 관련 법률은 상당수 1970년대에 입법화된 것이다. 1970년 대기정화법(1977년 개정), 1972년 연방수질관리법(1977년 청정수질관리법으로 개정), 1973년 멸종생물보호법은 환경문제에 대한 국민적 합의의 일부이다. 이 법들은 민주당 의원들에 의해 입법화되었고, 공화당 출신의 대통령에 의해 조인되었다.

이 법들은 환경문제에 대한 접근방식에서 같다고 할 수 있다. 이들 법률들이 입법화되기 전에까지만 해도 오직 환경오염으로 인해 피해를 입었다는 것을 입증할 수 있었던 사람들만이 법적인 문제를 재기할 수 있었다. 입증 책임은 피해자에게 있었고, 그것도 기껏해야 사후에야 보상을 받을 수 있었다. 이런 보상 방법 이외에 오염을 방지할 장치는 없었다. 멸종 위기에 처한 종의 경우 어떤 법률적 지위도 가질 수 없었기 때문에, 식물과 동물에게 가해질 피해를 방지할 어떤 장치도 없었다.

1970년대 제정된 법으로 인해 입증 책임은 피해자에서 가해자에게로 옮겨졌다. 정부의 각 부처는 오염이나 멸종과 관련, 그것을 사후에 보상하는 방식보다는 그것을 미연에 방지하는 규제 기준을 마련했다. 이들 법률들은 반드시 지켜야 할 도덕적인 최소사항이라고 할 수 있다. 대기와 수질의 질을 관리하기 위한 최소한의 기준인 셈이다. 민간부문과 정부, 그리고 상업적 활동은 이것을 지킨 다음에야 가능했다.

최근 비판자들은 현재의 환경규제가 지나친 것이라고 주장해 왔다. 이들은 자연은 소중하기는 하지만, 어디까지나 인간을 위한 자산이라는 점에서 자연의 '현명한 이용(wise use)'을 주장하는 운동[1]을 지지하는 사람들이다. 이들은 정부는 어디까지나 개인들의 이익갈등을 중재해 주는 최소한의 역할에 머물러야 한다는 인식 아래 개인의 재산권을 보장해 주는 권리입법(taking legislation)을 주장하고 있다. 그들은 그 근거로 "공공용도라 할지라도 적절한 보상 없이는 개인의 사유재산권을 침해해서는 안 된다"는 미 헌법 수정 5조의 조항을 들고 있다. 이들 비판의 초점은 두 가지이다. 환경 관련법들은

1) 역주: 이것에 대한 본격적인 논의는 3장에서 이루어진다.

규제가 미칠 결과를 무시해 국민들에게 과도한 경제적 부담을 초래하고 있다는 것, 그리고 개인의 소유권을 침해하고 있다는 것이다.

비판자들은 환경 관련법이 개인과 사업체에게 너무 값비싼 것이라고 지적한다. 이들에 따르면, 현재의 환경 규제는 값비싼 오염방지기술을 요구하고, 경제 개발을 금지하며, 토지 사용을 제한한다. 그들에 따르면, 환경규제로 인한 전체 사회편익이 과연 그 비용을 감당할 만큼 가치가 있는 것인가에 대해서 따져 보아야 한다. 그들은 자원 이용과 관련해 국민들이 서로 다른 용도로 자원을 이용하기 위해 서로 경쟁하고 있다는 사실을 정부는 인정해야 한다고 주장한다. 그들에 따르면, 야생과 종의 보전은 농업, 목축, 광산채굴, 석유채취, 레크리에이션, 개발 등과 함께 토지 이용의 단지 한 가지 목표일 뿐이다. 토지는 공공의 목표를 최대한 만족하는 방식에서 '현명하게' 이용되어야 한다. 환경정책의 목표는 공공의 이익을 극대화하고, 공공의 부담을 최소화하는 것이어야 한다.

더욱이 이들 비판자들에 따르면, 현재의 환경 관련 규제들은 개인의 권리를 침해한다. 정부는 시민들의 권리를 보호할 책임이 있으며, 권리를 보호할 수 없을 때에는 권리를 침해당한 사람들에게 적절한 보상을 해주어야 한다. 최근 여러 개의 주와 의회는 정부 규제로 인한 개인의 재산 손실에 보상을 강제하는 법안을 심의하기 시작했다. 예를 들어, 농부가 농경지를 확장하기 위해 습지를 메우는 것을 금지 당했다면, 정부는 그 손실분을 보상해 주어야 한다. 또한 주택건설을 통해 이윤을 얻으려는 주택 사업자의 계획이 그곳이 멸종 생물의 서식처라는 이유에서 거부당했다면, 마찬가지로 정부는 그 손실분을 보상해 주어야 한다. 이런 입법을 주장하는 사람들에 따르면, 정부의 행위로 말미암아 응당 누릴 권리가 침해되었다면, 정의와 공정성에 의거해 정부는 그 손실을 마땅히 보상해 주어야 한다.

이제 더 이상 미국에서는 핵발전소가 건설되고 있지 않다. 1979년 쓰리 마일 섬 사고 이후 핵발전소가 건설된 적은 없다. 대중들의 강한 반대, 그리고 핵폐기물에 대한 관심으로 말미암아 핵발전소 건설비용이 상승했고, 이는 핵발전소 건설에 커다란 장애가 되었다. 지금까지의 핵발전소 건설 및 허가 과정, 그리고 위치 선정 과정을 살펴보면, 일상적인 윤리적인 의사결정이 어떤 방식으로 일어나고 있는지를 알 수 있다.

전력회사가 핵발전소 건설 허가를 받기 위해서는 먼저 더 많은 전력이 필요하다는 것을 정부당국에 증명해야 한다. 이는 일반적으로 더 많은 전력에 대한 소비자들의 수요가 있음을 보이는 것인데, 여기에는 사회적 필요(social need)와 소비자들의 수요(consumer demand)가 같다는 가정이 함축되어 있다.

두 번째 단계는 석탄이나 석유보다 원자력이 수요를 만족시키는 더 유용한 수단임을 보이는 것이다. 이것은 일반적으로 비용편익분석을 통해 이루어진다. 다른 대안과 비교해 비용편익분석이 이루어지고, 원자력이 석유나 석탄보다 비용 면에서 더 효과적임을 보인다면, 회사는 이 두 번째 조건을 만족시키는 데 성공한 것이다.

세 번째 단계는 여러 정부기관과 협의 하에 발전소의 부지를 선정하는 것이다. 여러 대안이 제안되고, 비용-편익분석에 따라 이 대안들 중에서 결정하게 된다. 이 과정은 다음과 같이 이뤄진다.

우선 전력 소비 수요의 진원지인 인구 밀집 지역으로부터 어느 정도 떨어진 농촌 지역이 후보지로 떠오른다. 거리가 멀 경우 전송 과정에서 오는 전력 손실이 발생할 뿐만 아니라 전압선을 가설하고 유지하는 비용도 더 든다. 그러나 토지 및 임금, 원자재의 가격에서는 약간 유리하다. 그리고 만의 하나 사고라도 발생할 경우, 인구 밀접 지역에 건설하는 것보다는 더 적은 수의 사람이 위험에 처할 것이다.

반면 대도시 지역에 발전소를 건설할 경우 전송 비용도 줄어들 것이고, 효율 또한 증가할 것이다. 하지만 임금, 땅, 원자재의 가격은 더 높을 것이고, 또한 사고가 발생할 경우 매우 많은 사람들이 위험에 처할 것이다. 전국에 산재한 핵발전소의 현재 위치를 살펴보는 것이 정부와 기업이 어떤 방식으로 정책 결정을 하는지를 가장 잘 아는 방법일 것이다.

2.1 서론

환경 관련 논쟁의 배후에는 권리, 공정성, 정의, 공리 등 윤리적인 개념이 자리잡고 있다. 따라서 이런 논쟁들을 이해하기 위해서는 철학적 윤리학에서 주로 하는 분석작업이 필요하다. 전 역사를 통해서 철학자들은 윤리적 삶에 대한 포괄적이고, 체계적인 설명을 계속적으로 시도해 왔다. 윤리이론의 목표는 윤리적 행위를 설명하고, 평가하고, 지도하는 기초를 제공하는 것이다. 이번 장에서는 윤리이론과 환경문제의 연관성에 대해서 논의할 것이고, 앞으로 다루는 것과 관계된 중요한 몇 가지 점을 간략히 설명하려고 한다.

'윤리(ethics)'란 말은 관습을 의미하는 그리스어 'ethos'에서 나왔다.

이러한 의미에서 윤리는 관습적 행동의 지침이 되는 일반적인 신념, 태도, 표준을 가리킨다. 어떤 사회이든 자기 나름의 신념, 태도, 표준을 갖는다는 의미에서 자기 나름의 고유한 윤리를 갖는다고 할 수 있다. 그리스 철학 때부터 철학적 윤리학은 관습적인 것을 옳은 것으로 받아들이는 것을 거부했다. 철학의 분과로서 윤리학은 기존 관습에 대한 합리적인 비판작업을 수행해 왔다. 그런 의미에서 평생에 걸쳐 그리스 사회의 규범에 대해 비판적 작업을 수행한 소크라테스에서 서양철학이 시작되었다는 말은 맞는 말이다.

이러한 비판적 작업은 일상경험으로부터 우리 자신을 추상화하는 두 단계의 분리시키기와 관련된다(여기서 철학은 '너무 추상적'이라는 일반적인 느낌이 나올지도 모른다). 우리는 일상적, 관습적인 경험에 대한 일정한 신념과 태도, 가치를 갖는다. 철학은 이러한 경험으로부터 한 발짝 물러서 이것에 대해 비판적으로 검토해 볼 것을 요구한다. 즉 우리는 왜 지금 우리가 믿고 있는 것을 믿는 것인가? 혹 우리의 태도를 바꿔야 하는 것은 아닐까? 우리의 가치관은 정당화될 수 있을까? 추상화의 첫번째 단계에서 관습적 행위는 가치와 관련된 기준에 관련해 검토된다. 일상적 경험과 철학적 추상의 차이는 바로 현재 행해지는 것과 우리가 행해야 하는 것의 차이라고 할 수 있다.

윤리 연구에서 중요한 것 중의 하나는 어떤 문제를 윤리적인 문제로 규정하는 것과 관련된다. 일상적 경험 안에 있는 윤리적 문제를 인식하기 위해서는 한 발짝 뒤로 물러서, 그것을 검토할 필요가 있다. 예를 들어, "대지윤리"라는 고전적인 논문에서[2], 알도 레오폴드(Aldo Leopold)는 트로이전쟁에서 돌아온 오디세우스의 이야기를 인용한다. 오디세우스는

---

2) A. Leopold, *A Sand County Almanac with Essays on Conservation from Round River* 237~264쪽, (Oxford University Press, 1949).

잘못을 저지른 것으로 생각되는 12명의 노예를 교수형에 처했다. 그 당시 노예는 재산으로 여겨졌기 때문에, 그리스인들은 노예를 죽이는 행위가 윤리적으로 잘못된 것이라고 생각하지 않았다. 레오폴드는 땅과 인간과의 관계로 윤리학이 확대되어야 한다고 주장하면서, 이것을 예로 사용했다. 오디세우스가 죄 없는 노예를 죽이는 것이 도덕적으로 잘못된 것인지를 지각하지 못했던 것처럼, 우리는 땅을 마구잡이로 파괴하면서 그러한 사실을 지각하지 못한다. 레오폴드 주장의 핵심은 윤리적 주제를 인식하기 위해서는 때때로 지적인 작업을 할 필요가 있다는 것이다. 레오폴드와 카슨 같은 작가들이 행한 중요한 공헌 중의 하나는 그 전에는 관습적인 신념, 태도, 가치로 인해 미처 알지 못했지만, 그것들이 실제로는 윤리적, 철학적인 주제라는 점을 우리에게 인식시켜 주었다는 데에 있다.

우리 자신이 갖고 있는 윤리적, 환경적 의식의 한계를 발견하는 것이 다음 장들에서 다루는 주제이다. 이러한 한계로 말미암아 윤리학에서 요구되는 주의 깊은 사고를 하지 못했다. 이런 한계를 인식하게 되면, 우리는 때때로 좌절감을 느끼게 되는데, 이러한 좌절감이 윤리학에서 요구되는 주의 깊은 사고를 하지 못하도록 막는다. 많은 환경문제들의 근저에는 세계를 이해하는 서로 다른 관점이 있다. 기본 가치관이 흔들리는 것만큼 우리를 좌절시키는 것도 없다. 그러나 오디세우스와 마찬가지로 우리 자신도 윤리적으로 무지할 수 있다는 가능성을 열어 놓을 필요가 있다. 철학적 윤리학의 기본 과제 중 하나는 우리의 이해를 넓히고, 우리의 관점과 의식을 변화시켜, 일반적인 사고방식이 갖고 있는 한계를 탈피하도록 도와주는 것이다.

윤리적 판단을 하고, 충고를 하고, 윤리적 평가를 하는 것은 규범 윤리학(normative ethics)에 속한다. 이것은 첫번째 추상화 단계로 윤리학에서 우리에게 가장 익숙한 윤리적 추리 유형이기도 하다. 규범 판단은 일정방향으로 행위 하도록 우리에게 촉구한다. 가령 "살충제 사용을 줄여야 한다", "공장들은 대기와 강에 오염물질을 방류해서는 안 된다", "멸종 위기에 처한 종을 보호해야 한다.", "거주지 근처에는 핵발전소를 건설해서는 안 된다" 등이 그러한 예이다. 규범 판단은 때로는 명확하게, 때로는 은연중에 윤리적 규범과 표준에 의존한다.

환경문제의 쟁점 중에 많은 것들이 규범윤리학과 관련된 논쟁이다. 핵발전소는 위험하니 건설해서는 안 된다고 주장하는 사람들이 있는가 하면, 그 반대로 우리의 생활수준을 유지하기 위해서는 건설할 필요가 있다고 주장하는 사람도 있다. 양쪽 모두 나름의 구체적인 증거를 제시하고, 또 나름의 기준과 근거를 제시한다. 윤리학을 공부하면서 겪는 좌절 중의 하나는 윤리적 토론은 너무 자주 이러한 수준에 머물러, 결론을 내지 못하고 서로 의견이 다른 상태에서 종결된다는 것이다.

하지만 규범윤리학의 수준에 머물러서는 안 된다. 논쟁을 해결하려면 구체적인 의견의 불일치로부터 한 걸음 물러나 추상화 작업을 통해 갈등의 근저에 놓인 상충하는 가치와 근거를 검토하는 것이 필요하다. 이러한 추상적인 사고 수준으로 이동하는 것이 규범윤리학에서 철학적 윤리학으로 이동하는 것이다.

윤리적 추리의 두 번째 단계는 철학적 윤리학(philosophical ethics)이다. 철학적 윤리학은 더욱 일반적이고 추상적인데, 여기에서는 규범 판단의 지지 근거들이 분석되고 평가된다. 일반적 개념과 원리, 이론의 수준에서 규범적 주장을 옹호하고 설명하려면 철학적 윤리학에 의존할 수밖에 없다. 여기가 철학자들이 가장 익숙한 수준이고, 공헌할 부분도 많다. 규범 판단을 지지하거나 비판하는 근거들을 평가하고, 그것과 관계된 개념들을 분석하는 것이 철학적 윤리학인 것이다. 따라서 환경윤리학은 철학 및 환경분야에 동시에 관계된 규범 판단들을 체계적으로 연구하고 평가하는 학문으로, 철학의 한 분과에 속한다.

여기서 말하는 '윤리이론(ethical theory)'이라는 것은 윤리에 대한 기술적, 규범적 접근에서 제기되는 철학적 문제를 체계적으로 해명하려는 시도를 지칭한다. 이러한 철학적 문제들은 개인 차원에서도 제기되지만, 사회 또는 공공정책 차원에서도 제기된다. 가령, "나는 무엇을 해야 할 것인가?", "나는 어떤 사람이 되어야 하는가?", "나는 어떤 것을 소중한 것으로 평가해야 하는가?", "나는 어떻게 살아야 하는가?" 등은 개인 차원의 도덕적 문제이지만, "어떤 사회가 최선의 사회인가?", "집단으로서 우리는 어떤 정책을 추구해야 하는가?", "개인의 복지를 증진하고 보호하기 위해서는 어떤 사회제도와 사회 관행이 바람직한가?", "개인들이 서로 다른 견해를 가졌을 때 어떻게 의사결정을 해야 하는가?" 등은 사회철학 또는 공공정책의 문제이다. 서양철학이 시작된 이래, 철학자들은 개인 차원의 도덕적 문제뿐만 아니라, 그리고 사회 차원의 도덕적 문제들을 다루어 왔다. 따라서 넓은 의미에서 윤리이론은 도덕적, 정치적, 경제적, 법적, 사회적 문제에 대한 철학적 분석을 포함한다.[3)]

2.2 왜 윤리이론인가?

1장에서 우리는 환경문제와 관련해 윤리학 연구의 필요성을 일반적

---

3) 환경윤리에서 윤리이론의 역할에 대한 표준적인 견해에 대한 비판으로는 K. Sayre의 "An Alternative View of Environmental Ethics", *Environmental Ethics* 13 (1991) 195~213쪽을 참고할 것. 세이어는 여기서 이른바 윤리이론을 현실에 그대로 적용하는 '추론적 견해'에 대해 반론을 펴고 있는데, 이것은 '응용윤리'적 접근에 내가 반대하는 것과 같다. 이 책에서 나는 '추론적-응용적' 접근이 환경문제를 해결하는 데 적절한 방식이 아니라는 점을 보일 것이다.

인 견지에서 살펴보았다. 여기서는 윤리 '이론(theory)' 연구의 필요성에 대해 이야기하겠다. 환경윤리를 연구하는 데 윤리이론이 필요한 이유는 다음의 네 가지이다.

우선 윤리적 문제를 이해하고 논의하려면 공통의 언어가 필요한데, 윤리이론이 이를 제공해 주기 때문이다. 환경윤리의 특징은 그것이 심각한, 다양한 논쟁에 휩싸여 있다는 것이다. 이러한 논쟁을 검토하고 해결하려면, 무엇보다 논쟁을 완벽하고, 정확하게 이해해야만 한다. 윤리학의 기본 개념이자 기본 범주라고 할 수 있는 '권리', '책임', '공리', '공동선' 등과 이 개념들간의 상호관계는 우리의 이해와 대화를 가능하게 하는 토대가 된다. 윤리이론은 논쟁에 함축되어 있는 공동의 믿음과 가치를 명확히 해 주고 체계화한다. 철학적 윤리학의 개념들을 배움으로써 우리는 이해, 가치평가, 의사소통을 더 잘 할 수 있다. 또한 그럼으로써 환경과 관련된 논의에 참여할 수 있는 능력을 갖게 된다. 철학적 윤리학은 합리적인 대화에 필요한 공동의 언어를 구축하는 데 이바지한다.

둘째, 윤리이론은 우리의 전통에서 중요한 역할을 해 왔기 때문에 우리 대부분의 사고 방식 안에 이미 내재해 있다. 윤리이론을 배움으로써 우리는 우리 자신의 사고방식 안에 존재하는 여러 유형들과 가정들에 대해 더 잘 알 수 있다. 그래서 우리 자신의 견해를 보다 분명히 알 수 있고, 더 잘 옹호할 수 있다. 또한 우리 자신의 사고방식을 비판적으로 바라볼 수 있는 철학적 능력을 가질 수 있다. 그래서 여러 사고 유형의 의미를 밝힘으로써 윤리적 주제를 윤리적 주제로 인식할 수 있는 능력도 생기게 된다.

셋째, 윤리이론의 전통적인 역할 중의 하나는 지침과 평가를 제공하는 것이다. 우리는 윤리이론을 개별상황에 적용해 필요한 지침을 얻을 수 있다. 그리고 윤리학의 오랜 역사를 살펴봄으로써 상황을 분석하고,

지침을 얻는 데 필요한 합리적인 기초를 확보할 수 있다. 환경문제를 고찰할 때, 윤리학이라는 기존의 분석도구를 사용함으로써 매번 번거롭게 '나름의 분석도구를 창조할 필요가 없다면' 이 또한 큰 도움이 되는 것이다. 주지하듯이 윤리 문제에 대한 표준적인 사고 방식이 있으며, 그 중 상당수는 표준적인 윤리이론과 일치한다. 철학자들은 표준적인 이론들을 가지고 오랫동안 사고해 왔고, 그래서 이러한 이론들의 약점과 강점을 밝혀 놓았기 때문에, 이론들은 앞으로의 논의에 필요한 중요한 자산이다.

끝으로, 우리가 윤리이론에 이미 익숙해져 있다는 사실이 매우 중요하다. 왜냐하면 윤리이론들은 표준적인 사고방식과 결부되어, 환경문제를 야기한 주요 원인이라는 지적이 가능하기 때문이다. 여기서 환경윤리의 연구는 때때로 철학자들이 신봉해 왔던 기존의 윤리이론에 대한 도전을 의미한다. 즉 윤리이론 자체가 문제점을 갖고 있으며, 우리를 잘못 이끌고 있다는 지적이 가능하다. 그래서 환경윤리를 공부하는 것에는 기존의 윤리이론에 대한 철학적 검토가 포함된다. 그래서 환경윤리는 기존의 윤리이론에서 도움을 받기도 하지만, 동시에 새로운 자극을 줌으로써 윤리이론의 발전에 공헌하기도 한다.

2.3 윤리적 상대주의

전통적인 윤리이론을 검토하기 전에, 철학적 윤리학에 대한 매우 일반적인 반론을 먼저 다룰 필요가 있다. 어떤 사람들은 윤리적 가치와 윤리적 판단은 결국 개인적인 의견이나 감정의 문제이기 때문에 윤리학을 공부하는 것이 불필요하다고 말한다. 윤리적 논쟁에 대한 객관적이고 합리적인 답변이 불가능하다는 것이다. '윤리적 상대주의', 또는 '윤리적 회의주의'라고 불리는 이 입장은 "도대체 네가 뭔데 옳다 그르다 말하느냐?"는 말속에 잘 나타난다.

윤리적 상대주의는 객관적인 윤리적 판단의 가능성을 부정하는 입장이다. 상대주의자들은 윤리적인 판단은 개인의 감정, 문화, 종교 등에 관계된다고 주장한다. 따라서 객관적, 보편적이고, 진실로 윤리적인 판단은 존재하지 않는다고 말한다. "그것은 단지 의견의 문제이며", 따라서 환경과 관련된 논쟁의 '정답'이나 '참된 답'을 발견하려고 노력하는 것은 시간 낭비라는 것이다.

윤리학을 가르치는 선생 입장에서 상대주의만큼 곤혹스러운 비판은 없다. 그것은 그러한 입장에 대해 철학적인 반론을 펼 수 없기 때문에 그런 것은 아니다. 오히려 그것은 학생들에게 주의 깊고 계몽된 사고 기술을 가르치는 선생의 가장 중요한 목표를 상대주의는 위협하기 때문이다. 매우 종종 주의 깊은 추리가 요구되는 시점, 즉 윤리적 논쟁의 절정기에 상대주의적 반론이 제기되곤 한다. 많은 사람들은 주의 깊은 철학적 추론의 결과가 아니라, 좌절과 지적 게으름의 결과로 상대주의에 호감을 느낀다. 논쟁이 절정기에 들어서, 주의 깊고, 합리적인 분석을 요구하는 바로 그 순간, 상대주의자들은 어깨를 으쓱거리면서, "네가 뭔데, 옳다 그르다 말하느냐?"고 토론을 끝내 버린다.

이 말에 대해서는 "나는 보통 사람이지만, 누구나 옳고 그름을 판단할 논거를 제시할 수 있는 것 아니냐"고 말하면 될 것이다. 이 장에서는 윤리적 판단과 관련해 좋은 논거들이 제시될 수 있다는 것을 보일 것이다. 철학적 윤리학을 한다는 것은 다름이 아니라 윤리적 논쟁을 통해 추리라는 힘든 작업을 하는 것이다. 이 책은 이 힘든 작업에 여러분들을 초대하는 것이다.

물론 윤리적 상대주의를 거부할 몇 가지 이유가 있다. 첫째, 사람들이 윤리적 문제에 대해 의견의 일치를 보지 못한다는 것과 객관적 판단이 불가능하다는 것을 혼동해서는 안 된다. 서로 다른 문화권에 있거나, 서로 다른 배경에 있는 사람들은 많은 것에 대해 의견이 다르다. 그러나 두 개의 문화가 서로 다른 신념을 갖고 있다는 사실로부터 정답이 불가능하다고 결론짓는 것은 잘못이다. 예를 들어, 지구는 평평하고 우주의 중심이라고 믿는 사람이 있을 수 있다. 그러나 그렇다고 해서 이러한 신념을 평가할 객관적인 표준이 있을 수 없다고 주장할 이유는 없다. 마찬가지로 문화들이 가치와 관련해 서로 다른 견해를 갖고 있다는 해서 어떤 정답도 불가능하다고 결론 내리는 것은 잘못이다. 지구가 평평하다고 믿는다고 해서 지구가 평평해지는 것은 아니다. 마찬가지로 살인하는 것이 옳다고 믿는다고 해서 살인이 옳은 일이 되지는 않는다.

하지만 윤리적 추론에 대해 너무 많은 것을 기대해서는 안 된다. 이 책에서 다루는 논쟁들 중 도덕적으로 확실하게 해결될 수 있는 것들은 거의 없다. 만일 윤리학이 확실한 결론을 낼 수 없다면, 객관적인 결론도 불가능한 것이 아니냐고 생각하기 쉽다. 그러나 수학이나 다른 분야에서 적용되는 증거 기준은 윤리학에는 맞지 않는다. 의학, 생태학, 기상학 같은 과학이 자신들의 판단들이 의심의 여지없는 확실한 판단이라는 것을 증명하지 않으면서도 합리적이고, 객관적인 판단을 제공하는 것처럼 윤리학도 수학에서 발견되는 것과는 다른 추리의 표준을 갖고 있다.

끝으로, 상대주의가 함의하는 바를 지적해야 할 것 같다. 일관된 상대주의자라면 우정, 사랑, 자유, 민주주의를 찬양하고, 증오, 살인, 노예제, 토탈리즘을 비난할 객관적인 토대가 없다고 말해야 한다. 또한 상대주의자는 히틀러를 비난하고, 테레사를 칭찬할 객관적인 토대가 없다는 결론을 받아들여야만 할 것이다. 일관된 상대주의자가 되기 위해서는 윤리와 관계된 합리적 설득과 대화가 불가능하다라는 점을 인정해야만 한다. 물론 윤리적 상대주의자인 양 말하는 사람들도 있지만, 자신의 삶을 일관된 상대주의자로 사는 것은 거의 불가능하다. 아마도 이러한 실천적 모순이 상대주의에 대한 가장 강력한 비판이 될 것이다.

2.4 자연법 : 목적론적 전통

환경윤리와 관계된 가장 오래된 윤리학적 전통은 자연법 또는 목적론적 전통이다. 이러한 전통과 관계된 윤리적 견해는 아리스토텔레스(B. C 4세기)와 아퀴나스(A. D 13세기)에서 그 기원을 찾을 수 있다.

오늘날과는 달리 아리스토텔레스에 있어서는 윤리학과 과학이 그리 명확하게 구분되지 않았다. 또한 아리스토텔레스는 생물학을 가장 중요한 학문으로 본 반면, 20세기에서는 수학과 물리학이 가장 지배적인 학문이다. 아리스토텔레스가 속한 윤리적 전통이 환경문제와 관계 있는 이유 중의 하나는 생물학과 윤리학을 매우 흥미롭게 결합시켰기 때문이다.

아리스토텔레스에 있어서 뭔가를 제대로 이해한다는 것은 그것이 왜 그렇게 되었는가 하는 원인들(causes)을 이해하는 것이다. 과학은 있는 것을 단지 기술하는 것이 아니라, 왜 그것이 그런지를 설명하는 것이다. 이를 위해서는 아리스토텔레스가 4원인이라고 부른 것을 설명해야 한다. 4원인에는 질료(material), 형상(formal), 작용(efficient), 목적(final) 인이 있다.

대상의 질료인을 설명하는 것은 그 대상이 무엇으로 만들어졌는가, 즉 그것의 재료를 설명하는 것이다. 형상인은 그 질료가 어떻게 조직되고 구성되었는가를, 그래서 그것이 같은 질료로 만들어진 다른 대상과 어떻게 다른지를 설명하는 것이다. 그래서 예를 들면, 나무와 탁자는 목재라는 동일한 재료로 구성되지만, 형태는 다르다. 작용인은 어떤 것이 어떻게 해서 그렇게 되었는가를 설명하는 것이다. 예를 들어, 목수는 나무를 탁자가 되게끔 한 작용인이다. 끝으로 목적인은 대상의 목적 또는 특징적인 활동을 설명하는 것이다. 탁자의 목적인은 우리가 거기에 앉아서 식사를 하기 위한 것이다.

아리스토텔레스적 의미에서 과학은 사물의 목적인, 즉 사물 특유의 본질적인 기능을 알기 전까지는 그것을 완전히 안 것이 아니라는 점에서 근대의 과학과 다르다. 그는 모든 것은 본성적(natural)이고, 다른 것과 구별되는 특유의(distinctive) 활동을 한다고 믿었다. 사물이 행하는 본연의 활동(때때로 그것은 의도, 기능, 또는 목적이라고 불려지는데)이 그것의 목적(telos)이라고 당시의 그리스인들은 믿었다. 그래서 아리스토텔레스의 과학과 윤리학은 종종 목적론적(teleological)인 것으로 규정된다. 아리스토텔레스에 따르면, 대상의 본성적 기능 또는 활동을 이해할 때만이 그 대상을 제대로 이해한 것이다.

다음의 예가 이해에 도움이 될 것이다. 가령 심장을 과학적으로 설명하려고 한다고 가정해 보자. 아리스토텔레스의 입장에서는 심장 특유의 활동을 이해하기 전까지는 심장을 제대로 이해한 것이 아니다. 심장에 대한 목적론적 설명은 "심장의 본질적인 활동은 무엇인가?"에 대해 설명하는 것이다. 즉 "다른 신체 기관과는 달리 그것이 행하는 기능은 무엇인가?"를 설명하는 것이다. 심장이 순환기에서 담당하는 역할을 이해하면, 심장을 제대로 이해한 셈이 된다. 그래서 목적론적 설명은 심장을 몸 전체에 피를 펌프질하는 기관으로 설명한다.

하지만 이와는 달리 근대적인 설명은 심장을 그것의 구성 물질에 의해 설명한다. 예를 들어, 근육 섬유질, 세포 등으로 설명한다. 그래서 대상을 그것의 단순한 요소로 환원시켜, 그것을 그것이게끔 하는(형상인)

물리적이고, 기계적이고, 화학적인 작용들(작용인)을 탐구한다.[4)]

아리스토텔레스는 자연물을 두 가지 유형으로 구분하는데, 그것은 살아 있는 것과 그렇지 않은 것이다. 생명체의 특징적인 활동이 '생명의 원리'라고 할 수 있는데, 이는 혼(psyche)으로 불리고, 이후에 영혼(soul)으로 번역된다. 그래서 어떤 것이 살아 있다고 말하는 것은 그것이 영혼을 갖고 있다는 것을 의미한다. 그 다음 아리스토텔레스는 생명의 기본적 활동을 세 가지 힘으로, 즉 영양(nutrition), 감각(sensation), 사고(thinking)로 설명한다. 단지 영양적 영혼만을 갖는 생명체가 있는 반면, 영양적 영혼 이외에 식욕 또는 감각적 영혼을 갖는 생명체도 있고, 이 세 가지 영혼을 다 갖고 있는 생명체도 있다. 식물은 단지 영양적 영혼만을 갖는다. 이것은 식물은 단지 영양, 성장, 재생산의 능력만을 갖는다는 것을 의미한다. 반면 동물은 영양 이외에도 식욕의 능력을 갖는다. 이것은 동물이 감각과 욕구, 운동의 능력을 보유한다는 것을 의미한다. 마지막으로 인간은 영양과 식욕 이외에 사고의 능력을 보유한다.

매우 간략히 설명했지만, 오늘날과 달리 아리스토텔레스에 있어서는 과학적 사실과 윤리적 가치의 차이가 명확하지 않았다는 것을 알 수 있다. 예를 들어, 심장의 활동을 알게 된다면, 훌륭한(good) 심장이 무엇인지를 알 수 있다. 훌륭한 심장은 규칙적이고, 안정적이고, 연속적으로 피를 신체의 각 부분으로 순환시키는 심장이고, 그러한 일을 오랜 기간 잘 수행하는 심장일 것이다. 즉 훌륭한 심장은 자기 본연의 활동을 잘 수행하는 심장이다.

아리스토텔레스는 목적론적인 틀이 인간을 포함해 모든 자연물에 적

4) 4원인에 대한 아리스토텔레스의 설명에 대해서는, 그의 『자연학』 2권 3장을 참고할 것. 그리고 환경과학에서 기계론적 모델의 남용에 대한 비판으로는 Botkin의 *Discordant Harmonies*를 참고할 것.

용될 수 있다고 생각했다. 모든 사물은 본성적인 활동 또는 기능을 갖고 있고, 그것을 잘 수행할 때, 즉 자신의 잠재능력을 잘 실현할 때, 훌륭한 것이 된다.

일반적인 의미에서 살아 있는 모든 것은 자기 고유의 선(good)을 갖고 있다고 말할 수 있다. 살아 있는 모든 것에 있어서 선은 자신의 본성적 활동을 잘 수행하는 것이다. 그래서 식물의 선은 성장과 재생산에 필요한 영양적 기능을 수행하는 것이고, 동물의 선은 이것 이외에 자신의 욕구를 달성하고 식욕을 충족시키는 것이다. 인간에 있어서 선은 생각하고 숙고하는 삶을 사는 것이다.

목적론적 체계는 13세기에 토마스 아퀴나스(Thomas Aquinas)의 저작에서 더욱 발전된다. 그리고 목적론이 서양 사상에 최대의 영향을 미친 것도 바로 아퀴나스의 저작을 통해서였다.

아퀴나스는 아리스토텔레스의 과학과 윤리학을 기독교 신학과 결합시켰다. 그는 아리스토텔레스의 과학적이고 윤리적인 목적론을 자연에서 신의 계획이 작용하는 증거로 해석했다. 그에 따르면, 모든 자연물은 신의 계획과 의도에서 비롯된 것이다. 신은 궁극적 선이고, 자연에서 발견되는 의도는 신의 의도이기 때문에, 자연의 질서는 곧 도덕적 질서이다. 자연은 일정한 목적을 갖고 있으며, 자연에서 나타나는 자연의 조화는 신의 계획이 선함을 입증한다. 개인에 있어서, 자신의 자연적 잠재력을 실현하는 것이 – 자신의 잠재력은 자연의 나머지 부분과 조화로운 것으로 가정되는데 – 윤리적 행위의 최고 형태이다.

환경에 대한 현대의 논의에서 나타나는 몇 가지 주제는 이러한 윤리적 전통을 연상하게 한다. 자연생태계는 그 자체로 질서 있고, 조화롭다고 주장하는 생태학자들이 있다. 그들에 따르면, 생태계의 모든 부분들, 특히 모든 생명체들은 전체 구조에서 자신의 독특한 위치를 갖고 있다.

각각은 자기 나름의 방식에서 자연의 질서에 이바지한다. 자연 그대로의 자연이 좋다. 그런데 인간이 자연질서에 간섭해 자연물의 가치를 인간의 목적에 이바지하는 수단으로 평가할 때, 생태문제가 발생한다.

모든 생명체는 자기 나름의 선을 가지고 있다는 점을 근거로 해서 생명체의 윤리적 지위를 확보하려는 환경론자들도 있다.(나중에 생명중심윤리를 다룰 때, 이러한 견해가 나온다.) 아리스토텔레스적인 세계에서는 식물보다는 동물이, 동물보다는 인간이 더 높은 도덕적 위계질서를 갖긴 하지만, 그럼에도 불구하고 그것은 모든 생명체는 자기 나름의 선을 갖는다는 점은 인정한다. 그래서 모든 생명체는 인간의 이익 및 용도와는 무관하게 고유의 선을 갖는다.

하지만 반론이 제기되면서, 이 전통은 기반부터 흔들린다. 첫번째 반론은 모든 자연물이 일정한, 고유의 목적을 갖는다는 것을 부정한다. 물론 몇몇 대상들이 일정한 의도 또는 기능을 갖는다는 것은 사실인 것 같다. 가령 의자나 컴퓨터와 같은 인위적인 구성물들은 명확히 그러하다. 심장, 엽록소 등과 같은 자연계의 '부분(part)'들 또한 자기 나름의 기능을 갖는 것으로 보인다. 이들 부분들은 자기들이 속한 '전체'(예를 들면, 인간이나 식물)가 잘 굴러가는 데 이바지한다는 의미에서 나름의 목적을 갖고 있다. 하지만 이들 전체가 목적을 갖고 있는지는 불투명하다. 예를 들어 인간의 목적은 무엇인가? 현대의 철학자들과 과학자들은 자연의 의도나 계획을 가정하지 않고서도 자연물을 완전히 이해하고 설명할 수 있다고 생각한다. (매우 흥미로운 사실이지만, 생태계의 구성원들에게 그들 나름의 기능을 부여하는 것에 대해서 별 거부감이 없는 생태학자들도 있다)

두 번째 반론은 '어떤 것이 자연적(natural)이다'라는 사실에서 '그것이 좋다'는 결론이 나올 수는 없다는 것이다. 이와 유사한 것이 이미 1

장에서 과학과 가치의 문제를 다룰 때 언급된 바가 있다. 예를 들면, 죽음이나 질병, 자연재해 등, 자연적 사건들 중에는 바람직하지 않은 것도 있기 때문에 어떤 것이 좋다는 것을 보이려면 '자연'에 호소하는 것 이상의 이유가 필요하다. 그런데 자연법적 전통을 통해서 제시된 대답들은 대개 신의 계획에 의존하는 것들이다. 하지만 신에 의존하는 것은 적어도 철학적 토론에서는 적절하지 않다. 왜냐하면 그것은 단지 신이라는 창조자를 믿는 사람에게만 설득력이 있기 때문이다. 다른 종교적인 전통에 있거나, 신을 믿지 않는 사람에게 이것은 전혀 합리적인 근거가 되지 못한다.

끝으로 근대의 진화론은 자연법에 대해 중요하고도, 아마도 극복할 수 없는 반론을 제기한다. '자연 선택(natural selection)'이라는 개념은 텔로스나 의도에 의존하지 않고서도 자연에서 발견되는 기본 구도를 잘 설명해 준다. 자연에서 발견되는 질서는 신의 계획에서 비롯된 것이 아니라 환경에 적응하려는 종들의 활동이고, 이는 특히 자연 선택과 임의적인 변이과정을 통해서 나타난 것이다. 예를 들어 자연법을 옹호하는 사람은 기린의 긴 목을 높은 곳에 있는 음식물에 도달하기 위한 것으로 설명할 것이다. 반면 자연선택을 옹호하는 사람은 기린이 나무 높이 달린 잎사귀를 먹기 위해서 긴 목을 발전시킨 것이 아니라, 긴 목을 갖고 있었기 때문에 나무 잎사귀에 닿을 수 있었고, 그래서 다른 생명체와 경쟁하는 환경에 더 잘 적응할 수 있었으며, 그래서 지금까지 생존할 수 있었다고 설명할 것이다. 긴 목은 그 자체 임의적인 진화과정의 결과이다. 그래서 의도와 관계된 목적론의 개념은 물리학의 기계론적인 단어로 환원될 수 있다. 이러한 견해에 따르면, 우리가 오늘날 보는 자연은 수억 년의 임의적인 진화과정의 산물일 뿐이다. 자연은 선도 아니고, 또한 악도 아니다. 자연은 그저 자연일 따름이다.

따라서 자연법 전통은 자연과 윤리학의 관계에 대하여 생각할 수 있는 틀을 제공하긴 하지만, 철학적 관점에서 볼 때 반론의 여지가 있다. 비록 간략하게 검토하긴 했지만, 이것은 이러한 전통으로부터 현대 환경문제에 적용되는 여러 견해를 평가하는 데 도움이 될 것이다.

2.5 공리주의 전통

환경윤리를 연구하는 데 도움이 되는 두 번째 윤리적 전통은 공리주의다. 공리주의에 대한 고전적 언급은 19세기의 제레미 벤담(Jeremy Bentham)과 존 스튜어트 밀(John Stuart Mill)의 저작에서 찾을 수 있다. 공리주의는 오늘날에도 매우 영향력 있는 이론이다.[5] 공리주의적 사고는 특히 경제학과 공공정책, 그리고 정부규제에서 영향력이 있다. 따라서 공리주의는 오늘날 환경정책에서도 중요한 역할을 하고 있다.

일반적으로 공리주의는 '전체 선을 극대화'하거나 또는 '최대다수의 최대선'을 산출할 것을 요구한다. 공리주의 이론은 따라서 두 가지 요소로 이루어졌다. 과연 선이 무엇이냐 하는 것과 그러한 선을 산출하기 위해서는 어떠한 행위와 정책을 선택해야 하는가 이다. 공리주의에서는 행위의 '결과'가 중요하며, 결과에 의하여 행위의 윤리적 의미를 판단한다. 좋은 결과를 산출하는 행위는 윤리적으로 옳은 행위이고, 그렇지 않은 행위는 윤리적으로 그릇된 행위이다.

그래서 모든 행위와 결정은 그것의 공리(utility)에 의해, 즉 얼마나 좋은 결과를 낳는가 하는 유용성에 의해 판단된다. 공리주의자들은 가치

---

5) 공리주의에 대한 고전적 저작으로는 벤담의 『도덕과 입법의 원리 서설』, 그리고 존 스튜어트 밀의 『공리주의』를 참고할 것. 그리고 공리주의에 대한 현대적인 옹호로는 J.J.C. Smart와 B. Williams의 *Utilitarianism For and Against* (Cambridge Univ Press, 1973)를 참고할 것.

의 두 가지 기본 유형을 구분한다. 그 자체로 좋은 것과 그 자체로 좋은 것과의 관계로 말미암아 좋은 것이 그것이다. 그래서 때때로 가치는 목적적(intrinsic) 가치와 도구적(instrumental) 가치로 구분된다. 공리주의자들은 목적적 가치(예를 들어, 쾌락 또는 행복)가 존재한다고 주장하면서, 다른 모든 것의 가치와 행위를 그것들이 이러한 목적적 가치를 달성하는 데 얼마나 유용한 수단인가에 의해 판단한다.

따라서 공리주의자가 반드시 해결해야 하는 과제는 다른 모든 가치의 기초로 기능할 수 있는 선(good)에 대해 설명하는 것이다. 만일 그러한 선이 가능하다면, 그것은 객관적인 선(구체적 맥락과 무관하기 때문에)이면서 동시에 보편적인 선(항상 모든 사람에게 적용되기 때문에)이다. 선을 무엇으로 보느냐에 따라 공리주의도 여러 가지로 구분된다.

공리주의의 다음 두 가지 유형이 중요하다. 한 가지 유형은 '쾌락', 또는 '고통의 부재'를 그 자체로 가치 있는 유일한 선이라고 간주한다. 쾌락과 고통의 부재는 보편적으로 욕구되며, 쾌락을 거부하고 고통을 원하는 사람은 아마도 불합리한 사람으로 간주될 것이다. 따라서 쾌락은 객관적이고 보편적인 선의 강력한 후보가 된다. 이러한 견해를 쾌락주의적 (hedonistic) 공리주의라고 한다.

공리주의의 두 번째 유형은 욕구의 충족에서 발생하는 행복을 선으로 본다. 이러한 견해에 따르면, 자기가 원하는 것이, 즉 자신의 욕구가 충족될 때 행복하다. 가능한 한 많은 사람이 가능한 한 많은 행복을 느끼는 세계야말로 윤리적으로 최선의 세계일 것이다. 현대에서 이러한 견해를 옹호하는 사람들은 각 개인들이야말로 자기의 욕구를 가장 잘 선택하고 욕구들의 우선 순위를 가장 잘 매긴다는 가정을 부가함으로써 현대적 맥락에 맞게 이론을 구성한다. 이것은 때때로 선호(preference)공리주의라고 불려지는데, 이러한 견해는 가능한 한 많은 개인의 선호를 충족시킬 것을 요구한다. 다음 장에서 살펴보겠지만, 이러한 윤리이론은 자유시장의 경제이론과 밀접히 관련되고, 또한 환경정책에서 중요한 함의를 갖는다.

공리주의에 대해서 많은 반론이 제기되었는데, 이중 몇 가지를 미리 살펴보자. 우선 '측정(measurement)' 문제와 관련해 반론이 제기된다. 공리주의는 기본적으로 측정 및 비교와 관련된다. '전체 선을 극대화하라'는 구절이나 '최대다수의 최대행복'이라는 구절은 필연적으로 측정하고 비교하고, 양화하는 것을 필요로 한다. 하지만 기본적으로 질적인 것을 양적인 척도로 표현하려 할 때에는 어려움이 발생한다. 목적적 가치라는 것이 그리 쉽게 계산되거나 측정되거나, 비교될 수 있는 것은 아니기 때문이다.

여기서 중요한 철학적 문제가 몇 가지 발생한다. 우선 쾌락과 행복, 욕구 등과 같은 것은 양화될 가능성이 없다는 지적이 있다. 과연 모든 쾌락과 욕구가 질적으로 동일한 것이라고 가정할 수 있을까? 모든 쾌락들이 다 동일한 결과를 산출할까? 예를 들어, 깨끗한 공기로 숨 쉴 때 얻는 쾌락과 흡연으로 인한 쾌락을 같다고 할 수 있을까? 만일 그렇지 않다면, 어떻게 그것들의 차이를 측정할 수 있을까? 도대체 어떤 기준으로 측정할 것인가? 선호공리주의는 선호의 만족을 그 기준으로 제시한다. 욕구(desire)와 달리 선호는 '서수적 순위(rank-ordered)'를 갖기 때문에 선호공리주의는 부분적으로 이 문제를 극복한다고 할 수 있다. 예를 들어, 나는 일도 원하고, 휴가도 원하지만, 아무래도 일보다는 휴가를 더 선호한다. 하지만 이러한 방법으로 한 개인이 가진 욕구들을 비교하는 문제는 해결할 수 있는지는 몰라도, 서로 다른 개인들의 욕구가 상충할 때의 비교기준은 제시하지 못한다.

여기에서 두 번째 문제가 발생한다. 선은 양화하기 어렵기 때문에, 공리주의자들은 양화할 수 있는 것을 선으로 간주하는 경향이 있다. 예를 들어, 건강이 보건 정책의 목표라고 가정하자. 갖가지 정책이 건강에 미치는 결과를 어떻게 비교하고 측정할 것인가? 실제로 건강은 수명기대치와 유아 사망률, 상해율, 1인당 보건의료비지출 등의 양화 가능한 것으로 쉽게 대치되는 경향이 있다. 하지만 그러한 것들은 건강에 대해 뭔가 말해 주긴 하지만, 건강 자체는 아니다. 더욱이 실생활에서 우리는 건강이라는 기본목표를 잊어버리고, 양화 가능한 요소들을 최종목표로 생각하기 쉽다. 선을 가장 쉽게 양화시킬 수 있는 대치물이 바로 돈이라는 점을 감안한다면, 이것은 중대한 문제를 야기한다.

비판자들은 환경문제를 비용편익분석에 의해 다룰 때 이런 문제가 발생한다고 주장한다. 정책입안자들은 건강 자체의 가치를 측정할 수 없다는 이유에서, 대신 그것을 건강과 관계된 다양한 경제 요인들로 측정하고, 건강에 드는 비용과 오염원을 제거하는 드는 비용을 비교한 다음, 비용이 적게 드는 방향으로 정책 결정을 한다.

또 한 가지 중요한 문제는 누가 고려 대상에 포함되어야 하는가이다. 이론상 공리주의는 행위와 관계된 모든 행복과 쾌락을 계산해야 한다. 하지만 실제 상황에서 모든 것을 다 계산하는 것은 불가능하다. 행위가 미치는 모든 결과를 다 알 수는 없기 때문이다. 그래서 공리주의자들은 직접적인 이해 당사자들에게 미칠 것으로 예상되는 결과만을 고려하는 경향이 있다. 그래서 예를 들어, 다른 나라 사람들이나 미래세대에 미치는 영향과 동물(동물도 쾌락과 고통을 느낄 수 있다)에게 미치는 영향은 무시되는 경향이 있다. 이것은 환경문제와 관련해 중요한 함의를 갖는다.

지금까지 제시된 반론들에 대해서는 공리주의 원리의 적용 방법을 조정함으로써 나름대로 대응할 수도 있을 것이다. 하지만 이외에도 다른 비판들이 있는데, 그것들은 공리주의 이론 자체를 문제삼으며, 공리주의의 부분적인 개혁이 아니라 완전 폐기를 주장한다. 우선 공리주의적 판단이 갖고 있는 '잠정적(provisional)' 성격이 문제가 된다. 공리주의에 따르면, 어떤 행위도 그 자체로 옳거나 그르지 않다. 행위의 윤리적 위상은 행위 그 자체가 아닌 다른 것, 즉 행위가 미치는 결과에 의해 결정된다. 따라서 옳고 그름은 항상 맥락에 의존하며, 행위자의 통제 능력밖에 있다. 이것은 중요한 문제점을 내포한다. 즉 결과는 나쁘지만 윤리적으로 올바른 행위가 있을 수 있기 때문이다. 또한 결과는 좋지만 윤리적 원리에 비추어 보면 그릇된 행위도 있을 수 있다. 공리주의는 그런 경우를 설명할 수 없기 때문에 불완전할 수밖에 없다고 비판자들은 주장한다.

이 점을 설명하기 위해서 다음의 두 가지 예를 살펴보자. 내가 친구를 배신해야만 좋은 결과가 나오는 상황이 있다고 가정해 보자. 또한 친구는 내가 배신했다는 사실을 결코 알 수 없다고 가정해 보자. 그런 가상적 상황에서는 친구를 배신하는 것이 공리주의 입장에서 보면 합당할 것이다. 하지만 비판자들은 친구를 배신하는 것은 중요한 윤리적 원리(친구를 배신하지 마라)를 어기는 것이고, 설사 결과가 나쁘다 할지라도 친구를 배신해서는 안 된다고 주장할 것이다.

유명한 환경 쟁점으로부터 또 하나의 예가 나올 수 있다. 최근 몇 년 동안 환경론자들은 태평양 연안 북서부 지역의 오래된 삼림을 벌목하는 것을 반대해 왔다. 벌목은 멸종 위기에 처한 얼룩올빼미의 서식지를 파괴하기 때문이다. 벌목이 계속될 경우 얼룩올빼미는 멸종될 것이다. 하지만 벌목사업은 사회에 상당한 이득을 준다. 올빼미가 인간에게 주는 효용도 없고, 또한 인간사회에 이바지하는 것도 없다고 가정할 경우, 공리주의적 관점에서는 벌목을 허용해야 할 것이다. 하지만 환경론자들은 종을 멸종시키는 것이 설사 사회적으로 유익하다 할지라도, 그것은 원리적으로 그르다고 주장한다.

이번 장을 시작하면서 표준적인 윤리이론이 우리의 사고방식 속에 이미 스며들어 있다는 이유에서 윤리이론을 연구할 필요가 있다는 점을 언급했었다. 이것은 특히 공리주의에 정확히 해당되는 이야기이다. 공리주의는 북미나 서유럽에서 많은 공공정책 결정의 기준이 되는 윤리이론이라고 할 수 있다. 환경문제는 빈번하게 공리주의적 방식으로 결정된다. 대기정화법, 청정수질보전법, 멸종생물보호법 등과 관련된 최근의 일련의 논의가 그렇고, 핵발전소 건설과 얼룩올빼미 보호에 관한 정책 결정도 그렇다. 비록 짧긴 하지만, 지금까지의 논의가 공리주의적 추리방식을 이해하고, 이 공공철학이 갖고 있는 힘과 위험을 인식하는 데 도움이 되기를 희망한다.

2.6 의무론 : 의무와 권리의 윤리학

우리가 마지막으로 고려할 윤리적 전통은 '결과'가 아니라 '원리'(principle)에 의거해 행위 할 것을 강조한다. 이러한 견해에서 윤리학의 중심 개념은 의무와 권리이다.(이러한 접근은 의무론(deontology)이라고 불려지는데, 이는 그리스어에서 그 기원을 갖는다.) 이러한 견해에 대한 고전적인 철학적 옹호는 18세기 독일의 철학자, 임마누엘 칸트(Immanuel Kant)의 저작에서 발견된다.[6]

공리주의에 대한 중요한 반론 하나를 고려해 보자. 그것은 공리주의는 우리가 통제할 수 없는 영역에 행위의 옳고 그름을 맡긴다는 것이다. 즉 행위의 옳고 그름은 결과에 의해 판정되는데, 그런데 문제는 우리는 행위의 모든 결과를 예측할 수도, 통제할 수도 없다는 것이다. 결국 공리주의는 인간이 통제할 수 없는 것에 대해 책임을 묻는다는 주장이 가

6) 윤리학에 대한 칸트의 견해는 그의 『도덕 형이상학의 기초』를 참고할 것.

능하다. 이것은 '당위는 가능을 함축한다'는 명제를 위반한 것이다.

칸트의 윤리학은 우리가 통제할 수 있는 것에 대해서만 책임을 묻는다. 칸트가 주장했듯이, 윤리학에서 중요한 것은 '원리'(칸트는 이를 '준칙'이라고 불렀는데)이다.

원리는 행위의 동기를 의미한다. 인간이 본능이나 조건에 의해 행위하는 존재가 아니라 이성적 존재라고 본다면, 인간은 행위를 자유롭게 선택하는 존재이기 때문에, 책임을 물을 수 있다. 그래서 칸트가 인간을 윤리적인 존재라고 주장한 것은 바로 이러한 이유에서이다. 도덕적 존재로서 인간의 위상은 인간이 자유롭고 이성적인 존재라는 인간의 본성에서 도출된다.

그러나 어떻게 어떤 동기는 윤리적으로 타당하고, 어떤 동기는 비윤리적이라고 결정할 수 있는가? 칸트는 행위의 근거가 되는 원리나 준칙이 이성적일 때, 윤리적으로 행위 하는 것이라고 주장한다. 다른 분야에서의 이성 개념과 마찬가지로, 윤리학에서의 이성적인 원리는 자기뿐만 아니라 다른 모든 행위자들에 의해서도 받아들여질 수 있고, 그래서 다른 모든 행위자들에게도 구속력이 있어야 한다. 즉 이성적인 원리는 '정언적(categorical)'이고 '보편적(universal)'이어야 한다. 칸트가 '정언명법'이라고 부른 근본적인 윤리적 의무는 모든 이성적 존재에 의하여 받아들여질 수 있는 방식으로 행위 하는 것이다.

근본적인 윤리적 의무는 다양한 방식으로 표현될 수 있다. 또한 정언명법은 우리가 인간을 목적으로 대해야지, 결코 수단으로 대해서는 안 된다는 것, 즉 주체로서 대해야지, 대상으로 대해서는 안 된다는 것을 요구한다. 그래서 우리는 인간을 이성적이고 자율적인 존재로서 대우할 의무가 있다. 우리는 인간을 우리의 목적을 위한 단순한 수단으로 대우해서는 안 된다. 인간은 자기 나름의 목적과 의도를 갖은 주체이며, 따라서 스스로 자기 나름대로 판단할 능력이 있는 존재로 존중되어야 한다.

그래서 정언명법은 우리의 기본적인 윤리적 의무를 확립한다. 인간을 목적으로 대우해야 하지, 결코 수단이나 대상으로 대우해서는 안 된다는 것이다. 하지만 다른 사람들 또한 우리를 그런 방식으로 대우할 의무가 있기 때문에, 정언명법은 또한 우리들 자신의 기본적인 윤리적 권리(rights)를 규정한다. 다른 모든 사람들과 같이 우리는 목적으로 대우받을 권리를 지닌다. 우리는 우리 나름의 목표와 의도를 갖은 자유롭고 이성적인 존재로서 대우받을 권리가 있다. 우리는 다른 사람을 우리의 목적을 위한 수단으로 간주하지 않는 한에 있어서, 우리의 목표를 추구할 권리가 있다. 이러한 이유에서 의무론의 전통은 다른 사람을 존중할 의무와, 그리고 평등권과 자유권에 우선적인 가치를 부여한다. 이러한 기본권과 의무는 자유롭고 이성적인 행위를 할 수 있는 우리의 능력으로부터 나온다.

권리와 의무와 대한 이러한 논의는 공리주의의 주요 결점을 인식할 수 있는 길을 열어 준다. 공리주의는 결과에 중점을 두면서, 도덕적 원리가 윤리적 결단에서 차지하는 중요한 역할을 무시한다. 칸트에 따르면, 원리에 따라 행위 하는 것은 정언명법에 일치하여 행위 하는 것이다. 예를 들어, '정의의 원리'는 다른 사람에 대한 의무를 충실히 이행할 것을, 즉 다른 사람의 권리를 존중할 것을 요구한다. 반면 공리주의는 전체적인 결과가 좋을 경우에만 의무를 수행하고, 다른 사람의 권리를 존중할 것을 요구한다. 칸트가 주장하듯이, 이것은 공리주의가 부정의를 내포한다는 사실을 보여주는 좋은 예가 될 것이다.

이와 같이 권리는 사회적 공리에 우선한다.[7] 만일 내가 어떤 선에 대

---

7) 이러한 견해를 철저하게 피력한 책으로는 Ronald Dworkin의 *Taking Rights Seriously*(Cambridge, Mass : Harvard University Press, 1977).

한 권리를 갖고 있다면(또는 어떤 해로부터 보호받을 권리를 갖고 있다면), 나에게서 이런 선을 박탈하는 것은(또는 가해로부터 나를 보호해 주지 않는 것은) 설사 그로 인해 사회전체의 선이 결과한다 할지라도, 그것은 도덕적으로 잘못된 것이다. 이것은 권리입법에 대한 최근의 논의를 이해하는 데 요긴하다. 가령 공동체의 욕구를 만족시키기 위해 나의 재산권을 박탈하는 것은 도덕적으로 잘못된 일이다. 권리입법의 옹호자들은 상당수의 환경 관련법들이 전체 행복을 극대화한다는 공리주의적 명목에서 개인의 권리를 침해한다고 주장한다. 이러한 견해에서 보자면 환경 관련법들은 사회정의의 원리를 침해하고 있는 것이다.

칸트의 사상은 서양의 윤리 정치 사상에 심오한 영향을 미쳤다. 또 칸트의 사상은 '민주주의'와 '시민의 자유'의 개념 안에 이미 반영되어 있다. 자유롭고 이성적인 행위의 주체로서의 인간의 존엄성을 인정하지 않는 윤리이론은 철학적으로 중요한 문제점을 안고 있는 것이다. 그럼에도 불구하고 이 지점에서 몇 가지 중대한 반론을 언급해야 할 것 같다.

몇몇 비판자들은 의무론적 전통이 규범적인 가치 판단을 하는 데에 별 도움이 되지 않는다고 주장한다. 의무론적 전통을 따른다면 다른 사람을 정당하게 대우할 수 있을지는 몰라도(그것은 다른 사람을 간섭하지 않는다는 의미일 것이다), 의사결정에 필요한 윤리적 기초를 제공할 수는 없다는 것이다. 즉 의무론적 전통에서 가치는 개인의 선택 또는 선호의 문제일 뿐이다. 비판자들에 따르면, 의무론적 전통은 무엇이 선이고 무엇이 가치 있는 것인지에 대해 아무런 설명도 하지 못한다. 현시적인 소비로 가득찬 삶도 그것이 자율적으로 선택된 것이고, 다른 주체의 존엄성을 침해하지 않는 것이라면, 생태적으로 건전한 생활양식과 윤리적으로 별반 차이가 없다. 다른 사람들과 싸우면서 일생을 보내는 것과 그리고 고독과 단절 속에서 일생을 보내는 것도, 우애와 배려, 공동체의 정신으로 일생을 보내는 것과 윤리적으로 별 차이가 없다.

이러한 비판의 한 가지 변형은 권리에 대한 담론은 '욕구(want)'에 대한 담론과 별 차이가 없는 그것의 한 위장된 형태일 뿐이라는 것이다. 어떤 것을 강하게 욕구할 때, 그것을 권리로 인정함으로써 욕구를 합법화하려는 시도가 있게 된다. 그 결과 사회에 권리가 범람하게 되고, 사회는 다양한 이해 집단의 집합소로 변질된다. 그리고 각각의 집단은 공동의 이익과 사회의 전체 선보다 자신의 권리주장을 하게 된다는 것이다.[8)]

다른 한편 의무론의 전통에는 강한 인간 중심적, 인류 중심적 편견이 숨어 있다는 비판이 제기되었다. 이성적이라는 이유에서 인간을 목적으로 대우하는 것은 비이성적 존재를 단순한 수단으로 대우하는 것을 의미한다. 의무론의 전통에는 자유롭고 이성적이지 않은 존재에 대한 윤리적 의무를 부여할 어떤 토대도 없다. 그래서 다른 생명체들과 환경은 단지 우리의 목적을 위한 수단일 뿐이다. 이런 것들은 주체가 아니라 대상이다. 다음 장에서는 이러한 비판을 보다 자세히 고찰할 것이다.

2.7 사회정의

이번 장 앞부분에서 윤리학은 개인적인 문제(나는 무엇을 해야 하는가?, 나는 어떤 종류의 인간이 되어야 하는가?)뿐만 아니라 사회정의나 공공정책의 문제(어떤 사회를 만들 것인가?, 어떤 정치제도, 경제제도가 공정한 제도인가?)를 다루어 왔다고 주장한 바 있다. 자연법, 공리주의, 칸트의 의무론

---

8) 역주: 맥킨타이어나 샌들 같은 공동체주의자들의 입장에서 제기될 수 있는 비판이다. 권리이론이나 공리주의나 그 출발점에서는 '개인윤리'라는 점에서 매 한 가지라는 비판이다.

등의 윤리적 전통들은 근대 정치 사상의 발전에 심대한 영향을 끼쳐 왔다는 점을 인정해야 한다. 바로 이들 철학적 이론들이 근대의 사회 정치 제도의 지적인, 윤리적 틀을 제공했다고 보아야 공정할 것이다. 특히 고전적 공리주의와 칸트의 의무론은 개인의 자유와 권리를 강력하게 보호하는 민주주의적 정부 형태가 발전하는 데 중요한 역할을 했다.

입헌 민주주의라는 정치제도는 이러한 윤리 전통과 현대 정치의 연관성을 잘 보여주는 예이다. '다수에 의한 통치' 이념은 행복을 극대화하자는 공리주의의 목표에 일치하는 것으로 볼 수 있다. 최대 다수의 최대 행복을 달성하기 위해서는 투표를 통해 다수의 의견을 따르지 않을 수 없다. 반면 헌법에 의해 시민의 권리와 자유를 보장하는 것은 개인의 자율이라는 칸트의 목표에 일치하는 것으로 볼 수 있다. 그래서 헌법에 규정된 권리는 입법과정에서 나타나는 다수의 결정에 대해 일정한 제한을 부과한다.

종종 이들 사회적, 정치적 차원의 문제들이 윤리학적 논의에서 간과될 때가 있다. 윤리학을 일종의 내부의 문제로만 생각해, 마치 사적 개인들이 자기 안에서 바깥 세계를 바라보면서, 자기의 권리와 책임에 대해 탐구하는 문제로 잘못 생각하기 쉽다. 이것은 우리의 선택, 태도, 가치가 바깥 세계에 의해 얼마나 많은 영향을 받고, 그것에 의해 얼마나 제한되는지를 간과하는 것이다. 인간은 사회제도를 만들고, 형성하는 존재이지만, 동시에 사회제도는 인간의 태도, 신념, 가치를 만들고, 형성한다. 윤리학은 우리들로 하여금 사회제도에 대해 생각해 볼 것을, 그리고 사회제도가 우리에게 어떤 영향을 미치고, 우리에게 어떤 의미를 지니고 있는가에 대해 생각해 볼 것을 요구한다. 과연 우리의 사회제도는 공정한가? 이득과 부담은 공정하게 배분되고 있는가? 그리고 협력과 공동체 정신을 고무하는가, 아니면 경쟁과 지배를 고무하는가? 권력은 어떻게 배분되고 있으며, 그것은 적절히 견제되고 있는가? 우리는 개인으로서가 아니라 집단으로서 어떻게 살아야 하는가? 등의 문제에 대해서도 생각해 볼 것을 요구한다.

여기서 나타나는 논란은 단순히 각자의 이익의 갈등과 그로부터 발생한 정치적 갈등에 국한된 것이 아니다. 그것은 사회정의, 개인의 권리에 대한 견해의 차이, 그리고 선과 정의로운 사회에 대한 견해의 차이에서 나타난 문제인 것이다.

사유재산권만큼 서양의 정치철학 전통에서 중요한 역할을 한 권리는 없으며, 그만큼 환경문제에서 쟁점이 되는 권리도 없다. 소유, 그리고 그것과 관계된 개념들은 우리가 이 책에서 검토하려고 하는 많은 쟁점들과 관련된다. 그래서 여기서 소유권에 대한 철학을 간략히 소개하는 것이 좋을 것 같다.

소유권에 대한 서양의 현대적 이해는 17세기 영국의 철학자, 로크(John Locke)에게로 그 기원을 소급할 수 있다.[9] 로크의 정치철학은 '자연 상태'(state of nature)에 대한 분석에서 시작한다. 자연 상태는 정부가 없었다면, 존재했을 상태를 의미한다. 자연상태에서 모든 땅은 누구에 의해서도 소유되지 않았다.(17세기 당시의 입장에서 본다면, 신에 의해 소유되었다고 하는 것이 정확할 것이다.) 그런데 누군가가 그런 소유되지 않은 땅에다가 '자신의 노동을 결합시킬(mixes his labor)' 때, 땅은 그의 소유가 된다. 본질적으로 로크의 논변은 다음과 같다.

9) 사유재산에 대한 로크의 견해는, 그의 『정부론』, 특히 5장을 참고할 것. 사유재산권과 경제적 정의에 대한 유용한 논문 모음집으로는 V. Held의 *Property, Profits, and Economic Justice*(Wadsworth, 1980)이 있다.

1. 인간은 자신의 신체와 노동에 대해서 독점적인 권리, 즉 소유권을 갖는다.

2. 자연 상태에서 땅은 누구에게도 소유되지 않는다. 즉 어느 누구도 그것에 대한 독점적인 사용권을 주장할 수 없다.

3. 이런 소유되지 않은 땅에 누군가의 노동이 결합되면, 그 사람의 자기 노동에 대한 소유권은 땅에로 전파된다. 그래서 그 사람은 땅을 소유하게 된다.

예를 들면, 만일 누군가 황무지에 가서, 그곳을 정리하고, 집을 짓고, 땅을 갈고, 곡식을 재배하면, 그는 그 땅에 대한 권리주장을 할 수 있다.(로크는 여성을 이러한 권리주장을 할 수 있는 존재에서 배제시켰다.) 그리고 이러한 권리주장에서 사유재산권은 확립된다.

사유재산에 대한 로크의 견해에 대해서 많은 강력한 반론들이 제기되어 왔다. 우선 '결합한다는(mixing)' 말의 의미가 애매하다. 무소유의 땅에 소유한 것을 결합시킨다고 해서, 땅까지 소유할 이유가 있는가? 노동력을 상실한다면, 이전에 소유했던 것에 대한 소유권도 상실해야 한다고 가정해서는 안 되는가? 그리고 증식된 부분에 대해서만, 즉 땅 그 자체가 아니라 수확한 작물에 대해서만 소유한다고 가정해서는 안 되는가? 만일 우리의 노동이 땅을 기름지게 하는 것이 아니라 황폐하게 한다면, 어떻게 되는가? 만일 자연 상태의 인간이 원형 그대로 땅을 보존하고 싶어서, 자신의 노동을 결합시키지 않겠다고 결정한다면, 어떻게 되는가? 가치 있고 소유되기 위해서 모든 땅이 다 개발되어야 하는가?

또한 거대한 무소유의 땅이 남아 있다는 17세기 유럽인들의 로크적인 사고는 역사적 사실에 대한 왜곡이 아닌가? 서부의 땅에 자기의 노동력을 결합시키고, 그것에 대한 권리주장을 했던, 초기 아메리카의 개척민들은 토착민들이 수백만 년 동안 이미 그 땅을 사용하고 있었다는 사실을 무시한다. 실제로 소유에 대한 로크적인 견해는 소유에 대한 농업 사회 또는 산업 사회의 관점을 전제한다. 예를 들어 유목 문화의 경우, 계절이 변하면 이동하는 짐승 떼를 따라, 광대한 지역을 떠돌아다닌다. 그런 문화에서는 땅에 대한 사유와 독점적 권리를 인정하는 생각이 매우 낯설 것이다.

끝으로, 로크 자신의 입장에서 본다면 타인들을 위해 '그만한 땅이 충분하게' 남아 있을 때만이 사유재산권은 정당화될 수 있다. 로크의 소유권은 개인의 자유라는 보다 근본적인 권리(자기의 신체에 대해 갖는 독점적 권리)에서 도출된다. 그래서 그것이 타인의 자유를 침해하지 않는 경우에만, 소유권은 정당화될 수 있다. 로크에 따르면, 타인들을 위해 충분한 땅이 남아 있는 경우에는 타인의 자유를 침해하는 일이 발생하지 않는다. 하지만 60억의 인구를 가진 현대에서, 이러한 조건이 만족되기는 힘들다.

이러한 난점들로 말미암아 사유재산권을 다양한 권리들의 '묶음(bundle)'으로 보자는 입장이 나온다. 여기에는 소유하고, 통제하고, 사용하고, 그것으로부터 이득을 얻고, 처분하고, 타인들을 그것으로부터 배제하는 권리가 포함된다. 소유권의 의미는 매우 다양하고 복잡하기 때문에, 차라리 소유권을 다양한 '권리들의 묶음'이라고 보는 것이 나을 수 있다. 소유권은 원하는 모든 것을 할 수 있는 권리를 의미하지는 않는다. 소유권은 다른 사람들의 권리에 의해 다양한 방식으로 제한된다. 예를 들면, 우리는 자기 마음대로 자기 집 뒷마당에 유독 폐기물을 버릴 수 없다. 또한 토지구획법은 사유지에 건설할 수 있는 빌딩의 유형을 제한하고, 뿐만 아니라 빌딩의 용도에 대해서도 제한을 가한다. 그리고 우리는 회사의 주식을 소유함으로써 배당이나 시세 차익을 얻을 수는 있지만, 그렇다고 해서 경영권을 갖거나, 다른 사람이 회사 재산을 이용하지 못하게 할 권리는 없다. 심지어 어떤 경우에는 자기가 원하는 사람에게 주식을 팔 권리도 없다.

소유권을 권리들의 묶음으로 본다면, 소유권은 더 이상 모든 것을 다 할 수 있는 권리도, 또한 아무 것도 할 수 없는 권리도 아니라는 결론이 나온다. 토지구획법이 소유권을 제한하긴 하지만, 그것을 침해하는 것도 아닌 것처럼, 많은 법이 환경보호를 위해 권리들의 일부를 제한한다. 현대의 환경 쟁점을 고려할 때, 이러한 사실을 유념할 필요가 있다. "환경을 파괴할 것이냐, 아니면 우리의 재산권을 포기할 것이냐의" 양자택일을 요하는 환경 쟁점은 거의 없다고 할 수 있다. 오히려 대개의 논쟁은 소유자들이 자기의 이익을 실현하기 위해 어느 한계까지 권리를 행사할 수 있느냐에 대한 것이다.

2.8 요약 및 결론

이 책은 철학자들과 과학자들, 그리고 환경론자들과 시민들 사이에서 진행되고 있는 대화를 설명하기 위한 것이라고 할 수 있다. 그리고 이들의 대화는 앞으로도 계속될 것이고 어떤 결론에 도달하려면, 꽤 오랜 시간이 필요할 것이다. 처음의 몇몇 장들은 이러한 대화의 성격과 대화를 하게 된 기본 동기들을 소개하는 것이다. 그리고 지금까지 논쟁에서 사용됐던 개념들과 논쟁 내용을 소개하는 것이다.

철학자들은 아직까지 최종 결론을 내지 못했다. 또한 철학의 이론들과 개념들을 현실에 단순히 적용한다고 해서 환경문제가 해결되는 것도 아니다. 여러분들은 대화의 참여자로 자신을 인식하고, 대화에 참여해야 한다. 여러분이 대화에 참여함에 따라, 여러분은 언제, 무엇을 공헌할 수 있는지를 알게 될 것이다. 그리고 너무 빨리 대화를 끝내지 않기를 바란다.

생각해 봅시다

1. 미국 헌법은 정부가 공공용도라 할지라도 정당한 보상 없이 개인의 재산을 빼앗는 것을 금지하고 있다. 이 헌법 조항은 주택건설을 계획하고 있거나 또는 생태적으로 중요한 지역을 상업 용도로 개발하려는 사람들까지도 보호하고 있는 것으로 보아야 하는가? 토지 이용을 제한하는 환경법은 이 헌법 조항을 위배한 것인가? 만일 그렇다면, 정부는 개발자가 토지에 지불한 비용을 보상해 주어야 하는가? 아니면 그가 개발했더라면 얻었을 이득을 보상해 주어야 하는가?

2. 농촌지역의 땅값은 도시지역의 땅값보다 싸다. 하지만 그렇다고 해서 농촌지역의 땅이 도시지역의 땅보다 덜 가치 있다고 말할 수 있는가? 만일 그렇지 않다면, 땅의 가치는 어떻게 평가해야 하는가?

3. 사회가 핵발전소 건립을 통해 이득을 얻는다고 전제한다면, 이득과 더불어 발생하는 부담은 어떻게 배분해야 하는가? 핵폐기물 저장시설은 에너지를 생산하는 지역에 건설해야 하는가? 아니면 에너지를 소비하는 지역에 건설해야 하는가? 만일 에너지를 소비하는 지역이 대도시 중심부라 하더라도 그곳에 건설해야 하는가? 그렇다면 위험이 가장 적은 지역에 건설해야 하는가? 그런데 그 지역에 핵에너지로 인한 이득을 전혀 받지 못한 사람들이 살고 있다고 할 경우, 그때에는 어떻게 해야 하는가?

4. 아리스토텔레스는 모든 자연물은 그것이 자연에서 행하는 활동(기능)으로 구분될 수 있다고 주장한 바 있다. 그렇다면 이러한 접근방법을 생태계에 적용할 수 있는가? 생태계의 모든 존재들은 생태계에서 각기 다른 기능을 담당하고 있는가? 그리고 그러한 생태학적 사실로부터 규범적 주장을 도출해 낼 수 있는가? 그렇다면 그 이유는 무엇인가? 그렇지 않다면, 그 이유는 무엇인가?

5. 환경과 관련한 상당수의 논쟁은 일자리와 환경보호의 갈등에서 비롯된 것이다. 예를 들면, 태평양 연안 북서부 지역에서 벌어지는 얼룩올빼미와 일자리의 갈등

이 그것이다. 이런 문제를 해결하기 위해 많은 경우 공리주의적 계산이 동원되는데, 그것은 합리적이라고 할 수 있는가? 그리고 그것은 가능한가?

6. 대륙의 유목민족은 계절을 따라 이동하는 짐승 떼를 따라 광대한 지역을 여행하면서 한 지역에 정착하지 않는다. 소유에 대한 그들의 입장과 우리의 입장은 어떻게 다른가? 소유권의 개념이 그런 문화권에서는 존재하는가?

3장. 산림, 오염, 경제학

사례 3 : 개발 VS 보전

미국 산림청의 임무는 국유림을 레크리에이션, 방목, 벌목, 수계(水界)[1], 야생 생물 및 어업 등의 다용도 목적으로 사용하는 것이다. 산림청이 겪는 가장 큰 어려움은 목재업자, 다양한 레크리에이션 이용자, 보전주의자, 개발론자, 그리고 영농가들의 상충하는 이익들을 조종하는 것이다.

1960년대 산림청은 캘리포니아의 시퀘어 국립공원에 인접한 미네랄 킹 계곡을 레크리에이션 용도로 개발하는 신청안을 접수하기 시작했다. 그리고 마침내 69년 1월 산림청은 미네랄 킹 계곡을 스키장으로 개발하려는 월트 디즈니사의 사업 계획을 승인했다. 이 계획은 매일 14,000명의 관광객을 수용할 모텔, 레스토랑, 주차 공간, 기타 구조물로 이루어진 단지 건설을 요한다. 산비탈에는 스키 슬로프, 스키 리프트, 궤도 철도, 가스선과 전화선이 건설되고, 시퀘어 국립공원을 가로질러 20마일의 고속도로와 고압 전력선이 건설된다.

시에라 클럽은 이에 반대해 미네랄 킹 계곡의 상업적 개발을 막기 위하여 연방법원에 소송을 제기했다. 시에라 클럽은 야생지의 보전이 가능한 범위에서 레크리에이션 용도의 사업만을 승인해야 한다고 주장했다. 그들은 자신들의 견해를 뒷받침하는 많은 이유를 제시했다. 그들은 산림청이 경제적 요인만을 고려하고, 미적, 생태적 요인들에 대해서는 필요한 만큼 고려하지 않았다고 주장했다. 그리고 또한 동물과 식물, 강, 산에 대한 배려가 없었다고 주장했다.

산림청은 자신들의 결정을 옹호하는 근거로 시에라 클럽의 계획안보다 월트 디즈니사의 계획안에서 더 많은 사람들이 원하는 것을 얻을 것이라고 주장했다. 매일 14,000명으로 추산되는 스키 관광객은 하이킹, 캠핑, 사냥과 낚시 등의 형태로 야생을 즐기려는 사람들보다 훨씬 더 많다. 더욱이 스키를 즐기려는 사람들이 야생지를 즐기려는 사람들보다 더 기꺼이 대가를 지불하려 한다. 이는 시에라 클럽이 그들이 제안한 계획에서 얻을

---

1) 역주 : 많은 경우, 산은 강의 진원지이다. 가령 백두산에서부터 두만강과 압록강은 시작한다.

이익보다 디즈니사가 얻을 이익이 막대하다는 사실에서 잘 드러난다. 이것은 또한 스키에 대한 욕구가 야생지에 대한 욕구보다 더 강렬하고 광범위하다는 사실을 보여준다. 민주주의 국가의 기관에서 본다면, 시장(市場)은 시민들의 욕구를 측정하는 편리한 척도이다.

수질오염은 가장 눈에 띄는 환경문제 중의 하나이다. 1969년 클리브랜드의 큐야호아 강은 석유 화학 물질로 오염되어 불에 탔다. 1988년 여름 동안 뉴저지의 대서양 연안의 수많은 해변이 인간의 배실물과 병원의 폐기물, 그리고 기타 독성 물질로 말미암아 폐쇄되었다. 1989년 3월 엑손 발데즈 호는 알래스카 연안에 대략 11만 갤런의 석유를 뿌리고 침몰했다. 그리고 이 사건은 아직도 야생 생물의 삶, 어업, 레크리에이션에 영향을 미치고 있다. 세계보건기구에 따르면, 매년 5백만의 사람이 수질과 관계된 질병으로 사망하는데, 사망자들은 대개 어린이다. 적절한 위생과 깨끗한 식수만 있으면 이러한 질병은 쉽게 예방될 수 있다.

수질오염과 마찬가지로, 대기오염은 일상생활에서 가장 흔히 직면하는 환경문제의 하나이다. 흔히 산성비라고 알려진 대기의 산성 화합 물질들은 북미와 유럽에 걸쳐 엄청난 환경 파괴를 야기해 왔다. 호수와 강, 산림, 그리고 토양은 산성화되어 더 이상 생명을 지탱할 수 없을 정도이다. 1988년 여름 발표에 따르면, 미국의 76개의 도시들이 환경보호국의 안전 기준치에서 최소한 25% 이상을 상회하는 오존 오염을 기록했다. 대기오염은 계속해서 지구 상층부의 오존층을 파괴하면서 지구 표면에 도달하는 유해한 자외선을 증가시켜 왔다. 일반적으로 '온실가스'로 불리는 또 다른 형태의 대기오염은 심각한 기후변화를 결과하는데, 이것이 지구온난화의 원인이다.

3.1 서론

앞의 장들에서 설명한 철학적 기법들은 —윤리 문제를 식별해 내고, 개념을 분류하고 논증을 분석하는— 지난 20년간 광범위한 영역의 공공정책에 적용되어 왔다. '응용윤리학'은 의료윤리와 기업윤리와 같은 분야에서 많은 공헌을 한 바 있고, 또한 차별수정조치법, 경제정의, 낙태, 핵무기 경쟁에 대한 논의에도 공헌해 왔다. 환경문제에 대한 많은 철학적 저작들이 윤리적 주제를 식별하고, 정의하는 데에 있어서, 그리고 그것들을 윤리이론과 원리에 의해 분석하는 데 있어서, 응용윤리학의 틀을 그대로 따라왔다는 것은 별로 놀랄 만한 사실이 아니다. 최소한 처음에는 특정 주제에 윤리학을 응용하는 것이 윤리학 그 자체에 영향을 미치는 것 같지는 않았다. 이론과 원리들은 응용되긴 했지만, 그것에 의해 변화되지는 않았다.[2]

응용윤리학은 종종 공공정책 토론 과정에서 경제적 시장적 분석 방법의 문제점을 지적하는 데 논의의 초점을 맞춰 왔다. 경제학은 의문의 여지없이 정부의 정책 결정자, 민간 부문의 전문가, 정책 분석자들의 가장 일반적 도구이다. 이 장에서는 철학적 윤리학을 경제 분석에 적용함으로써 철학자들이 할 수 있는 공헌을 검토하겠다. 특히 경제학적 분석 방법이 산림 보호와 대기, 수질오염에 관한 토론에서 어떤 의미를 지니는지 검토할 것이다. 나의 철학적 분석에 따르면, 환경문제를 해결하는 데 있어서 경제학적 분석을 무비판적으로 이용하는 것은 심각한 문제를 내포한다.

경제학이 환경문제에 대한 논의에서 중요한 역할을 한다는 사실은 결코 놀랄 만한 것이 아니다. 어찌 보면 많은 환경문제들은 기본적으로 경제적인 문제이며, 경제학적 측면에서 쉽게 규정되기도 한다. 희소 자원의 분배, 위험과 이득의 할당, 상충하는 이익, 욕구된 재화의 생산 등등이 그러하다. 더욱이 환경 파괴의 상당 부분은 경제적인 것에 원인이 있

2) R. Momeyer, "Philosophers and the Public Policy Process," *Journal of Medical Philosophy* 15(1990) 391~409쪽, 그리고 L. Kopelman, "What is Applied About 'Applied Philosophy'", *Journal of Medical Philosophy* 15(1990), 199~218쪽 참고. 여기서 Momeyer는 응용윤리 작업을 하는 철학자들은 개념을 명료화하고, 논증을 분석하는 것에서 더 나아가, 공공정책 토론의 활발한 참여자가 되어야 한다고 주장하고 있다. 또한 Kopelman은 원리와 이론들은 특정 분야에 적용되는 과정에서 변화될 필요가 있다고 주장한다. 그녀는 응용윤리를 단순히 윤리이론에서 도출되는 것으로 생각해서는 안 된다고 주장한다.

다. 이점은 2차 대전 이후 중부 및 동부 유럽의 중앙통제 경제체제 하에서 발생한 환경 파괴를 보면 쉽게 알 수 있다.[3)]

환경문제에 경제학이 적절한가 여부는 미국 환경 정책을 경제학적으로 분석한 다음의 책 서문에 잘 요약되어 있다.

> 지난 십 년 간(1968~1978) 이룩한 중요한 사회발전 중의 하나는 경제학이 무제한적으로 작동된다면, 환경에 심각한 피해를 가하리라는 사실을 깨달았다는 점이다.… 사실 '시장의 실패'에 대해 경제학자들이 인식한 지는 오래되었다.… 이제 경제학은 이러한 문제에 관심을 기울여야 한다. 환경문제에 대한 자각이 일반화되면서 환경 개선을 위해 더 많은 자원과 더 큰 희생이 필요하다는 사실도 일반화되고 있다. 그래서 과연 직접 규제를 통해 환경보호를 할 것인가, 아니면 사람들의 결정에 영향을 미치는 경제적 유인을 변경함으로써 환경보호를 할 것인가와 관련해 경제학적인 문제가 존재한다.[4)]

이와 같이 환경문제는 종종 경제학자의 전문 지식을 요하는 경제학적인 문제로 인식된다. 그러면 어떻게 경제학적 분석이 산림 보호와 오염 문제에 적용되는지 살펴보자.

3.2 산림 : 보호관리(conservation) VS 보전(preservation)

20세기 처음 10년은 미국 환경론의 역사에서 아주 중요한 시기이다. 캘리포니아 요세미테 국립공원에 인접한 헤츠헤치 계곡에 댐과 저수지

---

3) 소련에서의 환경 파괴 현상에 대해서는 M. Feshbach와 A. Friendly의 *Ecocide in the U.S.S.R* (Basic Books, 1992)을 참고할 것.

4) P. Portney과 A.M. Freeman 외, *Current Issues in U.S. Environmental Policy* (Johns Hopkins Univ Press, 1978).

를 건설하자는 제안을 두고 중요한 토론이 벌어졌다. 샌프란시스코에서 물이 부족하자 헤츠헤치 계곡을 수몰시키자는 계획안이 나왔다. 초기의 가장 저명한 미국의 환경론자인 기포드 핀쇼(Gifford Pinchot)와 존 뮤어(John Muir)가 논쟁의 중심부에 있었는데, 이는 환경문제에 대한 두 개의 유력한 견해를 상징하게 된다.

핀쇼는 미국 산림청의 청장으로, 미국에서 최초로 전문적으로 훈련받은 임업 관리가의 한 사람이었다. 그리고 그는 루즈벨트(Theodore Roosevelt) 대통령의 가까운 친구이자 조언자였다. 핀쇼는 또한 환경보호(conservation)운동의 창설자이자 지도자였다. 이 운동은 산림 지역을 현명하게 이용하기 위해서는 산림 지역을 보호관리해야 한다고 주장했다. 핀쇼는 국유림에 대한 과학적 관리경영의 초기 옹호자였다. 그의 기본 방침은 공유지는 대중의 필요와 사용을 위해 존재한다는 것이다.

> 혹자는 산림이 아름답고 … 야생 생물의 안식처라는 이유에서 산림을 보전해야 한다고 주장한다. 하지만 우리의 산림정책의 목표는 산림을 보전하는 것이 아니라, 행복한 가정을 꾸미는 데 있다.[5]

그는 계속해서 다음과 같이 말하고 있다.

> 임학은 산림에 관한 과학이다. 특히 그것은 산림을 잘 관리해서, 파괴하거나 황폐화하지 않고 필요한 것을 얻는 기술이다. 임학은 산림으로부터 인간이 필요로 하는 것을 생산하는 기술이다.[6]

핀쇼는 저수지를 건설하려는 샌프란시스코 시 당국의 계획을 지지했

---

5) S. Hays, *Conservation and the Gospel of Efficiency* (Harvard Univ Press, 1959), 41～42쪽.

6) G. Pinchot, *The Training of a Forester* (Lippincott, 1914), 13쪽.

다. 헤츠헤치 계곡 댐 건설을 통해 수백만의 사람이 필요로 하는 물을 확보할 수 있기 때문이다. 이것은 자연자원에 대한 가장 효과적인 사용을 의미할 수 있을 것이다.

뮤어는 시에라 클럽의 창립자이자, 자연보전운동의 저명한 대변자이다. 뮤어는 헤츠헤치 계곡을 보전해야 한다고 주장했다. 그는 자연 자원을 인간의 소비를 위한 단순한 상품으로 보는 보호관리주의는 심각한 문제점을 지니고 있다고 생각했다. 뮤어는 야생의 정신적이고 심미적인 가치를 강조했을 뿐만 아니라, 생명체의 내재적 가치를 강조했다.[7] 어쨌든 그의 견해에 따르면, 헤츠헤치 계곡은 원형 그대로 보전되어야 하며, 이를 파괴하려는 인간의 행위를 어떻게든 막아야 한다.

이 초기의 논쟁은 미국 환경론의 두 지배적인 흐름이 갖고 있는 세계관을 상징적으로 보여준다. 보호관리주의자들은 인간의 더 큰 장기적인 이익을 위해서 자연환경이 착취되는 것을 막아야 한다고 주장한다. 반면 보전주의자들은 자연을 파괴하거나, 좀 먹는 인간의 활동으로부터 자연을 보전해야 한다고 주장한다. 그들의 목표는 야생지를 원형 그대로, 자연상태 그대로 보전하는 것이다.

보호관리주의자들의 윤리적 근거는 매우 간단명료하다. 자연환경은 인간의 이익을 위한 수단으로서 가치 있다. 즉 자연 자원은 도구적인 가치를 가진다는 것이다.

반면 보전주의자들은 서로 다른 두 가지 근거에 의존한다. 우선 한 가지는 종교적인 영감을 얻을 수 있는 원천으로서, 그리고 현대 생활의 안식처로서, 그리고 심미적 경험을 위한 장소로서, 야생지의 도구적 가

---

7) 뮤어에 대한 연구로는 M. Cohen의 *The Pathless Way* (Univ of Wisconsin Press, 1984)를 참고할 것. 특히 6장과 7장은 뮤어 사상의 윤리적 측면에 대한 통찰력 있는 안내를 제공할 것이다.

치를 강조한다. 그러나 동시에 보전주의자들은 야생지를 그 자체 목적적 가치를 가지고 있는 것으로 인정해야 한다고 주장한다. 그래서 야생지는 인간의 이용 수단이 아니라, 그 자체 목적이 된다.

뮤어를 환경론자로, 반면 핀쇼를 악당으로 보기 쉽다. 하지만 이것은 잘못이다. 핀쇼의 입장은 그 당시로서는 매우 진보적이었는데, 그 이유를 살펴보는 것이 좋을 것이다.

미국의 역사에서 상당히 오랫동안 산림과 야생지는 극복해야 할 위협이었으며, 정복해야 할 대상이었다. 이러한 생각은 유럽인들이 북미에 처음 정착한 후, 400년 동안 광범위하게 퍼져 있었다. 자연은 인간의 적이었던 것이다. 야생지는 계속 정복당했고, 전선(戰線)은 점점 뒤로 밀리고 있었다. 야생에서의 생활은 고단한 생활이었고, 인간이 살아남기 위해서는 자연의 힘에 맞서 이를 물리쳐야 했다. 자연은 굴복시켜 개척해야 할 적이었다.

19세기 중반에 이르러 미국은 자연을 정복하는 데 상당한 성공을 거두었고, 미국 전역의 대부분을 이용할 수 있었다. 이 기간 동안 산업화와 도시화가 엄청나게 진행되었고, 점차 자연을 정복 대상으로 덜 생각하게 되고, 미국 경제를 받쳐 주는 자원도 무궁무진하지는 않다는 생각이 고개를 들게 되었다. 실제로 미국의 산업을 독점적으로 소유했던 소수의 특권계급은 자연 자원을 이용해 비정상적인 부를 일구었다.

핀쇼의 보호관리운동은 19세기 미국인의 경제생활을 상당 부분 지배했던 자유방임적이고 독점적 성향의 사회진화론과 맞서 싸우는 진보적인 운동의 일부였다.[8] 진보진영의 사람들은 자연 자원을 모든 사람에게

---

8) 이러한 견해는 보호주의운동에 대한 너무 단순한 해석일 수도 있다. S. Hays는 자신의 저서, *Conservation and the Gospel of Efficiency*(Harvard University Press, 1959)에서 필자와는 다른 견해를 피력하고 있다. 미국의 기업들은 계몽되고, 장기적인 경

혜택이 돌아가는 방식으로 이용해야지, 이를 소유한 소수에게 혜택이 독점되어서는 안 된다고 주장했다. 낭비를 막고, 독점을 제한하고, 다수에게 경제적 기회를 제공하고, 가격을 낮춤으로써 정부는 이러한 목표를 추구해야 한다고 주장했다.

핀쇼의 보호관리주의는 19세기 벤담(J. Bentham)과 밀(J. S. Mill)의 공리주의 등의 진보주의운동과 맥을 같이 한다. 경제정책을 포함해 정부의 정책은 소수의 특권계급이 아니라 모든 시민들에게 최대의 이익을 주는 것을 목표로 해야 한다. 핀쇼는 다음과 같이 말하고 있다.

> 임업가의 임무는 인류를 위해 산림을 사용하고, 그것의 사용을 최대한 오래 유지하는 것이다. 그의 목표는 최대한 장기간 동안, 최대다수에게 최대한의 이익이 되도록 산림을 이용하는 것이다. … 산림 자원뿐만 아니라 다른 자연 자원을 이용하는 데 있어서도 선견지명과 상식이 필요한데, 이는 자연스럽고도 불가피한 일이다.…
>
> 환경보호운동은 최대다수의 최대 선을 위해, 그리고 최장기 동안 자연 자원을 사용하는 방향으로, 그리고 쓰레기의 감소를 추구하는 방향으로, 그리고 국가적인 효율성 제고를 위한 계획적이고 짜임새 있는 구도로 나갈 것이라고, 처음 그 운동을 시작한 사람들은 생각했다.[9)]

제적 이익을 추구했다는 점에서, 보호주의운동과 싸웠다기보다는 오히려 지지했다고 보는 편이 옳다고 그는 본다. 어쨌든 핀쇼의 저작을 읽으면서, 내가 느낀 것은 핀쇼가 기업에 대한 강한 반감을 갖고 있었다는 것이다. 이러한 나의 해석을 뒷받침해주는 글로는 James Bates, "Fulfilling American Democracy : The Conservation Movement, 1907～1921", *Mississippi Valley Historical Review* 44(June 1957). 하지만 20세기 초 미국 기업들이 환경보호운동을 지지했는가 여부는 이 글의 논점이 아니다. 핀쇼의 진보주의는 자원을 경제적인 관점에서만 바라보는 19세기의 통념에 대한 비판이다. 이에 대한 보다 실천적 해석과 관련해서는 Bryan Norton, *Toward Unity Among Environmentalist* (Oxford University Press, 1991), 특히 2장을 참고하기 바란다.

핀쇼의 환경보호운동은 공리주의 전통과 완전히 일치한다. 최장기 동안의 최대다수의 최대선을 증진하는 방향으로 공공정책을 추진해야 한다. 핀쇼는 이러한 목표를 달성하는 방안으로 전문가를 활용할 것을 권장하는데, 이것도 공리주의의 전통과 거의 일치한다. 공리주의 또한 전문가의 역할을 강조하는데, 특히 다양한 정책의 결과를 예측하고, 계산하고, 비교하는 것과 관련해 사회과학자의 역할을 강조한다. 공공복지를 최대한 충족시켜야 한다는 목표를 달성하기 위해서는 어떠한 정책이 이러한 목표에 가장 근접한 결과를 산출할 것인가를 알아야 하며, 이를 알기 위해서는 전문가의 도움을 받아야 한다. 특히 핀쇼는 산림전문가에게 이러한 역할을 기대했다. 이것은 오늘날 논란이 되고 있는 환경정책의 분야에서 우리가 경제학자나 기타 다른 사회과학자에게 기대하는 역할과 같은 것이다. 이를 보다 자세히 알기 위해 우선 이러한 관행들이 현재 어떻게 나타나고 있는가를 살펴보자.

3.3 국유림의 관리

1980년대 중반 산림청은 1억 9천 백만 에이커에 이르는 156개의 국유 산림지를 관리하고 있다. 산림청은 농무성에서 가장 큰 부서로, 3만 명에 달하는 인원을 고용하고 있다.[10] 산림청이 창립된 후 백 년에 이르는 동안 많은 변화가 있었다. 산림청은 1897년 정부조직법에 의해 '목재의 계속적인 공급을 위하여' 국유림 관리를 담당하는 부서로 설립되었고, 지난 50년 동안 이러한 목적을 수행하기 위해 화재 진압, 연구, 관리 등의 임무가 주어졌다. 2차 세계대전 이후 택지가 증가하고, 사유

9) Pinchot, 앞의 책, 23~25쪽.

10) 산림청, "1987년 예산 설명서", 2쪽.

림에서의 목재 공급이 줄어들었고, 이와 관련해 목재의 공급과 판매를 위한 산림 경영에 대한 관심이 고조되었다. 1960년 후반 의회는 산림청이 레크리에이션, 방목, 목재, 수계, 야생 생물, 어업과 관련해 산림을 경영할 것을 골자로 하는 다용도산림법을 통과시켰다. '다용도' 사용이 산림청의 기본임무이긴 했지만, 실상 산림청의 업무는 목재의 생산과 채취, 판매에 거의 국한되었다.

산림청이 목재 생산을 원활하게 하기 위해 야생지에 도로를 건설하는 것과 관련해 논쟁이 벌어졌다. 산림청은 산림을 다용도 목적으로 사용하기 위해서는 도로건설이 필요하다고 주장했지만(목재회사뿐만 아니라 레크리에이션을 위해서도 도로 건설이 필요하다), 도로와 목재 채취는 심각한 환경 파괴를 야기할 것이라는 비판이 제기되었다.[11] 비판자들은 도로건설은 야생 지역을 파괴하고, 오래된 숲을 사라지게 하며, 야생생물의 삶의 터전을 파괴하고, 결국 멸종 위기에 처한 종을 멸종에 이르게 할 것이라고 산림청을 비난했다.

다용도 사용 정책을 수행하는 정부당국으로서는 당연히 서로 다른 이익단체로부터 비판 대상이 될 것이다. 목재업계에서는 양질의 산림을 사용할 수 없다고 투덜거렸고, 환경론자들은 너무 많은 야생지가 목재 생산 때문에 파괴되었다고 비난했다. 또한 목축업자들은 산림이 더 목초지로 개방되기를 원했고, 스포츠맨들은 사냥터와 낚시터가 사라진다고 비난했다. 한편 여기에 덧붙여, 산림청이 420억 달러 이상으로 추산되는 자산을 관리하면서도, 1년에 10억 달러 정도밖에 세금을 거둬들이지 못한다는 비판이 제기되었다. 한 비판자는 다음과 같이 말하고 있다.

---

11) 도로 건설이 다용도사용 정책을 촉진할 것이라는 주장에 대해서는 산림청, *National Forest Roads for All Uses* (Forest Service, 1986), 2쪽을 참고할 것.

> 자산 규모로 보면 산림청은 미국의 500대 기업 중에서도 5위 안에 든다고 포춘 지에는 나와 있다. 하지만 세입 면에서 보면 산림청은 겨우 290위에 불과하다. 순 수입에서 보면 산림청은 파산한 것으로 볼 수 있다.[12]

하지만 이 글의 목적은 산림청의 문제를 자세히 다루는 것이 아니다. 여기서는 국유림의 관리와 관련해 심각한 논쟁이 있다는 것만 알면 충분할 것이다. 우리의 당면한 관심은 현재의 정책을 평가하고, 비판자들이 제기한 대안들을 검토하는 것이다.

앞에서 언급했듯이, 산림청의 임무는 다양한 유권자의 때때로 상충하는 이익에 봉사하는 것이다. 공리주의의 목표대로 그것은 최대다수의 최대행복을 산출하는 방식으로 이들 이익들을 조정하는 것이다. 이러한 의미에서 목표는 이미 주어진 것이고, 남은 과제는 이러한 목표를 달성하는 최선의 수단을 발견하는 것이다.

이러한 과제를 달성하는 방법은 두 가지이다. 우선 핀쇼의 처방대로, 공공정책 및 임업에 정통한 전문가들의 전문적 판단에 의존하는 것이다. 이들은 자신들이 갖고 있는 전문지식을 활용해 갈등을 해소하고, 상충하는 이익들을 조정함으로써 전체 선을 극대화해야 한다. 다른 한 가지 방법은 공개된 자유시장에 맡기는 것이다. 그러면 이 지점에서 자유시장의 작동 방식에 대해 간단히 살펴보자.

미네랄 킹 계곡의 예를 들어보자. 계곡의 이용자들은 그것을 위해 돈을 지불할 의사가 있는 사람들로 설정된다. 디즈니 사는 땅을 구입해 개발하기 위해 자본금을 늘릴 수 있을 것이다. 그리고 투자자들은 디즈니 사가 이 사업으로부터 이윤을 올릴 수 있어, 자신들의 투자금에 대

12) R. O'Toole, *Reforming the Forest Service* (Island Press, 1988), 14쪽.

한 배당을 줄 수 있으리라는 믿음에서 투자할 수도 있을 것이다. 반면 투자자들은 시에라 클럽에는 돈을 투자하기를 꺼릴 것이다. 왜냐하면 시에라 클럽이 자신들의 투자금에 대한 충분한 대가를 주리라고 믿을 이유가 없기 때문이다. 물론 양쪽 다 소비자들의 지불의사가 있는 재화를 공급할 경우에만 소정의 이득을 얻을 수 있다. 그래서 시에라 클럽은 이윤을 얻을 수 없지만, 디즈니 사는 얻을 수 있다는 사실은 많은 사람들이 야생경험보다는 스키에 더 많은 지불의사를 갖고 있다는 점을 보여준다. 이는 많은 사람들이 야생보다 스키를 원한다는 것이고, 미네랄 킹 계곡을 스키장으로 개발하는 것이 사람들이 원하는 것을 제공한다는 것을 의미한다. 자유시장의 옹호자들에 따르면, 이는 희소자원을 할당하는 가장 효과적인 수단은 (즉 최대한 많은 사람들에게 원하는 것을 최대한 제공하는 것은) 공개된 자유경쟁 시장이 작동하는 대로 맡기는 것임을 의미한다.

자유시장을 옹호하는 고전경제학에 따르면, 사기와 강압을 방지하는 최소한의 정부 규제가 있는 상태에서는 시장만으로도 이러한 목표를 달성하는 데 충분하다. 그러나 현대의 경제학자들, 특히 환경경제학자들은 생각을 달리한다. 그들은 실제 상황에서 시장이 이러한 목표에 도달하는 데 실패한다고 본다. 그들에 따르면, 이상적 시장이 작동하도록 필요한 조치를 취할 수 있는 경제학적 훈련을 받은 새로운 유형의 전문가들이 환경정책을 주도해야 한다. 환경경제학자들은 현실 세계에 이상적 시장은 존재하지 않지만, 정책 개발을 통해 현실 시장을 이상적 시장에 근접하게 할 수는 있다고 믿는다. 그러한 환경경제학자들 중의 하나가 오툴이다

오툴(Randal O'Toole)은 산림청의 경영 방식에 대해 지속적으로 비판해 왔다. 『산림청의 개혁』이란 책에서 그는 산림청의 활동을 다음과 같

이 요약하고 있다.

> 전국 각지에 있는 국유지를 찾아다니면서, 대규모의 심각한 환경 파괴를 보았다. 손해나는 목재판매로 1년에 간신히 2억 5천에서 5억 달러밖에 세금을 걷지 못하고 있다. 하지만 이로 말미암아 휴양지가 줄어들고 있고, 야생생물은 멸종 위기에 처하고 있고, 물과 물고기의 서식처는 오염되고 있다.[13)]

그럼에도 불구하고 오툴은 다음과 같은 제안을 하면서 낙관적인 태도를 보이고 있다.

> 나의 경제학 연구에 따르면, 미국인들은 자기가 원하는 야생, 목재, 야생 생물, 물고기, 기타 산림자원을 다 얻을 수 있다. 이러한 자원이 부족해 보이는 것은 이것들을 산림청이 시장가격으로 팔지 못했기 때문이다.[14)]

산림청의 문제점에 대해 오툴이 내린 진단은 경제학적 분석에 따른 것으로, 환경문제에 경제학적 분석이 어떻게 이용되는가를 잘 보여주는 하나의 예이다.

산림청은 세입이나 지출의 균형을 맞출 필요가 없는 정부 부서이다. 산림청의 정책이 갖고 있는 경제적이고도 환경적인 문제점들은 "무지나 악의에서 비롯된 것이 아니라 인센티브의 결핍에서 비롯된 것"이다. 비효과적인 관리 경영과 환경문제는 그 자체 발생한 문제가 아니라, 산림청 내에 존재하는 제도적인 결함에서 비롯된 것이라고 오툴은 말하는

---

13) 같은 책, xi쪽.

14) 같은 책, xii쪽.

것이다.[15] 그리고 이러한 제도적 결함은 산림청이 사적인 영리를 목적으로 하는 자유시장에서 작동하는 경제법칙에 따라 움직이지 않는다는 사실에 기인한다.

오툴의 분석은 '인간의 선택은 인센티브에 의해 강하게 영향받는다는 경제학의 기본 가정'에 기초한다.[16] 현재의 산림청은 단지 '예산 극대화'라는 인센티브만을 갖고 있을 뿐, 국민들에게 '야생지와 목재, 야생생물, 물고기, 기타 산림자원'을 제공해야겠다는 인센티브를 가지고 있지 않다. 그런데 경제학의 법칙은 우리들에게 '인센티브를 변화시키면, 정책도 달라진다'는 교훈을 말해 준다.

산림청의 정책 실패의 원인은 무엇인가? 우선 산림청은 기본적으로 의회에 책임을 지도록 되어 있다. 의회와 마찬가지로, 상충하거나 때때로 모순되는 이익집단의 요구들을 균형 있게 만족시키는 것이 산림청의 결정 방식이다. 미 대륙 북서부 지역의 얼룩올빼미를 보호하는 것과 관련한 최근의 논란은 산림청이 직면한 문제를 잘 보여준다. 현재 산림청의 기본 인센티브는 이익집단의 요구를 최대한 만족시키는 것이다. 설사 이것이 장기적이고, 합리적이고, 효율적인 정책이 아닐지라도, 그러하다. 입법의 질이 아니라 재당선비율에 의해 그 성공 여부를 평가받는 의회와 마찬가지로, 산림청은 예산 유보율 이외에는 성공 여부를 평가받는 기준이 없다. 예산을 유지하거나 증가시키기 위해 산림청은 선거구민들의 요구에 적절히 대응할 수밖에 없다.[17]

---

15) 같은 책, xi, 7쪽.

16) 같은 책, 101쪽.

17) O'Toole은 이러한 주장을 뒷받침하기 위해 다음의 세부적인 연구 성과를 인용하고 있다. R. Johnson, "US Forest Service Policy and Its Budget", *Forestlands : Public and Private* (Pacific Institute for Public Policy Research, 1985), 103～133쪽.

두 번째 문제점은 예산의 상당 부분이 목재 판매로 인한 세입에서 온다는 점이다. 한 가지 예로 1930년 크너선-반덴버그의 법안을 들 수 있는데, 이것은 산림청이 목재판매에서 오는 돈으로 산림녹화기금을 충당하도록 하는 법안이다. 의회의 생각은 이 법안을 통해서 납세자에게 부담을 지우지 않고도, 의도한 목표를 성취할 수 있으리라는 것이다. 하지만 이로 말미암아 산림청의 예산은 목재판매에 의존했고, 결국 저가(低價)에도 목재를 팔도록 산림청에 동기를 제공한 셈이 되었다. 즉 세입과 지출의 균형을 맞출 필요도, 목재판매와 산림의 다른 용도 간의 균형을 맞출 필요도 없게 되었다.

그래서 오툴에 따르면, 고전경제학적 분석을 통해 생태적으로 건전한 방식으로 국유림을 관리하지 못한 산림청의 근본 문제점을 규명할 수 있다. 정부는 조직 구성상 자신의 예산을 극대화하는 것 이외에는 어떤 인센티브도 갖고 있지 못하다.

이것이 산림청의 패착에 대한 진단이다. 그렇다면 그 해결책은 무엇인가? 고전경제학이 추천하는 대안은 '산림청의 시장화'이다. 즉 산림청은 민간 부문의 기업 경영자들이 경쟁적인 방식으로 이윤을 추구하는 것을 배워야 한다. 시장의 경제법칙에 따를 때 대중의 다양한 요구를 가장 잘 만족시키는 결정이 나온다. 시장은 '가장 효과적인 산림 자원의 생산과 산림의 효과적인 할당'을 보장한다. 시장은 국민들이 원하는 야생지, 목재, 야생 생물, 물고기, 기타 자원을 제공할 것이다.

이것과 핀쇼의 견해를 비교하는 것이 흥미로울 것 같다. 둘 다 목표에 대해서는 의견을 같이 한다. 즉 이들의 목표는 최대다수의 최대선을 위해 산림지를 사용하는 것이다. 이러한 방식에 있어서, 둘 다 개인들의 선호를 최대한 만족시키려는 공리주의적 목표를 받아들인다. 국민들이 원하는 것을 최대한 제공하도록 산림을 이용해야 한다. 하지만 이러한 목표를 달성하는 방법에 있어서는 서로 차이가 있다. 핀쇼는 과학 임업가와 기타 다른 정책과 관련한 전문가에게 그 일을 맡기는 반면, 오툴은 경쟁적이고, 자유롭고 공개된 시장을 신뢰한다. 오툴에 따르면, 경제학자의 역할은 구체적인 정책 결정을 내리는 것이 아니라, 단지 시장이 작동하는 데 방해가 되는 방해물을 제거하는 것이다. 시장이야말로 최대한의 욕구를 실현하는 공리주의적 목표를 달성하기 위한 가장 적절한 수단인 것이다.

오툴은 자신의 주장을 옹호하기 위해, 새로운 자원경제학의 성과물, 특히 바덴(John Baden)과 스트룹(Richard Stroup)의 저작을 인용한다.[18] 이들 경제학자들에 따르면, 자연 자원을 전문가에 의해 공공복지를 위해 경영될 수 있는 공공재(public goods)로 생각하는 것은 잘못이다. 우리는 모든 시민들이 공유지와 거기에 있는 자원의 자기 몫으로부터 자기의 이익을 얻으리라고 생각해서는 안 된다. 자원의 정책 결정을 정부 관료에게 맡겨 공공재에 대한 정책 결정을 위탁한다는 것은 사람들을 근본적으로 개조시켜, 공공 이익이 곧 자기 이익이 된다는 것을 가정하고 있는 것이다.[19]

이들 경제학자들은 시장이야말로 가장 공평하고 합리적인 정책 결정 수단이라고 주장한다. 시장은 정책 결정에 관계된 사람들만의 참여를 요구하며, 따라서 더 공평하다고 할 수 있다. 또한 사람들이 모두 자기 이익을 추구한다고 가정하는 것이 더 합리적이다. 20세기 미국에서 발

18) 특히 R. Stroup과 J. Baden 공저, *Natural Resources : Bureaucratic Myths and Environmental Management* (Pacific Institute for Public Policy Research, 1983)를 참고할 것. 새로운 자원경제학자들은 신고전파 경제학에 근거해 정책을 분석하고, 대안을 제시한다. 그들은 대개의 환경문제가 시장형성의 실패에서 비롯된 것으로 보며, 따라서 자유경쟁시장을 작동하게 해 주는 정책을 대안으로 제시한다.

19) 같은 책, 7쪽, 29쪽.

생한 환경 파괴는 시장의 법칙을 무시했기 때문에 발생한 것이다.[20]

그렇다면 구체적으로 산림청은 구체적으로 어떻게 시장을 모방해야 하는가? 산림청은 사유재산의 소유자들이 자신의 재산을 관리하는 방식으로, 그렇게 자원을 관리해야 한다. 사유재산의 소유자들은 자신의 재산을 자기 이익을 극대화하도록 사용한다. 바덴과 스토룹은 다음과 같이 설명하고 있다.

> 만일 들소가 나의 것도 아니고, 또한 들소를 다른 사람에게 팔아 이익을 취할 수 없다면, 다른 사람들이 들소에 얼마나 관심이 있는지에 대해 내가 알 필요가 없다. 나는 내가 하고 싶은 대로 하면 될 뿐이다. 하지만 만일 들소가 내 것이고, 내가 그것을 팔 수 있다면, 들소에 대해 다른 사람들이 어떻게 평가할지를 고려할 동기를 갖게 된다. 그때 나는 경제적 손실을 감수하지 않고서는 들소를 함부로 대할 수 없을 것이다.[21]

산림청은 국유 산림지를 사용해 이윤을 얻어야 한다. 경제학의 법칙에서 볼 때, 어떤 정책을 통해 이윤을 남겼다는 것은 그것을 통해 가장 효과적인 방식으로 수요를 만족시켰음을 의미한다. 최대 이윤은 자원을 가장 귀중하게 생각하는 사람, 기꺼이 거기에 돈을 지불하려는 사람이 그 자원을 가졌다는 것을 의미한다. 그래서 오툴은 모든 산림정책은 이윤(순수익)을 추구해야지, 총수입(매출 극대화)을 추구해서는 안 된다고 주장한다.

이것은 우선 목재가 더 이상 일정 가격 이하로는 제공되지 않는다는 것을 의미한다. 국유림의 벌목권을 공개시장에서 판매하면 벌목권의 가

---

20) O'Toole, 앞의 책, 190쪽.

21) Stroup과 Baden, 앞의 책, 14쪽.

격이 상승한다. 벌목권의 가격이 상승하면 수요와 공급의 경제법칙에 따라 목재의 수요가 감소하는데, 이는 야생 생물을 보전해 주고, 레크리에이션 용도로 사용할 수 있는 산림의 총량이 증가한다는 것을 의미한다. 국유림을 야생지나 레크리에이션 용도로 사용할 의향이 있는 개인들은 물론 그러한 사용을 위해서 비용을 지불해야 한다. '사용자 부담'의 원칙은 산림을 다양한 목적 – 목재, 야생, 레크리에이션 – 으로 이용하기 위해 경쟁하는 사람들이 그러한 권리를 위해 입찰에 응한다는 것을 의미한다. 산림청은 이러한 방식을 통해 산림으로 인한 이윤을 극대화시키면서, 동시에 이들 서로 경쟁하는 이익관심들 간의 균형도 이룰 수 있을 것이다. 자원을 소중히 생각하는 집단이라면 그것을 위해 기꺼이 비용을 지불할 것이고, 그리고 그러한 방식이 자원을 가장 효과적으로 이용하는 것이다. 시장은 경쟁하는 소비욕구를 최적 상태에서 만족시킨다. 시장은 야생, 목재, 야생생물, 물고기 등 국민이 원하는 모든 것을 가져다 줄 것이다.

이러한 견해가 지니는 윤리적 의미를 검토하기 전에, 대기오염과 수질오염에 관한 경제학적 분석을 살펴보겠다.

3.4 오염과 경제학

이 장 서두에 나온 사례 분석에서 나타나듯이, 수질오염과 대기오염은 가장 긴박한 환경문제들에 속한다고 볼 수 있다. 오염된 물이나 공기에 의해 영향 받지 않는 사람이 거의 없기 때문이다. 그러나 문제의 심각성에 대해서는 대개 동의하지만, 그 해결책에 대해서는 견해가 서로 다르다.

오염문제를 해결하기 위해 풀어야 할 문제들 중 하나는 우선 목표를 어떻게 정할 것인가 하는 것이다. 모든 사람이 깨끗한 물과 공기를 원하긴 한다. 하지만 '깨끗하다(clean)'는 것은 정확히 무엇을 의미하며, 이를 위해 잃어야 하는 것은 무엇인가? 어떤 첨가물도 없는 절대적인 의미의 순수한(pure) 물은 실험실 안에서나 존재하고 자연상태에서는 없다고 보아야 할 것이다. 깨끗한 공기란 무엇을 의미하는가? 대기는 질소(78%)와 산소(21%)를 포함하고 있으며, 많은 다른 가스와 물, 고체를 포함하고 있다. 얼마나 깨끗해야지 깨끗한 것이라고 할 수 있는가?

아마도 이 물음에 대해서는 단 하나의 답변이 가능할 것이다. 즉 물과 공기는 그것이 인간이 소비할 수 있을 만큼 안전하다면, 깨끗하다고 보아야 한다. 그러나 안전이 우리가 고려해야 하는 유일한 요인은 아니다. 안전 여부를 결정하려면, 위험을 정의하고, 기술하고 평가해야 한다. 또한 위험과 이득의 균형을 맞춰야 하는데, 이는 매일 우리가 실제 하고 있는 일이다. 복잡한 거리를 건너는 것은 안전한가? 차를 모는 것은? 화학첨가제가 함유된 음식을 먹는 것은 안전한가?

위험도가 수용할 만한 것으로 판단되면, 그리고 그것이 주는 이득이 예상되는 비용보다 크다면, 그것은 안전한 것으로 판단된다. 문제를 이런 식으로 정의한다면, 왜 오염문제를 경제적 문제로 보는 것이 좋은지 그 이유를 알 수 있을 것이다. 최소의 비용으로 최대의 이득을 얻기 위해서는 어떤 방식으로 자원이 할당되어야 하는가? 각기 다른 오염상태에 드는 각각의 비용과 이득은 얼마인가?

백스터(William Baxter)는 『사람과 펭귄 : 적정 상태의 오염』이란 책에서, 오툴의 산림 보전 정책 분석과 유사한 방식으로 오염을 경제학적으로 분석하고 있다.[22] 백스터는 다음과 같이 말하고 있다.

---

22) W. F. Baxter, *People or Penguins : The Case for Optimal Pollutions* (Columbia Univ Press, 1974).

> 오염문제 또는 환경문제가 있다는 것은 최소한 인간의 만족을 극대화하는 방식으로 자원이 사용되지 않았다는 것을 의미한다. 이러한 관점에서 환경문제는 경제학의 문제이며, 경제학적 분석을 적용함으로써 더 나은 인식이 가능하다.[23]

백스터는 몇 가지 기본 가정을 검토하면서 그의 논의를 시작한다. 우선 그는 타인의 이익에 해를 끼치지 않는 한, 자기가 원하는 대로 할 자유가 있다고 보며, 이런 자유를 소중히 여긴다. 그리고 그는 '낭비는 나쁜 것'이며, 낭비는 최대한의 만족을 실현시키지 않는 자원의 사용을 의미한다고 가정한다.[24] 그는 또한 인간이 모든 가치의 근원이고, 환경정책은 '인간을 위한 것(human oriented)'이어야 한다고 가정한다.

그는 DDT 살충제가 펭귄에게 가한 위험을 분석하면서 이 점을 명확히 한다.

> 나의 기준은 인간을 위한 것이지, 펭귄을 위한 것이 아니다. 펭귄이나 잣나무, 기암괴석에 해가 가해졌다는 말은 무의미하며, 고려할 필요가 없다. 펭귄은 그것이 바위 위를 걷는 것을 인간이 보는 한에 있어서만 중요하다.… 그 자체로 펭귄을 보전할 이익관심은 없다.[25]

백스터는 이러한 가정 위에서 오염에 대한 경제학적 분석을 시작한다. 대기 또는 수질의 자연상의 좋은 상태가 있다는 것을 부정한 다음, 그는 인간을 배제한 상태에서는 깨끗한 물이나 순수한 물에 대한 어떤 규범적인 정의(定義)도 존재하지 않는다고 주장한다.[26] 백스터는 위험

---

23) 같은 책, 17쪽.
24) 같은 책, 5쪽
25) 같은 책, 5쪽.
26) 같은 책, 8쪽

에 대한 앞서의 분석과 유사한 맥락에서 깨끗한 공기와 물은 인간에 의해 받아들여지는 한에 있어서의 깨끗한 공기와 물이라고 주장한다. 오염이 너무 심한 것도 참을 수 없겠지만, 오염이 너무 적은 것도 마찬가지로 받아들이기가 어렵다. 오염으로부터 전적으로 배제된 공기와 물을 원할 수는 있겠지만, 이를 위해 치러야 하는 비용이 너무 크기 때문이다. 본질적으로 사회는 적절한 위험, 즉 적정 수준의 오염을 지향한다. 적정 수준이라는 것은

> 인간의 최대한의 만족을 위해 사회가 알면서도 사려 깊게 받아들이는 오염의 양을 의미한다.[27)]

백스터는 경제학적 사고와 일관되게, 자유경쟁시장이 이러한 최대의 만족을 낳는 메커니즘이라고 믿는다. 시장은 과연 어떻게 작용하는가?

백스터는 우리가 내리는 대개의 결정은 일종의 거래(tradeoff)라는 점을 상기시킨다. 만일 하나를 선택한다면, 다른 하나를 포기하는 것이다. 어떤 기회를 선택하면 다른 기회는 사라지는 것이다. 이것이 고전경제학에서 말하는 비용(costs)의 의미이다. 어떤 것의 비용은 그것을 얻기 위해 포기해야만 하는 가치를 의미한다. 백스터가 든 예를 든다면, 댐을 건설하겠다고 결정했다면 댐 건설에 사용된 자원들은 빌딩이나 낚시터, 학교, 또는 전기 캔 따개를 만드는 데 사용되지 못한다. 그 댐의 비용은 다른 용도로도 사용될 수 있었지만, 댐을 건설함으로써 그 때 사용된 자원들—노동력, 건설 자재, 기술, 자본, 에너지—은 상실된다.

따라서 수질과 대기오염의 비용은 이러한 목표를 성취하기 위해 포기해야 할 다른 재화이다. 요약하자면, 우리는 거래를 할 필요가 있다. 오

---

27) 같은 책, 8쪽.

염을 제거하는 데 사용되는 자원들은 세척기, 병원, 학교, B-1 폭격기 등을 만드는 데 사용될 수 없다. 만족의 측면에서 순이익이 있을 경우에만 우리는 거래를 계속할 수 있다. 즉 이득이 추가되는 비용보다 클 때에만 거래를 할 수 있는 것이다. 오염의 적정 수준은 오염을 줄이기 위해 행해질 다음의 거래가 만족의 하락을 결과하는 바로 그 평형점이다. 이 지점이 오염제거에 사용된 자원이 다른 곳에 사용되는 것보다 더 높은 가치를 가지는 지점이다.

한 가지 예를 통해 이러한 과정이 어떻게 작용하는가를 살펴보자. 식수가 보건당국의 기준치에 약간 미달한다고 가정해 보자. 오염을 기준치 이하로 낮추기 위해서는 비용이 요구된다. 예를 들면, 여기에 소요되는 세금은 학교나 도로 건설에 사용될 수 없다. 비용보다 이익이 더 크다고 사회가 생각했다고 가정해 보자. 이 경우 사람들은 새로 포장된 도로는 가질 수 없겠지만, 더 깨끗한 물을 얻을 수 있을 것이다. 그 결과 현 상태 또는 다른 결정을 할 때보다 더 큰 만족을 사회는 얻는다.

한편 사회가 오염이 전적으로 없는 식수를 원한다고 가정해 보자. 이를 얻는 데 소요되는 비용은 엄청날 것이다. 즉 다른 계획들은 포기해야 하고 세금은 더 올라갈 것이다. 궁극적으로 사회는 이런 거래를 어디에서 그만둘 것인가를 결정해야 한다. 바로 이 지점이 깨끗한 물의 가치가 이를 위해 포기되어야 하는 다른 재화나 비용에 못 미치는 지점이다. 이 지점에서도 깨끗한 물을 얻으려고 결정한다면 그것은 만족의 총량을 감소시키는 결과를 낳을 것이다.

고전경제학에 따르면 다양하고 상충하는 욕구들의 균형점에 도달하는 것이 공공 정책 결정의 목표이다. 이 지점이 최적의 만족이 성취되는 지점이다. 그리고 이 지점이 자원의 할당에 관한 다른 정책이 결과하는 것보다 더 많은 만족을 얻는 지점이다. 이것을 우리는 '오염의 적정 수

준'이라고 부른다.

백스터는 자신의 분석이 일반적이고 추상적이어서, 실제 상황에서는 별로 도움이 안 될 것이라는 점을 인정한다.[28] 하지만 이것은 적어도 이론상으로는 자유, 공개, 경쟁시장의 결과를 날카롭게 분석한 것이라고 할 수 있다. 재화와 서비스가 자유롭게 교환될 때, 그리고 경쟁으로 말미암아 다른 선택이 가능할 때, 그리고 개인들이 자신의 복지를 극대화하려 할 때, 욕구의 최적 만족이 이루어진다고 경제학은 말한다. 이런 과정을 통해 보다 많은 사람들이 자기가 원하는 것을 가장 많이 얻는다.

> 개인들이 자기가 원하는 방식으로 자원을 자유롭게 교환할 때, 적어도 이론상으로는 가능한 최대의 만족을 낳는 방식으로 자원이 배치된다고 말할 수 있다.[29]

산림 보전 문제에 대한 오툴의 해결책과 마찬가지로 오염문제에 대한 백스터의 해결책은 자유시장의 기능을 강조한다. 두 경우 모두, 경제학적 방식과 방법론을 통해 환경문제에 대해 나름대로 처방을 내린다. 결론은 자유시장의 원리에 따를 때, 그 사회는 가장 성공적으로 환경문제에 대처하는 것이 된다.

3.5 경제학적 분석에서 윤리적인 문제

백스터와 오툴의 해결책을 검토하기 전에, 문제를 명료하게 할 필요가 있다. 응용윤리의 첫 단계는 문제가 되는 윤리적 주제들을 규명하고

28) 같은 책, 27쪽.

29) 같은 책, 27쪽.

명료화하는 일이다.

1장에서 논의했듯이, 환경문제에 부딪쳤을 때 경제학같이 기술적이고 객관적인 학문에 기대를 걸고 싶어진다. 그 이유 중 하나는 과학적이고 기술적인 학문에 맴도는 객관성의 신화 때문이다. 이러한 신화에 따르면, 과학적 방법은 우리가 안고 있는 문제들에 대한 엄밀하고도 객관적인 해답을 제시한다. 이러한 견지에서 보았을 때, 경제학 같은 과학은 가치중립적이다. 따라서 윤리학적 분석의 출발점은 이러한 경제학적 분석들이 어떻게 가치 전제에 의해 심각하게 영향을 받고 있는가를 보이는 것이다. 경제학적 분석이 실상은 가치의존적임을 보이는 것이 윤리학적 분석의 첫 단계이다.

고전경제학적 분석이 갖는 윤리학적 틀은 목적과 수단의 관점에서 이해할 수 있다. 경제정책의 목적은 개인의 욕구를 최대한 만족시키는 것, 즉 최대행복을 추구하는 것이다. 그리고 자유경쟁시장은 이러한 목적을 달성하는 최선의 수단이다.

오툴이나 백스터에서 보았듯이, 환경문제를 경제학적으로 분석하는 것은 기본적으로 공리주의 윤리학을 가정한다. 경제학적 분석이 표방하거나 은연중에 가정하는 궁극적인 정책 목표는 전체 선을 극대화한다는 공리주의의 목표이다. 전체 선에 대한 규정과 이러한 목표를 달성하기 위한 수단을 고려해 볼 때, 그들의 입장은 선호 공리주의(preference utilitarianism)에 해당한다. 이들의 주장을 좀 더 자세히 살펴보자.

아마도 핀쇼(Gifford Pinchot)는 자신의 정책이 공리주의적 목표를 추구한다고 가장 명확히 밝힌 사람일 것이다. 그의 산림 정책은 '최장기간 동안의 최대 다수의 최대선'을 추구한다. 오툴은 그보다는 덜 명확하나, 마찬가지로 공리주의자이다. 그의 입장 또한 미국 국민들이 원하는 욕구를 최대한 만족시키는 것을 추구한다. 백스터의 입장 또한 최대한의 만족을 위해 자원을 사용해야 한다고 주장한다. 그래서 그들은 모두 얼마나 좋은 결과를 산출하는가 그 여부에 따라 환경정책을 평가한다.

핀쇼는 이러한 목표를 달성하기 위해서는 과학적 경영 기법이 최선의 방법이라고 믿었다. 오툴과 백스터는 시장이 이용 가능한 가장 효과적인 수단이라고 믿었다. 그들이 시장에 의존한 이유와 관련하여 또 하나의 가정이 부가된다. 사람들이 원할 것이라고 다른 사람들이(가령, 전문 임업가) 생각하는 것이 중요한 것이 아니라, 실제 당사자들이 원한다고 표명한 것이 중요하며, 시장은 이것을 중시한다. 즉 시장 공리주의는 선이란 다름 아닌 사람들이 실제 원하는 것이며, 그것을 아는 최선의 방식은 실제 사람들이 돈을 주고 시장에서 사는 것이 무엇인가를 보는 것이라고 가정한다.

시장이야말로 사람들의 원하는 바가 무엇인지를 가장 잘 결정해 주는 방식이라고 말하는 것은 그것이 가장 효과적인 수단이라고 말하는 것뿐만 아니라 그것이 윤리적으로 최선의 방식이라고 말하는 것이다. 그런데 왜 공공정책은 시장에서 표현되는 사람들의 선호를 중시해야 하는가? 이 문제에 대한 백스터와 오툴의 답변에서 우리는 최소한 다음 세 가지 철학적 답변을 발견할 수 있다.

첫째, 시장 공리주의는 개인의 자유를 중시한다고 생각된다. 백스터는 모든 사람들은 타인의 이익에 손실을 끼치지 않는 한, 자기가 원하는 것을 자유롭게 해야 한다는 것이 '우리 문명의 기본 지침'이라고 생각한다.[30] 자신이 인정하듯이, 환경문제에 대한 시장적 해결은 이러한 기준에서 연유된 것이다. 오툴은 시장에서 사람들은 자유의사에 의해 선택하기 때문에, 시장은 개인의 자유를 존중하는 제도라고 말한다.[31] 반면

30) 같은 책, 2쪽.

31) O'Toole, 앞의 책, 189쪽.

정부의 규제는 강제력에 기초하며, 따라서 정부의 규제보다는 시장이 더 바람직하다. 그래서 오툴과 백스터는 전문가의 역할을 강조하는 핀쇼의 입장에 대해 전문가에 의존하는 것은 개인의 선택의 자유에 대한 위협이 된다고 해서 거부한다.

둘째, 시장 공리주의를 지지하는 근거는 사적 소유권의 가치와 관련된다. 오툴은 "시장은 사적 소유권을 그 배경으로 하는데, … 시장이 기능하기 위해서는 자원에 대한 사적 소유권이 쉽게 이전될 수 있어야 한다. … 권리가 사적인 것으로 인정되고, 쉽게 이전될 수 있을 때 시장은 기능한다."고 말한다. 실로 "야생 생물의 보호, 대기오염, 물의 오염 등과 같은 대개의 환경문제는 이전 가능한 사적 소유권이 부족하기 때문에 발생한 것이다."[32] 따라서 시장적 해결 방안도 사적 소유권이 인정되고 존중되는 사회에서만 합리적인 대안이 될 수 있을 것이다.

셋째, 시장적 해결 방안은 인간의 본성에 대한 일정한 철학적 가정에 기초한다. 오툴은 산림청의 문제는 인센티브가 없었기 때문이라고 주장했다. 그는 경제학의 기본 가정은 사람들의 결정은 인센티브에 의해 강하게 영향 받으며, 인센티브가 변하면 사람들의 결정 또한 변한다는 것이라고 말한다. 그 자체로, 이것은 사실인 것 같다. 하지만 과연 인센티브란 무엇인가? 그 대답은 오툴이 핀쇼의 입장을 비판하면서, 바덴과 스토롭의 근거를 인용할 때 나타난다.

> 예를 들어, 국유림은 공공에 의해 채용된 '과학적 임업가'들이 공공의 이익을 가장 잘 충족시켜 주는 관리 방법을 객관적으로 결정할 수 있다는 믿음에서 생긴 것이다. 그러나 관리자들이 이타적일 거라고 가정하는 것은 스토롭과 바덴이 말하듯이, 사람들이 공공 이익이 곧 자기

32) 같은 책, 188~190책.

이익이라고 생각할 만큼 문화가 사람들을 개조할 수 있다는 것을 가정하는 것이다. 하지만 소유권이론은 이를 가정하지 않는다. 그것은 정책 결정자들은 어떤 상황에서든 자기의 이익을 추구할 것이라고 가정한다.[33]

자기 이익은 인간의 유일한 행위 동기는 아니지만 기본적인 행위 동기라고 가정된다. 여기서 자기 이익의 개념은 자기의 만족 또는 효용을 극대화한다는 고전적 공리주의의 의미이다. 타인의 이익을 위해서 행위한다는 이타주의는 인간의 본성이 '개조될(rewire)' 때만이 가능하다. 백스터에 따르면,

> 인간이 이런 식으로 행위 하는 것은 너무 이기적(selfish)이지 않느냐는 반론이 가능하다. 물론 확실히 이기적이다. 하지만 내가 생각하기에는 이것이야말로 몇 가지 이유에서 분석의 유일한 출발점이다. 이외의 다른 어떤 입장도 실제로 사람들이 사고하고 행위 하는 방식과 일치하지 않는다. 즉 실재와 일치하지 않는다.[34]

경제학적 분석은 개인의 자유와 사유재산권의 가치를 전제하며, 따라서 인간의 본성에 대해 일정한 철학적 가정을 하고 있다. 최대다수의 최대행복이란 공리주의의 목표와 함께, 이러한 가치전제는 명확히 경제학적 분석이 갖는 철학적이고 윤리학적인 측면을 보여준다. 우리가 일반적으로 알고 있는 것과는 달리, 경제학적 분석과 방법론은 환경문제에 대한 윤리적으로 중립적인 답변을 제공하지 않는다. 경제학이 추천하는 해결 방식은 몇 가지 가치문제에 대해서 이미 철학적 가정을 하고 있다.

---

33) 같은 책, 190쪽.

34) Baxter, 앞의 책, 5쪽.

그래서 경제학적 분석은 철학적 윤리학의 대상이 된다. 응용윤리의 모델을 가지고 경제학적 분석이 과연 정당한 해결책을 내놓고 있는지 살펴보겠다.

3.6 비용편익분석

비용편익분석(cost-benefit analysis)은 대안이 여러 개 있을 때 그 중 하나를 선택하는 기법으로, 경제학적 분석의 핵심이다. 오툴과 백스터의 분석도 이에 기반하고 있다. 권리입법, 자연의 현명한 사용 운동과 관련된 논의에서, 그리고 청정대기법, 청정수질법, 멸종생물보호법과 관련해 의회에서 있었던 최근의 정책토론회에서도 비용편익분석은 주요 쟁점 사항이었다. 비판자들은 환경 관련법들을 완전 개정, 비용편익분석이 주가 되는 방향으로 바꿔야 한다고 주장한다. 예를 들어, 멸종생물보호법에 대한 반대론자들은 얼룩올빼미를 보호한다는 명목으로 벌목을 금지하기 전에, 얼룩올빼미를 보호하는 데에서 오는 이득이 그로 인해 벌목업자, 목재업자, 지역공동체 등등이 입는 손해를 압도하는가 그 여부를 검증해야 한다고 주장한다.

이들이 보기에 비용편익분석은 매우 간단하고 분명한 단계로 이루어졌다. 정책을 결정하기 전에, 그 정책 시행으로 인한 이득이 비용보다 더 큰가 여부를 살펴보기만 하면 된다. 하지만 비용편익분석은 보이는 것처럼 간단하지도, 가치중립적이지도 않다.

비용편익분석은 '비용효과분석(cost effectiveness analysis)'과 다른데, 이 점이 중요하다. 비용효과분석은 목표가 주어졌을 때, 그 목표와 관련 가장 효과적인 수단을 찾는 분석 방법이다. 간단한 예를 들자면, 식수에 함유된 오염물질의 총량을 줄이는 것과 관련해 비용효과분석은 가정의 수도꼭지에 정수필터를 설치하는 비용과 정수장에 중앙수질관리장치를 건설하는 비용을 비교해 결정한다. 두 방법 중에서 어느 것이건 효율적인 것, 즉 비용이 적게 되는 것을 시행하면 된다.

반면 비용편익분석은 목적 자체가 비용의 측면에서 추구할 만한 가치가 있는 것인가 그 여부까지도 결정한다. 즉 정책 결정의 수단뿐만 아니라 목적까지도 경제학적 분석 대상으로 삼는 것이다. 비용편익분석과 비용효과분석의 차이점을 명확히 안다면, 비용편익분석의 매력은 사실 비용효과분석과 그것을 혼동한 결과임을 알 수 있을 것이다. 한 가지 예를 들어보자.

한 어린이가 병을 앓고 있고, 그 병에 대해서 효과가 비슷한 치료방법이 여러 개 있다고 가정하자. 비용효과분석은 그 중 가장 저렴한 방법을 선택한다. 반면 비용편익분석은 어린이의 건강으로 인한 이득과 그것에 소요되는 비용을 비교한 다음, 순 이익을 극대화하는 전략을 추구한다. 그래서 어린이의 건강이 과연 그 비용을 상쇄할 만큼 가치 있는 것인가 여부를 검토한다. 물론 슬픈 사실이긴 하지만 종종 이런 검토가 필요한 것도 사실이다. 하지만 이것은 그리 바람직한 방법은 아닐 것이다.

이것은 비용편익분석과 관련해 또 하나의 문제를 야기한다. 그것은 우리의 가치, 목표가 과연 경제적 개념으로 표현될 수 있고, 표현되어야 하는가 하는 문제이다. 비용편익분석은 이득과 비용의 비교를 요구한다. 사과가 좋은가 아니면 오렌지가 좋은가 하는 아주 오래된 문제에서처럼 비교 문제는 쉽지 않고, 결국 그것은 경제적 개념으로, 그래서 화폐에 의해 표현되는 경향이 있다. 하지만 비록 경제학자들의 정교한 분석에도 불구하고, 그것이 가능한지는 의심스럽다.

예를 들어, 몇 년 전 나는 캐나다의 퀘티코 공원으로 카누 여행을 떠난 적이 있다. 이 야생지역을 보전하기 위해 입장은 허가증이 발부된 사람만 가능했고, 모터 보트의 사용도 금지되었다. 공원관리인에게 입장 신고서를 제출할 때, 간단한 설문지에 답해야 했다. 그것은 허가증의 가격 및 배부 범위를 놓고 향후의 공원정책 결정에 참고할 용도로 만들어진 것이었다. 거기에는 만일 캠핑객을 엄격히 제한함으로써 대머리독수리와 미국산 큰사슴을 볼 수 있을 경우, 공원의 입장 허가증을 얻기 위해 얼마의 비용지불용의가 있는가를 묻는 항목이 있었다. 공개된 자유시장에서는 그런 허가증에 대한 가격을 찾을 수 없기 때문에, 그것의 적정 가격을 산출할 정교한 장치가 필요했던 것이다.

이것은 시장에서 거래되지 않는 것의 비용을 책정하는 것의 어려움을 보여준다. 그런데 여기에는 또 다른 위험이 존재한다. 깨끗한 공기와 물, 그리고 멸종 위기에 처한 생물 등 환경재에 대한 가격은 시장에 존재하지 않기 때문에, 비용편익분석은 그 가격을 산출하기 위해 경제학자나 다른 사회과학자에게 의존해야만 한다. 그래서 그들은 만일 그것에 대한 시장가격이 존재한다면 그것은 얼마가 될 것이다라는 점을 말해 줄 것이다. 그것은 예를 들어, 산림정책 결정과 관련해 시장이 아닌 '전문가'에 의존해야 한다는 것을 의미한다. 하지만 이 때 전문가는 생태학 및 과학적 훈련을 받은 임업가가 아니라, 대학이나 기업체에서 일하는 경제학자일 것이다. 그것은 경제학적 분석의 장점이라고 주장되었던 장점－즉 정책 결정을 관료나 전문가의 손에서 벗어나 시민들이 직접 한다는 것－이 사라진다는 것을 의미한다.

또한 과연 환경으로 인한 이득을 경제적 수치로 나타낼 수 있는가와는 별도로 꼭 그래야만 하는가 하는 문제가 제기될 수 있다. 어린이의 건강에 대한 예가 보여주듯이, 우리는 어떤 가치에 대해서는 그것의 가치를 그것의 경제적 비용으로 환원하기를 거부한다. 가령 우리는 민주주의의 가치를 비용편익분석에 의해 평가하기를 거부한다. 또한 우정에 대해서도, 그리고 그랜드 캐년에 대해서도 그럴 것이다. 더욱이 비용편익분석은 전적으로 인간중심적이다. 우리는 경제학자들이 동물이나 자연물의 본래적 가치에 대해서 말하는 것을 들은 적이 없다. 이 점을 고려하지 않고 비용편익분석을 채택하는 것은 가치와 관련된 매우 중요한 문제를 무시하는 것이다.

3.7 윤리학적 분석과 환경경제학

환경문제에 대한 현대의 경제학적 분석은 공리주의 윤리에 기초하며, 바로 그런 이유에서 철학자들은 공헌할 부분이 있다.[35] 앞장에서 간략하게 언급했던 일반적인 비판들은 경제학적 분석을 평가하는 데 출발점으로 유용하다.

공리주의자들은 결과를 양화하고 측정할 때 몇 가지 문제에 봉착한다. 한 가지 문제는 질적인 것을 양화하는 문제이다. 예를 들어 깨끗한 또는 안전한 물과 공기의 질을 평가할 때 그런 문제가 발생한다. 질적인 것을 양화할 방도가 없기 때문에 질적인 것은 경제학적 접근으로 규명이 불가능하다. 두번째 문제는 질적인 것을 측정 가능한 범주로 번역하는 것과 관련된다. 백스터는 깨끗함(clean)과 안전함(safe)을 위험(risk)의 정도(위험의 정도는 양화될 수 있다는데)로 번역한다. 또한 오툴은 질적인 것을 경제적인 개념으로 번역했는데, 여기서 야생과 휴양지의 가치는 사용자가 그것에 지불하려는 가격으로 이해된다. 또 하나의 문제는 관련 주체의 범위를 인위적으로 제한하는 경향과 관련된다. 다음 장에서 보겠지만, 이러한 경향은 동물과 미래세대, 나무, 생명계 전체의 복지를

---

35) 공리주의에 대한 설명으로는 B. Williams의 *Morality : An Introduction to Ethics* (Harper Torchbooks, 1972)를 참고할 것.

체계적으로 무시한다는 비판도 있다. 경제학적 접근이 명백히 인간중심적이라는 비판은 앞으로 보다 자세히 검토될 것이다.

측정의 문제에서 보이듯, 경제학적 분석은 중요한 환경문제를 왜곡하고 무시할 가능성을 갖고 있다. 이제 경제학적 분석이 갖는 의미를 보다 포괄적으로 살펴보자.

새고프는, 「지구의 경제」라는 책에서 그 정점을 이루는 일련의 글에서, 환경정책 결정사람들이 일반적으로 사용하는 도구인 경제학적 분석이 갖고 있는 문제점을 아주 설득력 있게 규명하고 있다.[36] 이 장의 나머지 부분에서, 나는 응용윤리가 할 수 있는 최선의 사례로 새고프의 입장을 살펴보겠다. 그의 책은 정교하고도 강력한 다양한 논변으로 이루어졌지만, 우리는 이중 세 가지만 살펴보겠다.

새고프에 따르면, 대개의 경제학적 분석은 욕구(want)나 선호(preference)를 신념(belief)이나 가치(value)와 혼동한다. 경제학은 단지 욕구와 선호만을 다룬다. 왜냐하면 이것들이 시장에서 표현될 수 있기 때문이다. 시장은 욕구의 강도를 그것에 지불하려는 가격에 의해 평가한다. 그리고 비용편익분석 같은 것을 통해 각 개인들이 갖는 욕구들을 측정하고 비교하면서, 이를 최적 상태에서 실현할 효율적인 수단을 찾는다. 그러나 시장은 인간이 가진 신념이나 가치들을 측정할 수도, 양화할 수도 없다. 많은 환경문제들이 신념과 가치와 관련되는데, 경제학적 분석은 이 점을 밝힐 수 없다. 경제학이 환경정책을 다룰 경우, 그것은 신념을 단순한 욕구인 것처럼 취급하는데, 이는 사실을 매우 왜곡한 것이다. 초기의 논문에서 새고프는 다음과 같이 주장한다.

경제학적 방법은 공공정책을 정당화하는 데 필요한 정보를 제공하지

---

36) Mark Sagoff, *Economy of the Earth* (Cambridge Univ Press, 1990).

않는다. 경제학은 우리의 신념의 강도만을 측정하지, 신념을 그 자체의 의미로서 평가하지 않는다. 하지만 그런 평가가 정치적인 의사결정에는 필수 불가결하다. 이것이 내가 비용-편익분석에 반대하는 가장 큰 이유이다.[37]

욕구와 신념은 정확히 어떤 차이가 있는가? 그리고 그것의 차이는 왜 중요한가?

내가 하나의 욕구 또는 개인적 선호를 표명했을 때, 나는 순전히 개인적이고 주관적인 것을 표명하고 있는 것이다. 따라서 타인들이 이것에 대해 반대하거나 지지할 아무런 이유가 없다. 욕구는 참도 거짓도 아니다. 예를 들어 내가 초코 아이스크림에 대한 선호를 표명할 때, 다른 누가 이에 반대해서, "너는 그 향을 가장 좋아하지 않아"라고 말할 아무런 여지가 없다. 나는 나의 욕구에 관한 한 특권적인 지위를 누린다. 그것은 주어진 전제된 것(given)으로 간주된다. 경제학자들은 이익관심을 그런 식으로 생각한다. 나의 욕구의 강도는 그것을 위해 지불하려는 가격에 의해 측정된다.(나는 초코 아이스크림에 몇 달러 이상을 쓰려고 하지는 않을 것이다. 하지만 이것은 그것에 대한 욕구의 정당성 또는 타당성과는 아무런 관계가 없다.)

반면 신념에는 이성적인 평가가 따른다. 신념은 그것을 옹호하기 위해 근거(reasons)가 제시될 수 있다는 의미에서 객관적이다. 신념은 참일 수도, 거짓일 수도 있다. 어떤 개인이 그것에 지불하려는 가격에 의해 신념의 타당성을 판단하는 것은 커다란 잘못이다.(새고프는 이를 '범주 착오의 오류(category mistake)'라고 주장했다) 신념을 가격으로 환산하는 것은

37) Sagoff, "Economic Theory and Environmental Law", *Michigan Law Review* 79 (1981), 1393~1419쪽.

신념의 본질을 잘못 이해한 것이다.

새고프는 환경론자들이 심미적 의미나 상징적 의미에서 산림을 보전해야 한다고 주장할 때, 그것은 단순히 그들 개인의 욕구를 표명한 것은 아니라는 점에 유의해야 한다고 주장한다. 그때 환경론자들은 그것에 가장 기꺼이 가격을 지불하려고 해서가 아니라, 일정한 근거에 기초해 공공선에 대한 확신(conviction)을 표명하고 있는 것이다. 경제학은 신념과 확신을 분석할 방법이 없기 때문에, 그것들을 무시하거나, 단순한 욕구로 처리한다.

본질적으로 오툴의 '시장화' 전략이 그러하다. 오툴의 목표가 미국인들이 '욕구하는' 야생지를 확보하는 것이었음을 유의하자. 하지만 이러한 목표는 벌목업자, 등산인, 사냥꾼 등이 지불하려는 가격으로 생각되어서는 안 된다. 휴양지를 이용하고자 하는 사람이 그것의 이용 비용(벌목업자가 지불하려는 비용에 맞먹는 비용)을 지불하려 하지 않는다면, 정의(定義)에 의해 그 사람은 벌목업자만큼 휴양지를 '욕구(want)'하지 않는 것이 된다.

이번 장 서두에서 제시된 사례를 다시 살펴보자. 시에라 클럽의 보전론자들이 월트 디즈니 사만큼 미네랄 킹 계곡에 비용을 지불하지 않는다면, 그들은 스키인들이 새로운 스키장을 원하는 만큼 야생지를 원하는 것이 아니다. 마찬가지로 어떤 사회가 대기 및 수질 오염을 줄이는데 드는 세금을 낼 의사가 없다면, 그 사회는 더 낮은 세금이나 다른 공공계획을 원하는 만큼 깨끗한 공기와 물을 원하는 것이 아니다.

또한 모든 신념과 가치를 욕구와 선호의 차원으로 환원시키려는 경향은 인간의 본성을 왜곡하는 것이기도 하다. 그것은 인간을 항상 소비자(consumer)로만 취급한다. 최소한 경제학자들이 보는 한에 있어서, 인간은 일정한 욕구의 담지자일 뿐이다. 인간은 이러한 개인적 욕구를 어떻게 만족시킬 것만 궁리하는 존재이고, 경제학자의 역할은 이러한 목적을 달성하는 수단을 발견하는 것이다.

인간을 사유하는 이성적 존재로 보는 것이 대안으로 떠오를 수 있는데, 이것은 경제학적 분석에서는 무시된다. 시장은 인간의 신념이 이성적 근거에 의해 옹호되는 토론과 대화의 여지를 만들지 않는다. 시장은 인간이 단순히 수동적인 욕구 주체일 뿐만 아니라 능동적인 사유자라는 사실을 간과한다. 가장 중요한 사실은 욕구와 신념의 차이를 무시함으로써 경제학적 분석은 인간 삶의 가장 중요한 요소들—신념과 가치—을 단순히 개인적인 취향이나 의견의 문제로 환원한다는 것이다. 같은 강도를 갖고 있다면 그 내용과 무관하게, 모든 욕구는 동등하게 만족될 자격이 있다고 가정한다.

이러한 사실은 경제학적 분석이 갖고 있는 두번째 문제점과도 관련된다. 욕구와 신념의 차이를 무시함으로써 시장은 우리의 민주적인 정치 과정을 위협한다. 우리를 항상 그리고 오로지 소비자로 취급함으로써 시장은 시민(citizens)으로서의 우리의 삶을 무시한다. 소비자로서 우리는 사적인 욕구를 만족시키려 할 수도 있지만, 시민으로서 우리는 우리의 삶에 의미를 던져주고, 우리를 문화 속의 인간으로 규정해 주고, 그래서 우리를 인격체이게끔 해주는 목표와 열망을 추구하는 존재이기도 하다. 우리 사회는 자유-민주주의(liberal-democratic)사회이다. 그것은 자신의 목표를 추구할 개인의 자유를 소중히 여긴다는 점에서 자유주의적이며, 또한 집단적으로 공공선과 공유된 목표에 대한 동의를 추구한다는 점에서 민주주의적이다. 그래서 우리의 정치체제는 사적 이익과 동시에 공적 이익을 위한 여지를 남기고 있다. 우리는 사적 개인이면서 동시에 공적 시민이다. 시장은 이러한 공적 영역을 무시함으로써 민주주의적인 정치제도의 기반을 파괴한다. 새고프에 따르면,

> 환경에 대한 우리의 목표는—깨끗한 공기와 물, 야생지와 야생 생물의 보전 등—단순히 개인적인 욕구나 선호로 이해되어서는 안 된다. 그것은 시장이나 비용편익분석에 의해 가격 매겨질(priced) 수 있는 것이 아니라, 공공가치로서 입법화될 수 있는 견해나 신념이다. 이러한 목표는 국민으로서 우리가 갖는 특성에 기반한 것으로 넥타이나 담배를 선택할 때처럼 선택하는 것이 아니라, 그러한 목표는 우리가 승인하는 것이고, 현재 우리의 인격과 상태를 의미한다. 이러한 목표는 우리가 함께 승인하고, 그것에 대해 토론하고 비판할 수도 있는 공공가치가 실재한다는 것을 전제한다. 이것은 시장에서 적당히 가격 매겨질 수 있는 선호와 혼동되어서는 안 된다. 우리는 민주주의적 정치과정을 통해 이러한 신념의 의미에 대해서 토론한다.[38]

경제학적 분석은 민주주의에 대한 특정한 견해를 가정하는 것처럼 보인다. 그러한 입장에서 보자면 대표자들은 유권자들의 요구들을 단지 수동적으로 따르면서, 갈등하는 요구들을 다수가 만족하는 방식으로 조정하는 역할만 갖는다. 이 모델에서 정치가의 역할은 유권자의 의견을 읽고 그에 따라 행위 하는 것에 머무른다. 하지만 이것은 시민들이 자신들의 견해를 교환하고, 각각의 견해가 갖는 강점을 토론하고, 서로 서로 배우며, 합의에 도달하는 참여민주주의의 의미를 무시한다.[39] 참여민주주의 모델은 선출된 관료의 역할을 단순히 (대중의) 수동적인 추종자가 아니라, 능동적인 지도자로 본다. 입헌민주주의는 백스터가 가정한 것처럼, 개인의 자유를 추구할 뿐만 아니라, 우리가 '좋은 삶(good life)'에 대해 서로 의견을 나누고, 그것에 대해 의견일치를 구하는 체제를 추구한다. 건강하고 아름답고, 개발되지 않고, 영감을 주는 환경은 소비자로서

38) Sagoff, *Economy of the Earth*, 28~29쪽.

39) 대표 및 참여 민주주의에 대한 연구로는 J. Mansbridge, *Beyond Adversarial Democracy*(Basic Books, 1980)를 참고할 것.

의 나에게는 이득을 주지는 않지만, 시민으로서의 나에게는 매우 귀중한 것이다. "공유지와 그곳에 있는 자원으로부터 모든 사람은 자기 몫의 이득을 얻는다는 생각이 잘못이라고" 오툴은 새로운 자원경제학자들의 견해를 인용한 바 있는데, 참여민주주의는 이러한 자원경제학자들과 오툴의 견해를 거부한다.[40]

많은 경제학자들은 '공공'복지와 '공공'선의 개념을 거부한다. 그들은 인간을 단지 소비자로 보기 때문이다. 예를 들면 모든 시민이 미네랄 킹 계곡을 '소비하지'는 않는다. 하지만 이러한 경제학자들의 입장은 우리가 소비자일 뿐만 아니라 시민이라는 것, 그리고 시민으로서 환경으로부터 이득을 얻는다는 사실을 인식하지 못했다. 미네랄 킹 계곡은 그것이 우리에게 일정한 의미를 주고, 우리 자신의 모습과 우리의 자존감에 대해 무엇인가 말해 주기 때문에 시민으로서의 우리에게 귀중한 것일 수 있다. 이러한 이득은 시장에서 평가되지 않고, 또한 평가될 수도 없으며, 따라서 오툴이나 백스터, 그리고 새로운 자원경제학자들의 분석에서는 무시된다.

나머지 한 가지 반론은 경제학적 분석은 전혀 어떤 윤리적 기초도 갖고 있지 못하다는 것이다. 언뜻 보기에, 시장은 공리주의의 목표와 연관된 것 같지만, 실제로 효율성이란 목표는 어떤 정합적이고 실질적인 윤리적 기초도 가지고 있지 않다. 경제학적 분석이 현대 환경문제에서 행하는 역할을 생각해 보자. 경제학적 분석은 의심의 여지없이 환경정책 결정에서 중요한 방법론이다. 경제학은 개인으로서, 그리고 사회로서, 그리고 정부로서 우리가 무엇을 해야 하는지에 대해 지침을 준다. 그런데 왜 우리는 경제학의 충고를 따라야 하는가? 아마 그것을 따르는 것이 더 나은 사태를 결과할 것이기 때문이다. 언뜻 보기에 경제적 효율성

---

40) O'Toole, 앞의 책, 189쪽.

이 추구하는, 보다 더 나은 상태가 공리주의의 목표인 최대 다수의 최대 선을 제공하는 것처럼 보인다. 그러나 경제적 효율성이 최대다수의 최대선을 제공하는가? 그렇지 않음을 새고프는 설득력 있게 보인다.

경제적 효율성의 목표는 무엇인가? 앞서 제시했듯이, 효율성은 소비자 선호의 최적 상태의 만족을 함축한다.(선호는 개인이 서수적으로 순서를 매기는 욕구를 의미한다.) 그러나 환경문제와 관련해 우리는 개인의 선호의 만족을 지배적인 목표로 삼아야 하는가? 개인이 갖고 있는 선호들 중 상당 부분이 어리석고, 천박하고, 위험하고, 부도덕하고, 때로는 범죄적이라는 사실을 인정할 경우, 왜 이것을 공공정책의 목표로 삼아야 하는지 매우 의심스럽다. 왜 인종주의자, 범죄자, 바보, 새디스트의 선호도 충족되어야 한다고 생각하는가?

선호를 충족시키는 것이 왜 그렇게 좋은 것인가? 가능한 한 가지 답변은 선호를 충족시키는 것은 그 자체로 좋다거나, 다른 좋은 것을 위한 수단이라는 것이다. 2장에서 서술했듯이, 선호의 만족은 목적적 선이거나 도구적 선일 것이다. 하지만 유해하고, 퇴폐적이고, 사소한 선호가 많다는 것을 감안한다면, 선호를 만족시키는 것이 그 자체 선이라고 말하기는 힘들 것이다. 확실히 강간범의 선호를 충족시키는 것이 그 자체 좋은 것은 아닐 것이다. 선호를 충족시키는 것이 그 자체 목적이 아니라면, 그렇다면 그것을 도구적 선이게끔 하는 다른 선이 있는가?

경제학적 접근은 이러한 목적을 설명하기 위해 공리(utility)이나 복지후생(welfare), 복지(wellbeing), 또는 행복(happiness) 같은 개념을 사용한다. 하지만 이러한 개념들이 단지 선호의 충족으로 정의된다면, 이러한 답변은 사소한 것이고, 또한 논점을 선취하는 것이다. 예를 들어, 때때로 행복은 '자기가 원하는 것을 얻는 것'이라고 정의된다. 그러나 공리나 복지, 행복이 무엇인가에 관련하여 실질적인 내용적인 설명이 주어진다면, 선호의 만족이 이런 선을 결과한다는 주장은 거짓이다. 예를 들어, 담배에 대한 나의 선호가 만족된다고 해서, 항상 그것이 나를 (사소하지 않은 의미에서) 행복하게 하는 것은 아니다. 오히려 나의 선호가 좌절되는 것이 최선의 이익이 될 때도 있으며, 인내와 근면, 겸손의 중요성이 이를 잘 설명해 준다. 때때로 선호를 만족시키는 것은 실망스런 결과를 낳는다. 시장에서 살 수 있는 모든 것을 산다고 할지라도, 여전히 나는 더 중요한 것을 결핍할 수 있다.(왕이 된다고 해서 나의 영혼을 잃는다면, 어떤 이득이 있겠는가?) 결국 경제학의 방법론은 다른 것이 같다면, 자기가 원하는 것을 얻는 것이 좋다라는 것을 가정하는 것이다. 하지만 '원하는 것을 얻는 것이 좋은가'라는 물음에 대해서는 '그것은 무엇을 원하는가에 달려 있다'라는 답변이 정직하고도 실제적인 답변이 될 것이다.

경제학적 분석이 측정의 문제점을 해결한다고 할지라도, 그리고 현실 세계에 대한 시장적 접근 방식이 갖고 있는 적용 상의 문제점을 모두 해결한다고 해도, 그리고 시장이 이러한 목표를 달성하는 데 성공한다 할지라도, 여전히 이를 윤리적 목표로서 받아들일 아무런 이유가 없다. 자원의 효과적인 할당이 그 자체 윤리적인 목표는 아닌 것이다.

3.8 지속 가능의 경제학

수십 년 전부터 시장을 중시하는 고전경제학에 대한 대안으로 '지속 가능한 경제학(sustainable economics)' 이라고 불리는 새로운 경제학이 부상하기 시작했다. 이것은 현재의 환경 위기를 해결하는 데 시장경제학이 보여준 실패와 관련해 경제학을 재고하는 한 가지 방법을 제공한다. 지속 가능한 경제학은 고전경제학과 마찬가지로 공리, 자유, 평등 등의 가치에서 철학적 근거를 마련한다. 하지만 현재의, 그리고 미래의 환경

상황을 고려한다면 자신들이 이러한 가치를 더 잘 증진시킨다고 주장한다.

현재 및 미래의 환경위기와 관련해 세 가지만 지적해 보자. 첫째, 오늘날 세계 인구의 상당수가 비참한 빈곤 상태에서 살고 있다. 현재의 경제 제도는 수십 억의 사람들의 기본적 필요를 충족시키지 못하고 있다. 세계 인구의 4분의 1에 해당하는 선진국 국민들이 세계 재화의 80%를 소비하고 있다. 나머지 세계 인구의 75%에 해당하는 사람들의 기본적 필요를 만족시키기 위해서는 상당한 정도의 경제성장이 필요할 것이다.

둘째, 세계인구는 앞으로 50년 안에 지금의 두 배인 110억 정도가 될 것으로 예상된다. 이들의 기본적 필요를 만족시키기 위해서는 경제활동이 상당한 정도로 증가해야 할 것이다.[41]

셋째, 이러한 경제활동의 유일한 원천은 지구에 있는 부존 자원이다. 그런데 이미 지구는 현재의 경제활동에도 압박을 느끼고 있기 때문에, 앞으로의 미래는 어둡다고 할 수 있다.

이런 현실을 감안한다면, 환경을 파괴하지 않는 한도에서 세계 인구가 필요로 하는 것을 조달해야 한다. 몇몇 사람들에 따르면 바로 이것이 지속 가능한 발전이다. 유엔의 <세계환경발전위원회>의 "자신들의 필요를 만족시키는 미래세대의 능력을 훼손하지 않고 현재의 필요를 만족

41) 경제학자 Herman Daly는 인구가 두 배 증가하면, 경제활동은 두 배 이상 증가해야 한다고 주장한다. 그 이유는 다음과 같다. 첫째, 자원을 최종 생산물로 변형시키기 위해서는 자본의 집중이 필요하다. 둘째, 좋은 등급의, 채굴하기 쉬운 광물 자원과 에너지 자원은 다 썼기 때문에 점차 낮은 등급의, 또한 채굴하기 힘든 자원을 사용해야 한다. 이에 대해서는 Herman Daly, "Sustainable Growth : An Impossibility Theorem"을 참고할 것. 이 논문은 Herman Daly와 Kenneth Townsend가 편집한 *Valuing the Earth* (Massachusetts Institute of Technology Press, 1993) 267～272쪽에 재 수록되어 있다.

시켜야 한다." 라는 언급은 지속가능한 경제학의 목표를 잘 보여준다.[42)]

지속 가능한 경제학의 가장 저명한 옹호자는 경제학자 댈리(Herman Daly)일 것이다. 댈리에 따르면, 발전(development)과 성장(growth)의 차이를 아는 것이 지속 가능한 경제학의 핵심이다.

> 성장한다는 것은 동화작용에 재료를 추가하거나 증식함으로써 크기에서 증가하는 것을 말한다. 반면 발전한다는 것은 잠재력을 확대하고, 실현하는 것이다. 그리고 더 완전하고, 더 위대하고, 더 나은 상태로 점진적으로 그것을 하는 것이다. 성장한다는 것은 더 커진다는 것이다. 하지만 발전한다는 것은 그렇지 않다. 지구생태계는 발전할 수는 있지만 성장할 수는 없다. 지구생태계의 하위체계인 경제는 언젠가는 성장을 멈춰야만 하지만, 발전을 계속할 수는 있다. 따라서 경제에서 지속 가능한 발전은 의미 있다. 하지만 그것은 어디까지나 '성장 없는 발전'으로 이해될 때에만 그러하다.[43)]

지속 가능한 경제학은 시장경제학과 비교할 때 잘 이해된다. 전통적인 모델은 두 가지 문제를 다룬다. 자원을 할당하는 문제(생산문제), 그리고 생산된 재화와 서비스를 배분하는 문제(분배문제)가 그것이다. 고전경제학은 백스터와 오툴의 예에서 보았듯이, 시장의 수요를 만족시키는 방식으로 자원을 할당한다. 이 경제활동 모델은 단선적(linear)이다. 한쪽에서는 다양한 재화를 생산하기 위해 자원을 투입, 할당한다. 그 다음 다른 한쪽에서는 경쟁시장을 통해 이것들을 배분한다. 수요와 공급의 법칙이 할당과 배분 단계 모두를 지배한다.

지속 가능한 경제학은 특히 자원의 유동률에 관심이 많다. 우리는 우

---

42) 세계환경발전위원회, 조형준, 홍성태 역, 『우리 공동의 미래』, 새물결.

43) Daly, "Sustainable Growth", 267~268쪽.

선 생산에 투입되는 모든 요소들—자연자원, 자본, 노동—이 결국은 다 지구의 생산 능력에 기원하고 있다는 사실을 인정해야 한다. 이러한 시각에서 고전경제학의 모델은 지구의 생산 능력이나 또는 생산의 부산물과 쓰레기를 흡수하는 지구의 처리 능력보다 빠른 비율로 자원이 유동한 경우, 작동할 수 없다. 그래서 우리는 장기간 지탱될 수 있는 비율로 자원을 사용하고, 생산과정의 부산물과 생산물을 재활용하는 경제체제를 발전시킬 필요가 있다. 또한 경제체제를 고전경제학의 단선적 모델에서 생태학적인 순환적 모델로 바꾸어야 한다.

이 대안적 모델은 중요한 사회적, 경제적, 산업적 함의를 갖고 있다. 더 이상 소비자 수요가 생산 결정을 좌우하는 지배적인 요인이 되어서는 안 된다. 임업이나 농업을 통해 생산되는 재생 가능한 자원의 경우, 이들 자원을 보충할 수 있는 비율 안에서 생산해야 한다. 재생 불가능한 자원의 경우, 그것에 대한 대체 방안이 개발되거나, 자원 사용을 통해 상실되는 (미래세대의) 사용 기회를 보상할 수 있는 비율 안에서만 사용해야 한다. 마지막으로 생산 책임은 생산물의 수명에만 국한되어서는 안 되고, 더 확대되어야 한다. 쓰레기와 오염의 '최적 수준'은 지불용의가 아니라, 그것을 동화하는 지구의 능력에 의해 결정되어야 한다.

비판자들은 그런 급진적인 변화는 정당화될 수 없다고 비판한다. 그러나 지속가능한 경제학은 고전경제학과 동일한 철학적 가치에 의존하고 있다. 이번 장에서 보았듯이, 시장의 옹호자들은 자신들의 주장을 정당화하기 위해 공리주의에 호소한다. 하지만 범세계적인 빈곤, 증가하는 인구, 이미 위험수준에 육박한 환경압박을 감안한다면, 성장에 기초한 경제학이 전체선을 극대화하는지는 매우 의심스럽다. 그것보다는 지속가능한 경제제도가—만일 실제로 그것이 미래세대의 필요를 만족시키는 능력을 훼손시키지 않는 범위에서 현세대의 필요를 만족시킨다면—

공리주의의 목표에 훨씬 더 가깝다고 보아야 할 것이다.

공리주의적 논거 이외에 시장경제학은 인간의 평등한 존엄성과 자유의 권리에서 철학적 근거를 마련하고 있다. 그러나 여기서도 지속 가능한 경제학은 이들 권리들은 자신들의 모델에서 더 잘 지켜질 수 있다고 주장할 수 있다. 특히 앞으로 수십 년 동안 살 사람들의 기본적 필요를 만족시키는 것을 방해하는 경제 활동과 성장은 그들의 존엄성과 자유의 권리를 존중하지 않은 것이다. 지구의 자원을 지탱할 수 없는 비율로 사용하는 것은 현세대의 이익이 미래세대의 이익보다 우선적이라고 주장하는 것이다. 하지만 이것은 평등의 원칙에 어긋난다. 다른 사람에게 '그 만큼의 것'(사유재산권에 대한 로크의 논거를 인용한다면)을 남겨주지 않고 자원을 사용하는 것은 그들의 자유를 부당하게 제한하는 것이다.

지속 가능한 발전은 경제학에서 상대적으로 새로운 패러다임이다. 여기서 우리는 이 모델과 그것의 윤리적 의미를 간단히 살펴보았다. 하지만 그러한 철학적 결론에 도달하기 위해서는 아직 상당한 작업이 남아 있다. 그것은 4장에서 다룰 미래세대에 대한 책임의 문제로 상당한 철학적 주목을 받았던 주제이다.

3.9 요약 및 결론

쟁점이 되는 환경문제에 직면해 이에 대한 정책 지침을 얻기 위해서는, 경제적 시장의 개념을 넘어서야 한다. 경제학적 분석은 이러한 쟁점에서 제기되는 윤리적이고 철학적인 문제에 해답을 제시할 수 없다. 새고프에 따르면, 해결책은 다음과 같다.

해결책은 유토피아적 자본주의가 끝났음을 인정하는 것이다. 즉 자원

> 경제학과 후생경제학의 개념들은 너무 낡아서, 적절하지 않다는 점을 인정하는 것이다. 환경적이고 사회적인 문제를 해결하기 위해서는 보다 중요한 다른 개념들과 문화적인 전통에 눈을 돌려야 한다. 이것들에 더 우선성을 두고서, 우리는 오염된 것과 순수한 것, 인위적인 것과 자연적인 것, 세속적인 것과 고상한 것, 나쁜 것과 좋은 것, 그른 것과 옳은 것을 구별해야 한다. 이것은―경제학적인 것은 아니겠지만―과학적이고, 문화적이고, 심미적이고, 역사적이고, 윤리적인 것이다.[44]

새고프는 환경정책을 설명하고 정당화하기 위해서는 어려운 사고 과정이 필요하다고 역설한다. 왜 깨끗한 물과 공기가 소중한지를 설명해야 하고, 왜 야생지의 보전이 소중한지를 정당화해야 한다. 이것은 단순히 우리가 이것들을 원하다(want)거나 선호한다(prefer)는 것 이상으로, 그것들의 가치와 의미를 설명해 주는 근거를 제시해야 한다.

하지만 새고프의 대안조차도 현재 존재하는 인간의 중요한 이익관심에로 논의를 국한한다. 이러한 과학적, 문화적, 심미적, 역사적, 윤리적 가치와 신념은 환경문제에 대한 논점을 현세대의 인간의 권리주장에로 맞추는 경향이 있다. 4장에서는 환경에 대한 관심이 어떻게 이런 좁은 경계를 넘어서는지를 설명하겠다.

44) Sagoff, 앞의 책, 22쪽.

생각해 봅시다

1. 디즈니 스키장이 여러분이 사는 근처 야생 지역에 건설된다면, 여러분은 돈을 내고 기꺼이 그곳에 가 보겠는가? 만일 스키장에 간다면, 그렇다고 해서 그것이 야생 지역을 보전하는 것보다 스키장 개발을 더 원한다는 것의 증거가 되는가? 시민들은 항상 자신의 경제적 이득을 염두에 두고 투표를 하는가?

2. 보호관리와 보전의 차이에 대해 자신의 견해를 말해 보라. 헤츠헤치 계곡에 대한 논쟁에서 당신은 핀쇼의 보호관리 정책을 지지하는가, 아니면 뮤어의 보전 정책을 지지하는가? 왜 당신은 그것을 지지하는가? 그러한 당신의 생각의 배후에 있는 가치는 무엇인가?

3. 롤링 스톤즈는 다음과 같이 노래했다. "당신은 당신이 원하는 것을 항상 얻을 수는 없어요." 그런데 원하는 것을 얻을 수 없다고 해서 항상 그게 나쁘다고 할 수 있는가? 정부는 시민들이 원하는 것을 항상 제공해야 하는가? 정부는 시민들에게 어떤 욕구가 좋고 가치 있는지를 계몽할 역할을 해야 하는가? 아니면 정부는 항상 중립적인 태도를 유지해야 하는가?

4. 산림청 같은 정부 기관도 이윤을 추구해야 하는가? 왜 그래야 하고, 왜 그래서는 안 되는가? 만일 여러분이 산림청의 우두머리가 된다면, 대중에 봉사하는 자신의 역할을 어떻게 이해하겠는가?

5. 청고래같이 멸종 위기에 처한 종을 보전하기 위한 방안으로 그것을 최고가에 판매하자는 주장이 있다. 이러한 관점에 따르면, 얼룩올빼미나 고래같이 소유되지 않은 종은 멸종하겠지만, 닭이나 소같이 소유된 종은 멸종 위기에 처하지 않는다는 것이다. 즉 소유권이 멸종 위기의 종을 보호할 인센티브를 인간에게 준다는 것이다. 하지만 실제로 상황이 그렇게 전개될까? 여러분은 노르웨이인이나 러시아인, 일본인에게 고래에 대한 독점적인 소유권을 파는 것이 좋다고 생각하는가?

6. 백스터는 펭귄은 사람들이 그것을 보기를 좋아하는 한에서 중요할 뿐이라고 주장

했다. 당신도 그의 생각에 동의하는가? 이것이 펭귄을 보호해야 할 유일한 이유인가?

7. 백스터가 주장하듯 인간의 본성은 확실히 이기적인가? 사람들이 이기적으로 행위 하지 않는 상황을 생각할 수 있는가? 이 물음에 답변하면서, 이성에서 행위하는 것과 감정에서 행위 하는 것의 차이에 유념하라.

4장. 윤리학, 에너지, 미래세대

사례 4 : 온실가스의 [illegible]

인류가 지금처럼 지구의 대기와 기후에 심대하게 영향을 미칠 능력을 보유한 적은 일찍이 없었다. 지구의 역사를 살펴보면, 대기와 기후가 어느 정도 변화한다는 것은 지극히 정상적인 일이다. 과거에 있었던 대빙하기만 보더라도 이러한 사실을 알 수 있다. 하지만 현재 인간이 만들 수 있는 기후와 대기 변화의 규모와 정도는 지구 역사상 전례없는 것이다. 온실효과와 오존층의 파괴는 이러한 변화에서도 가장 눈에 잘 띄는 예이다.

이산화탄소, 메탄, 질산화산소, 클로로불화탄소 등 다양한 온실가스는 온실에서 일종의 유리판 역할을 한다. 이들 가스들은 태양열이 대기로 들어오는 것은 허용해 지구를 따뜻하게 하지만, 복사열이 다시 우주로 돌아가는 것은 막는다. 열이 없어도 생명체는 살 수 없지만, 열이 너무 많아도 생명체는 생존을 위협받는다. 그런데 지구온난화, 또는 온실효과는 그러한 결과를 낳고 있다.

태양으로부터 오는 에너지 산출량이 변화한다든가 또는 화산이 폭발한다든가 하는 자연적 사건들도 온실가스를 형성하는 데 일조를 하긴 한다. 하지만 그것은 그전부터 있어 온 일이다. 그러나 지난 몇 세기 동안의 인간의 활동, 특히 석유, 가스, 석탄 등의 화석연료의 연소, 산림의 벌목과 연소는 그전과는 비교할 수 없을 만큼 심각한 양의 온실가스를 발생시켜 왔다.[1)]

'온실가스'와 관련해 심각한 이론적인 과학적인 논쟁은 없다. 다양한 가스가 지구의 대기 안에 열을 가두어 놓고 있다는 사실, 그래서 지구온난화가 발생하고 있다는 사실, 그리고 우리 인간이 상당한 양의 온실가스를 대기 안으로 퍼 올리고 있다는 사실은 논쟁의 여지가 없을 정도로 자명하다. 다만 논쟁이 되고 있는 것은 지구온난화의 정도와 범위, 그 결과에 관한 것이다. 지구온난화로 인해 예상되는 피해에는 농업 수확량의 감소, 가뭄, 식물과 동물의 멸종, 북극과 남극의 얼음이 녹아 발생하는 바다수면의 상승과 이로 인한

---

1) 이것과 관련된 설명 및 데이터에 대해서, 나는 특히 T. Miller의 *Environmental Science*(Belmont, CA : Wadsworth, 1991)에서 많은 도움을 받았다. 비전공자에게 환경과학에 관해서 이보다 더 좋은 책은 없다고 생각한다.

홍수가 있다.

지구의 기온을 측정해 기록한 것은 상대적으로 얼마 되지 않았다는 점(약 백년 정도)에 주목해 현재의 지구 기온의 변화는 정상적인 온도 변화의 범위 안에 속한다는 주장이 있다. 사실 우리는 현재의 온도 변화가 정상적인 변화의 범위를 넘는다는 사실을 입증할 만큼 충분히 오랫동안 온도 변화의 추세를 측정하지 못했으며, 그리고 가까운 미래에 이러한 정도의 측정을 하지도 못할 것이다. 기온변화에 있어서, '장기간의 측정'을 하려면 적어도 몇 백만 년 정도는 필요하기 때문이다. 하지만 기온이 상승한 것으로 이론에 의해 충분히 확증될 시점에는, 우리가 무엇인가를 하기에는 이미 때가 너무 늦게 된다. 그리고 그때 우리들 중 살아서 그러한 고통스런 결과를 겪을 사람도 없을 것이다.

방사능 폐기물은 우라늄의 채광에서부터 핵발전소의 해체에 이르기까지, 핵에너지가 생산되는 모든 단계에서 발생한다. 폐기물은 그 정도에 따라 고농도와 저 농도 폐기물로 분류된다. 저 농도 폐기물에는 우라늄 채광광부의 옷에서부터 핵발전소 해체에 사용되는 연장에 이르기까지 모든 것이 포함된다. 고농도 폐기물로는 핵발전소에서 사용된 연료봉이 대표적인데, 매우 고농도의 방사능을 발산한다.

모든 발전소는 물을 끓여 전력을 생산한다. 물이 끓어서 발생된 증기가 거대한 터빈 엔진을 돌리고, 이것이 전력을 생산한다. 이때 어떤 연료를 사용하느냐에 따라 발전소의 형태가 달라진다. 석탄 발전소는 석탄을 사용하며, 석유 발전소는 석유를 사용한다. 원자력 발전소는 우라늄 원자의 원자핵을 분열시키는 핵분열 과정을 통해 열에너지를 생산한다.

이러한 과정에서 몇 가지가 발생한다. 우라늄원자에서 중성자가 분열되어서, 우라늄 원자들이 쪼개진다.(핵분열의 연쇄반응) 그리고 세슘, 크립톤, 플루토늄, 요드 등의 요소들이 핵분열의 부산물로 생산된다. 마지막으로 알파, 베타 입자, 감마 광선의 형태로 방사능이 방출된다. 원자핵폐기물과 관련해 가장 심각한 문제는 방사능의 처리문제이다.

우라늄과 앞서 언급한 몇몇 요소들은 스스로 붕괴하는 과정에서 장기간에 걸쳐 방사능을 방출한다. '불안정한 동위원소'가 안정 상태의 원자 형태가 될 때까지 감마, 베타 입자와 감마 광선이 방출된다. 방사능은 인간과 다른 생명체들에게 화상을 입히고, 섬유조직을 파괴하고, 엽록소를 파괴한다. 방사능의 붕괴율은 반감기(半減期)에 의해 측정된다. 반감기란 원래의 동위원소가 안정 상태, 즉 비방사 물질의 형태로 돌아가는 데 걸리는 시간을 말한다. 핵발전소에서 발생한 방사능 폐기물의 반감기는 몇 분의 일초에서 수백만 년에 이르기까지 다양하다.

그래서 핵폐기물은 미래세대에 위험을 준다. 예를 들면, 핵분열의 주요 부산물인 플루토늄-239는 24,000년의 반감기를 갖고 있다. 또한 핵무기의 주요 구성 물질인 플루토늄은 아무리 극소량이라도 250,000년 동안 치명적인 위험을 줄 수 있다. 플루토늄이 붕괴하면 우라늄-235가 되는데, 그것은 710,000년의 제곱 년의 반감기를 가진 방사능 동위원소이다.[2)]

4.1 서론

환경에 대한 초기의 철학적 사색들은 대개 '응용윤리' 모델에서 벗어나지 않았다. 철학자들이 환경 위기의 심각함을 인식해서 분석 작업을 시작하면서, 분석의 도구로 사용한 것은 기존의 표준적인 윤리학 이론과 원리이다. 윤리학은 이미 전제된 것이었고, 철학자들은 이 틀에서 각자 자신들의 이론을 발전시켰고, 이것들을 그대로 실천적인 문제에 응용했다. 이러한 사실은 본질적으로 윤리학이 소극적이고 보수적인 기능을 담당했다는 것을 의미한다. 윤리학자들은 적극적인 환경윤리를 구축하기 위한 사색은 하지 않은 상태에서, 문제들을 분석하고 평가했다. 표준적인 이론들을 응용한다는 것은 현재의 철학을 강화하는 경향이 있으며, 그러한 의미에서 그것은 보수적인 측면을 띤다. 철학자들은 현재 통용되는 이론들을 새로운 문제에 응용하면서 기존의 표준적인 방식으로 문제를 정의했다.

나는 다음의 세 장에서 윤리학에 대한 이러한 표준적인 접근들이 환경문제와 상호작용하면서 어떻게 확대되는가를 보여줄 것이다. 이번 장에서는 에너지와 관련된 다양한 주제들이 미래세대의 사람들에 대한 의무와 관련해 어떠한 방식에서 윤리적 문제를 제기하는지를 보여줄 것이다. 그때까지 철학자들은 이 문제에 대해 별로 관심을 보이지 않아 왔

---

2) 이 숫자는 N. Lenssen의 *Nuclear Waste : The Problem That Won't Go Away*, (World-watch Institute, 1991) 6쪽에서 인용했다.

다. 5장에서는 '도덕적 지위'의 문제와 인간뿐만 아니라 인간 외의 존재를 배려하려는 새로운 환경권과 관련된 논의를 포함해 표준적인 윤리이론을 확장하려는 노력들을 검토할 것이다. 철학자들이 이 문제들을 다루기 전까지는 이것들은 전혀 문제 자체가 되지 못하였다. 6장에서는 도덕적 지위를 동물에로 확대하려는 보다 체계적인 접근들을 세밀히 검토할 것이다.

4.2 에너지와 미래세대

에너지를 생산하고 사용하는 문제만큼 환경 관련 문제에서 중요한 문제는 없다. 에너지 정책 결정과 관련해서 논의할 점이 매우 많은데, 이것을 간략히 개괄하는 것이 미래세대와 관련된 문제들을 윤리적으로 분석하는 데 도움이 될 것이다.

일반적으로 네 가지 대안이 있다. 첫번째 방법은 계속 화석연료에 의존하는 것이다. 대개의 추산에 따르면, 석유, 석탄, 천연가스는 전 세계에서 사용되는 에너지의 80% 이상을 차지한다. 두 번째 방법은 핵에너지에 더 의존하는 것이다. 1988년 현재 핵에너지는 전 세계 에너지 소비량의 10% 미만을 담당하고 있다.[3] 세번째 방법은 현재의 수요를 충족시킬 대체에너지를 개발하는 것이다. 네번째 방법은 에너지 수요를 감소시키는 것이다. 그래서 에너지 생산이 환경에 미치는 영향을 최소화하고 자원을 보전하는 것이다.

각각의 대안들은 환경 및 윤리와 많은 관련이 있다. 3장에서 보았듯이, 이러한 문제 인식에서 지속 가능한 경제학이 발전하게 되었다. 그러

3) 이 주제와 관련해 과학적이면서도 동시에 읽을 만한 논의로는, J. Piel이 편집한 *Energy for Planet Earth : Readings from Scientific American*(Freeman, 1991)을 참고할 것.

면 각각의 대안들이 미래세대에 대한 의무와 관련해 어떤 문제를 제기하는지 살펴보자.

지금과 같이 계속 화석연료에 의존할 경우, 두 가지 문제가 발생한다. 첫째, 화석연료는 재생 불가능하다. 석탄과 석유를 태우는 순간, 그것은 미래세대가 사용할 수 없는 것이 된다. 석탄과 석유를 얻기 위해 광산이나 야생지를 개발한다는 것은 곧 그것들을 미래세대가 사용할 수 없다는 것을 의미한다. 둘째, 화석연료를 태울 경우, 수십억 톤의 이산화탄소가 대기 안으로 스며든다. 우리는 지구온난화가 미래세대에 미칠 위험을 지금 이제서야 인식하기 시작했다. 그렇다면 미래세대를 위해 자원을 보전하고, 위험을 최소화하기 위해서는 어떻게 해야 하는가?

반면 원자력은 화석연료를 보전하면서 동시에 이산화탄소의 방출을 최소화할 수 있는 수단이다. 그러면서도 그것은 현재의 에너지 수요를 충족시켜 줄 것이다. 하지만 원자력 발전은 극히 위험한 핵폐기물을 생산하는데, 이는 미래의 수만 세대의 인간에게 위험하다. 현재 우리의 전기 수요를 충족시키기 위해 미래의 사람들을 그런 위험에 빠뜨리는 것은 정당하다고 할 수 있는가?[4]

대체 에너지 개발은 아직 초기 단계에 머무르고 있다. 따라서 아직 개발도 되지 않은 기술에 대해서 그것이 환경에 어떤 영향을 미치고, 어떤 윤리적 함축을 갖는지를 예측하기는 어렵다. 물론 대개의 낙관적인 예측은 풍부하고, 재생가능하고, 환경적으로 축복스런 에너지를 가진 미래를 꿈꾼다. 하지만 우리의 역사를 살펴볼 때, 그런 예측에 대해

4) 이것은 물론 '현세대 안에서의 정의'라는 중요한 문제를 무시한다. 유독성 폐기물의 처리와 관련해 제기될 수 있는 윤리적 쟁점 중의 하나는 사회의 소외 계층이 가장 큰 부담을 질 가능성이 있다는 것이다. 정치적 영향력이 적은 집단이 영향력 있는 님비의 옹호자들과 싸워 이길 승산은 거의 없다. 인디언 보호지역에 유독성 폐기물 저장소를 건립하자는 제안과 관련해서도 이런 문제점이 제기된다.

서 회의가 들 수밖에 없다. 예를 들면, 원자력의 개발된 초기 단계에서 우리는 가정에 더 이상 전기 계량기가 필요 없을 정도로 풍부한 에너지를 꿈꾸었다. 또한 설사 에너지가 아무리 풍부하고 깨끗하다 할지라도, 그것이 갖는 사회적 함축은 또 다르다. 풍부한 에너지는 소비 물질의 증가를 야기하고, 물질주의적인 생활양식에로 이끌기 때문이다. 그것은 또한 인구의 증가를 야기할 것이고, 이는 더욱 심각하게 환경을 파괴할 것이다.

마지막으로, 에너지 수요를 억제하는 대안은 미래세대에 대한 의무와 관련해서 문제를 야기한다. 우선 이런 대안이 현실성이 있으려면, 에너지 수요를 조금 감소시키는 것으로는 부족하고, 그야말로 대폭 감소시켜야 할 것이다. 그것은 방을 떠날 때 전등을 끄는 행위 이상을 요구한다. 장기간에 걸쳐 그런 목표를 성취하는 데에는 단 두 가지 방법이 있다. 한 가지는 에너지 수요를 억제하는 것이다. 그 경우에 미래의 사람들은 지금 우리와는 매우 다른 생활양식을 영위할 것이다. 다른 한 가지 방법은 에너지를 소비할 사람의 수를 대폭 줄이는 것이다.

첫번째 방법은 후손에 대한 책임과 관련해 문제를 제기한다. 후손들의 기대수준을 낮추는 그런 생활표준을 영위하는 것이 옳은가? 두번째 방법은 인구정책에 대한 윤리적 문제를 제기한다. 과연 인구의 크기를 제한하고, 따라서 출산을 제한해야만 하는가? 인간에게는 자기의 아이를 가질 권리가 있지 않은가? 하나 또는 둘 이상 갖지 못하도록 강제할 수 있는가? 태어나지 않은 세대는 태어날 권리를 갖는가?

부분적으로는 70년대의 에너지 위기와 그에 따른 석유금수조치로 인해서 미래세대 문제에 관심을 갖는 철학자들이 생겨났다. 사실 이러한 문제는 전통적인 윤리학 이론의 체계 내에서는 결코 물어질 수 없는 것이었다. 그리고 그것은 현재 세대에 대해서도 광범위한 윤리적 함축을 갖는다. 이러한 새로운 윤리적 관심은 새로운 환경의식에서 상당 부분 비롯된 것이다.

에너지 문제가 시사하듯이, 오늘날 우리가 내리는 결정은 미래세대의 생존과 그들의 삶의 모습에 상당한 영향을 미친다. 물론 마찬가지의 사실이 모든 과거의 세대에 대해서도 말해질 수 있겠지만, 역사상 오늘날처럼 현재의 결정과 미래의 결과 사이의 인과관계가 직접적이고, 예측가능했던 적은 없다. 환경윤리의 문제를 철학자들이 논의할 때, 미래세대에 대한 책임의 문제는 최우선의 주목을 받게 된다.

미래세대에 대한 의무의 문제를 다루면서, 철학자들은 때때로 그것을 다음의 두 가지 일반적인 주제로 분류한다. "미래세대를 출산할 의무, 또는 출산하지 않을 의무는 무엇인가?" 그리고 "미래에 존재할 것이라 생각되는 미래의 사람들에게 우리는 무엇을 빚지고 있는가?" 첫번째 문제는 흔히 인구정책이라고 불리는데, 그것은 미래 인구의 크기, 인구성장, 인구조절의 문제이다. 두번째 문제는 종종 후손들에 대한 의무라고 불리는데, 이것은 미래세대가 우리로부터 물려받을 세계의 내용과 모습에 관한 문제이다.[5] 이 두 가지 문제는 상당부분 서로 겹치기 때문에, 이러한 구분은 대략적인 구분일 수밖에 없다. 예를 들어 출산과 관련된 윤리적인 책임의 문제는 어떤 세계를 물려주느냐 하는 문제를 고려할 수밖에 없다. 그럼에도 불구하고 이 두 가지 주제로 나누어 논의하는 것이 유용하다고 생각된다.

우선 미래세대에 대한 의무와 관련하여 어떤 문제가 제기되는가를 알기 위해서, 앞서 언급했던 환경문제를 다뤄 보자. 논의를 짜임새 있게

---

5) 내가 아는 한에서, 이러한 구분이 처음 나타난 것은 J. Narveson의 논문 "Future People and US"으로 R. I. Sikora와 B. Barry가 편집한 *Obligation to Future Generations*(Temple Univ Press, 1978)에 수록되어 있다.

하기 위해 먼저 인구정책의 윤리적 측면을 잘 드러내 주는 인구성장의 문제를 다루고, 그 다음 후손에 대한 의무와 관련해 기후 변화와 핵폐기물 문제를 다룬다. 각각의 주제는 다른 많은 윤리적 문제를 제기하지만, 논의의 초점을 맞추기 위해 논의를 이렇게 제한하는 것이 필요하다.

4.3 인구정책과 인구성장

인구성장 문제야말로 환경문제를 푸는 첩경이라고 생각하는 사람들이 많다.[6] 인구과잉이 환경재난에 의한 피해를 증가시킨다는 것은 명확하다. 사람이 많으면, 오염과 지구온난화에 시달리는 사람도 많아질 것이다. 20세기 후반인 지금도 가뭄, 침식, 도시개발, 농지의 손실, 그리고 오염 등의 환경문제는 천만명의 '환경난민'을 만들었는데, 이는 단일 사유로는 집과 땅을 앗아간 최대의 원인이다.[7]

인구과잉은 직접적으로 환경에 엄청난 부담을 준다. 사람의 수가 증가하면 에너지와 집, 음식, 직업 등이 더 많이 필요하고, 쓰레기와 오염, 개발 또한 증가한다. 인구과잉이 환경 파괴를 결과한다는 것을 알기 위해서는 단지 뉴욕, 뉴델리, 멕시코 시티 같은 대도시를 보면 된다.

증가된 인구가 경제성장과 개발을 추구하고, 그래서 과도한 소비로 나갈 경우, 환경 파괴는 더욱 심각해진다.[8] 미국과 같은 산업화된 나라에서 1인당 환경 파괴는 덜 개발된 나라에서보다 훨씬 심각하다. 예를

---

6) 이러한 입장과 관련해 가장 영향력 있는 옹호자는 에리히 부부(Paul and Anne Ehrlich)일 것이다. 이와 관련해서는 『인구폭탄』(1968)을 참고할 것. 그리고 이에 대한 강력한 비판으로는 B. Commmoner의 『원은 닫혀져 있다』(전파과학사, 1975)를 참고할 것.

7) Miller, 앞의 책, 11쪽.

8) Miller, 앞의 책, 13~15쪽.

들어, 세계인구의 5%인 미국은 전세계의 재생 불가능한 에너지와 광물자원 중의 33%를 소비한다. 덜 개발된 국가들이 '더 높은 수준의 생활'을 추구한다면, 환경파괴는 상상할 수 없을 만큼 심각해질 것이다.[9)]

이러한 것들은 광범위한 윤리적 함축을 갖는다. 인구와 관련해 윤리적으로 보다 바람직한 목표는 없는가? 만일 있다면, 그러한 목표를 정당화해 주는 철학적 근거는 무엇이고, 이러한 목표를 달성하기 위해서 필요한 정책은 무엇인가? 우리는 아기를 가져야 할 의무가 있는가? 아니면 가져서는 안 될 의무가 있는가? 한 가구 당 2명 이상을 갖는 것이 윤리적으로 문제가 되는가? 아직 임신되지 않은 세대들은 태어날 권리를 갖는가?

미래세대의 인구의 크기와 구성에 관한 철학적이고 윤리적인 문제들을 탐구하기 위해 인구성장의 문제를 다뤄 보기로 하자. 현재의 세대는 과연 어떠한 인구정책을 추구해야만 하는가? 다음과 같은 상황을 가정해 보자. 오존층의 파괴가 심각한 수준에 도달했고, 극자외선이 출산과 관련된 유전자에 치명적인 영향을 주어, 이제 인류는 더 이상 출산할 능력이 없어 100년에서 125년 이내에 멸종될 것이라고 가정해 보자. 그리고 현재의 세대들은 그러한 사실을 알았을 때 겪어야 하는 고통에 대해 모른다고 가정해 보자. 그래서 아이를 가질 수 없다는 데에서 오는 심리적 고통이나, 이후의 잔존자들이 특히 느낄 외로움 등에 대해서 모른다고 가정해 보자. 그렇다면 인간이라는 종(種)이 멸종된다는 것이 뭐 문제가 될 것이 있는가? 미래세대가 반드시 있어야 할 윤리적인 이유라도 있는가? 우리의 종을 번식해야만 하는 윤리적인 이유가 있는가?

(앞의 시나리오에서 문제가 되는 살아 있는 인간들이 느껴야 하는 고통에서 발생하는 문제를 피하기 위해 다음과 같은 더욱 가상적인 시나리오를 상상해

---

9) 이러한 주장에 대해서는 에리히 부부의 『인구폭발』(1990)을 참고할 것.

볼 수 있다. 예를 들어, 현세대들이 의식적이고 합리적인 사고 과정을 거쳐 모두가 독신으로 사는 정책을 채택했다고 가정해 보자. 그들은 인간이 환경 파괴를 야기하고 있다는 사실을 자각했고, 인류가 멸종될 경우 오히려 지구가 지금보다 훨씬 더 나아질 것이라고 생각해서 그런 결단을 내렸다고 가정해 보자.)

이런 문제를 어떻게 다룰 것인가? 우선 자연법의 전통에 있는 철학자들은 우리의 종을 유지할 윤리적 근거가 있다고 당연히 주장할 것이다. 우리의 생식기관은 기본적으로 우리의 종을 재생산할 자연적인 기능을 갖는다는 생물학적 근거를 제시한다든가 또는 우리 인간은 기본적으로 가족과 공동체 속에 존재하는 사회적 존재라는 철학적 근거를 제시하면서, 인류의 멸종은 심각한 도덕적 비극을 초래할 것이라고 주장할 것이다. (자연법적 전통은 기독교적 전통과도 결합할 수 있는데, 예를 들어 "나가서 자손을 번성하게 하라"라는 성서의 명령과 관련하여 논증이 제기될 수도 있을 것이다.) 공리주의자들 또한 우리의 종을 지속시킬 의무가 있다고 주장할 것이고, 그것의 근거로 그렇게 하는 것이 인류의 행복을 극대화하는 것이라고 주장할 것이다. 또한 의무론자들은 미래세대는 권리를 갖고 있으며, 이러한 권리에는 생명권도 포함된다고 주장할 것이다. 그래서 미래세대는 임신되어서, 태어날 권리를 가지고 있다고 주장할 것이다.

이렇듯 매우 짧은 사고 실험도 시사하듯이, 미래세대에 대한 책임에 대한 생각들은 금방 난처한 여러 문제를 제기한다. 우선 미래 사람들의 행복이나 미래 사람들의 권리에 대한 논의는 과연 누가 '미래의 사람'이고, 그들은 어떤 사람일 것인가 하는 문제를 제기한다. 이와 관련해 미래의 사람들은 아직 존재하지 않고, 또한 그들이 존재하리라는 사실에 대해 우리가 알지도 못하는 상황에서 그들에 대한 책임을 논의하는 것이 과연 가능한가 하는 의문이 일어날 수 있다.

미래세대에 대한 의무가 있다는 주장에 대한 반론은 다양하다. 환경문제에 대한 논의들은 대부분 미래세대에 대한 책임에 대해 말하는 것은 의미 있다고 가정하기 때문에, 이러한 반론들을 고찰할 필요가 있다.

우선, '무지로부터의 논증'(argument from ignorance)이 있는데, 이것은 미래의 사람에 대해 우리가 알지 못한다는 사실을 강조한다.[10] 그들이 대체 누구이고, 그들이 과연 존재할지, 그리고 그들이 과연 어떤 종류의 사람이고, 그들의 욕망과 필요와 이익관심이 무엇인지를 알 수 없기 때문에 그들에 대한 의무를 말하는 것은 무의미하다는 것이다.

하지만 이런 결론이 가능한지는 매우 의심스럽다. 그들이 좋은 삶을 영위하기 위해서 무엇을 필요로 하는지, 그리고 그들의 이익관심은 무엇인지에 대해 우리는 전부 다는 알 수 없지만 어느 정도 알 만큼은 안다. 최소한 그들은 깨끗한 공기와 물, 적절한 기온, 그리고 질병과 유독물질로부터의 보호를 필요로 할 것이다. 더욱이 우리는 미래세대에 대한 책임과 유사한 책임을 이미 인정한 바 있다. 예를 들어 민법은 고의적이지는 않지만 예측 가능한 해를 타인에게 일으킨 행위에 대해서 책임을 묻는다. 구체적인 예를 들자면, 누군가 자신의 사유지에 유독 폐기물을 버렸다고 하자. 그리고 몇 년 후 한 이웃이 그 유독 물질에 의해 피해를 입었다고 가정하자. 그때 오염을 야기한 사람이 '무지로부터의 논증'에 기반해 다음과 같이 주장했다고 가정하자. "나는 누가 피해를 입을지에 대해 전혀 알지 못했고, 심지어는 피해 받을 사람이 존재하리라는 사실도, 또한 그 피해 당사자가 건강에 관심이 있을지에 대해서도 알지 못했습니다. 그런데 어떻게 내가 그들에 대한 의무를 가진다고 말할 수 있을까요?" 하지만 미래에 발생하고, 그리고 예측 가능하다. 따라

10) 이러한 논변을 더 자세히 알고 싶으면, G. Kavka의 "The Futurity Problem"을 참고할 것, R.I. Sikora와 B. Barry가 편집한 *Obligation to Future Generations* (Temple Univ Press, 1978)에 수록되어 있다.

서 예방될 수는 가해에 대해서, 설사 그것이 고의성이 없다할지라도 우리는 그것을 법률상 과실죄라고 해서 책임을 묻는다. 이와 마찬가지로 미래세대에 대한 알려져 있지는 않지만 예측 가능한 가해에 대해 말하는 것은 의미가 있다.

미래세대에 대한 의무가 전혀 없다는 매우 극단적인 주장도 있다. 이러한 주장에 따르면, 우리는 미래세대를 존재하게 할 책임도 없고, 또한 그러한 책임과 의무에 대해 말하는 것은 무의미하기도 하다.[11] 그러한 주장에 따르면, (최대행복의 원리나 아니면 미래세대의 권리에 의거해) 미래 사람들을 존재하게 할 어떤 책임도 없다. 왜냐하면 우리가 책임져야 할 그 어떤 구체적인 대상이 존재하지 않기 때문이다. 이를 '사라지는 수혜자(disappearing beneficiaries)' 논증이라고 부르자.[12] 그리고 좀 더 세밀히 검토하기로 하자.

1992년 여름 동안에 브라질의 리오데자네이로에서 열린 <환경과 개발에 대한 유엔회의>에 전 세계의 대부분의 국가가 참가했다. 지구의 정상들은 온실가스의 양을 대폭 줄이려는 안을 심의했다. 부시 대통령과 미국은 이러한 제안을 약화시킨 수정안을 받아들이도록 압력을 가하면서, 그 이유로 온실가스를 대폭 축소시키는 원래의 안은 심각한 경기 침체를 가져 올 것이라고 주장했다. 반면 많은 환경론자들은 미래세대의 이익을 보호하기 위해서는 이러한 단기적인 결과를 감수해야 한다고 주장했다. 이들은 지구온난화로부터 미래세대를 보호하기 위해서는 화석연료에 대한 의존을 대폭 축소시켜야 한다고 주장했다. (지구온난화와

---

11) 이러한 논변을 살펴보려면, D. Parfit의 "On Doing the Best for Our Children"을 참고할 것. M. Bayles가 편집한 *Ethics and Population*, (Cambridge, MA : Schenkman, 1976)에 수록되어 있다.

12) 이 표현은 Schwarz의 것이다. T. Schwarz의 논문 "Obligation to Posterity"는 R. I. Sikora와 B. Barry가 편집한 책에 수록되어 있다.

화석연료사용과의 관계에 대해서는 이번 장의 첫번째 예를 참고하라)

직관적으로 보아 원래의 안이 윤리적으로 바람직하다. 왜냐하면 미래세대들은 현재의 상태가 계속 유지되어 화석연료에 의존할 경우 예상되는 세계보다 더 나은 생활을 할 수 있기 때문이다. 그러나 "그러지 않을 경우보다 더 낫다"라는 표현은 우리가 대안을 선택했을 경우 동일한 사람들이 존재한다는 것을 가정한다. 즉 이러한 결정 근저에 있는 도덕적 직관은 어떤 무리의 미래사람들이 우리의 결정에 의해 피해를 입을 수도, 이득을 얻을 수도 있다는 것이다. 그런데 다른 대안을 따를 경우, 즉 이산화탄소의 방출을 대폭 줄이는 이 대안을 따를 경우, 다른 무리의 사람이 미래에 존재할 것이다. 이러한 입장에 따르면, 미래에 어떤 사람이 존재하느냐는 많은 수의 우연에 좌우된다. (당신의 부모, 증조부모들의 만남을 방해하는 어떤 가능한 사건이 발생해서, 임신의 시기를 1년이나, 1달, 또는 1분쯤 늦추도록 했다고 가정해 보자) 그래서 정책 결정은 하나가 아니라 두 개의 무리의 미래세대를 초래한다. 정책 A를 선택할 경우 태어날 사람과 정책 B를 선택할 경우 태어날 사람이 다르다.(물론 이것은 문제를 단순화시킨다. 리오에서 채택된 정책은 누가 태어날지를 결정하는 많은 요인들 중의 하나일 뿐이다.) 하나의 결정에 의해 피해를 입을 그룹은 만일 그러한 결정을 하지 않는다면 존재하지 않을 것이기 때문에, 만일 우리가 다른 정책 결정을 한다면, 그들이 '더 나아질 것이다'라는 말은 무의미하다는 것이다. 서로 다른 정책 결정들은 서로 다른 미래세대를 산출하기 때문에, 그러한 정책 결정에 의해 더 나아지거나 더 나빠질 그런 미래세대는 존재하지 않는다는 주장이다.

'사라지는 수혜자' 논증에 대한 두 가지 대응을 알아보자. 첫번째는 안넷 베이어(Annette Baier)의 대응이다.[13] 그는 설사 다른 정책 결정을

13) A. Baier, "For the Sake of Future Generation", 214~215쪽, T. Reagan(편),

했더라면 존재하지 않는다 하더라도 누군가 우리의 정책 결정에 의해 '더 나빠진다'는 주장은 의미 있다고 주장한다. 우선, "차라리 안 태어나는 것이 더 나을 뻔했다"고 누군가 말할 때, 우리는 그런 삶의 의미, 즉 '비참한 삶'의 의미를 인정할 수 있다.[14] 너무나 오염되고 비참해서, 그 속에 사는 사람들이 차라리 태어나지 않는 것이 더 나을 것이라고 생각하게 하는 그런 세계를 상상할 수 있는 것이다.

더욱이 '도덕적 권리'의 개념은 유일하게 남은 대안이 존재하지 않는 것일 때도 '더 나쁜 삶'의 의미가 무엇인지를 설명해 준다. 만일 미래세대의 사람들이 좋은 것에 대한 권리를 갖고 있다는 것을 인정하고, 그래서 그들의 어떤 이익관심은 보호되어야 한다는 것을 인정한다면, 오늘날 우리의 행위는 미래세대의 권리를 침해하는 것이다. 그래서 다량의 오염 물질을 대기 안에 계속 쏟아 붓는 것은 미래세대가 '그렇지 않은 상황보다 더 나빠진다'는 의미에서가 아니라 미래세대들의 권리를 침해한다는 의미에서 손해를 입히는 것이다. 즉 우리는 그들이 누구인지는 몰라도, 그들에게 최소한의 것은 확보해 주어야 한다는 의무를 이행하지 않은 것이다. 그들은 그들이 다른 가능한 미래에 있었다면, 더 나았을 텐데의 의미에서 손해를 입은 것이 아니라, 그들의 중요한 이익관심이 우리의 행위에 의해 위협받게 되었다는 사실에 의해 손해를 입은 것이다. 이러한 의미에서 우리의 의무는 어떤 특정의 미래 사람에 대한 것이 아니라 그들이 누구이건 간에 미래의 사람들이 가질 이익관심에 대한 것이다. 이러한 이익관심은 다른 정책을 취한다고 해서 '사라지는'

Earthbound: New Introductory Essays in Environmental Ethics(Random House, 1984).

14) 이 개념과 '비참한 삶'의 법적인 개념을 비교해보라. 예를 들어 '큐렌더 대 생명과학연구소의 소송'에서 캘리포니아 법정은 부모들이 테이잭스 유전자의 보유자가 아니라고 통보 받았음에도 불구하고, 테이잭스병을 갖고 태어난 태아에 대해 배상해야 한다고 판결했다.

것이 아니다.

매리 안 와렌(Mary Anne Warren)은 이와는 약간 다른 반응을 보이고 있다.[15] 와렌은 미래에 반드시 존재하지는 않지만 그래도 존재할 수도 있는 그런 '존재 가능한 사람들(possible people)'과 미래에 실제로 존재할 '미래의 사람들(future people)'을 구분한다. 와렌은 존재 가능한 사람들에 대한 의무가 있다고 주장하는 것은 불합리하다고 인정한다. 존재 가능한 사람은 무한하기 때문에 그들에 대한 의무를 인정하는 것은 무의미하다. 그러나 우리는 미래의 사람들의 고통과 행복을 비교할 수는 있다. '인간의 삶의 여러 가지 유형'을 비교할 수 있고, 그래서 고통스런 삶이 행복한 삶보다 더 나쁘다라는 것을 알 수 있다. 그래서 어떤 가능한 특정한 수혜자들이 다른 대안을 선택할 경우에는 '사라진다'고 하더라도, 고통과 쾌락의 상대적인 양은 사라지지 않는다. 이러한 입장에 따르면, 미래세대에 대한 우리의 의무는 가능한 특정의 사람들에 대한 의무가 아니라 '도덕적 책임의 최소요건을 인정하는 의무'이다. 와렌에 따르면,

> 불행한 사람들을 의도적으로 존재하게 하는 것은 확실히 무책임한 것이며, 그들의 복지를 무시하는 것이다. 그것은 미래에 불필요한 고통을 산출하기 때문에 도덕적으로 잘못된 것이다. 그리고 미래에 고통을 겪는 당사자들은 무한한 시간의 관점에서 본다면, 우리만큼이나 실제적인 사람들이다.[16]

따라서 베이어와 와렌을 따른다면, 미래세대에 대한 의무를 말하는 것은 의미 있는 일이다. 우리는 아직 태어나지 않는 사람들에 대해 윤리

---

15) Warren, "Future Generation", T. Regan과 D. VanDeVeer(편), *And Justice for All*,(Rowman and Allanheld, 1982).

16) 같은 책, 154쪽.

적 책임이 있으며, 그러한 이유에서 우리의 현재 행위를 제한해야 한다고 믿을 충분한 근거가 있다. 그러나 그러한 의무의 구체적 내용이 무엇인지는 아직 살펴보지 않았다. 미래세대에 대한 우리의 의무를 말하는 것이 의미 있다면, 과연 우리는 그들에 대해 어떤 의무를 갖고 있는가? 이 문제를 고려하기 위해 앞서 언급한 두 번째 주제를 검토해 보자.

4.4 기후 변화와 후손에 대한 의무

이번 장 처음에서 언급했던 대로, 현재 우리는 지구의 역사에서 전례 없을 정도로 기후와 대기를 변화시키고 있다. 지구온난화와 오존층의 파괴는 서로 무관한 것들이 아닌데, 그것들은 여러 가지 변화들 중에서도 가장 눈에 잘 뜨이는 변화이다.

대기에 방출된 수억 톤의 온실가스로 인한 지구온난화도 심각한 문제지만, 이와는 별도로 오존층의 파괴도 심각한 문제이다. 다양한 화학물질 중에서도 가장 문제가 되는 것은 염화불화탄소(CFCs)인데, 그것은 오존층과 화학적으로 반응해 오존층을 깨뜨린다. 염화불화탄소는 에어컨과 냉장고의 냉매제로 사용되고, 에어로졸 캔과 폴리스틸렌 절연 및 포장의 추진체로 사용된다. 문제는 염화불화탄소가 성층권으로 진입하면서 해로운 자외선을 막아주는 오존층을 파괴한다는 것이다. 자외선에 노출되면, 다양한 암이 발병되고, DNA 분자가 파괴된다.

과학자들은 CFCs가 오존층을 파괴하고 있다는 것과 그것이 피해를 야기한다는 사실에 대해서 다들 동의하면서도, 그것이 야기하는 피해의 범위와 심각성에 대해서는 의견이 분분하다. 한편 우리는 미래의 암 발병율과 미래의 유전적 결함에 대해 굳이 관심을 가져야 할 필요가 있는가에 대해 의문을 가질 수 있다. 가령 미래세대는 우리보다는 아마 담배도 덜 피울 것이고 따라서 전반적인 암발병률도 감소하리라는 것이다. 또한 그때쯤이면 의학이 발전해 암 치료제를 발견할 가능성도 있다. 또한 유전자에 관한 연구 또한 발전해 유전적인 문제를 제거하거나 최소한 염색체에 문제가 있는 사람들이 아이를 갖는 것을 막을 수도 있을 것이다. 이러한 점을 감안한다면, 미래를 예측할 수 없기 때문에 우리의 행위가 미칠 장기적인 결과를 계산할 어떠한 방법도 없다는 주장이 가능하다.

만일 미래세대에 대한 책임이 있다고 말하는 것이 의미 있다고 가정한다면, 그러한 책임의 근거는 무엇인가? 와렌의 입장을 논의하면서 앞서 본 것처럼, 이러한 문제에 답하는 한 가지 방식은 (미래세대가 느껴야 할) 고통을 최소화해야 한다는 것이다. 공리주의자들은 우리에게는 미래세대의 행복을 극대화하고 고통을 줄여 줄 의무가 있다고 주장한다. 이것은 언뜻 보기에는 타당한 것 같지만, 몇 가지 문제를 낳는다.

우리가 공리주의를 채택해 미래세대의 행복을 극대화하는 의무를 인정한다고 가정하자. 그렇다면 여기서 행복을 극대화한다는 것은 전체 행복의 총량을 증진하는 것인가, 아니면 평균 행복을 증진하는 것인가?[17] 우리의 관심이 현재의 것에 제한된다면, 이러한 구분은 별로 중요하지 않다. 인구가 항상 일정할 경우, 행복의 총량을 늘리는 것과 평균 행복을 늘리는 것은 같은 것이기 때문이다. 하지만 미래세대의 인구를 우리가 결정한다는 사실을 인식한다면, 전체 행복의 총량과 평균 행복의 구분은 매우 중요하다.

예를 들어, 인구를 늘림으로써 전체 행복의 총량을 증진하는 것이 바

---

17) 여기서는 주로 Warren의 논의에 의존한다. 그 외에 더 자세한 논의는 Barry와 Sikora가 편집한 책에 있는 Narveson, Bennett, Scott, Sumner, Sikora의 논문을 참고할 것.

람직하다고 할 수도 있다. 하지만 그럴 경우, 행복의 평균량은 변함이 없거나 오히려 줄어들 수 있다. 그런 경우에도 미래세대의 행복의 총량을 늘리는 것이 바람직한가? 아니면 평균 행복량을 늘리는 것이 바람직한가? 이 문제는 인구와 환경정책에서 매우 중요하다.

전체 행복을 중시해서, 미래세대의 전체 행복의 양을 증진하는 환경정책을 채택한다고 가정하자. 전체 행복의 양을 늘리는 한 가지 방법은 미래의 인구를 늘리는 것이다. 그런데 이것은 데릭 파피트(Derek Parfit)가 말했듯이 '원래 의도와 상반되는 결과'를 가져올 수 있다.[18] 전체 행복의 양은 증가시키기 위해 가능한 한 많은 수의 사람을 출산할 경우, 소수의 사람들이 많은 행복을 누리는 세계가 아니라 엄청나게 많은 수의 사람들이 가까스로 약간의 행복을 느끼는 세계가 만들어질 것이다.(그렇지 않고, 전체 고통의 양을 최소화시키는 세계를 만들어야 할 경우, 전혀 사람이 없는 세계야말로 고통을 최소화시키는 세계가 아닐까? 그럴 경우 아이를 갖지 않는 것이 우리의 의무가 아닌가?)

전체 행복의 총량을 늘리자는 안은 별로 매력적인 것 같지는 않다. 그것은 '전체 행복의 양'이란 추상적인 개념을 위해 미래의 구체적 개인의 행복을 희생시키는 결과를 낳는다. 전체 행복의 양을 증가시키기 위해 그런 세계에 살아야 하는 사람의 수를 증가시키는 것이 타당하다고 할 수 있을까?

그러나 평균 행복을 증진시키는 인구정책을 채택했다고 가정해 보자. 이것은 앞서 전체 행복의 총량을 증진시키자는 안이 갖고 있는 문제점을 극복하는 것으로 보인다. 그래서 환경정책과 인구정책은 미래에 존재할 개인들의 평균 행복을 증진시키는 방향으로 나아가야 할 것이다. 그렇다면 이산화탄소의 방출량을 줄이는 것이 미래세대의 평균 행복을

---

18) Parfit, 앞의 글 참고.

늘이는 것인가, 아니면 현재의 이산화탄소의 방출량을 지속시키는 것이 평균 행복을 늘이는 것인가?

평균 행복을 늘리자는 주장 또한 몇 가지 문제에 봉착한다. 그것은 미래 인구의 출산에 타당하지 않은 윤리적 제한을 부과한다. 실제로 평균 인간이 오늘날 누리는 행복만큼을 누릴 수 없다면, 미래의 인간은 태어나서는 안 된다는 주장이 가능하다. 하지만 이러한 주장은 미래 인간의 행복을 무시하는 것이다. 그들의 행복은 단지 우리의 행복과 비교될 경우에만 의미 있는 것이 된다. 미래의 사람들이 설령 자신의 삶에 대해 만족하고 있다 할지라도, 평균 행복 극대화를 주장하는 사람들은 이러한 사람은 태어나서는 안 된다고 주장할지도 모른다.

이러한 견해는 자칫 잘못하면 매우 바람직하지 않은 결론에로 빠질 가능성이 있다. 가난하고 산업화되지 않은 나라에 사는 사람들은 평균 행복을 증진할 가능성이 없는 미래세대를 낳는다는 이유에서 출산의 자유를 제한해야 한다는 주장이 가능하기 때문이다. 그래서 높은 생활 수준을 가진 나라는, 즉 식량과 건강 복지, 교육, 자원, 에너지 형편이 좋은 나라는 출산에서 우선권을 갖는 반면 가난한 나라에는 상대적으로 낮은 출산율이 배당된다. 하지만 이것은 현재 상황에 대한 부당한 선호이다. 이런 관점에서 본다면, 부유한 사람은 더욱 풍요로워지고, 반면 가난한 사람은 피임을 해야 한다.

평균 행복의 증진을 주장하는 사람들은 행복과 행복을 성취하는 데 필요한 자원의 분배 문제에 대해서 설명해야만 할 것이다. 또한 이러한 문제는 2장에서 언급된 정의(正義)와 관련된 공리주의의 문제점이라는 것에 유의해야 한다. 이제 환경 위기와 관련된 세대 간의 분배문제를 다루어 보자.

4.5 핵폐기물과 미래세대의 권리

핵문제에 대한 가장 잘된 윤리적 분석으로는 리차드 실반(Richard Sylvan)과 벌 플럼우드(Val Plumwood)의 분석이 있다.[19] 그들은 장거리 만원 열차의 예를 들고 있다. 유독 폭발 가스를 싼 짐꾸러미를 기차에 가져오는 사람들이 있다. 그 가스는 그리 단단하다고는 할 수 없는 용기에 쌓여 있기 때문에, 목적지에 도착하기 전에 샐 가능성이 매우 높다. 열차에 사고가 발생하거나, 열차가 철로를 이탈할 때, 또는 승객들이 실수 또는 고의로 그 꾸러미를 열어 보려 하거나, 아니면 잘못 다루거나, 또는 그것을 훔치려 한다면, 가스는 확실히 샐 것이다. 또 실제로 이러한 일이 발생한 적도 있다. 만일 약간이라도 가스가 샌다면 주위 사람들은 죽거나 심하게 다칠 것이다. 여행자들 모두는 아니지만 상당수는 그 꾸러미에 대해 알고 있다. 그리고 아무도 그 꾸러미를 열차에 싣는 것에 동의하지 않았다.

실반과 플럼우드에 따르면, 대개의 사람들은 열차에 그 짐꾸러미를 가져오는 사람들을 아마 심하게 비난할 것이다. 짐꾸러미를 싣는 자가 아무리 사고가 일어나지 않을 것이라고 믿고 소망한다 할지라도 또는 짐꾸러미를 보낼 다른 수단이 없고 더 안전한 용기를 구할 수 없다 할지라도 많은 죄 없는 사람의 목숨과 건강을 위태롭게 했다고 짐 실은 사람을 비난할 것이다.

실반과 플럼우드에 따르면, 핵폐기물을 만들어 내고 저장하는 현재의 정책이 이 예와 아주 유사하다. 현 세대는 미래의 사람들, 대략 40.000 세대의 여행객이 탑승할 열차에 유독 폐기물을 싣고 있다. 그래서 아무

19) Richard and Val Routley, "Nuclear Power" 참고. 앞의 Regan과 VanDeVeer가 편집한 책에 수록되어 있다.

죄 없는 미래세대의 사람들을 심각한 위험에 빠뜨리는 엄청난 부정의를 저지르고 있다. 그것도 오직 편리한 소비양식을 고수하려고 그런 부정의를 행하고 있다. 실반과 플럼우드에 따르면,

> 기차에 짐을 실으려는 사람과 같이 현대 산업사회는 자기의 생활양식에서 야기되는 문제로부터 벗어나기 위해서 위험부담과 비용을 미래의 사람들에게 떠넘기고 있다. 하지만 미래의 사람들이 위험부담을 떠맡는다고 해서 그들에게 떨어지는 이득은 전혀 없다. … 만일 현대에 일반적으로 받아들여지는 도덕적 원리와 행위 기준을 적용시켜 본다면, 현재의 핵 발전은 미래세대에 대해 엄청난 규모의 부정의를 행한다는 사실을 피하기가 쉽지 않다.[20]

이러한 결론을 피할 길은 두 가지이다. 미래세대에 대해 조금도 책임질 필요가 없다는 것을 보이거나, 현재의 문제가 미래세대에 대한 책임보다 더 중요하다는 것을 보여야 한다.

앞서 지적했듯이, 우리는 멀지 않은 미래의 시점에 해를 야기하는 행위에 대해서는 기꺼이 책임을 인정한다. 만일 내가 독극물을 투여한 것이 가까운 시간 안에 발생하지는 않는다 하더라도 타인이 그것으로 말미암아 피해를 입는다면, 마땅히 나는 책임을 져야 한다. 그렇다면 우리의 책임을 무효화시키는 것은 피해가 미래에 발생하리라는 사실은 아니다. 중요한 것은 한 가지 상황은 현재 존재하는 사람에 대해 미래에 해를 끼치는 경우라는 것이고, 반면 다른 한 가지 상황은 미래의 사람에 대해 미래에 해를 끼치는 경우라는 것이다. 하지만 이것이 그렇게 중요한 사실인가?

철학자 그레고리 카브카(Gregory Kavka)에 따르면, 이것은 중요하지

---

20) 같은 글, 118~119쪽.

않다. 그가 '미래의 문제'라고 명명한 그의 분석에 따르면, 미래세대에 대한 책임이 없다는 주장을 지지해 주는 것으로 제시된 다음 세 가지 논증은 설득력이 없다. 이들 논증은 각각 미래세대와 현재세대는 서로 시간대가 다르다는 '시간대(temporal location) 논증', 미래 사람들에 대해 알 수 없다는 '무지로부터의(ignorance) 논증', 미래 사람들이 확정되지 않았다는 '불확정(contingency)논증'이다.[21] 이들 논증에 대해서는 앞서 살펴보았기 때문에 여기서는 간략하게 다룰 것이다.

피해를 입을 사람들이 미래 시점에 존재한다고 해서, 그들에 대한 책임이 없는가? 카브카는 반대 이유로 두 가지를 제시한다. 우선 미래의 욕구보다 현재의 욕구에 우선을 두는 것이 불합리한 것처럼, 미래 사람의 욕구보다 현재 사람의 욕구에 우선을 두는 것은 불합리하다고 주장한다. 다음의 예를 고려해 보자. 단지 현재의 욕구를 만족시키기 위해 미래의 복지를 포기하는 사람을 보았을 때, 우리는 그를 불합리한 사람이라고 생각한다. 만일 미래에 은퇴했을 때 사용할 저축액을 단지 현재의 욕구는 현재의 욕구이고, 미래의 욕구는 미래의 욕구라는 이유 하나만으로 지금 사용한다면, 그것은 비합리적인 행위일 것이다. 미래의 욕구도 현재의 욕구만큼 중요하기 때문에, 합리적인 사람이라면 미래를 위해 저축을 해야 한다. 마찬가지로 미래 사람의 욕구도 현재 사람의 욕구와 동등하게 대우를 받아야 한다.

또한 카브카는 시간대가 도덕적으로 적절한 사실이라는 것을 부인한다. 나의 정원에 유독 폐기물을 버릴 경우 누군가가 해를 입을 것이라고 생각하는 것이 타당하다면, 마찬가지로 미래의 사람도 이것에 의해 해를 입을 것이라고 생각하는 것 또한 타당하다. 입증 책임은 이와는 달리 생각하는 사람에게 있으며, 이러한 입증은 쉽지 않다.

---

21) Kavka, 앞의 글, 186~203쪽.

'무지로부터의 논증'은 앞에서 이미 살펴보고, 거부한 바 있다. 자신이 저지른 행위로 인해 누가 피해 받을지를 모른다고 해서 자신이 저지른 잘못에 대한 책임이 면제되는 것이 아니다. 마찬가지로 우리 현재 세대가 미래의 희생자가 누구인지 모른다고 해서 우리 세대가 저지른 잘못에 대한 책임을 면제받을 수는 없다.

'불확정 논증' 또한 앞에서 이미 살펴본 바 있다. 현재 세대가 미래세대의 구성에 대해 상당한 영향력이 있기 때문에 핵폐기물을 버리는 정책에 의해 피해를 입을 피해당사자들은 그러한 정책을 시행하지 않을 때 이득을 얻는 사람과는 다른 사람일 가능성이 있다. 그래서 우리에게 핵폐기물을 만들지 않을 의무를 던져주는 미래의 사람들이 과연 누구인지를 분명하게 규정할 수는 없을 것이다. 하지만 그럼에도 불구하고 우리는 미래에 사람들이 존재할 것이고, 그리고 방사능 오염에 의해 피해를 입을 것으며, 그리고 우리의 행위로 말미암아 해를 입을 것이라고 믿을 이유가 분명히 있다. 그래서 그들 미래세대에 대해 우리는 의무를 갖고 있다고 말할 이유 또한 분명히 있다.

미래세대에 대한 의무가 있긴 하지만, 현재의 당면 문제가 그것보다 더 중요하다고 주장도 있다. 하지만 미래세대에게는 생명과 건강이 달린 문제인 반면, 현재세대에게는 단지 편의와 그것에서 오는 이득의 문제이기 때문에, 이러한 논증은 미래세대의 이익을 할인 또는 절하(discount)하는 과정을 밟을 수밖에 없을 것으로 생각된다.

미래세대의 이익을 절하하자는 생각은 벤담의 고전적 공리주의에 그 기원을 둔다. 벤담은 행위 결과를 계산하는 것과 관련해 '쾌락 계산법'을 고안한 바 있다. 벤담에 따르면, 행위에 의해 산출된 쾌락과 고통의 양은 과연 그것이 확실하느냐 아니면 불확실하느냐에 따라, 그리고 근접하느냐 아니면 멀리 떨어져 있느냐 등의 여러 기준에 의해 평가된다.

그리고 불확실하고 멀리 있는 쾌락은 확실하고 가까운 쾌락보다 덜 중요하다. 하지만 벤담의 주장은 과연 타당한가? 공리주의나 권리론적 입장에서도 이에 반대할 이유가 있다.

미래의 이익을 평가 절하하려는 관행은 경제학에서 그 예를 찾아볼 수 있다. 경제학에서는 미래의 가치를 현재의 가치로 할인한다. 가령 지금의 1달러는 미래의 시점에서 1달러 이상의 가치를 지닌다. 1달러를 투자할 경우, 이자가 붙을 것이고 따라서 1달러 이상의 가치를 지니기 때문이다. 따라서 미래의 달러가 현재의 가치로 표현되려면 할인되어야만 한다. 그 결과 미래의 이익을 할인하는 관행은 환경가치에 대한 경제학적 분석에서는 일반적이다. 앞장에서 살펴본 것과 같이 경제학적 분석은 공공 정책 결정에 있어서 가장 일반적으로 사용되는 방법이다. 그래서 매우 추상적으로 보였던 개념이 환경정책에서는 매우 중요한 역할을 한다. 예를 들어, 이러한 관행은 자원의 현재적 가치를 극대화하고, 이후 세대에 대한 자원의 미래적 가치를 할인하게끔 한다.[22]

이러한 관행이 과연 타당한가에 대해서 두 가지 의문이 던져질 수 있다. 우선 할인율이 아무리 적다 하더라도, 궁극적으로 할인율은 미래의 가치를 제로로 만들 것이다. 둘째, 건강과 생명과 같은 가치는 결코 할인되어서는 안 될 가치로 보인다. 나의 6대쯤 되는 손자가 소유한 1달러는 내가 지금 소유하고 있는 1달러보다 더 가치가 적을 수 있다. 하지만 나의 6대 손자의 생명이 나의 생명보다 더 가치가 적다는 것은 매우 이상해 보인다.

미래의 이익을 할인하는 주장에 대한 반대 논변은 공리주의적 입장에

---

22) 경제학적 접근 방법에 대해서는 클랙의 논의를 참고하라. C. Clark, *Mathematical Bioeconomics : The Optimal Management of Renewable Resources* (New York : Wiley, 1976).

서도 가능하다. 매리 윌리암스(Mary Williams)에 의해 제기된 논변은[23] 매우 흥미롭다. 윌리암스에 따르면, 자원의 미래 가치에 대한 할인은 그 자원이 미래에 가치를 산출하기 위하여 보전된다면 공리주의적 목표와 일관될 수 있다. 그러한 경우에 현재의 가치를 극대화하는 것이 또한 총 가치를 극대화하는 것이기도 하다. 왜냐하면 미래에 그 자원은 계속 가치를 산출할 것이기 때문이다. 하지만 현세대가 재생 불가능한 자원을 다 소모해서, 미래 가치를 지닌 자원을 생산에 사용할 수 없다면, 총가치는 극대화되지 않는다.

이러한 논변의 핵심은 다음과 같은 것으로 생각된다. 현재의 환경정책이 미래에 미칠 결과를 계산하는 데에 있어서 정책 결정자들은 경제학적 관행대로 미래의 가치를 할인하는 경향이 있다. 3장에서 지적했듯이, 이러한 접근의 윤리학적 기초는 공리주의이다. 하지만 윌리암스에 따르면, 공리주의 입장에서조차도 환경문제에서 사회적 가치를 할인하는 것은 총행복을 증진하는 것이 아니라 그 반대이다. 미래 가치를 생산할 자원이 현재의 정책에 의해 고갈될 정도로 사용되기 때문이다. 윌리암스의 주장은 '투자금'의 이자로 살자는 것이다. 하지만 우리는 이자를 낳을 원금마저 까먹을 때가 너무나 많다.

그녀의 대안은 지속 가능한 산출물을 최대한으로 하는 환경정책이다. 즉 원금은 건드리지 않고, 원금(예를 들어, 환경 및 농업자원에서)으로부터 나오는 수확물을 극대화하는 것이다. 경제학의 용어로 표현한다면, 자본이 아닌 이자로 생활해야 한다. 농업을 예로 들자면, 경작지가 계속해서 생산력을 지니게 하는 방식으로 경작지의 수확물을 극대화해야 한다. 미래의 가치를 할인할 경우, 이자뿐만 아니라 자본까지 현세대가 소비

---

23) Mary Williams, "Discounting Versus Maximum Sustainable Yield", Sikora와 Barry가 편집한 책에 수록되어 있다.

하기 쉽다.

4.6 미래세대의 권리

미래 가치를 할인하는 관행에 대한 가장 직접적인 비판은 미래세대의 권리에 대한 의무론적 접근에서 제기될 수 있다. 앞서 살펴보았듯이, 미래 사람의 이익을 할인하는 것은 편리한 생활양식에 대한 우리의 이익이 생명과 건강에 대한 미래 사람의 이익보다 앞서게 한다. 일반적으로 생명과 건강이 편리보다 앞선다고 생각할 것이다. 그래서 미래세대의 권리를(또는 미래세대에 대한 우리의 의무를[24]) 진지하게 승인하는 철학자들은 미래 사람의 본질적인 이익보다 우리의 이익이 앞설 수 있다는 것에 반대한다.

우리는 미래세대의 권리를 옹호하는 철학자들이 채택한 몇 가지 전략을 이미 살펴보았다. 이러한 전략 중에서 많은 전략은 미래세대의 권리를 부정하는 어떤 타당한 논변도 성립할 수 없음을 보이려고 한다. 그래서 미래 사람들이 우리와는 다른 시간대에 존재한다는 사실도, 또한 우리가 그들에 대해 제대로 알지 못한다는 사실도, 그리고 그들이 실제로 존재할지는 아직 확정되지 않았다는 사실도 미래 사람들에 대한 우리의 의무를 거부하는 것을 정당화해 주지 않는다는 사실을 보였다.

미래세대에 대한 의무는 있지만, 이러한 의무는 가까운 미래세대에 대한 것으로 국한된다고 주장하는 철학자들도 있다. 우리의 아이와 손자 세대에 대한 의무는 있지만 10대, 20대, 백대 정도의 세대에 대해서

---

24) 아직 존재하지도 않는 미래세대의 권리는 부정하면서도, 그들에 대한 우리의 의무는 인정하는 사람들도 있다. E. Partridge가 편집한 *Responsibility to Future Generations*(Prometheus Books, 1980)에 수록되어 있는 R. DeGeorge와 R. Macklin의 논문이 그러한 입장이다.

는 의무가 없다는 것이다. 이러한 주장들은 다양한 이유에서 옹호될 수 있다. 권리와 의무는 기본적으로 계약으로부터 나오는 것인데, 먼 세대는 이러한 사회계약의 범위밖에 있다는 주장이 가능하다. 그래서 계약론의 입장에서 우리는 가까운 세대와 우리의 관계를 규정할 수는 있지만 (그래서 미국 헌법에 의해 규정된 사회계약에 의해 그들과 우리의 관계를 규정하고, 우리에게 일정한 제한을 부과할 수는 있겠지만), 수천 년 떨어진 세대와의 관계를 규정할 수도, 그리고 그것에 의해 일정한 제한을 부과할 수도 없다.

다른 한편 권리와 책임은 '도덕공동체(moral community)'에서만 가능하다는 주장이 있을 수 있다. 도덕공동체는 최소한 공통된 도덕 개념을 갖고, 상호간의 도덕적 관계를 승인하는 사람들로 이루어진 사회이다. 우리의 권리와 책임이라는 것도 도덕공동체 안에서 성립하는 것이며, 따라서 그것을 벗어나면 아무런 의미를 지니지 못하는 것이다. 어디까지가 도덕공동체에 속하느냐는 개념적 인식에 의해서, 그리고 공간과 시간에 의해서 결정될 것이다.[25] 또한 우리의 책임은 돌봄, 사랑, 동정 같은 도덕적 관계들에 의해 결정된다고 볼 수도 있다. 이러한 애정은 가까운 미래에까지는 도달할 수 있지만, 먼 미래에까지는 도달할 수 없기 때문에 우리의 책임은 가까운 미래에 국한된다.

다음 장에서는 이런 주제들을 보다 자세히 논의할 것이다. 우리는 거기서 '도덕적 고려 가능성(moral considerability)'을 미래세대의 인간을 넘어서까지 확장하는 철학자들을 보게 될 것이다. 여기서는 두 개의 기본적인 철학적 문제, "미래세대는 권리를 갖는다고 할 수 있는가?", "미래세대가 만일 권리를 갖고 있다면, 도대체 어떠한 권리를 갖고 있는가?"

25) 그러한 입장의 예로는 Golding, "Obligations to Future Generations", *Monist* 56(1972).

하는 문제를 살펴보자.

미래세대가 권리를 바로 지금 갖고 있다고 말하는 것은 의미 있는가? 만일 권리를 지각될 수 있는 세계에 실제로 '존재하는 것'에 귀속되는 것으로 이해한다면, 미래세대의 권리를 옹호하기는 어렵다. 권리의 소유자가 존재하지 않는 상황에서 존재하지도 않는 사람의 권리를 인정할 수는 없기 때문이다. 하지만 권리를 그것이 갖고 있는 사회적 기능의 측면에서 이해한다면, 이야기는 달라진다. 권리는 기본적으로 인간의 행위를 제한하기 위한 것이다. 즉 나의 권리는 당신에게 일정한 의무를 강제하며, 그럼으로써 당신의 행위를 제한한다. 권리는 권리 소유자의 중요한 이익을 보호하기 위해서 행위를 제한하는 것이다. 더욱이 권리를 보호하기 위해서는 사회적으로 승인된 수단이 있어야만 한다.[26] 그래서 권리의 존재는 도덕공동체가 어떤 것을 없어서는 안될 핵심 이익관심으로 규정하느냐에 달려 있다. 이런 관점에서 본다면, 우리가 과연 어떤 것을 미래세대의 핵심적인 이익관심으로 규정하느냐, 그리고 그로 인한 행위의 제약을 어느 정도까지 받아들이느냐에 따라 미래세대는 권리를 갖는다.

우리의 행위에 대한 그런 제약을 받아들일 만한 충분한 근거가 있는가? 내가 보기엔 충분한 이유가 있다. 그것은 미래세대가 존재할 것이라고 믿을 만한 이유가 있는 한에서, 그리고 그들이 우리가 인식할 수 있고, 예측할 수 있는 중요한 이익관심을 갖고 있는 한에서 그러하다. 즉 우리는 미래세대에 대해 권리를 부여할 수 있을 만큼의 충분한 근거를 갖고 있다. 미래세대가 존재하지 않을 것이라고 믿는 사람이 있거나, 그

---

26) 이와 유사한 입장으로는 A. Baier, "The Right of Past and Future Persons"이 있는데, Partridge가 편집한 책에 살려 있다. 그리고 J. Feinberg의 "The Rights of Animals and Unborn Generations"는 W. Blackstone이 편집한 *Philosophy and the Environmental Crisis*(Georgia Univ Press, 1974)에 있다.

들이 우리가 예측할 수 없고, 또한 우리와는 완전히 다른 이익관심과 필요를 가질 것이라고 주장하는 사람이 있다면, 그들은 자신의 주장을 증명할 증거를 제시할 책임이 있다.

만일 이러한 주장을 받아들인다면, 우리가 미래세대에게 부여하는 권리는 미래세대가 가질 것이라고 우리가 가정하는 필요와 이익관심에 좌우된다. 이제 핵에너지와 핵폐기물의 문제를 고려해 보자. 우리는 미래세대가 핵 방사능의 위험으로부터 보호받고 싶을 것이라고 확신할 수는 있다. 그러나 그들의 에너지 수요는 어떠할 것이고, 그들의 이익관심은 어떤 것일까? 만일 미래세대의 이익을 위해 우리가 핵에너지를 폐기한다면, 우리에게 가능한 유일한 대안은 석유와 가스, 석탄 같은 재생 불가능한 에너지원에 더 의존하는 것일 뿐이다. 당분간 화석연료에서 오는 현재의 오염문제를 접어둔다고 하더라도, 이것은 미래세대들이 사용할 수 있는 자원이 줄어든다는 사실을 의미하는 동시에 지구온난화의 짐을 그들에게 부과한다는 것을 의미한다. 그렇다면 핵폐기물을 제한하는 것과 관련된 미래세대에 대한 책임과 에너지 사용에 대한 미래세대 및 우리 세대의 필요성을 어떻게 균형 있게 조화시킬 수 있을까? 재생 불가능한 에너지 자원을 보전해 미래세대가 사용할 수 있게 하는 것도 우리의 의무가 아닌가? 핵폐기물의 위험과 지구온난화의 위험을 어떻게 균형 있게 피해야만 하는가?

미래세대의 권리를 규정하려는 어떠한 시도도 이러한 중대한 난점에 직면할 수밖에 없다. 재생 불가능한 자원을 사용하는 것은 그것의 정의에 의해 다른 사람이 사용할 수 있는 자원을 줄인다는 것을 의미한다. 만일 우리가 가까운 미래세대의 권리를 존중하는 데에서 오는 자원보전의 의무를 갖는다면, 가까운 미래세대 또한 먼 미래세대의 권리를 존중하는 데에서 오는 자원보전의 의무를 가져야 하지 않을까? 만일 가까운 미래세대가 이러한 자원을 사용할 권리를 갖는다면, 우리 또한 자원을 사용할 권리가 있지 않은가?

이 문제에 대한 흥미로운 접근이 브라이언 베리(Brian Barry)에 의해 행해졌다.[27] 베리의 입장은 우리 세대가 재생 불가능한 에너지 자원을 사용할 수 있다는 것이다. 설사 이것이 미래세대에게 상대적으로 불이익을 준다 하더라도, 이들 세대에게 그것만큼 보상해 주면 된다는 것이다. 베리에 따르면, 정의(正義)라는 것은 누구에게나 동등한 대우를 하는 것을 의미한다. 우리가 재생 불가능한 에너지 자원을 사용한다는 것은 그 만큼 미래세대가 자원을 사용할 기회를 부정하는 것이다. 그것은 그들이 갖는 평등한 기회를 부정하는 것을 의미하는 것이고 정의는 우리가 평등을 부정한 것에 대해서 보상해 주어야 한다고 요구한다. 우리는 우리가 사용한 에너지를 그들에게 돌려줌으로써 보상해 줄 수는 없다. 하지만 에너지 자원을 필요로 하는 선택 기회를 상실한 것에 대해서는 보상해 줄 수가 있다. 또한 그들이나 우리나 필요한 것은 자원 그 자체가 아니라 그것을 사용하는 데에 있다. 에너지를 사용하는 것은 필요한 재화와 용역을 생산하기 위한 것이다. 그렇다면 보상이 필요한 것은 재화나 용역을 생산할 수 있도록 그들에게 동등한 기회를 보장해 주는 것이다.

> 미래세대의 문제와 관련해 정의가 요구하는 것이 무엇인지 이제는 말할 수 있다. 자연자원의 고갈 문제와 관련해, 미래세대가 고갈이 없는 상태가 아니라 (생산능력에 있어서)더 나쁜 처지에 놓이지 않게끔 한다는 의미에서 보상이 이루어져야 한다.[28]

27) B. Barry, "Intergenerational Justice in Energy Policy", D. MacLean과 R.I. Brown (편), *Energy and the Future* (Prometheus Books, 1980), 15~30쪽.

28) 같은 글, 23쪽.

베리는 생산능력의 상실을 상쇄하기 위해 요구되는 것이 과연 무엇인가에 관련해 어려움이 많음을 인정한다. 그럼에도 불구하고, 우리는 몇 가지 함축을 이끌어 낼 수 있다. 우리가 사용하는 자원은 상대적으로 접근하기 쉬운 반면, 미래세대가 사용할 자원은 접근하기가 어려울 것이기 때문에 우리는 그들이 그들의 에너지를 찾고 추출하는 데 필요한 기술과 자본투자를 빚지고 있다. 그리고 대체 에너지를 개발하고 연구하는 데 투자할 책임이 있다. 또한 그들에게 쓸 수 있을 만큼의 에너지 자원을 남겨 줄 책임이 있다. 에너지원을 낭비하는 것은 그들의 권리를 명백히 침해하는 것이다.

미래세대에 대한 의무에 관련한 이제까지의 논의에서 이끌어질 수 있는 결론은 무엇인가? 나는 다음 세 가지를 제안한다. 우선 우리는 대체 에너지원을 개발할 중요한 책임이 있다. 화석원료와 핵에너지에 계속 의존하는 데에서 오는 위험은 현실적이고 심각하다. 그리고 우리는 이러한 에너지원으로부터 나오는 위험을 합리적으로 예측할, 그리고 위험을 최소화할 능력 또한 갖고 있다. 하지만 그럼에도 불구하고 위험을 피하기 위한 적절한 조치를 취하지 않는다면, 이는 일종의 범죄 행위일 것이다.

둘째, 우리는 에너지원을 보전할 의무가 있다. 현재대로 나간다면, 우리는 화석연료와 우라늄의 알려진 매장량을 200년 이내에 다 사용할 것이다. 특히 현재의 기술공학이 효율적인 에너지 사용을 가능하게 하고, 특별한 불편 없이 에너지를 보전할 수 있는데도 에너지 자원을 낭비하는 것은 미래세대가 우리와 상응할 만한 생활양식을 영위할 공평한 기회가 있음을 부정하는 것이다.

마지막으로 우리는 미래세대가 행복을 추구할 수 있게끔 도와 줄 책임이 있다. 지구는 폭발하는 인구를 계속 감당할 수 없다. 우리는 인구성장을 제한할 필요가 있으며, 최소한의 쾌적한 삶을 영위할 수 없는 세계에로 사람들을 내보내서는 안 된다. 또한 빈곤은 과잉 인구를 촉진하는 한편 과잉 인구는 빈곤을 초래한다는 사실을 인정할 필요가 있다.

4.7 자원보호와 미래세대에 대한 염려

권리는 핵심적인 이익관심을 보호하는 것이고, 그리고 미래세대에게 권리를 부여하는 것이 타당하다고 인정한다면, 자원 이용과 관련해 미래세대는 자신의 권리주장을 할 강력한 근거를 갖는다. 우선 깨끗한 공기와 물, 농지, 에너지는 미래세대에게는 없어서는 안될 핵심적인 이익관심일 것이다. 하지만 미래세대는 덜 중요한 자원에 대해서도 권리주장을 할 수 있는가? 그래서 개발되지 않은 해안, 야생지, 습지, 산등성이에 대해서도 권리주장을 할 수 있는가? 우리는 미래세대를 위해 동물과 식물의 종들을 보전할 의무가 있는가? 자연물의 보전은 미래세대에 대한 우리의 의무에 기반하기보다는 미래세대에 대한 우리의 선행(charity)에 기반하지 않은가?

미래세대는 이런 자원들에 대한 권리를 갖는가? 우리가 그런 자원을 원하는 것과 마찬가지로 미래세대 또한 그것을 원할 것이라고 생각하기 쉽지만, 그들은 그것을 원하지 않을 수도 있다. 미래세대가 어떤 것을 원하고 즐기느냐는 많은 부분 우리가 그들에게 어떤 세계를 물려줄 것인가에 달려 있다는 점을 인정한다면 더 더욱 그러하다. 청고래가 애초부터 없는 세계에서 과연 청고래를 그리워하는 것이 가능할까? 야생지와 열대우림, 회색곰을 경험해 보지 않은 사람들이 과연 그런 것들을 그리워할까? 우리는 도도새를 그리워하는가? 여행비둘기[29]를 그리워하는

29) 역주 : 여행비둘기(passenger pigeon)는 장거리 비행으로 잘 알려진 비둘기의 일종

가? 우리는 스네일 다터나 캘리포니아 콘돌을 그리워하는가?

야생지와 식물 종과 동물 종을 보전할 의무가 있다는 것과 관련해 몇 가지 논변이 있다. 우선 한 가지는 식물과 동물의 종을 보전하고, 그리고 야생지를 보전해야만 생물 다양성이 확보될 수 있고, 이것은 미래세대의 인간에게 커다란 이득을 줄 수 있다는 것이다. 실제로 생물 다양성은 농업분야와 의학분야에 상당한 도움을 줄 수 있다.

다음 장에서 서술하겠지만, 동물과 식물, 생태계는 그 자체로서 우리의 책임의 대상이지, 다른 목적을 위한 수단의 의미에서 책임의 대상은 아니라고 주장하는 철학자들도 많다. 이러한 견해에 따르면, 우리는 동물과 식물, 생태계 그 자체를 위해서 그것들을 보호해야 한다. 이 문제를 다루기 전에 보전을 주장하는 다른 논변을 하나 언급하겠다. 우리는 미래세대에 대해 애정 어린 관심을 갖기 때문에, 즉 염려하기(care)[30] 때문에 자연자원을 보전해야 한다는 것이다. 우리는 미래세대가 어떤 종류의 사람이 될 것인가에 대해 염려하고 있고, 그리고 야생지와 희귀종이 보전되는 세계에서 사는 것이 그렇지 않은 세계에서 사는 것보다 더 나은 삶이라고 믿고 있다.

존재하지도 않는 사람들에 대해서 염려한다는 것이 가능한가? 이 문제에 답하기 위해서는 누군가에 대해 염려한다는 것이 의미하는 바를 언급할 필요가 있다. 염려한다는 것은 매우 복잡한 개념이긴 하지만, 여기서는 가장 중요한 몇 가지 의미에 초점을 맞추기로 하자.

누군가를 염려한다는 것은 그의 필요나 이익에 관심을 둘 책임을 의

이다. 지난 날 북미 지역에 많았으나, 지금은 멸종된 동물이다.

30) 역주: 염려(care)는 매우 번역하기가 까다로운 용어이다. 염려, 돌봄, 관심, 배려, 애정 어린 관심으로 번역될 수 있는 데, 이 맥락에서는 염려가 적절한 것으로 생각되어, 주로 염려로 번역했다.

미한다. 가령 성장한 자식은 나이 든 부모를 염려할 수 있고, 또한 환자를 염려하는 것은 간호사의 책임일 수도 있다. 바로 이러한 의미가 우리의 논의 대상이다. 부분적으로는 미래세대를 염려할 책임이 현재세대에게 있는가를 우리는 묻고 있는 것이다.

그러나 염려한다는 것에는 그 이상의 의미가 있다. 성인이 된 자식이 보호소에 있는 부모를 한번도 방문하지 않고서도 부모를 염려하는 것이 가능한 것처럼, 미래세대에 대한 최소한의 노력도 하지 않으면서 미래세대를 염려하는 것이 가능하다. 염려라는 개념에서 흥미로운 것 중의 하나는 동기와 감정이 그 안에 들어간다는 것이다.

염려한다는 것은 다른 사람의 이익에 대한 단순한 감정 또는 순간적인 인식 이상의 것이다. (그것은 외국에서 일어난 전쟁이나 자연재해의 희생자에 대해 관심을 갖는 것 이상이다.) 미래세대에 대한 염려가 단지 이러한 감정에 불과하다면, 그것은 별로 중요한 것이 아닐 것이다. 내가 생각하기에 염려는 그것이 타인의 복지에 관심을 갖고 마음을 쓴다는 이유에서 '사랑' 또는 '이타주의'에 가까운 그 무엇이다. 미래세대가 어떤 삶을 살 것인가, 어떤 인격을 가질 것인가에 대해 염려하는 것이 행위의 동기가 될 수 있을까? 그리고 자기의 이익을 압도할 수 있는 동기가 될 수 있을까?

경험적으로 살펴볼 때, 사람은 종종 미래세대에 대한 염려에서 행위하곤 한다. 정치적 수준에서 야생지를 보호하자는 결정, 국립 또는 주립공원과 산림, 연안을 확정하는 결정, 그리고 박물관과 도서관을 짓고, 의학, 산업, 국방에 연구투자를 결정하는 데에 있어서, 그 결정의 수혜자는 아직 태어나지 않은 세대이다. 개인적인 차원에서 자선행위를 하거나 교육재단에 기부금을 내고, 예술, 문화, 사회조직에 후원금을 내는 것도 부분적으로는 미래세대가 쾌적하고 인간다운 세계에 살도록 하기 위한 배려를 동기로 가졌다는 것을 인정할 때에만 설명될 수 있다. 개인적인 차원에서 떡갈나무를 심자고 결정하는 것 — 떡갈나무는 성장하는데 오랜 시간이 걸리는 많은 나무들 중 하나다 — 또한 개인이 먼 미래에 대해 염려하고 있다는 것을 시사해 준다.

하지만 이러한 경험적 증거에 반대하는 강력한 철학적 전통이 있는데, 그것에 따르면 인간은 오로지 이기심만을 동기로 갖고 있다. '심리학적 이기주의'라고 불려지는 이 견해는 그리스의 소피스트로부터 홉스, 현대의 경제학에 이르는 장구한 전통을 갖고 있다. 이것에 따르면, 합리적인 인간은 오로지 자기 이익의 견지에서만 행위 한다. 물론 이러한 전통은 사람들이 타인에 이익을 주거나 관심을 보이는 방식으로 행위 할 수 있다는 사실을 부정하지는 않는다. 그것은 모든 사람이 협소한 의미의 이기주의자라고 주장하지는 않는다. 그것은 단지 타인에게 이득을 주는 행위를 하는 궁극적 이유는 결국 자기이익 때문이라는 점만을 주장하고 있다. 이러한 견해에 따르면, 좋은 행위를 하는 것은 그렇게 함으로써 나중에 내가 이익을 얻기 때문이다. 자선금을 내거나 후손에게 도움을 주는 것도 다 명예나 지위, 또는 세금 감면을 원했기 때문이다.

이러한 맥락에서 이기주의는 이타주의와 우정을 계약론적 모델에 입각해 해석한다. "당신이 나에게 이득을 준다면 나도 당신에게 이득을 줄 것이다." 그런데 먼 미래에 있는 사람은 나에게 도움을 줄 수 없기 때문에, 미래세대를 염려한다는 것은 무의미한 일이다.

그러나 확실히 이것은 타인을 염려한다는 것의 의미를 제대로 이해하지 못한 것이다. 만일 누군가 자기 이익에서 우리를 염려했다는 사실을 우리가 안다면, 우리는 그가 실제로 우리를 염려했다는 사실을 부정할 것이다. 타인을 염려한다는 것은 자기 이익을 추구하는 한 가지 형태라기 보다는 오히려 그것을 배제하는 것으로 보인다. 염려한다는 것은 가능한 한 타인의 관점에서 생각하는 것을 요구한다.

윤리학과 교육학의 관점에서 돌봄의 역할을 예리하게 분석하면서 여권론자인 닐 노딩스(Nel Noddings)는 다음과 같이 주장한다.

> 타인의 현실을 이해하는 것, 가능한 한 그가 느끼는 것을 느끼려 하는 것이 염려의 본질적인 부분이다. 왜냐하면 내가 가능한 한 타인의 현실의 입장에 서서 그의 현실을 느끼려 한다면, 그의 편에 서서 행위 하는 것이 마치 나의 이익인 것처럼 느껴지기 때문이다.[31)]

타인에 대해 염려한다는 것은 타인의 관점을 취하는 것이다. 그것은 "내가 그 입장에 있으면, 나는 어떻게 할까?"가 아니라 "그의 입장에서 그에게 최선이 되는 것은 무엇인가?"를 묻는 것이다. 노딩스가 말하듯이, 내가 어떤 생명체를 염려하고자 한다면, 나는 그것의 본성과 생활방식, 욕구, 필요를 고려해야만 한다. 그리고 그것을 완전히는 알 수 없다고 하더라도, 나는 그 존재가 처한 현실을 이해하려고 노력해야 한다.[32)]

그래서 미래세대에 대해 염려할 수 있느냐 하는 문제는 그들의 관점에서 세계를 바라볼 수 있느냐를 묻는 것이다. 우리의 이익과 필요, 욕구를 버리고 미래세대의 이익과 필요, 욕구를 생각할 수 있는가?

언뜻 보기에 우리는 그럴 수 있을 것 같다. 친구들간의 우정과 자식에 대한 부모의 사랑은 자기 이익을 억제하고 타인의 이익을 고려하는 가장 명백하고도 광범위한 사례이다. 타인을 위하려고 하는 동기가 불가능하다면, 우정도 부모의 사랑도 존재할 수 없을 것이다. 합리적 이기주의는 우리가 합리적인 한에 있어서 충성과 사랑, 희생, 정직, 그리고

---

31) Nel Noddings, *Caring : A Feminine Approach to Ethics and Moral Education* (California Univ Press, 1984), 16쪽.

32) 같은 책, 14쪽.

그 외의 다른 덕과 태도들은 불가능하고 주장한다.

다른 한편 친구와 자식은 현실적인 이익과 필요를 가진 현실의 사람인 반면 미래세대는 아직 존재하지도 않기 때문에, 양자간에는 차이가 있다는 주장도 가능하다. 그러나 이러한 차이가 그렇게 중요한가?

실제로 살아 있는 사람에 대해서만 염려할 수 있고, 그 사람의 관점을 취할 수 있다고 주장할 수도 있을 것이다. 하지만 선조들에 대해 염려하는 사람들도 많다.(아마 이것은 다른 문화권에서 더 자주 있다.) 그들은 그들의 선조의 영예와 영광을 위한 행위를 하고, 선조들에게 존경과 감사를 표한다.

또한 미래세대의 이익과 욕구는 부분적으로는 우리가 어떤 세계를 물려주느냐에 따라 달라지기 때문에 그들이 어떤 이익과 욕구를 갖게 될지 알 방법이 없다는 주장이 있을 수 있다. 그들의 이익과 욕구를 알 수 없다면, 그들의 관점에서 세계를 바라보는 것도, 그리고 그들의 이익과 관심을 증진하려는 동기를 갖는 것도 불가능할 것이다. 결국 그들에게 중요한 것이 무엇인지를 알 수 없기 때문에 그들에 대해 염려한다는 것은 불가능하다는 것이다.

하지만 이러한 논증은 미래세대에게 꼭 필요하지는 않는 자원을 보전하려는 동기의 본질을 인식하지 못한 것이다. 우리는 미래세대가 원하기 때문에 야생지를 보전하고 멸종 위기에 처한 종을 보전하려는 것은 아니다. 미래세대가 이것들에 대해 전혀 아는 바가 없다면, 그들은 그것들을 욕구할 수 없을 것이다. 하지만 미래를 위해 보전하려는 동기는 미래세대가 어떤 것을 욕구하느냐에 기반하지 않는다. 그것은 이러한 것을 알아서 욕구할 수 있는 세계에서 사는 삶이 그렇지 않은 세계에서의 삶보다는 더 완전하고 의미 있는 삶이라는 우리의 판단에 기반한다.

탁월한 예술작품에 대해서도 이와 유사한 주장이 가능하다. 예를 들어 르네상스 시기의 작품을 우리가 하나도 보존하지 못한다면, 그리고 이 작품들에 대한 기록도 다 사라져서 미래세대에게 남겨진 것이 없다면, 미래세대가 이 예술작품들을 보고 싶어할 것이라고 말할 수는 없다. 미래세대는 이 작품들에 대해 아는 바가 전혀 없기 때문에 그것들이 없어졌다는 사실마저도 알지 못할 것이다. 그럼에도 불구하고 우리가 말할 수 있는 것은 그것들이 없는 삶은 황폐한 삶이라는 것이다. 우리가 위대한 예술작품을 미래에까지 보존하려는 동기를 갖는 것은 바로 우리의 후손들이 황폐한 삶을 살아서는 안 된다는 우리의 염려 때문이다.

그래서 미래세대에 대해 염려한다는 것은 의미 있는 일이다. 만일 우리가 그들의 입장에 서서 생각한다면, 야생지나 생물의 다양함에서 오는 풍요로운 복합성을 알지 못하는 삶은 소중한 많은 것들을 놓치는 삶이라는 점을 인정해야 할 것이다. 우리는 미래세대가 어떤 종류의 사람인지, 그리고 어떤 종류의 삶을 영위할 수 있을지에 대해 염려한다. 그리고 이러한 염려가 우리의 행위 동기가 될 수 있다고 나는 생각한다.

4.8 요약 및 결론

철학자들이 환경문제에 관심을 가진 이후, 표준적인 윤리이론을 단순히 적용하는 것으로는 별로 만족할 만한 분석을 제공할 수 없음이 명확해졌다. 이번 장에서 보았듯이, 긴박한 몇몇 환경문제들은 우리 행위가 미래세대에 미칠 윤리적 영향을 자세히 고찰할 것을 요구한다. 하지만 이러한 작업은 많은 전통적인 철학에서 무시되었고, 따라서 지금까지의 기반을 깨는 새로운 작업이 요구된다. 철학적 윤리학은 전통적인 경계를 넘어 확대될 필요가 있다.

다음 장에서는 이러한 경계가 한층 더 확대되는 것을 보일 것이다.

지금까지 다룬 주제들의 대부분은 환경정책이 인간에 미치는 영향에 초점을 맞췄다. 다음 장에서는 철학적 관점의 근본적인 변화가 일어난다. 그래서 "인간 아닌 다른 존재에 대한 직접적인 책임이 있는가?"의 문제를 다룬다. 이 문제를 다룬 철학자들은 많지만, 대개는 인간 이외에 다른 존재가, 심지어는 미래세대가 도덕적 지위를 가진다는 가능성을 부정했다. 최근 몇 년 동안 철학자들은 인간을 넘어 윤리적 고려를 확대하려고 했다. 다음 장에서는 윤리학이 어떻게 확대되는가를 볼 것이다.

생각해 봅시다

1. 지구온난화와 오존층 파괴와 같은 문제들은 장기간의 예측을 필요로 하는 문제들이기 때문에 단기간에는 결정될 수 없다. 이러한 불확실성을 고려한다면, 과연 어떻게 해야 합리적인 결정이라고 할 수 있는가? 완벽하고 정확한 정보 없는 상황에서도 결정해야만 한다면, 그 이유는 무엇인가?

2. 아메리카 인디언들은 인디언 보호지역에 대한 주권을 요구한다. 그리고 몇몇 부족은 부족 소유의 땅을 핵폐기물 저장소로 팔 것을 검토해 왔다. 여기에서 어떤 윤리적인 문제가 제기되는가?

3. 부모와 자식 간에, 그리고 조부모와 손자 간에는 강렬한 도덕적 관계가 존재한다. 그러나 염려와 사랑과 같은 도덕적 관계가 여러 세대 떨어진 사람들 사이에서도 존재할 수 있는가?

4. 아이를 가질 권리는 자연권에 속하는가? 만일 아이 낳는 것을 제한한다면, 그 이유는 과연 무엇인가? 인간은 아이를 낳을 의무가 있는가? 입양을 통해서는 얻을 수 없고, 오직 자기의 아이를 가질 때에만 얻는 것이 있는가?

5. 인구증가 자체가 문제인가? 아니면 인구증가에서 오는 가난과 자원소모가 문제인가? 어떤 문제를 먼저 다룰 것인가?

6. 유럽인들이 아메리카 대륙에 정착하면서 아메리카의 토착문화가 파괴되었다. 그러한 파괴로 말미암아 잃어버린 것을 우리는 단지 추측할 수 있을 뿐이다. 우리 현 세대가 그것을 잃어버렸다고 해서 고통을 겪은 적이 있는가? 만일 그러한 사실 자체를 알지 못한다면 그것에 대한 기회와 지식이 상실되었다고 해서 과연 고통스러울 수가 있겠는가? 미래세대 또한 청고래와 야생지 자체에 대해 알지 못한다면, 과연 그것들을 잃었다고 해서 슬퍼할까?

5장. 자연에 대한 의무

사례 5 : 대규모 멸종사태

1914년 마르타라는 이름을 가진 여행 비둘기가 신시내티 동물원에서 죽었다. 그의 몸은 박제가 되어 워싱턴 DC에 있는 국립역사박물관에 전시되었다. 우리가 아는 한에 있어서, 마르타는 그 종의 마지막 생존자였다. 하지만 60년 전만 해도, 20억 마리 이상의 여행비둘기가 있다고 어떤 학자는 추산했다.[1]

유럽의 정착자들이 북미에 처음 도착하기 전까지, 멕시코로부터 캐나다에 이르는 대평원에는 1억 2천 5백만 마리의 들소가 있었다. 토착 인디언들은 들소들과 생태적으로 안정적이고 균형 있는 관계를 맺고 있었다. 그들은 음식과 옷과 천막, 난방 도구 등, 각종 생활 도구들을 들소에서 구했다. 서부 영화를 본 사람이라면 누구나 이 엄청난 들소 떼들이 지나친 사냥에 시달리고, 살 곳을 잃고, 단지 스포츠를 위해 도살되는 것을 보았을 것이다. 1892년경, 마지막 들소 떼인 85마리가 옐로스톤 국립공원의 보호구역으로 이동되었고, 오늘날 미국에는 약 7만 5천 마리의 들소가 있는 것으로 추산된다.

청고래(blue whale)는 세계에서 가장 큰 동물로, 100피트의 길이와 150톤의 무게를 자랑한다. 20세기 초반만 하더라도, 남극 해에는 이십만 마리 이상이 살고 있었지만, 오늘날에는 천 마리 이하로 추산된다. 번식률이 매우 낮기 때문에 이 수로는 청색고래의 멸종을 막기가 힘들다.

이 세 가지 예 — 하나는 멸종했고, 하나는 멸종 직전에서 구해졌고, 다른 하나는 멸종 위기에 있다 — 는 앞으로 수십 년 간 인간이 직면할 상황을 잘 보여준다. 우리는 과거의 관행을 계속해서 수백만의 동식물의 멸종을 지켜 볼 수도 있을 것이고, 아니면 그것들을 보호하고 보전하기 위한 적극적인 조처를 할 수도 있을 것이다.

지구상에 존재했던 동식물 종 중, 약 99%가 지금은 멸종되었다. 그렇다면 멸종은 자연에서 일반적인 현상일 수 있다. 그래서 모든 종이 궁극적으로는 다 멸종될 것이다. 하지만 현재의 멸종 사태에서 일반적인 현상이 아닌 것은 멸종의 비율과 그것의 원인이다.

---

1) 이러한 추산에 대해서는 Miller의 *Environmental Science*, 354쪽 참고.

생물학자 에드워드 윌슨(Edward Wilson)에 따르면, 인간의 활동과 무관하게 발생하는 멸종 비율, 즉 자연적으로 발생하는 멸종 비율은 대략 몇 년에 한 종 꼴이다.[2] 반면 현재 일어나는 멸종은 1년에 약 4천에서 6천에, 하루에 10여 종에 이르고 있다. 인간 때문에 일어나는 멸종은 다른 이유에서 발생하는 멸종의 약 만 배에 이른다. 의문의 여지없이 최소한 6천 5백만 년 전 빙하기가 끝난 이후로, 인간의 활동이 대량 멸종 사태의 원인인 것이다.

멸종되는 것에는 동물뿐만 아니라 식물도 포함된다. 세 가지 예가 제시하듯이, 사람들은 동물의 멸종에 대해서는 비교적 잘 알지만, 식물의 멸종에 대해서는 그렇지 못하다. 인간과 동물은 직접적, 간접적으로 먹이와 옷, 집, 기타 필수품들을 식물에 의존하기 때문에 식물의 멸종이 한층 더 시급한 문제라는 강력한 주장이 있다. 몇몇 과학자들은 2000년경에는 인간의 활동으로 말미암아 전체 식물의 약 25%가 멸종될 것이라고 예상한다.[3]

1980년대 후반기 동안에 매일 매초마다 축구 운동장 2개 크기만큼의 열대우림이 파괴되었다. 이러한 추세로 열대우림이 잘리고 태워진다면, 앞으로 수십 년 이내에 열대우림의 대부분이 파괴될 것이다. 1960년 이후로 지구삼림지역의 약 반에 해당하는 지역이 파괴되었다.[4]

생물 다양성이 인간에게 주는 이익과는 별개로 생물 다양성이 축소되는 것에 대해 반대할 만한 이유가 있는가? 우리는 다른 생명 형태에 대해 직접적인 윤리적 책임이 있는가?

5.1 서론

철학자들이 다양한 윤리 전통을 환경문제에 적용할 때, 다음 두 가지가 기본 테마가 된다. 첫째, 인간과 자연환경 사이에 적절한 윤리적인 관계는 무엇인가? 둘째, 이러한 윤리적인 관계의 철학적 기초는 무엇인

---

2) E. Wilson, "Threats to Biodiversity", 또한 E. Wilson과 F.M. Peter가 같이 편집한 *Biodiversity* (National Academy Press, 1988) 도 참고하기 바란다.

3) Miller, 앞의 책, 356쪽.

4) 이러한 추산은 Miller의 책 15장에서 참고한 것이다.

가? 이러한 문제를 답변하면서 많은 철학자들은 표준적인 윤리이론에 호소하는 것이 매우 애매하다는 사실을 깨닫게 된다. 자연과 인간의 관계에 대한 전통적인 철학적(신학적) 견해는 오히려 많은 경우에 있어서 환경파괴에 기여해 온 것으로 보이기 때문이다.

대부분 서양철학의 전통은 인간과 자연환경 사이에 그 어떤 직접적인 도덕적 관계가 있음을 거부했다. 이 전통 안에 있는 대개의 윤리이론에 따르면, 오로지 인간만이 도덕적 지위를 갖는다. 다른 모든 존재는 그것들이 인간의 이익에 이바지하는 한에서만 윤리적 가치를 지닌다. 그래서 환경정책을 고려하면서, 인간은 단지 "그 정책은 인간에게 어떤 영향을 미치는가?"를 고려하기만 하면 된다. 이러한 견해에 담겨 있는 환경윤리는 모두 결과주의 윤리이다. 환경적인 옳고 그름은 그것이 인간에 미치는 결과에 달려 있다. 앞장에서 본 바와 같이, 이러한 관점은 미래세대의 인간을 포함하도록 확대된다.

이번 장에서, 우리는 지금까지보다 철학적 관점에서의 급진적인 변화를 보게 될 것이다. 몇몇 철학자들은 자연 세계에 대한 직접적인 윤리적 책임이 있다고 주장하기 시작했다. 이 견해에 따르면, 인간에 미치는 결과와는 무관하게 자연환경에 대한 책임이 있다. 이러한 변화는 인간중심적 가치이론에서 탈 인간중심적인 가치이론으로의 변화로 규정될 수 있다.

5.2 서양전통에서 도덕적 지위

어느 정도까지 전통윤리가 확대되었는가를 확인하기 위해서 논의의 역사적 맥락을 살펴보는 것이 좋을 것이다. 2장에서 우리는 자연법적 전통이 환경문제에 적절한 부분을 갖고 있음을 알았다. 하지만 이러한 전통에 아주 가까운 두 명의 철학자는 자연물의 도덕적 지위에 대해서는 매우 냉담한 반응을 보이고 있다. 아리스토텔레스는 다음과 같이 말하고 있다.

> 식물은 동물을 위해 존재한다. … 동물은 인간을 위해 존재한다. 가축이 식량이나 기타 용도로 존재하는 것처럼, 야생 동물도 그러하다. 즉 야생 동물은 식량이나 다른 기타의 용도, 즉 의복이나 도구를 만드는 데 사용할 수 있다. 자연은 일정한 목적이나 의도를 위한 것이라는 우리의 믿음이 타당하다면, 그것은 다름 아닌 인간을 위한 것임에 틀림없다.[5]

16세기 후반 아퀴나스(Thomas Aquinas)는 이 주제를 신학적 맥락에서 다룬다.

> 야수를 죽이는 것이 죄라고 주장하는 사람은 오류를 범하고 있다고 우리는 생각한다. 왜냐하면 신의 섭리에 의해 동물은 자연의 과정에서 인간이 사용하도록 운명 지워졌기 때문이다. 따라서 동물을 죽이거나 또는 다른 방식으로 인간은 동물을 사용하더라도, 그것이 결코 부정의한 것이 아니다. 이러한 이유에서 신은 노아에게 말했다. "나는 너희에게 목초와 더불어 고기를 주었다."[6]

아리스토텔레스와 아퀴나스는 오로지 인간만이(그리고 아마도 천사와 신만이) 도덕적 지위를 갖고 있다고 믿었기 때문에, 이러한 입장을 취할 수 있었다. 인간은 사고할 수 있고, 선택할 수 있는 지적인 능력(또는 정

---

5) 아리스토텔레스, 『정치학』, 1권 8장, 1256b.

6) 아퀴나스, 『신학대전』, 3권 2부. 그리고 노아에 대한 명령에 대해서는 창세기 9장 2~3절을 참고할 것. 그리고 창세기의 이 문장에 대한 아퀴나스의 견해에 대해서는 패스모어의 책, 6쪽을 참고하라. '전제자로서의 인간'을 보는 관점의 철학적 뿌리를 이해하는 데 패스모어의 책은 훌륭한 도움이 된다.

신적인 능력)을 갖고 있기 때문에, 도덕적 지위를 갖는다. 반면 동물과 다른 생명체는 이런 능력이 없기 때문에, 도덕적인 고려대상이 아니다. 자연에 관해 인간이 갖는 의무는 모두 인간의 필요와 이익관심으로 설명될 수 있다.

칸트의 윤리이론은 이보다는 낫지만 마찬가지로 한계를 갖고 있다. 물론 칸트 자신은 미래세대에 대한 의무에 대해서 호의적인 반응을 보였으며, 정언명법 또한 여러 환경문제를 해결하는 데 적절한 대안이라는 지적도 있다.[7] 하지만 『윤리학 강의』에서, 그는 자연을 존중하는 우리의 의무는 다른 인간에 대한 의무에서 도출되는 간접적인 의무일 뿐이라고 명확히 말하고 있다. 대상 및 수단과 대비되는 주체 및 목적에게만 도덕적 지위와 권리를 부여하는 칸트의 분석은 인간만이 도덕적 지위를 갖는다는 견해를 강화한다. 이러한 입장에서는 자유롭고 이성적인 행위를 할 능력이 있는 자율적인 존재만이 도덕적 존재이다. 또한 다른 모든 생명체는 이러한 능력이 없다고 생각되기 때문에 그것들은 도덕적 고려대상으로부터 배제된다. 동물과 식물은 주체가 아니라 대상일 따름이다.

영향력 있는 것으로 판명된 또 다른 견해는 17세기의 철학자 데카르트(Rene Descartes)에 그 기원을 두고 있다. 데카르트는 모든 실재는 마음(mind)과 육체(body)라는 두 가지 기본 실체유형으로 환원될 수 있다고 보았다. 정신의 영역에는 사고, 감각, 의식이 포함된다. 육체의 영역에는 물리적이고 공간적인 모든 것이 포함된다. 이 물리적인 영역은 완전히 기계적이기 때문에, 의식을 결핍한다. 동물과 식물은 살아 있긴 하지만,

---

7) 미래세대에 대한 칸트의 관심에 대해서는 Passmore의 책 4장을 참고하라. 그리고 이 문제에 대한 자세한 논의로는 A. Baier의 "For the Sake of Future Generations" 참고할 것. T. Regan이 편집한 책, *Earthbound : New Introductory Essays in Environmental Ethics* (New York: Scribner's, 1974)에 수록되어 있다.

기계, 또는 '사고 없는 야수'일 따름이라고 데카르트는 생각했다. 따라서 데카르트의 입장에서는 의식이 도덕적 지위를 갖는 기준이 된다. 의식이 아닌 것은 단지 물리적인 것이고, 그것에 대한 배려에 불필요하다.

동물을 도덕적 고려 대상에서 배제하지 않는 소수의 철학자들 중의 하나가 벤담(Jeremy Bentham)이다. 다음은 서양철학 전통의 예외로 유명한 구절인데, 거기서 벤담은 다음과 같이 말하고 있다.

> 동물들이, 폭군이 아닌 한 어느 누구도 그들에게서 빼앗아 갈 수 없는 자신들의 권리를 획득할 날이 올지도 모른다. 프랑스인들은 피부가 검다고 해서, 아무런 보상 없이 고통을 주고도 내버려두어도 될 이유가 없다는 것을 이미 알았다. 언젠가 다리의 수, 피부의 융모 여부, 천골의 끝생김 등도 쾌고감수 능력이 있는 존재에게 고통을 주고도 보상 없이 내버려두어도 될 이유가 없다는 것을 인식하게 될 것이다. 뛰어넘을 수 없는 경계가 그밖에 다른 무엇이 있는가? 이성의 능력인가 아니면 담화의 능력인가? 하지만 완전히 자란 말이나 개는 하루나 일주일이나 한 달이 된 유아와는 비교할 수 없을 정도로 말이 더 잘 통하고, 더 합리적인 동물이다. 그렇지만 그것들이 설사 그렇지 않다고 하더라도, 그게 그렇게 중요한 사실인가? 중요한 것은 그들이 이성을 갖는가, 그들이 말을 하는가가 아니라 그들이 고통을 겪는가 이다.[8)]

공리주의에 충실했기 때문에, 벤담은 도덕적 고려 대상을 쾌락과 고통을 느끼는 능력을 가진 모든 존재에로 확대했다. 피터 싱어(Peter Singer)의 글에서 우리는 벤담의 견해와 유사한 견해가 발전되고 옹호되는 것을 볼 것이다.

요약한다면, 인간만이 도덕적 지위를 갖는다고 대부분의 서양철학자들은 생각했다. 인간 이외에 다른 존재가 도덕적 지위를 가질 수 있다는

---

8) 벤담, 『도덕과 입법의 원리 서설』 17장, 1부, 각주.

문제 의식 자체를 거부했고, 따라서 인간 이외의 자연물에 도덕적 지위를 부여하지 않았다. 도덕적 영역의 경계를 긋는 데 사용된 기준은 생각하고 추리하는 능력과 같은 지적인(intellectual) 것이었다. 그렇다면 반론자의 반대 전략은 다음 두 가지일 것이다. 한편에서는 이성은 도덕적 지위의 판단기준으로 부당한 것이라고 주장함으로써 동물을 도덕적 고려 대상에서 배제하는 입장의 철학적 기반을 부정할 수 있을 것이다. 그래서 대신 벤담의 제안을 따라, 감각이 도덕적 지위의 기준이어야 한다고 주장할 수 있을 것이다. 다른 한편에서는 철학적 기반은 받아들이면서도, 거기에서 이끌어지는 결론은 부정할 수 있을 것이다. 그래서 이성이 타당한 기준이라는 점을 받아들이면서도, 동물은, 최소한 고등동물인 포유류만큼은 어느 정도 이성능력을 갖고 있다고 주장할 수도 있을 것이다. 우리는 앞으로 이 두 가지 전략을 볼 수 있을 것이다.

결국 우리는 상당수의 서양 철학자들이 자연계에 대한 직접적인 윤리적 책임을 부인했다고 결론지을 수 있다. 그리고 이러한 전통은 자연계에 대한 지배와 착취의 근거를 제공하며, 이런 이유에서 현재의 환경파괴와 관련해 부분적인 책임이 있다는 주장이 가능하다. 그러나 철학자들만 책임이 있는 것은 아니다. 서양의 종교 전통도 마찬가지로 비판을 면하기 어렵다. 이런 주장을 최초로 한 사람 중의 하나가 바로 역사학자 린 화이트(Lynn White)이다.

그에 따르면, 서양의 종교전통은 유대-기독교의 신이 모든 만물을 창조한다는 창세기의 다음 구절에 의해 상징적으로 대표된다.

> 하느님께서는 "우리 모습을 닮은 사람을 만들자. 그래서 바다의 물고기와 공중의 새, 또 집짐승과 모든 들짐승과 땅 위를 기어다니는 모든 길짐승을 다스리게 하자" 고 하시고, 당신의 모습대로 사람을 만들어

> 내셨다. 하느님의 모습대로 사람을 지어내시되 남자와 여자로 지어내시고, 하느님께서는 그들에게 복을 내려 주시며 말씀하셨다. "자식을 낳고 번성하여 온 땅에 퍼져서 땅을 정복하여라. 바다의 고기와 공중의 새와 땅 위를 돌아다니는 모든 짐승을 부려라!"[9]

화이트의 논의의 핵심은 서양의 기독교가 현재 환경 위기의 근원이라는 것이다.[10] "생태 위기의 역사적 기원"이라는 이제는 고전이 된 논문에서 린 화이트는 자연에 대한 현대의 과학적 기술적 접근은 유대-기독교적인 관점에 그 기원을 두고 있다고 주장한다. 린 화이트에 따르면, 앞서의 창세기에서 전개되고 있는 관점이 특히 인간 중심적이다. 창세기에서 인간은 모든 창조에 있어서 특권적 위치를 차지한다. 신의 형상대로, 신의 모습과 비슷하게 창조되었기 때문에, 인간은 도덕과 형이상학에서 독특한 위치를 차지한다. 인간은 다른 자연과 구분되며, 그것을 뛰어 넘는다. 신은 도덕적 위계질서를 창조했는데, 거기에서 인간은 자연보다 우월하고, 자연을 지배하도록 신에 의해 명령받았다.

화이트는 이러한 해석이 기독교 신학에 대한 가장 합리적이거나 유일한 해석이라고 주장하지는 않는다. 자연과 더 조화로운 관계를 주장하는 다른 해석도 있음을 인정한다. 하지만 중요한 사실은 많은 기독교인과 유대인들이 창조에 대한 성서의 말씀에 대해서 내린 해석은 철저한 인간중심주의에 입각한 해석이라는 점이다. 현대의 과학과 기술 중 많은 부분이 인간중심적 세계관이 지배하는 상황에서 발전되었다. 그래서 화이트에 따르면, 바로 이것이 현재 환경 위기의 기원이 된다.

---

9) 창세기 1장, 26~29절.

10) Lynn White, "The Historical Roots of our Ecological Crisis", *Science* 155(1967), 1203~1207쪽.

5.3 초기의 환경윤리 : 패스모어와 블랙스톤

앞서 살펴보았듯이, 서양의 철학적, 종교적 전통은 인간이 자연보다 우월하며, 그렇기 때문에 자연을 지배해도 된다는 생각을 고무해 왔다. 동시에 이 전통들은 환경문제 해결과 관련해 적용되어 온 기존의 철학 이론들이 형성되는 데에도 지대한 영향을 미쳤다. 여기서 문제가 발생한다. 과연 이런 윤리학의 전통 안에서 환경문제를 해결할 수 있는가? 이 문제는 매우 애매한데, 그것은 환경문제에 대한 책 분량의 최초의 철학적 저작인 패스모어(John Passmore)의 『자연에 대한 인간의 책임』이란 책에서 잘 나타난다.11)

응용윤리학의 특징을 잘 보여주는 이 책에서 패스모어는 철학자의 역할을 존 로크(John Locke)가 처음 사용한 의미에서 이해하고 있다. 윤리학자는 문제를 정돈하고, 논쟁을 분석하면서, 쓸데없는 논거를 제거하는 역할을 맡는다. 철학자의 첫번째 역할은 쓸데없고, 타당하지 않고, 위험한 대안들을 제거하는 일이다. 버려져야 할 쓰레기 중에는 서양의 전통을 버릴 것을 요구하는 모든 견해들, 즉 신비주의, 자연을 신성화하는 견해들, 동물권리론이 포함된다.

패스모어는 서양전통이 갖고 있는 서로 모순되는 두 가지 측면을 동시에 인정했다. 한편에서 그는 자연과 인간의 관계가 그 어떤 도덕적 고려에 의해 지배되어야 한다는 것에 대해 서양의 지배적인 전통이 부정하고 있다는 점을 인정한다. 이 전통에 따르면, 인간은 거만하고 오만하게 자연을 지배하는 '전제군주'이고, 자연을 자기가 욕구한대로 변형될 수 있는 단순한 밀랍으로 본다. 그렇지만 다른 한편, 서양의 전통에는 윤리적으로 바람직한 자연과의 관계에 대한 맹아가 있다고 패스모어는

11) J. Passmore, *Man's Responsibity for Nature* (Scribner's, 1974).

믿는다.

> 기독교이건, 공리주의이건 간에 전통적인 서양의 도덕적 가르침은 타인에게 해를 가해서는 안 된다고 인간에게 가르쳐 왔다. 쓰레기를 바다나 대기로 버리는 것, 생태계를 파괴하는 것, 자식을 많이 출산하는 것, 자원을 소모하는 것은 모두 미래 또는 현재의 이웃들에게 손해를 입히는 일이다. 이러한 정도에서 전통적인 도덕은 다른 것에 의해 보충할 필요 없이 우리의 생태적 관심을 정당화하는 데 충분하다.[12]

이런 관점에서 보자면, 새로운 도덕원리를 요구하는 것은 전적으로 잘못된 것은 아니다. 하지만 지금 우리에게 필요한 것은 '새로운 윤리'가 아니라 우리가 잘 알고 있는 윤리를 보다 잘 준수하는 일이다. 예를 들어, 패스모어는 오염과 관계된 윤리적인 문제는 새로운 원리가 아니라 '누구도 자기의 이웃을 독살해서는 안 된다'는 일반적으로 승인되는 원리를 적용하는 것으로 족하다. 현재의 생태 위기를 낳은 주범은 다름 아닌 탐욕과 단견(短見)이며, 이것들은 사려 깊은 행위라는 종전부터 있어 온 방법에 의해 능히 극복할 수 있는 성질의 것이다.[13]

패스모어의 저작은 대부분 표준적인 응용윤리의 모델을 따르고 있다. 환경문제 해결에 있어서 면밀한 철학적 분석이 공헌할 수 있는 부분은 많다. 하지만 그의 분석이 갖고 있는 중요한 한 가지 측면은 근대 서양 윤리학의 확대를 요구한다는 점이다. 소비중심사회의 물질적 탐욕을 한탄하면서, 패스모어는 세계에 대한 새로운 '감수성 있는(sensuous)' 태도가 필요하다고 주장한다. 그에 따르면, 감수성에 대한 '퓨리턴적 공격'은 플라톤에서 시작해 아우구스티누스와 프로테스탄트 교회를 거쳐 근

12) 앞의 책, 186~187쪽.

13) 같은 책, 같은 쪽

대 서양 세계에 이르고 있는데, 이것은 자연의 미와 자연에 대한 사랑을 부정하는 결과를 낳았다. 환경 위기에 의해 요구되는 '새로운 윤리'에서는 심미적 가치가 중요한 역할을 담당해야만 한다. 감수성의 부정은 산아조절법이 널리 알려지는 것을 막고, 출산을 목적으로 하지 않는 모든 성관계를 비난함으로써 인구폭발에 의해 야기된 환경문제를 더욱 악화시켰다.[14] 또한 그것은 환경 파괴를 너무 쉽게 용납하게 한다.

> 보다 감수성 있는 사회라면, 황폐한 도시, 황량하고 더러운 집, 특히 추한 교회당, 녹슨 쇳더미, 오물로 가득찬 강, 지저분한 들판 등, 산업화 이후의 서구의 풍경들을 용납하지 않을 것이다. 세계를 감수성 있게 바라볼 수만 있다면, 세계를 어떻게 가꾸어야 할지를 알게 될 것이다.[15]

패스모어는 서양의 철학적, 종교적 전통들은 인간으로 하여금 자신을 자연의 절대적 지배자로 보고, 존재하는 모든 것은 인간을 위한 것이라는 생각을 조장하고 있다고 비판하는 측면이 있다.[16] 하지만 그럼에도 불구하고, 그의 윤리이론 또한 여전히 인간 중심적이다. 그는 자연세계 본래의 가치를 인정하지 않는다. 인간이 자연을 사랑하고, 자연을 아름답다고 느끼기 때문에 자연은 가치 있는 것이다. 우리는 자연세계에 대한 책임을 갖고 있지만, 그러한 책임의 근저에는 인간의 이익관심이 놓여져 있다.[17] 패스모어와 같은 많은 철학자들에 있어서, 표준적인 윤리

---

14) 같은 책, 189쪽.

15) 같은 책, 같은 쪽.

16) 같은 책, 13쪽

17) 패스모어에 대한 날카로운 비판에 대해서는 R. Attfield, "Western Traditions and Environmental Ethics", Environmental Ethics", R. Elliot & A. Gare(편), *Environmental Philosophy*(University Park : Pennsylvania State University Press)201~230쪽, D. Mannison & M. McRobbie & R. Routley (편), *Environmental*

이론은 새로운 환경권을 규정할 수 있는 가능성을 갖고 있다. 표준적인 윤리이론을 확대할 것을 요구하는 초기의 또 다른 시도가 블랙스톤(William Blackstone)에 의해 행해졌다.[18] 권리로서 갖는 것과 단순한 욕망으로서 갖는 것의 차이를 언급하면서, 블랙스톤은 새로운 권리로서 '살 만한(livable) 환경에 살 권리'를 승인할 것을 주장한다.

이러한 논의 맥락을 설명하기 위해서 잠시 3장에서 제시된 논의 구조로 되돌아가 보자. 환경문제를 바라보는 한 가지 방식은 환경문제를 상충하는 이익들의 문제로 보는 것이다. 예를 들어, 월트 디즈니 사의 이익과 시에라 클럽의 이익은 상충한다. 공공정책 결정자의 과제는 이러한 갈등을 공정하고도 사심 없이 해결하는 것이다.

경제학의 모델은 모든 상충하는 선호들을 똑같이 만족되어야 할 만한 가치가 있는 것으로 간주함으로써 갈등을 해결하려 한다. 따라서 경제학의 모델이 목표로 하는 것은 이러한 선호들이 최적의 상태에서 만족되는 것이다. 즉 양적인 기반 위에서 갈등의 해소가 이루어진다. 즉 보다 많은 양적인 만족이 더 나은 해결책이 되는 것이다.

다른 한편, 새고프(Mark Sagoff)같은 사람들은 환경문제는 질적인 기반에서 해결되어야만 한다고 주장한다. 즉 어떤 선호는 다른 선호보다 더 만족될 만한 가치가 있으며, 여기에는 정치적 윤리적 판단이 요구된다는 것이다. 그래서 모든 이익이 다 똑같은 것은 아니며, 어떤 것은 특별한 대접을 받을 가치가 있다.

하지만 불행하게도 새고프가 인정하듯이, 그런 가치판단을 명확히 규

Philosophy(Canberra : Research School of Social Sciences, Australian national University, 1980), 109～134쪽.

18) W. Blackstone, "Ethics and Ecology", Blackstone(편), *Philosophy and Environmental Crisis* (Univ of Georgia Press, 1974).

정하고 옹호하는 것은 극히 어렵다. "당신은 당신이 원하는 것이 내가 원하는 것보다 더 가치 있다고 주장하는데, 도대체 그런 말을 하는 당신은 과연 누구인가?" 라는 상대주의자의 반론이 가능하기 때문이다.

전통적으로 도덕적 '권리'의 개념은 전체선의 증진이라는 명분 아래 어떤 중요한 이익이 희생되는 것을 막기 위한 장치로 사용되었다. 만일 나의 욕구와 당신의 욕구가 충돌할 경우, 최적 상태의 욕구의 만족을 구하는 시장적 방법은 갈등을 해소하는 매력적인 방법일 것이다. 하지만 그것은 갈등이 권리와 관계되지 않을 때에만 매력적인 방법일 것이다. 예를 들어, 당신이 나의 집에 인접한 당신의 땅에 유독 폐기물을 버리기 원한다면, 여기에는 단순한 욕구의 상충 이상의 것이 존재한다. 그러한 경우 당신이 원하는 것은 나의 권리와 충돌하는 것이다. 이러한 경우 권리는 욕구보다 소중하며, 따라서 설령 욕구를 승인하는 것이 전체선을 극대화하는 것일지라도 권리가 희생되어서는 안 된다.

패스모어의 입장에서 보자면, 기존의 표준적인 윤리이론으로도 능히 그런 상황을 해결할 수 있다. 하지만 다른 철학자들에 있어서, 우리 세계의 환경조건의 변화로 말미암아 이전에는 본질적인 것으로 인정되지 않았던 이익들이 이제는 본질적인 것이 되었다. 깨끗한 공기와 물에 대한 이익관심, 점점 사라지는 야생지역을 보전하려는 이익관심은 한 세대 전의 중요성과는 비교할 수 없을 만큼 중요하게 되었다. 그러한 이익관심들은 이제는 도덕적 권리에 의해 보호를 받아야 할 만큼 중요한 것이 되었다.

블랙스톤은 인간의 권리에 대해서 칸트와 마찬가지로 의무론적 정당화를 채택한다. 그는 보편적이고 양도할 수 없는 인간의 권리가 있다는 일반적인 견해를 옹호한다. 권리의 이면에는 그것에 상응하는 만큼의 의무 또는 책무가 있다는 것이 함축되어 있다. 또한 우리에게 도덕적 의무가 있으면, 그만큼 우리의 자유권과 다른 권리의 행사는 제한된다. 그래서 사냥용 칼에 대한 나의 소유권에서 오는 자유는 타인의 생명권에서 연유하는 의무에 의하여 제한 받는다. 그래서 나는 나의 칼로 타인을 해쳐서는 안 된다.

여기서 중요한 문제는 "살 만한 환경에 살 권리가 존재하는가?"이다. 블랙스톤은 그런 권리가 존재한다고 주장한다. 그에 의하면,

> 인간의 권리라는 것은 우리가 인간이라는 사실에서, 그리고 인간다운 삶을 사는 데에, 이성적이고 자유로운 존재로서 우리의 능력을 발휘하는 데에 이러한 권리가 필수 불가결하다는 사실에서 나온다.[19]

또한 블랙스톤은 평등, 자유, 행복, 생명, 재산 등 자유롭고 이성적인 존재로서의 우리의 본성에서 나오는 이러한 기본권은 안전하고 건강하고 살 만한 환경이 없다면 결코 실현될 수 없다고 주장한다. 살 만한 환경은 또한 모든 인간에게 필요한 것이기 때문에, 이러한 삶을 살 기회를 빼앗을 어떤 타당한 근거도 없다고 본다.[20]

따라서 상당히 표준적인 철학적 구조를 갖고 있다. 인간의 권리는 우리가 자유롭고 이성적인 주체로서의 본성 때문에 갖고 있는 기본적인 이익관심에서 나온다. 이것은 우리의 자연적인 능력을 실현하기 위해서 필수 불가결하며, 또한 누구나 이러한 권리를 갖고 있음을 부정할 어떤 근거도 없다는 이유에서, 즉 보편화될 수 있다는 이유에서 인정될 수밖에 없다. 하지만 그렇다고 해서 이것이 새로운 권리라고 할 수 있는가? 블랙스톤은 환경조건의 변화는 우리로 하여금 전통적인 자유와 권리,

---

19) 같은 책, 31쪽.

20) 같은 책, 32쪽.

특히 소유권을 공공복지와 평등의 이름아래 제한하도록 요구한다고 주장한다. 그래서 과거에 자유와 권리로서 타당한 것으로 간주되었던 것들이(자연자원이 무한한 것으로 간주되고, 오염이 별로 문제가 되지 않았던 상태에서), 이제는 더 이상 타당한 것으로 간주될 수 없다.[21] 새롭게 대두된 환경문제와 관련해 전통적으로 권리로 간주되었던 몇 가지는 이제 바뀌어야 하고, 새로운 몇 가지는 도입되어야 한다.

하지만 블랙스톤의 입장에 대해서 몇 가지 반론이 제기될 수 있다. '새로운 권리' 개념은 유용하지 않으며, 또한 사소한 의미에서만 타당하다는 주장이 가능하다. 살 만한 환경에 대한 권리는 생명, 자유, 소유 등의 보다 근본적인 권리에 대해서 단편적으로 말하는 것에 불과하다. 만일 내가 강에 유독 폐기물을 버린다면, 나는 강 하류에 사는 사람들에게 손해를 끼쳤다거나 또는 그들의 권리를 침해한 것이다. 기존에 있었던 표준적인 소유권만으로도 이러한 문제를 다루기에 충분하다. 만일 내가 당신이 마시는 물 또는 숨쉬는 공기를 오염시켰다면, 나는 당신에게 손해를 끼친 것이다. 패스모어가 말한 대로 "누구도 이웃에게 독을 타서는 안 된다"라는 일반적으로 받아들여지는 원리는 살 만한 환경에 살 권라가 불필요함을 시사해 준다. 사실 이러한 새로운 권리는 복잡한 권리들의 층을 창출함으로써 오염과 환경파괴에 의해 야기되는 실제 피해를 은폐할 수 있고, 그래서 환경운동에 악영향을 미칠 수 있다. 권리의 수를 증가시키는 것은 오염이 미치는 윤리적, 법적 피해를 규정하는 데 오히려 어려움을 준다.

또한 권리는 단지 소극적인 의무만 포함하지 결코 적극적인 의무는 포함하지 않는다는 주장이 가능하다. 즉 당신의 생명권에서 나오는 나의 의무는 단지 당신을 죽여서는 안 된다는 소극적 의무만 규정하지, 결

---

21) 같은 책, 같은 글.

코 당신이 사는 데 필요한 모든 수단을 제공해야 한다는 적극적 의무를 포함하지는 않는다는 것이다. 그래서 적극적 권리로서 살 만한 환경에 살 권리는 불필요하거나 타인에게 너무 많은 것을 요구한다. 반면 그리고 소극적인 권리로 이해될 경우에는 – 예를 들어, 누군가 오염을 야기하거나 환경을 파괴함으로써 내가 피해를 당하지 않을 권리나, 나의 복지가 위협 당하지 않을 권리로–, 그것은 기존의 표준적인 윤리나 법적인 개념에 의해서 해결될 수 있는 것으로 새로울 것이 하나도 없는 셈이 된다. 반면 타인에게 깨끗한 환경을 만들도록 의무를 부과하는 것이라면, 즉 적극적 권리로 이해된다면, 그것은 교육이나 보건처럼 바람직한 사태이긴 하지만 권리라고 할 수는 없다. 그래서 살 만한 환경을 적극적 권리로 이해하는 것은 타인에게 지나칠 정도의 의무를 부과한다는 반론이 가능한 것이다. 누군가 승용차를 운전함으로써 공기를 오염시켰다고 해서, 그것을 나의 권리를 침해한 것으로 볼 수 있는가? 또는 누군가 채소가 잘 자라도록 살충제를 뿌렸다거나, 쓰레기를 바다에 버렸다고 해서 나의 권리를 침해한 것인가? 만일 그렇다면 이것은 너무나도 많은 권리와 의무를 만들어 내서, 결국에는 현대생활에서 할 수 있는 부분이 별로 없게 될 것이다.

물론 블랙스톤의 주장에 대해서 찬성 또한 많다. 살 만한 환경에의 권리를 옹호하는 사람은 이러한 권리는 단지 최소한의 기본적인 의무만을 부과한다고 주장할 수 있다. 교육과 보건의료와 관련해서 비슷한 예가 이끌어질 수 있다. 보건의료의 권리는 성형수술과 같은 모든 의료혜택을 다 받을 권리가 아니라, 단지 응급치료를 받을 권리만을 포함한다. 그리고 교육을 받을 권리도 사립대학에서 대학원 과정까지 무료로 받을 권리를 의미하는 것이 아니라 고등학교까지 대중교육을 무료로 받을 것을 의미한다. 그래서 살 만한 환경에 살 권리는 청결하고 깨끗한 공기와 물에 대한 권리가 아니라 임의로 유독 폐기물을 버리고, 쓰레기와 오물로 바다를 오염시키고, 고유황석탄을 태우는 것을 방임하는 정책에 대한 반대를 의미한다.

이러한 접근에 대한 보다 본질적인 비판은 권리 개념 자체를 무의미한 것으로 보는 몇몇 철학자들의 견해에서 나타난다. 예를 들어, 벤담(J. Bentham)은 권리 개념은 무의미하며, 자연권 또한 전혀 근거 없는 개념이라고 주장했다. 현대 철학자인 맥킨타이어(Alasdair MacIntyre)는 마법사와 유니컨을 믿을 이유가 없듯이, 권리 개념을 믿을 이유가 없다고 주장했다.[22] 이 논쟁을 검토하는 것은 여기서의 우리의 관심을 너무나 넘어선다. 그럼에도 불구하고, 이러한 반론들은 새로운 환경권이 내포한 여러 가지 함축적 의미에 대해서 생각할 수 있는 기회를 제공한다.

권리 개념을 부정하는 사람들은 권리가 수행하는 가장 중요한 기능들 중의 하나를 이해하지 못한 것이다. 어떤 것을 권리로 규정한다는 것은 그것이 중요한 이익관심이라는 것을 인정하는 것이다. 권리는 그것이 인간 복지에 중심적이고 중요하다는 의미에서 단순히 바람직한 것과는 다르다. 우리는 권리, 또는 심지어는 자연권을 (자명한 것으로서) 발견되거나 인식되는 '저기에 있는 것'으로 생각해서는 안 된다. 권리는 중요한 이익관심이 너무 쉽게 희생되는 것을 막기 위해서 만든 인간의 창조물이다.[23] 이러한 방식에서 새로운 권리에 대한 블랙스톤의 주장은 깨끗한 환경이 인간의 복지에 얼마나 중요한가를 환기시킨다. 환경을 오염시키고, 더럽히고, 착취했던 과거의 관행은 인류의 복지를 생각한다면, 더 이상 묵과되어서는 안 된다. 이러한 의미에서 환경문제는 윤리학

---

22) A. MacIntyre, *After Virtue* (Univ of NotreDame Press, 1981), 67쪽.

23) 공리주의적 이득 계산을 막는 최후의 보루로 권리가 어떻게 기능 하는가에 대해서는 R. Dworkin의 *Taking Rights Seriously* (Harvard Univ Press, 1977)를 참고할 것.

을 새로운 영역으로 확대한다.

5.4 도덕적 지위 : 최근의 논쟁

앞장에서 살펴보았듯이, 환경문제는 철학자들로 하여금 윤리적 개념을 전통적인 경계선을 넘어 확대할 것을 요구한다. 예를 들어, 에너지나 인구정책을 철학적으로 충분히 설명하기 위해서는 현재 존재하는 인간을 넘어 그 외의 다른 존재들에게도 도덕적 지위를 부여할 것을 요구한다. 이번 장의 나머지 부분에서는 자연물에 관한(regarding) 의무뿐만 아니라, 이들 자연물에 대한(to) 의무를 갖도록 윤리학을 확장하자는 견해를 살펴보겠다.

이산화탄소로 인한 오염문제를 살펴보자. 기존의 표준적인 윤리적 견해에 따르면, 누군가 이산화탄소를 방출하는 행위는 그로 인해 타인이 해를 입고, 건강과 재산에 손해를 입을 경우, 도덕적으로 그른 행위가 된다. 이러한 기존의 표준적인 윤리관행으로 오염문제에 적절히 대처할 수 없다면, 우리는 블랙스톤이 그랬듯이, 새로운 환경권의 개념을 인정함으로써 문제를 해결할 수도 있을 것이다. 그리고 이산화탄소로 인한 오염이 당분간 몇 세대 동안은 해로운 결과를 나타내지 않는 경우에 대비해 권리와 의무 같은 윤리적 개념을 미래세대를 포함하도록 확대할 수도 있을 것이다. 이러한 윤리학의 확대는 미래세대에게 전통적인 윤리이론 아래서는 갖지 않았던 도덕적 지위를 부여한다. 이러한 방식으로 도덕적 지위를 미래의 인간을 포함하도록 확장하거나, 또는 새로운 권리를 발전시키는 것은 '인간중심적 확장주의'라고 규정할 수 있을 것이다. 윤리학은 전통적인 경계를 넘어 확장되었지만, 그것은 어디까지나 인간에게로 국한된다. 예를 들어, 오염을 야기해서는 안 되는 우리의 의무는 환경에 관한(regarding) 의무이기는 하나, 환경에 대한(to) 의무는 아닌 것이다. 앞서 대표적인 철학자들에 대한 간략한 설명에서 보았듯이, 서양 철학과 신학의 주류는 도덕적 지위에 관해 인간 중심적 관점을 보이고 있다. 인간만이 도덕적인 지위를 갖는다는 것이다.

이제 나는 윤리학을 인간중심주의를 벗어나 탈인간중심적으로 확장하는 입장을 설명할 것이다. 즉 인간 이외의 존재에게 도덕적 지위를 부여하는 윤리학을 설명할 것이다. 도덕적 지위를 갖는 것으로 간주되는 후보에는 동물, 식물, 종이 있고, 그 외에 산, 강, 야생지, 지구 등과 같은 비생명체도 있다. 이러한 논쟁을 통해서 다음 두 가지의 기본적인 입장이 나타난다. 1) 동물과 다른 자연물을 포함하도록 도덕적 지위를 확대하자는 입장과 2) 이러한 확장은 너무나 어설프며, 전통적인 윤리적 개념만으로도 충분히 환경문제를 해결할 수 있다는 입장이다.

마지막으로 개념을 한번 정리해 보자. 여기서 다룰 주요한 문제는 과연 자연환경에 대한(to) 의무가 있는가 하는 문제다. 앞으로 보겠지만, 여기서 논의되는 것들 중에서 중요한 것은 동물과 식물, 야생지 등이 권리(right)를 갖는가 하는 문제다. 그런데 많은 철학자들은 우리는 의무를 갖고 있지만, 상대방이 권리를 갖지는 않는 경우가 있다고 주장한다. 예를 들어, 우리는 미래세대에 대한 의무를 갖고 있지만, 미래세대는 권리를 갖고 있지는 않다. 왜냐하면 아직 존재하지도 않는 사람들이 권리나 그와 유사한 것을 갖고 있다고 말하는 것은 넌센스이기 때문이다. 또한 일반적으로 공리주의자들은 의무에 대해서는 기꺼이 논의하지만, 권리에 대해서는 논의하기를 꺼린다. 이러한 이유에서 권리 개념에서 접근하기보다는, '도덕적 지위(moral standing)'나 '도덕적 고려 가능성(moral considerability)'의 개념에서 접근하는 것이 좋을 것 같다. 이러한 접근 방식은 동물이나 식물이 권리를 갖는다는 주장을 포함하긴 하지만, 그렇다고 해서 그러한 주장에 의해 제한되지는 않는다. 여기서 다룰 철학적 문제는 "도대체 어떤 존재들이 도덕적 권리주장을 할 수 있는 자격을 가지며, 그래서 우리로 하여금 그것들을 고려해야 할 의무를 갖게 하는가?", 또는 "누가 그리고 무엇이 도덕적으로 가치 있는가?", "어떠한 근기에서 그것들의 도덕적 지위를 승인해야 하는가?"

이런 방식으로 문제를 정리하면, 우리는 현대의 많은 도덕문제와 공공정책에 대한 논쟁들이 도덕적 지위를 갖는 주체들의 범위에 관한 문제들이라는 점을 인식할 수 있을 것이다. 낙태문제는 종종 태아의 도덕적 위상에 초점이 맞춰져 있다. "태아도 도덕적 권리를 갖는 인간인가?" 의료윤리에서의 많은 논쟁들은 안락사와 심각한 중상자의 대우에 관한 것이다. 구체적으로 그러한 문제는 회복 불능의 혼수상태에 빠진 환자, 뇌사 상태의 환자, 냉동 태아, 심각한 상처를 입은 유아의 도덕적 지위에 관한 문제이다. 또한 우리는 이미 미래세대에 대한 관심에서 이러한 범위가 확장되는 것을 보았다. 그래서 자연환경에 대한 의무의 문제를 다룰 때, 다음의 보다 근본적이고 철학적인 문제에 대한 검토부터 하는 것이 좋을 것 같다. 도덕적 고려대상의 경계를 어디서 구획할 것인가? 누가 그리고 무엇이 도덕적 지위를 갖는가? 어떠한 근거에서 우리는 이러한 결정을 할 수 있는가?

그렇다면 인간과 다른 생명체의 적절한 관계는 무엇인가? 동물과 다른 생명체의 도덕적 지위에 관한 최초의 현대적 논의 중의 하나는 화인버그(Joel Feinberg)의 "동물과 아직 태어나지 않은 세대의 권리"(The Right of Animals and Unborn Generations)라는 논문에서 나타났다.[24] 화인버그의 이 논문은 매우 큰 영향력을 미쳤는데, 그의 논의에 대해 간략히

---

24) J. Feinberg, "The Right of Animals and Unborn Generations", W. Blackstone(편), *Philosophy and Environmental Crisis*, 43~68쪽.

살펴봄으로써 최근의 논쟁들을 고찰할 수 있는 계기를 마련하겠다.

화인버그는 권리를 다른 사람(일정한 의무를 갖게 되는 사람)에 대해 무엇인가를 요구하는 권리주장으로, 그리고 법이나 '계몽된 의식'에 의해 사회적으로 인정받는 것으로 규정함으로써 논의를 시작한다. 화인버그의 전략은 먼저 도덕적 지위를 명확히 가져서 전혀 문제가 될 것이 없는 경우에서 시작한다. 그래서 그것에 대한 검토를 통해서 우리의 직관과 가장 부합되는 기준을 찾는다. 그리고 나서 이 기준을 보다 문제가 생길 수 있는 경우에 적용한다.

> 일반적으로 권리 주장자는 일정 능력이 있는 성년 인간이다. 정상적인 성인이라면, 명확히 권리를 부여받는 것이 의미 있는 그런 존재 유형일 것이다. 반면 바위가 권리를 갖고 있다고 말하는 것은 어처구니없다. 그것은 바위가 도덕적으로 열등한 존재여서 권리를 가질 자격이 없기 때문이 아니라,(이러한 언명은 무의미할 것이다) 바위는 그것이 권리를 갖는다고 말하는 것이 무의미한 그런 존재의 범주에 속하기 때문이다. … 바위와 정상적 성인이라는 두 가지 명확한 경우 사이에는 덜 명확한 스펙트럼이 있을 것이다. 우리의 죽은 조상에게 권리를 귀속시키는 것은 의미 있는가, 그리고 개념적으로 가능한 것인가? 또한 개별동물은 어떤가? 동물 종은 어떻고? 그리고 지구는? 바보와 미친 놈은? 태아는? 아직 태어나지 않은 세대는?[25]

개별 동물의 경우를 살펴보자. 화인버그는 동물에게 가혹 행위나 학대 행위를 해서는 안 될 의무가 있음을 대개의 사람들이 인식하고 있다고 말한다. 어떤 사람은 이러한 의무가 다른 인간에 대한 의무, 즉 동물 학대를 볼 때 마음의 상처를 받는 사람들에 대한 의무에 근거한다고 주

25) 같은 글, 44쪽.

장할 수도 있을 것이다. 또한 이러한 의무는 자기 자신에 대한 의무, 즉 냉혹하고, 잔인한 성품을 이끌어 낼 수 있는 상황을 피할 의무에서 유래한다고 주장하는 사람도 있을 것이다. 화인버그는 이러한 설명이 정직한 설명이 아니라고 주장하면서, 동물들은 그 자체 이러한 의무의 직접적인 수혜자라고 주장했다. 화인버그에 따르면, 동물은 우리의 행위에 의해 증진되거나 손상될 수 있는 이익관심(interests)을 가질 수 있기 때문에, 우리는 동물에 대해 의무를 가진다. 어떤 것이 권리를 가진다고 말해질 수 있으려면, 그것은 이익관심을 가져야 하며, 권리에 의해 보호되어야 할 자기 나름의 선(good)과 목적을 가져야만 한다. 타지마할(인도의 아그라에 있는 화려한 대리석 영묘)이나 아름다운 천연 야생지는 매우 귀중한 것이긴 하나 단순한 사물이기 때문에, 그들 자신의 이익관심을 갖는다고 말할 수는 없다.[26)]

화인버그의 견해는 도덕적 지위라는 일반적인 문제가 아니라 권리 문제에 초점을 두고 있다. 그러나 그 의미는 매우 중요하다. 그에 따르면, 우리가 그 어떤 대상에 관한(regarding) 의무가 아니라 그 대상에 대한(to) 의무를 갖고 있다고 말하는 것이 의미 있긴 위해선, 그것은 일정한 자기 나름의 선이나 복지를 갖고 있어야 한다. 만일 내가 어떤 것에 대해 의무를 가지려면, 내가 나의 의무를 수행하는 것이 그것에게는 좋은 것이 되어야 한다. 그리고 어떤 것이 그에게 좋은 것(선)이나 나쁜 것(악)을 갖고 있다고 말하는 것은 그것이 이익관심을 갖고 있다고 말하는 것이다. 예를 들어, 학대당하지 않는 것이 개의 이익관심이고, 학대당하지 않는 것이 개에게 좋다고 말할 수 있다면, 나는 개를 학대하지 않을 의무가 있는 것이다. 그렇다면 도대체 어떤 것이 이익관심을 가질 수 있을까? 화인버그에 따르면, '의욕적(conative)' 삶, 즉 의식적 소망, 욕구, 희망,

---

26) 같은 글, 49쪽.

또는 충동, 무의식적 욕망, 목표, 목적, 잠재성향, 성장추세, 자연적 성취 등을 가진 존재만이 이익관심을 가진다고 말할 수 있다. 화인버그는 이러한 기준을 다양한 대상에 적용한다. 그에 따르면, 하등동물은 단순히 해충으로 간주된다 할지라도, 최소한 고등동물만큼은 권리를 가진다고 할 수 있다. 반면 식물은 이익관심을 갖기 위해서는 필요한 기본적인 인지적 능력(cognitive equipment)이 없기 때문에 권리를 가진다고 할 수 없다. 종 또한 권리를 가진다고 할 수 없다. 하지만 그 종에 속하는 개별구성원들은 권리를 가질 수 있다.

그래서 예를 들면, 개체 돌고래는 물고기 그물에 걸리지 않을 이익관심을 갖고 있으며, 그렇게 죽음을 당하지 않을 권리를 가진다고 할 수 있다. 그러나 돌고래의 종은 그럴 권리가 없다. 우리는 개체 동물을 죽여서는 안 될 의무를 가지고 있다. 그러나 종을 멸종으로부터 구해야 하는 의무는 없다. 우리의 의무는 인지적 능력을 가진 개체 존재에 대한 것이다.

그리고 만일 미래세대가 존재하는 것이 확실하다면, 그렇다면 그런 한에서 미래세대는 이익관심을 가진다고 할 수 있다. 그리고 그런 한에 있어서 또한 그들의 권리를 인정한다고 말하는 것은 의미가 있다.

화인버그의 논문은 여러 가지 면에서 새로운 기초를 닦았다. 좁게 잡으면, 그것은 권리에 대해서 의미 있게 말해질 수 있는 것과 없는 것에 대한 단지 개념적이고 메타윤리적인 분석일 뿐이다. 하지만 그것은 철학적 윤리학의 새로운 방향을 상징한다. 환경에 대한 관심에서 철학자들은 도덕적 고려 대상의 범위를 확대하기 시작한 것이다. 실제로 처음으로 철학자들은 인간 이외의 존재가 인간의 이익관심을 위한 수단으로서가 아니라, 그 자체로 도덕적 고려를 받을 수 있다는 가능성을 고려하기 시작한 것이다.

5.5 나무는 도덕적 지위를 갖는가?

동물이 도덕적인 고려 대상인가를 체계적으로 살피기 전에, 도덕확대주의의 또 다른 시도를 고찰해 보자. 스톤(Christoper Stone)은 산림, 바다, 강 등의 이른바 자연물의 도덕적 권리는 인정하지 않았지만 그것들의 법적인 권리는 인정했다.[27] 동물권의 옹호자와는 달리, 그는 도덕적 지위의 근거를 인간의 본질이 아니라, 법적인 권리의 본질에서 찾고 있다.

자연물의 권리에 대한 스톤의 입장은 미네랄 킹 계곡을 둘러싼 법적 논쟁에서 시작했다. 시에라 클럽은 월트 디즈니사가 시에라 산맥에 대형 스키장을 짓는 계획에 반대하여 법정에 소송을 제기했다. 시에라 클럽이 미네랄 킹 계곡의 개발에 의해 받는 피해가 법적으로 인정될 수 없기 때문에 시에라 클럽은 소송 자격이 없다는 이유에서, 소송은 기각됐다. 이 소송은 다시 대법원으로 항고되었고, 스톤은 "나무는 도덕적 지위를 갖고 있는가?"(Should Trees have Standing)라는 논제가 붙은 논문을 썼다. 스톤은 개발에 의해 파괴되는 나무와 산등성이 같은 자연물들이 법적 지위를 가져야 한다는 것을 보임으로써 시에라 클럽을 지지하려 했다. 그리고 시에라 클럽이 이러한 권리의 법적 후견인이 될 수 있다고 주장했다.[28]

스톤의 작업은 법적 권리의 본질에 대한 분석에서 시작한다. 권리는 어딘가로부터 발견될 수 있는 성질의 것이라는 견해를 거부하면서, 스톤은 권리가 변화 발전해 왔음을 강조했다. 권리는 그 권리의 침해에 대해 이의를 달 수 있는 공공적으로 권위 있는 조직에 의해 승인될 때, 비

---

27) C. Stone, *Should Trees have Standing? Towards Legal Rights for Natural Objects* (Kaufmann, 1977), 9쪽.

28) 이러한 역사에 대한 간략한 설명으로는 R. Nash, *The Rights of Nature* (Univ of Wisconsin Press, 1989), 128～131쪽.

로소 존재한다. 인간의 도덕 발전의 역사를 살펴보면 사회적 애착의 대상은 계속적으로 확대되어 왔다는 사실을 알 수 있다는 다윈의 주장을 인용하면서, 스톤은 법적인 권리를 승인하는 과정 또한 이와 유사한 과정을 밟는다고 주장한다.[29] 권리는 권리 소유자를 침해로부터 보호하기 위한 것이고, 권리 소유자의 명단은 계속 증대되어 왔다. 한때에는 토지를 소유한 백인 성년 남자만이 완전한 법적 권리를 가졌음을 상기시킨다. 하지만 이제 법적 지위를 갖는 대상에는 땅을 소유하지 않은 사람, 여자, 흑인, 인디언, 그리고 법인, 회사, 도시, 국가 등의 비인격체도 포함된다. 스톤은 지금이야말로 이러한 보호대상을 자연물에로 확대해야 할 시점이라고 주장한다.

그런데 스톤에 따르면, 권리를 승인하기 위해서는 정부 조직의 승인 이상의 것이 필요하다.

> '법적 권리를 소유하려면, 세 가지 조건을 만족시켜야만 한다. 어떤 것이 수단으로서가 아니라, 그 자체의 존엄성과 가치에 기초하여 법적으로 자신의 권리를 인정받으려면 다음 세 가지 조건 모두가 만족되어야만 한다. 우선 스스로 법적 행위(소송)를 제기할 수 있어야 한다. 둘째, 법적 구제 여부를 결정할 때, 그것에 대한 손실을 법정이 고려할 수 있어야만 한다. 셋째, 법적 구제를 통해 그것의 이익을 증진될 수 있어야 한다.[30]

나무와 다른 자연물들이 법적 권리를 갖기 위해서는 이 세 가지 조건을 모두 만족시켜야 한다.

그런데 자연물이 어떻게 '법적인 행위'를 할 수 있을까? 법인이나 정

---

29) Stone, 앞의 책, 11쪽.

30) 같은 쪽.

신지체자의 법적 지위를 염두에 두고, 스톤은 자연물의 이익을 대변하기 위해서 우리는 후견인(guardian)이나 보호자(conservator), 또는 피신탁자를 지명할 수 있다고 주장했다. 혼수상태의 사람이 법적 후견인을 갖는 것처럼, 그리고 법인이 신탁위원회를 가질 수 있는 것처럼, 산림이나, 시냇물, 산 또한 자신들의 이익을 대변할 임무를 가진 인간에 의해 법적으로 대변될 수 있다.

하지만 자연물은 우리가 1) 동의할 수 있는, 그리고 2) 법적으로 인정될 수 있는 방식으로 손해를 입을 수 있는 이익관심을 갖는가? 스톤은 자연물 또한 그러한 이익관심을 갖는다고 말한다. 스톤은 법인의 경우와 마찬가지로, 그리고 그 정도로 확실하게, 우리는 자연물의 이익관심을 알 수 있으며, 그것이 손해 입은 것을 인식할 수 있다고 주장한다.

> 스모그로 인해 멸종 위기에 처한 소나무의 후견인이자 소송대리인은 그의 고객이 스모그가 없기를 희망한다고 자신 있게 말할 수 있을 것이다. 그리고 그것은 법인의 우두머리가 우리 법인은 배당금이 신고되는 것을 원한다고 주장하는 것보다 더 자신 있게 말할 수 있는 것이다.[31]

마찬가지로 스톤은 자연물의 손실을 보상하는 법적 치유책이 유의미하다고 믿는다. 우리는 환경을 온전한(whole) 상태로 만드는 것을 법적인 표준과 목표로 삼을 수 있다. 우리는 자동차 사고로 인해 손상된 건강을 회복하는 데 드는 비용을 보상받을 수 있는 것처럼, 우리는 책임 당사자에게 자연물이 건강을 회복하는 데 드는 비용을 청구할 수 있다. 환경이 건강 상태로 돌아간다는 것은 다치기 이전의 상태로 돌아가는 것을 의미할 것이다.

---

31) 같은 책, 24쪽.

이러한 제안이 어떻게 작용할 수 있는가를 살펴보자. 1991년 여름, 열차의 탈선은 20,000갤런의 살충제를 캘리포니아의 사카라멘토 강에다 쏟아 부었다. 그 결과 40마일에 달하는 강의 모든 생명체가 사실상 죽었다. 하지만 기름 유출이 긴 후유증을 낳는 것과는 달리, 강은 곧 자신을 정화해 다시 생명을 부양할 수 있게 되었다.

현재의 법 테두리 안에서 손해를 입은 개인은 자기 손해에 대해 철도당국을 상대로 비용을 청구할 수 있다. 하류에 땅을 소유한 사람과 관광 및 낚시업자들 또한 손실 비용을 청구할 수 있다. 스톤의 제안대로라면, 강과 살충제에 의해 죽은 물고기들의 후견인 또한 손해 비용을 청구할 수 있을 것이다. 그래서 인간뿐만 아니라 강도 건강 상태로, 즉 기차탈선 이전의 상태로 돌아갈 수 있어야 할 것이다.

이러한 제안이 타당성을 갖기 위해서는 다음의 문제점을 극복할 수 있어야 한다. 우선 스톤의 제안에도 불구하고, 자연물의 이익이 무엇인지 우리가 동의할 수 있는지가 불투명하다. 예를 들어, 사카라멘토 강을 양어장의 고기로 다시 채워야 한다는 주장도 있고, 지류에서 야생 물고기가 올라오기를 기다려야 한다는 주장도 있다. 어떤 입장을 취하든 간에, 나름대로 다 그럴 만한 이유는 있다. 강의 입장에서 가장 최선의 선택은 무엇이 될까?

두 번째 문제점은 다음과 같다. 스톤의 논변은 고아를 위해 법적 후견인이 그의 이익을 결정할 수 있는 것과 마찬가지로 강의 후견인이 강의 이익을 결정할 수 있다는 것이다. 하지만 누가 강의 후견인이 되는가? 야생협회가 생각하는 강의 이익과 지역마다 있는 낚시클럽이 생각하는 강의 이익은 서로 다르다. 후견인을 선택하는 것은 곧 자연물의 이익을 결정하는 이론을 선택하는 것이다. 시에라 클럽이 미네랄 킹 계곡의 이익을 대변하는가? 아니면 벌목회사가 그것의 이익을 대변하는가?

새고프가 지적했듯이, 산은 자연상태에 싫증난 나머지 월트 디즈니 사에 의해 대변되기를 원할 수도 있다.

이것들 중 어느 것도 스톤의 접근이 타당하지 않다는 것을 보여주지는 않는다. 그러나 자연의 이익에 대한 견해를 규명하고 옹호하려면, 스톤의 주장 이상이 요구된다. 즉 스톤의 제안이 받아들여지려면, 자연물의 법적 지위를 확대하는 것에 대한 사회의 동의가 필요하다. 결국 그것은 공공기관에 의해 승인될 필요가 있는 것이다. 그러나 이러한 동의는 자연과 자연의 가치에 대해 대중이 합의를 이룬 다음에야 가능하다. 유감스럽게도 아직까지 이러한 합의는 이뤄지지 않고 있다.

5.6 요약 및 결론

이번 장에서는 윤리적인 고려를 인간 이외의 존재에로 확대하려는 초기 시도들을 살펴보았다. 이러한 시도들 중 많은 것들은 주류 윤리학에 도전한다. 하지만 그것들은 완성된 형태라기보다는 아직 모색의 단계를 벗어나지 못하고 있다. 동물들의 윤리적 위치를 다룬 철학자들의 저작에서, 이 문제에 대한 가장 세련된 접근을 볼 수가 있다. 다음 장에서는 이것을 살펴보기로 하자.

생각해 봅시다

1. 창세기에 따르면, 신은 인간에게 다른 생명체를 지배할 권리를 부여했다. 이것은 인간이 다른 생명체를 '지배' 또는 통제할 수 있다는 것을 의미한다고 보는 입장이 있다. 반면 이것은 인간을 다른 생명체에 대한 청지기(stewards), 또는 관리인으로 명령한 것이라고 해석하는 입장도 있다. 이러한 입장들의 근거는 각각 무엇인가?

2. 동물학대를 금지하는 법률을 정당화하는 데에는 여러 가지 방식이 있을 수 있다. 여러분이 아는 대로 동물학대의 금지 이유를 열거해 보라. 동물이 나름대로 도덕적 지위를 가진다고 주장할 이유가 있는가?

3. 무생물은 이익관심을 갖는가? 미네랄 킹 계곡의 이익관심은 무엇인가? 사카라멘토 강의 이익관심은 무엇인가? 강과 산, 산림의 입장에서 좋은 것이 있을 수 있는가?

4. 스톤은 나무도 법적 권리를 지닌다고 주장했다. 그리고 그는 나무와 기타 자연물들이 인간의 부주의로 인해 손실을 입었을 경우, 보상을 받아야 한다고 주장했다. 하지만 나무가 잔혹하게 파괴되었다고 해서 어떻게 나무가 보상받을 수 있는가? 기껏해야 같은 종의 다른 나무를 심을 수 있을 것이다. 그렇다면 손실을 입은 나무가 혜택을 받는다고 할 수 있는가? 개별 나무가 보상 받을 자격이 있는가, 아니면 그 나무의 종이 보상 받을 자격이 있는가?

5. 어떤 대상이 도덕적 지위를 갖는가와 관련해서 사고 실험을 해보자. 일정 능력이 있는 성인이 한 쪽 끝에 있고, 다른 한 쪽 끝에는 바위가 있는 하나의 스펙트럼이 있다고 가정해 보자. 당신은 어느 지점에서 도덕적 지위를 갖는 존재와 갖지 않는 존재를 구분할 것인가? 아이, 뇌사한 성인, 태아, 돌고래, 개, 곤충, 트렉 별의 외계인인 스폭, 종, 나무? 이러한 구분점을 정할 수 있는 단 하나의 기준이 있는가?

6장. 동물에 대한 의무

사례 6 : 동물실험과 공장식 목장

미국 환경보호국은 굴뚝 배기량을 조절하고, 살충제 등의 유독 화학 물질의 사용을 통제하는 임무를 가지고 있다. 또한 식품의약국은 소비 상품이 유해한 결과를 낳지 않도록 통제하는 임무를 가진다. 이들이 특정 화학 물질의 유해 여부를 결정하는 기준은 과학자들의 연구에 기초한다. 유독성 여부를 측정하는 가장 유명한 실험 절차는 LD 50 테스트이다. 환경보호국의 독물학과 과장의 보고에 따르면, 1987년 한해 동안 16,000번의 실험이 있었다고 한다.[1)]

LD 50 테스트는 동물에게 검사 물질의 투여량을 점차 늘려, 얼마만큼의 양을 투여해야 실험동물의 50%가 죽는가를 조사하는 것이다. 50%의 동물이 죽기 전에, 실험된 모든 동물은 심한 중독으로 엄청난 고통을 겪는다. 독성이 강한 물질의 경우, 상대적으로 적은 양의 투여만으로 50%의 치사율에 도달한다. 물론 살아남은 50%의 중독 또한 심각하다. 음식첨가제와 화장품 등, 독성이 덜한 화학물질을 실험할 경우, 50%의 동물이 죽기 전까지 막대한 양을 투여해야 한다. 튜브나 주사바늘을 통해 검사물질이 동물들에게 강제로 먹여지고 주사된다. 테스트 물질에 의해서만 죽어야지 과학적 설명력이 있기 때문에, 죽어가면서 고통받는 동물들에게 고통을 줄이기 위한 '인도적인' 죽음을 선사할 수는 없다.

동물권운동가들의 활동 때문에, LD 50 테스트는 몇몇 나라에서 법적으로 금지되었다. 그리고 다른 실험 방법이 개발될 때까지 LD 50 테스트를 연기한 회사도 있다. 하지만 동물들이 제도적으로 학대받는 경우는 이외에도 부지기수이다. 예를 들어 소, 돼지, 닭들이 사육되는 방법이 그러하다. 싱어(Peter Singer)에 따르면, 우리는 매일 저녁 식탁에서, 그리고 동네 슈퍼마켓이나 정육점에서 다른 종에 대한 역사상 전례 없는 착취를 직접 경험한다.[2)]

---

1) Singer의 *Animal Liberation* (New York Review of Books, 1990) 2판에서 인용했다. LD50에 대한 논의 중 상당 부분은 싱어의 책에서 발췌한 것이다.

2) 같은 책, 95쪽.

싱어의 책, 「동물해방론」은 현대의 '공장식 사육(factory farming)'의 실상을 알리는 데 큰 역할을 했다. 이러한 관행에 대한 싱어의 윤리적 분석은 이후에 자세히 다룰 것이다. 여기서는 한 가지 예로, 송아지 고기의 사육 방식을 간략히 살펴보겠다.

송아지 고기는 말 그대로 어린 소의 고기를 말한다. 송아지 고기는 매우 비싸기 때문에 일반적으로 중산층의 저녁 식탁에서는 볼 수 없고, 레스토랑이나 미식가의 식탁에서나 볼 수 있다. 송아지 고기는 특히 그것이 연해서 씹기가 좋을 때, 그리고 핑크 색을 띨 때 가치가 올라간다. 그렇다면 연한 핑크 빛의 고기를 생산하려면, 어떻게 해야 할까?

우선 송아지는 태어나자마자 며칠 안 가서 어미로부터 떨어져야 한다. 그리고 운동은 근육질을 발달시켜 고기를 덜 연하게 하기 때문에, 어린 송아지는 조그만 나무 축사에 감금된다. 이 축사는 매우 작아서 여기서 송아지는 한 바퀴 돌 수도 없고, 심지어는 앉을 수조차 없다. 송아지는 여기서 16주라는 그의 전 생애를 보내게 된다.

정상적인 고기는 피 안에 철분을 포함하기 때문에 빨간 색을 띨 수밖에 없다. 소는 풀과 건초로부터 철분을 얻는다. 이를 막기 위해서 소는 체계적으로 철분이 없는 식단을 먹게 된다. 달리 말하면 소는 인위적으로 빈혈로 만들어지는 것이다. 물론 너무 빈혈이 되면, 죽기 때문에 적절한 식단이 필요하다. 살 수 있을 만큼 철분이 있고, 또 고기와 피가 빨갛지 않도록 철분이 많아서도 안 된다. 사실 고기가 핑크 빛이라고 해서 맛이 좋아지는 것은 아닌데도, 이 모든 것이 행해지는 것이다.

성장 속도를 빠르게 하고, 동시에 식단을 통제하기 위해, 분말 우유를 액체로 만든 식단과 비타민, 그리고 성장 촉진제를 먹인다. 이것이 송아지가 살아 생전에 먹는 것의 전부다. 송아지가 가능한 한 많이 이 식단을 먹게끔 하기 위해서, 송아지에게는 물도 주지 않고, 축사도 덥게 한다. 송아지는 결국 갈증을 해소하기 위해서도, 이 식단에 눈을 돌릴 수밖에 없다. 싱어는 이 과정에 대한 그의 서술을 다음의 문장으로 끝맺는다.

힘겹고, 낭비적이기도 한 고통스런 송아지의 사육 과정이 오로지 창백하고도 연한 고기를 좋아하는 사람에게 팔기 위한 것이라는 점을 독자들이 인식한다면, 더 이상 설명이 필요 없을 것 같다.[3)]

6.1 서론

화장품 실험이나 식도락가의 맛을 위해 동물을 학대하고 죽이는 것이

---

3) 같은 책, 136쪽.

왜 도덕적으로 그른지에 관해 다양한 이유가 있을 수 있다. 인간중심주의적 관점에서도 동물들에 관한(regarding) 윤리적 의무가 있다는 입장을 옹호하는 논거들은 많다. 동물들을 소유하고, 그래서 그것들에 대한 소유권을 갖고 있는 사람들도 많다. 또한 동물들에 대해 근심(care)하고, 동물들이 학대받는 것을 보면 가슴 아파하는 사람들도 많다. 더욱이 동물학대는 학대를 행하는 인간에게도 좋지 않은 영향을 준다. 그런 행동은 타인의 고통에 냉담한 성격을 낳기 때문이다.

요약하자면, 다양한 이유에서 동물들은 우리 인간에게 소중한 것이다. 동물학대는 동물의 가치를 부정하고 무시하는 것이다. 하지만 그렇다고 해서 동물에 대해서 도덕적으로 고려해야 할 직접적인 책임이 있다고 할 수 있는가? 이것이 바로 환경문제와 관련해 면밀한 철학적 관심을 유발하는 주제 중의 하나이다. 이제 이 주제를 고찰해 보자.

6.2 싱어와 동물해방운동

동물에로 철학적 윤리학이 확대된 것과 관련해 가장 중요한 사람은 피터 싱어(Peter Singer)이다. 지난 20년 동안, 싱어는 도덕적 고려 대상에서 동물을 제외하는 것은 옛날에 여성과 흑인을 제외한 것과 마찬가지라고 주장해 왔다. 싱어는 종차별주의(speciesism)라는 용어를 유행시켰는데, 이것은 인종차별주의(racism) 및 성차별주의(sexism)와 유사한 개념이다.[4] 인종이나 성(性)을 근거로 해서 평등한 도덕적 지위를 부정하는 것이 도덕적으로 그른 것처럼, 우리 종(種)의 구성원이 아니라는 것을 근

4) 싱어에 따르면, '종족주의'란 용어는 Ryder의 논문에서 따온 것이다. R. Ryder의 논문, "Victims of Science"는 *Animals, Men, and Morals* (Grove Press, 1974)에 실려 있다. 싱어의 논평문 "Animal LiBeration",(*New York Review of Books*, 1973년 4월)은 이 책에 대한 것이다.

거로 해서 평등한 도덕적 지위를 부정하는 것은 도덕적으로 그르다는 것이 싱어의 주장이다.

싱어는 모든 이익관심(interests)은 동등한 대우를 받아야 한다는 기본적인 전제에서 그의 논의를 시작한다. 본질적으로 이것은 '도덕적 지위를 갖는 존재는 모두 하나로 계산되어야지, 그 이상으로 계산되어서는 안 된다'는 형식적 원리이다. 인종주의자와 성차별주의자들조차도 이 점을 인정한다. 하지만 이들은 흑인이나 여성이 동등한 도덕적 지위를 갖는다는 점을 부정한다. 싱어는 따라서 이들이 도덕적 지위를 가질 수 있는 기준을 제시해야 한다. 도대체 어떤 성질로 말미암아 동등한 도덕적 지위를 갖게 되는가? 여기서 싱어는 앞서 인용한 벤담의 문장을 인용한다. "중요한 것은 이성을 갖는 것이나, 말을 할 수 있는 것이 아니라, 고통을 느낄 수 있는가이다."

> 고통과 쾌락의 감수 능력이 이익관심을 갖는 전제조건이 된다. 그것이야말로 누군가 이익관심을 갖고 있다고 말해질 수 있기 위해서는 만족되어야 할 조건이다. 어린이가 길가에 있는 돌멩이를 발로 찼다고 해서, 돌멩이의 이익관심이 손상되었다는 것은 넌센스이다. 돌멩이는 고통을 느낄 수 없기 때문에, 이익관심을 가졌다고 할 수 없다. 고통과 즐거움을 느낄 수 있는 능력은 어떤 존재가 이익관심을 가진다고—최소한 고통 당하지 않을 이익관심을 가진다고—말할 수 있는 필요조건일 뿐만 아니라 충분조건이다. 예를 들어, 쥐는 발에 채이지 않을 이익관심을 갖는다. 발에 채인다면 그는 고통을 느낄 것이기 때문이다.[5)]

앞장에서 다룬 바 있는 화인버그(J. Feinberg)와 스톤(C. Stone)과 마찬가지로, 싱어는 도덕적 지위를 설명하기 위해 '이익관심(interests)의 개념

---

5) Singer, *Animal Liberation*, 7~8쪽.

에 주목한다. 하지만 화인버그와 스톤과는 달리, 동물에 권리(right)를 부여하기 위해 이익관심에 관심을 갖는 것은 아니다. 그는 권리 개념이 불필요한 개념이라는 벤담의 주장에 동의한다. 그리고 권리에 집착하는 것이 도덕적 보호를 확보하는 지름길은 적어도 아니라고 생각한다. 그는 이익관심을 갖는 관건이 인지적(cognitive) 능력을 갖는 것이라고는 생각하지 않는다. 이익관심을 갖기 위해 필요한 것은 오로지 고통(그리고 쾌락)을 느끼는 능력일 뿐이다.

싱어는 쾌락과 고통을 느끼는 능력을 지칭하는 것으로 유정성(有情性 sentience)이라는 개념을 사용한다. 이익관심을 갖기 위해서는 유정성이 필수적이다. 왜냐하면 유정성을 갖고 있지 않는 것, 예를 들면 바위는 이익관심을 갖지 않기 때문이다. 싱어는 또한 쾌고감수성이 이익관심을 갖기 위한 충분조건이라고 믿는다. 쾌고감수 능력을 갖고 있는 존재라면 적어도 최소한의 이익관심, 즉 고통을 당하지 않을 이익관심을 가지고 있기 때문이다.

싱어에 따르면, 오직 유정적 존재만이 이익관심을 지니기 때문에, 유정적 존재만이 도덕적 지위를 갖는다. 그리고 우리는 모든 유정적 존재를 동등하게 도덕적으로 고려할 책임이 있다. 하지만 그렇다고 해서 인간과 동물을 구분하지 말아야 한다는 것은 아니다. 인간과 동물은 다르다. 인간과 동물은 서로 다른 이익관심을 갖는다. 말의 등을 채찍으로 때리는 것은 말에게 별로 고통을 야기하지 않으며, 따라서 특별히 비윤리적이지는 않다. 하지만 어린이의 얼굴을 채찍으로 때리는 것은 이와는 다르다. 인간은 정신적 능력을 가졌기 때문에, 그로 말미암아 어떤 행위에 대해서 인간은 동물보다 고통이 더 크다. 하지만 중요한 것은 고통을 감수하는 능력과 고통의 양이 도덕적인 것을 결정한다는 사실이다.

이 견해가 의미하는 바는 무엇인가? 싱어는 고통을 비교하는 것이 매우 어렵다는 것을 인정한다. 특히 서로 다른 종의 고통을 비교하는 것은 매우 어렵다. 하지만 만일 단지 인간의 편의를 위해 동물에게 심각한 고통을 주는 경우로 우리의 관심을 국한시킨다면,

> 우리는 동물들에 대한 우리의 행위를 근본적으로 변화시키지 않을 수 없다. 예를 들어, 우리의 식생활, 동물들의 사육 방식, 과학에서의 실험 절차, 야생 생물과 사냥, 함정, 모피, 그리고 서커스, 로데오, 동물원에 대한 우리의 태도를 변화시켜야 한다. 우리의 태도가 변한다면, 고통의 양은 엄청나게 줄어들 것이다.[6]

벤담을 인용하고, 고통의 최소화를 강조하는 데서 보이듯이, 싱어의 접근은 기본적으로 공리주의에 입각해 있다. 목적적 선(쾌락의 증진과 고통의 감소)에 대한 설명이 그렇고, 전체 고통의 양을 줄여야 하는 윤리적 의무를 강조한 것이 그렇다. 싱어의 견해가 함축하는 바를 고찰하기 전에, 또 다른 대안으로 볼 수 있는, 동물의 권리에 대한 비공리주의적 옹호를 살펴보자.

6.3 레건과 동물의 권리

싱어가 공리주의에 입각하여 동물의 도덕적 권리를 옹호했다면, 톰 레건(Tom Regan)은 권리론에 기초하여 동물의 권리를 옹호했다. 레건은 특히 몇몇 동물은 권리를 가지며, 이들이 권리를 갖는다는 것은 인간이 그들에 대한 강력한 도덕적 의무를 가진다는 것을 함축한다고 주장했다. 싱어와 마찬가지로, 레건은 동물에 대한 인간의 다양한 활동을 윤리적

---

6) Singer, 앞의 책, 16～17쪽.

인 이유에서 비난한다. 이러한 인간의 활동에는 과학적이고 상업적인 목적에서 동물을 사용하는 것, 식품으로서 동물을 사용하는 것, 사냥이나 동물원, 애완용으로 동물을 사용하는 것이 포함된다. 레건은 이러한 관행이 비윤리적이라고 믿었는데, 그 이유는 그러한 관행이 동물들에게 고통을 산출하기 때문이 아니라, 원리(principle)에 어긋나기 때문이다. 즉 그것은 동물이 갖고 있는 목적적인 윤리적 가치를 부정함으로써 동물의 권리를 무시했기 때문이다. 이를 이해하기 위해 잠시 송아지 고기를 생산하는 예를 고찰해 보자.

송아지 고기의 생산자가 싱어의 견해를 듣고 감동해서, 사육 방법을 고통을 최소화하는 방식으로 바꿨다고 가정해 보자. 송아지는 적절한 운동을 할 수 있고, 신선한 공기와 균형 있는 식단, 정기적인 목욕을 제공받는다고 가정해 보자. 광고선전에 나온 문구대로, 그 소는 그야말로 만족한(contented) 소일 것이다. 또한 송아지 고기에 대한 인간의 식욕이 증가해서, 많은 소비자들에게 있어서 송아지 고기에 대한 (가상적으로 창출된 욕구가 아니라) 실제 욕구가 있다고 가정해 보자. 그래서 송아지 고기를 먹을 수 없을 경우, 소비자들은 상당한 고통을 느낄 것이라고 가정해 보자.

만일 상황이 그렇다면, 싱어의 공리주의 입장에서는 송아지 산업을 허용할 수밖에 없을 것이다. 송아지 사육방식의 변화로 송아지의 고통은 최소화된 반면, (송아지 고기를 먹을 때의) 인간의 즐거움은 상당히 크기 때문이다.

물론 싱어주의자들은 이것이 부당한 비판이라고 반론을 제기할 수 있을 것이다. 그리고 이 반론은 아마도 고통과 쾌락을 계산하는 방법과 관련된 것일 것이다. 하지만 싱어의 입장에서 송아지를 먹기 위해 사육하고, 도살하는 것은 원리적으로 잘못된 것은 아니다. 그것은 단지 그로 인해 발생하는 고통이 그로 인해 발생하는 쾌락보다 많을 때에만 도덕적으로 그른 것이 된다. 레건은 바로 이 점에 항의하고 있는 것이다.

> 식용 송아지의 운명을 보고 우리는 슬픔을 느끼지 않을 수 없다. 그러나 여기서 문제는 고통이나 박탈이 아니다. 이것은 무엇이 잘못인지를 혼동한 것이다. 이것은 때때로 상황을 더 악화시킨다. 근본적으로 잘못된 것은 동물을 먹을 수 있고, 조작할 수 있고, 스포츠나 돈을 위해 임의대로 이용할 수 있는 우리의 자원(our resources)으로 보는 관행 자체이다.[7)]

이러한 입장의 근거는 무엇일까? 이를 이해하기 위해, 인간을 이와 유사하게 대우하는 것이 왜 그른지를 알아보는 것이 좋을 것 같다. 누군가 조나단 스위프트의 '겸손한 제안(Modest Proposal)'[8)]을 따라 불우 아동을 음식으로 간주한다고 가정해 보자. 아이는 안락한 상태에서 사육되어, 고통도 없는 상태에서 자란다. 하지만 일정한 때가 오면(스위프트는 잘 사육된 만 1살짜리를 원했다), 그 아이는 (아무 고통 없이)도살되어, '찌고, 굽고, 튀기고, 끓여'진다. 이 경우 아무리 고통보다 쾌락의 총량이 많다할지라도, 그것이 도덕적으로 잘못된 것이라는 점에 모두들 동의할 것이다.

이것이 도덕적으로 그른 이유는 인간은 일정한 유형의 가치, 즉 '고유의 가치(inherent value)'를 가지고 있기 때문이라고 레건은 주장한다. 우리는 앞서 윤리이론을 논의하면서, 이 개념을 본 바 있다. 본질적으로

---

7) T. Regan, "The Case for Animal Right", P. Singer(편), *In Defense of Animals* (Blackwell, 1985), 13쪽.

8) 역주 : 걸리버 여행기로 유명한 조나단 스위프트의 작품, 『겸손한 제안』(1729)에 나오는 이야기이다. 공공심이 강한 한 시민이 가난한 부모의 아이들을 부자의 음식으로 보낸다면, 경제 여건이 조금 나아지지 않겠느냐고 제안하는 섬뜩한 이야기이다.

고유의 가치를 갖는다는 것은 다른 사람의 이익관심과 욕구, 사용과 무관하게 가치를 가진다는 것을 의미한다. 즉 고유의 가치는 스스로 자기 안에서 갖는 가치이다. 그것은 다른 것에 의해 어떻게 사용되는가에 의해 결정되는 도구적 가치와 대비된다. 고유의 가치를 갖는 대상은 그 자체 목적이고, 다른 것의 수단이 아니다. 인간을 다른 목적에 대한 수단으로 대우하는 것은 잘못이다. 설사 이것이 고통보다 쾌락을 더 많이 산출한다 할지라도 그렇다. 왜냐하면 그것은 인간이 고유의 가치를 갖는 것을 부정하는 것이기 때문이다.

이러한 접근은 윤리학에서의 칸트적 전통과 비슷해 보이며, 실제로 명확히 이러한 전통에 의해서 많은 영향을 받았다. 그러나 레건은 칸트와는 달리, 고유의 가치를 갖는 이유가 자율적 행위를 할 능력에서 비롯된다는 것을 부정한다. 왜 그런지를 알기 위해서는 도덕 행위자(moral agents)와 도덕 무능력자(moral patients)의 구분을 알 필요가 있다.[9)]

도덕적 지위에 대한 지금까지의 논의에 있어서, 우리는 일정 능력이 있는 성년 인간이 이러한 도덕적 지위를 가장 명확히 갖는다고 생각해 왔다. 우리가 보았다시피, 철학자들은 도덕적 지위를 갖는 기준이 무엇이냐에 대해 서로 견해를 달리했다. 하지만 일정능력이 있는 성인이 도덕적 지위를 갖는다는 것에 대해서는 모두 동의한다. 성인은 자유롭고 이성적 존재이기 때문에 완전한 의미의 도덕 행위자라고 할 수 있다. 성인은 자신의 의무를 이해할 수 있고, 그것에 따라 행위 할 것인가 여부를 결정할 수 있기 때문에, 우리는 그의 결정에 대해 그에게 책임을 물을 수 있다.

하지만 도덕 행위자를 이런 식으로 규정하면, 무능력자나 미성년자에

9) G. Varner, "The Schopenhauerian Challenge in Environmental Ethics", *Environmental Ethics* 7(1985), 209～230쪽.

대해서는 문제가 발생한다. 유아와 정신지체아, 또는 혼수상태의 인간의 경우, 이해하고 선택하는 능력이 없다. 따라서 그들은 도덕 행위자라고 말할 수 없다. 그들은 의무를 가질 수 없으며, 그들이 하거나 하지 못한 행위에 대해서 책임을 물을 수가 없다. 그들은 실로 도덕 무능력자이다. 하지만 그렇다고 해서 우리 마음대로 그들을 대해서는 안 된다. 그들은 비록 도덕 행위자는 아니지만 도덕적 지위는 갖기 때문이다. 그들은 도덕적으로 행위 할 수는 없지만, 우리는 그들에 대해 도덕적으로 행위 해야만 한다.

이러한 구분을 이해하고, 도덕 행위자는 아니지만 도덕적 지위를 갖는 대상이 있다는 것을 인정한다면, 도덕적 지위에 관한 논의에서 놓치고 있는 것이 무엇인가를 알 수 있을 것이다. 즉 너무 많은 철학자들이 도덕적 지위의 기준을 오로지 도덕 행위자에서 찾았다는 것이다. 하지만 도덕 행위자와 도덕 무능력자 모두 도덕적 지위를 갖는다. 우리는 도덕 행위자와 도덕 무능력자 모두가 고유의 가치를 갖는 이유를 설명해야 한다. 도덕 무능력자를 음식과 사냥 표적, 오락, 노예로 삼는 것은 왜 원리적으로 잘못된 것인가?

레건의 대답은 그들이 삶의 주체(subject-of-a-life)라는 것이다. 단순히 '살아 있다(live)'는 것과 다른 의미의 삶을 산다는 것이고, 이러한 삶은 매우 복잡한 일련의 특징을 포함한다.

> 삶의 주체라는 것은 단지 살아 있다는 것, 또는 단지 의식을 갖고 있다는 것 이상을 의미한다. 삶의 주체가 된다는 것은 믿음, 욕구, 지각, 기억, 자신의 미래를 포함해 미래에 대한 의식, 쾌락과 고통 등의 감정을 느낄 수 있다는 것, 즉 선호와 복지에 대한 이익관심, 자기의 욕구와 목표를 위해 행위 할 수 있는 능력, 순간 순간의 시간을 넘어서 자신의 아이덴티티를 느낄 수 있고, 타자와는 별개로 자신의 삶이 좋을 수도 나

뿔 수도 있다는 의미에서 자신의 복지를 갖고 있다는 것이다.[10)]

고유의 가치를 갖는 모든 개체에 대해서는 그것에 걸맞게 이러한 가치를 존중하는 방식으로 대우하는 것이 정의롭다고 레건은 주장한다. 이러한 '존중의 원리'(respect principle)로 말미암아 레건의 견해는 평등주의적(egalitarian) 정의론이 된다. 정의는 모든 개체를 존중할 것을 요구한다. 고유의 가치는 다른 가치 유형으로 환원될 수 없기 때문에, 고유의 가치를 가진 개체는 그에 상응할 만큼 존중되어야지, 단지 수단으로 취급되어서는 안 된다. 고유의 가치를 지닌 개체들은 그러한 가치를 지닌 개체 모두가 받는 동일한 존중을 받을 권리가 있다.

레건은 동물들 또한 자기의 삶의 주체일 수 있다고 주장한다. 그에 따르면, 최소한 몇몇 포유류는 '자기의 삶을 사는 데' 요구되는 자격을 갖는다. 따라서 이들 동물들은 고유의 가치를 지니며, 그들을 존중하는 것이 정당하다고 할 수 있다. 최소한 이것은 그들에 해를 가해서는 안 될 직견적(直見的 prima facie) 의무가 있음을 의미한다. (레건은 이러한 의무가 때때로 포기될 수 있다는 것을 인정한다. 하지만 이것은 죄 없는 인간의 권리도 때때로 무시될 수밖에 없는 것과 마찬가지 의미이지, 그 이상의 의미는 아니다.)

6.4 동물복지의 윤리적 함축

싱어와 레건 모두 자신들의 견해가 갖는 윤리적 함축에 대해 광범위하게 글을 써 왔다. 이들은 다양한 주제들에 대해 글을 썼지만, 나는 여기서 다음 네 가지 주제로 논의를 한정하겠다.[11)] 우선 그들은 상업적인

10) T. Regan, *The Case for Animal Rights* (Univ of California Press, 1983), 243쪽.

동물 사육을 사회 전체 차원에서 금지할 의무가 있다고 주장했다. 취미나 영양, 편의, 효율성, 소유권 등 어떠한 것도 동물 사육을 정당화할 수 없고, 그 어떤 것도 동물을 음식으로 대우하는 것을 정당화할 수 없다. 이는 인간을 먹는 것이 정당화될 수 없는 것과 같다. 개인적으로 우리는 채식주의자가 될 윤리적 의무가 있다. 그리고 시민으로서 우리는 이러한 관행을 법으로 금지할 의무가 있다.

마찬가지로 스포츠로서 사냥하고 덫을 놓는 것은 부정의하다. 동물을 스포츠나 오락의 대상으로 죽이고, 학대하는 것은 더욱 더 잔인한 것이며, 이는 심대한 범죄행위이다. 마찬가지로, 오락의 형태로 동물을 학대하는 것 또한 옳지 않다. 로마인들이 기독교인들을 야만적인 형태의 오락에 사용하는 것이 잔인하고 악한 일인 것처럼, 동물을 동물원이나 로데오 등의 용도로 사용하는 것은 옳지 않다.

세번째 문제는 과학적 연구에 동물을 사용하는 것이다. LD 50의 사례에서 보았듯이, 동물을 대상으로 한 실험은 매우 무자비하다. 실험에 동의하지 않은 사람을 대상으로 실험하는 것은 부당하고 야만적인 행위라는 데 우리는 동의할 것이다. 전범(戰犯)들의 그런 행위에 대해 우리는 유죄판결을 내린 바 있다. 동물실험에 대해서도 마찬가지로 판결해야 할 것이다.

마지막으로 화인버그와 마찬가지로, 레건과 싱어는 종(種)이 도덕적 지위를 갖는 것에 동의하지 않는다. 레건의 견해는 개체 동물을 위해로부터 보호하는 것이지, 종의 권리를 인정하는 것은 아니다. 개체 동물이 삶의 주체이지, 종이 삶의 주체가 아니기 때문이다. 마찬가지로 싱어 또

---

11) *The Case for Animal Right*에서 레건이 다루는 문제는 네 가지이다. 다른 문제에 대한 레건의 논의를 위해서는 *All That Dwell Therein*(Univ of California Press, 1983)을 참고할 수 있다. 레건에서 논의의 출발점이 되는 것은 주로 싱어의 입장이다.

한 개체 동물이 고통을 느낄 수 있지, 종이 고통을 느낀다고는 보지 않는다. 그래서 멸종 위기에 처한 종을 구제하라고 주장하지만, 이것은 그 종의 살아남은 구성원들이 개체로서 도덕적 지위를 가지고 있기 때문이다. 여기서 중요한 논점이 제기된다. 나는 싱어와 레건의 견해가 갖고 있는 철학적 문제점들을 일반적인 맥락에서 다룰 것이다.

6.5 비판

도덕적 고려 대상의 영역을 더욱 확대하자는 주장을 살펴보기 전에, 동물해방론과 동물권리론에 대한 반론을 고찰해 보자. 싱어와 레건의 저작은 철학자들 사이에서 커다란 반응을 일으켰으며, 이러한 반응들 중에는 비판적인 것들도 많다. 비판의 내용들은 거의 유사한 방식을 취한다.

예를 들면, 레건을 포함한 몇몇 철학자들은 싱어가 갖고 있는 공리주의적 기초에 의문을 제기한다. 그들에 따르면, 싱어는 동물학대에 대한 원리적인(in principle) 비판은 제기하고 있지 않고 있다. 또한 인간 이외의 존재에 권리를 부여하는 것에 대해 이의를 제기하는 학자들도 있었다. 그리고 '이익관심(interests)'이라는 개념 또한 너무 애매해서, 트랙터나 빌딩도 자기의 이익관심을 가질 수 있고, 그래서 도덕적 지위를 가질 수도 있다는 비판이 가능하다.[12] 이 논쟁을 자세히 토론하는 것은 우리를 너무 우리의 주제로부터 멀리 떨어지게 할 것이지만, 간단히 몇 가지를 토론하는 것은 다음 장으로 넘어가는 데 도움을 줄 것이다.

싱어에 대해 제기된 한 가지 비판 유형은 앞서 공리주의에 대한 논의

---

12) 예를 들면, Frey의 입장이 그러하다. R.G. Frey, "Rights, Interests, Desires, and Beliefs", *American Philosophical Quarterly* 16 (1979), 233~239쪽.

에서 제기되었던 '측정의 문제'를 연상시킨다. 싱어에 의해 제기된 '이익관심에 대한 동등한 고려'(equal consideration of interests)의 원리는 유용한 결정 절차를 제공한다. 이것에 따르면, 두 가지 대안 중에서 하나를 결정할 경우, 각각이 결과하는 고통의 총량을 계산해야 한다. 하지만 실제 이것을 적용해 보면, 이 계산이 매우 복잡하다는 사실을 금방 깨닫게 된다. 싱어 자신이 인정하듯이, 인간과 동물은 서로 다르며, 따라서 동등한 고려라는 것이 동등한 대우를 의미하지는 않는다. 더욱이 이익관심과 고통은 그 정도에서 차이가 있다. 모든 이익관심이 동등하게 대우받을 가치가 있는 것은 아니며, 모든 고통이 다 동등하지도 않다. 예를 들면, 기본적인(basic) 이익관심과 부수적인(peripheral) 이익관심을 구분하자는 철학자들이 있다.[13] 생명, 먹이, 물, 옷, 직접적인 고통으로부터의 해방 등은 기본적인 이익관심이겠지만, 실내 배관, 자동차, 모피 코트, 에어컨, 식도락 등은 부수적인 이익관심으로 간주될 것이다.

그러나 이렇듯 다양하고 서로 상충하는 이익관심을 어떻게 정확히 판가름할 수 있을까? 농업적인 목적으로 초지에 담장을 두르는 인간의 이익은(이것은 싱어나 레건의 충고대로 채식주의자가 된다 할지라도 필요한 것일 수 있다.) 서식처가 중간에 끊기지 않는 것에 대한 야생 동물의 이익관심보다 중요한 것인가? 미국 북서부 지역에 있는 오래된 관목림에 대한 얼룩올빼미의 이익관심은 목재에 대한 인간의 이익관심보다 중요한가? 둘다 나무를 사용한다는 점에서는 동일하지 않은가? 우리는 야생 동물의 삶에 개입할 의무가 있는가?[14] 예를 들면, 굶고 있는 늑대의 이

---

13) D. VanDeVeer, "Interspecific Justice", *Inquiry* 22(1979), 55~70쪽.

14) 이런 문제에 대한 자세한 반응은 S. F. Sapontzis, *Morals, Reason, and Animals*(Philadelphia : Temple University Press, 1989) 특히 13장, "Saving the Rabbit from the Fox" 229~248쪽.

익관심과 거대한 순록떼에 속한 한 마리의 순록의 이익관심 중 중요한 것은 어느 것인가? 애완동물의 이익관심과 사육동물의 이익관심은, 또 야생동물의 이익관심은 어떤가? 쥐에 물린 가난한 어린이의 이익관심과 쥐의 이익관심이 서로 충돌할 경우, 어떻게 할 것인가?[15)]

이러한 것들은 개체 동물의 이익관심에 중요한 도덕적 가치를 부여하려는 견해가 가지는 문제점들을 잘 보여준다. 인간과 동물의 관계, 그리고 서로 다른 종들의 관계, 동물과 서식처의 관계, 그리고 인간과 동물과 땅의 관계는 매우 다양하다. 개체동물에게 동등한 도덕적 지위를 부여하자는 것은 이러한 논쟁의 단지 시작일 뿐이다. 실로 이것은 근본적으로 갈등구조를 갖고 있다. 명쾌한 결정 절차가 없다면, "인간과 동물의 적절한 관계는 무엇인가?"라는 논쟁을 유발한 최초의 문제는 해결이 불가능하지는 않다 하더라도, 아직 해결된 것은 아니라고 보아야 할 것 같다.

또한 레건의 입장은 도덕적 고려 대상의 영역을 너무 좁게 잡고 있다는 비판이 가능하다.(새우나 굴의 중간 어딘가에서 도덕적 고려 대상의 선이 그어져야 한다고 주장한 싱어에 대해서도, 이러한 영역이 너무 협소하지 않느냐는 비판이 제기되었다.) 레건은 종종 동물이라는 일반적 개념을 언급하긴 하지만, 그가 말한 삶의 주체(the subject-of-a-life)라는 기준은 '정신적으로 정상적인 1살 이상의 포유류'에나 적용될 것이다.[16)] 이런 레건의 입장은 생태공동체의 중요한 구성원들을 무시하고 있다고 많은 환경론

15) 이러한 예는 싱어의 *New York Review of Books*에 실린 논문에서 따온 것이다.

16) 레건, *The Case for Animal Right*, 77~78쪽 참고. 이후 레건은 그의 입장을 약간 확대한다. 그는 이러한 경계를 구획하는 것이 어렵긴 하지만, 포유류와 해부학 상의, 그리고 생리학 상의 특징을 공유하는 다른 동물에게도 그런 혜택을 주는 것이 그리 나쁠 것 같지는 않다고 주장한다. 그러한 속성으로 그가 들고 있는 예는 중추신경 체계가 있느냐 여부이다.

자들이 비판한다.

동물복지운동에 대한 강력한 비판이 생태학자들에 의해 제기된다. 예를 들면, 레건은 대부분의 전통 윤리이론과 마찬가지로, (자신의)권리에 기반한 윤리학이 개체주의적이라는 점을 인정한다. 즉 윤리학은 공동체나 군집이 아니라 개체의 복지를 보호하는 것이다. 이것은 전일적인(holistic)생태적 사유와 어긋난다. 우리가 앞으로 보겠지만, 많은 생태주의자들은 '생명공동체' 또는 '생태계'를 강조하지, 개체 구성원을 강조하지는 않는다. 정치철학에서의 이와 유사한 문제를 암시하면서, 레건은 이를 '환경파시즘(environmental fascism)'이라고 비난한다. 환경파시즘에서 개인의 권리는 전체의 선을 위해 희생될 수 있을 것이다. "환경파시즘과 권리론은 물과 기름과 같아서, 도저히 섞일 수 없다."[17)]

앞에서 언급했듯이, 레건은 종에게 권리를 부여하지 않는다. 그의 견해는 개체주의적이다. 단지 개체 동물만이 도덕적 지위와 권리를 가질 수 있다. 레건이 속한 윤리 전통 안에서도 이것은 커다란 논쟁거리이다. 개인에로 환원되지 않는 권리를 갖는 것으로 간주되는 집합체로는 법인과 국가를 들 수 있다. 그러나 이 주제를 넘어, 레건과 싱어가 가진 개체주의적 편향은 많은 환경론자들이 받아들일 수 없는 결과를 함축한다.

레건의 입장에서, 어떤 한 동물이 멸종 위기에 처한 종의 구성원이라는 사실은 어떤 특별한 도덕적 의미도 지니지 못한다. 마지막으로 생존한 한 쌍의 털 없는 독수리나 얼룩올빼미가 인구과잉을 보이고 있는 한 마리의 흰꼬리 사슴보다 도덕적으로 더 중요한 것은 아니다. 명확히 사슴은 새보다는 '삶의 주체'일 수 있고, 따라서 새가 갖지 않는 직접적인 도덕적 지위를 가진다. 멸종 위기에 처한 청고래를 보존하는 것이 소를 보존하는 것보다 더 윤리적으로 중요하지도 않다. 또한 산고릴라나 검

17) 같은 책, 361~362쪽.

은 무소를 도둑고양이보다 더 배려할 의무도 없다.

마찬가지로, 싱어의 주장 또한 환경론자들의 직관과는 어긋난다. 고통스런 사육 과정에서 발생하는 고통의 총량을 감안한다면, 수백만 마리의 닭이 마지막 남은 한 쌍의 코끼리(이 두 마리가 외로이 남겨져 죽을 날만 기다린다고 가정한다면)보다 더 강한 도덕적 권리주장을 할 수 있을 것이다.

개체에 대한 강조는 야생 생물 관리에 있어서도 논란거리를 낳는다. 예를 들면, 싱어는 인간의 개입을 통해 야생 동물이 처한 삶의 조건이 개선될 수도 있다는 점을 인정한다. 하지만 지난 과거의 실패를 고려해 볼 때, 가능한 한 야생 동물을 그냥 내버려두는 것이 합리적이라고 주장한다. "우리가 동물들을 괜히 죽이지 않고, 학대하지 않는 것만으로도" 족하다고 말한다.[18] 레건 또한 명백히 이와 유사한 자유방임 정책을 승인했다. 우리가 동물의 권리를 보호한다면, 다른 생태적인 문제는 저절로 해결된다고 그는 생각한다.

> 야생지에 대한 우리의 정책은 보전주의자들이 원하는 것과 거의 똑같은 결과를 낳을 것이다. 즉 그냥 내버려둬라! … 생명공동체를 구성하는 개체들의 권리를 존중한다면, 어찌 공동체 자체가 보존되지 않겠는가?[19]

그러나 자유방임적 접근에도 문제점들이 있다. 우선, 지난 오랜 기간 동안 너무나도 많은 서식지가 파괴되고 없어졌기 때문에, 진정한 의미에서 생태계가 보존되려면 먼저 생태계에 대한 복원 작업이 필요하다는

---

18) 싱어, *Animal Liberation*, 226쪽.
19) 레건, 앞의 책, 363쪽.

점을 인식해야 한다. 그리고 환경에 대한 완전한 의미의 불간섭은 불가능하다. 인간의 활동에 의해 오염되지 않은 '건드려지지 않은 야생'은 환상일 뿐이다. 인간의 영향을 피할 수 있었던 장소는 지구상에 존재하지 않았다. 대기와 수중으로 흘려 보내는 오염 물질만으로도 인간은 지구 전역에 영향을 미치고 있다. 문제는 야생에 영향을 미쳐서는 안 된다는 것이 아니라, 어떠한 방식으로 영향을 미쳐야 하느냐 이다.

둘째, 레건의 해결 방식은 많은 문제점을 갖고 있다. 예를 들면, 흰꼬리사슴의 권리를 존중하는 것은 생태공동체에 재난을 가져다 줄 것이다.[20] 많은 지역에서, 이 사슴들의 분포는 과잉 상태를 보이고 있으며, 이미 그 지역의 수용 능력을 압도하고 있다. 풍부한 음식, 야생 동물을 보호하는 사냥법, 포식동물의 부재로 말미암아 사슴은 너무 많이 증가했고, 이는 서식처와 그 서식처의 식물들에게 엄청난 재앙이 되고 있다. 그 결과는 생태공동체에서의 다른 많은 생명체들이 파괴되는 것이다.

이와 유사한 문제가 이미 아프리카 지역에서 발생하고 있다. 동아프리카의 야생 생물 보호구역에서, 코끼리의 수가 지나치게 많아서, 이제는 먹이가 부족한 상태이다. 그냥 내버려두면, 많은 코끼리들이 굶어 죽을 것이고, 그리고 그전에 주위 식생(植生)의 상당 부분을 파괴할 것이다. 이 문제를 해결하는 한 가지 방법으로는 인위적으로 코끼리를 선별해 죽이는 것이다. (보다 세련된 개념을 사용하자면, 코끼리 집단의 '군살빼기'라고 할 수 있을 것이다.)[21]

---

20) 이러한 반론 및 이와 유사한 반론으로는 Callicott의 "Review of Tom Regan's The Case for Animal Rights", *Environmental Ethics* 7(1985), 365~372쪽을 참고하기 바란다. 또한 캘리코트는 이점과 관련해 Sagoff를 인용하고 있다. M. Sagoff, "Animal Liberation and Environmental Ethics : Bad Marriage, Quick Divorce", *Osgoode Hall Law Journal* 22(1984), 306쪽.

21) 타자보(Tsavo) 국립공원 논쟁에 대한 유익한 논의로는 Botkin의 *Discordant Harmonies*, 2장을 참고할 것.

이러한 예가 보여주는 것은 인간과 마찬가지로 동물 또한 복잡한 생태공동체의 일부라는 것이다. 끊임없이 변하긴 하지만, 생태공동체는 섬세한 상호균형을 필요로 한다. 많은 환경론자들은 자연생태계의 균형이 환경윤리의 목표라고 생각한다. 개체 동물을 특별히 윤리적으로 보호하는 것은 이러한 균형을 위협하고, 생태계에 부담을 준다. 동물권리와 관련해 자유방임적 태도는 생태계에 심각한 재앙을 가져다 줄 수 있다. 종이나 생태공동체는 생태공동체를 구성하는 개체들의 권리에 대한 존중과 관련해서만 보존될 수 있기 때문이다.[22)]

이러한 반론들은 대개 레건과 싱어가 개체주의적으로 접근하기 때문에 발생한 것이다. 개체 동물을 보호하는 것은 최선의 환경정책이라고 할 수 없다. 비판자들이 주장하듯, 동물에로 도덕적 지위를 확대하는 것은 원래의 의도와는 달리 어떻게 보면 여전히 인간중심적(anthropocentric)이다.

동물의 도덕적 지위를 주장하는 것이 어떻게 해서 인간중심적인 발상인가? 화인버그나 싱어, 레건이 사용한 철학적 방법을 생각해 보자. 그들은 도덕적 지위를 갖는 기준으로 인간을 상정해 놓고 논의를 시작한다. 그 다음 그들은 묻는다. "왜 인간은 도덕적 지위를 갖는다?"를 물으면서, 화인버그는 '이익관심을 갖기 때문에'라고, 싱어는 '고통을 느낄 능력이 있기 때문에'라고, 레건은 '삶의 주체이기 때문에'라고 각각 답변한다. 이들이 내세운 기준은 기본적으로 인간(human)의 특성이다. 화인버그와 싱어, 레건은 모두 도덕적 가치의 소유자의 기준으로 인간을 상정하기 때문에, 인간과 비슷한 측면을 가진 동물들만이 도덕적 지위

---

22) 이러한 주장에 대해서는 다음을 참고할 것. Sagoff, "Animal Liberation and Environmental Ethics" 26쪽, Callicott, 앞의 글, 그리고 Callicott, "Animal Liberation : A Triangular Affairs", *Environmental Ethics* 2(1980), 311~328쪽.

를 갖는다고 주장한다. 결국 도덕적 지위는 인간의 특징으로부터 도출되는 것이며, 인간을 충분히 닮은 생명체만이 받을 수 있는 혜택이다.

무척추 동물의 경우를 생각해 보자. 생물학자 윌슨(E. Wilson)에 따르면[23], 무척추 동물은 작지만 지구상에 산재해 있는 존재이다. 곤충, 해파리, 연체동물 등 등뼈가 없는 동물인 무척추 동물의 보전은 환경론자들이 보기에 중요한 윤리적 관심사항이다. 그러나 싱어, 레건의 입장에서 본다면 무척추동물은 도덕적 지위를 갖기 위해 갖추어야 하는 조건을 만족시키지 못한다. 싱어는 유정성을 도덕적 지위를 갖는 필요충분조건으로 간주한다. 즉 유정성이 없다면 도덕적 지위를 갖지 못하며(필요조건이기 때문에), 유정성만 갖고 있다면, 도덕적 지위를 갖는다(충분조건이기 때문에). 레건의 경우, 도덕적 지위는 삶의 주체에서 발견되는 내재적 가치에서 도출된다. 하지만 이들의 주장에 대한 반론이 가능하다. 즉 유정성과 주체성이 도덕적 지위의 충분조건이라는 점을 인정한다 할지라도, 왜 그것들이 필요조건인가? 왜 쾌락과 고통, 또는 주체성으로 내재적 가치를 제한해야 하는가?

일찍이 철학자 굿패스터(Kenneth Goodpaster)는 이러한 반론을 제기한 바 있다. 그에 따르면,

> 합리성도, 그리고 쾌락과 고통을 경험하는 능력도 내가 보기에는 도덕적 고려대상의 충분조건은 될지언정, 필요조건은 되지 못한다. 쾌락주의와 어떤 중심주의적 사고만이 이러한 사실을 외면한다. 살아 있다

---

23) E. O. Wilson, "The Little Things That Run the World", *Conservation Biology* 1(1987년 12월 호), 344~346쪽. 이 글은 워싱턴 D.C.의 국립 동물원에서 열린 무척추동물 전시회에 행한 윌슨의 개막 연설문이다. 그리고 이 글은 D. VanDeVeer와 C. Pierce가 공동 편집한 *The Environmental Ethics and Policy Book*(Belmont, Calif: Wadsworth, 1994)에 수록되어 있다.

는 조건을 제외한 그 어떤 조건도 내가 보기에는 다 자의적인 기준이다[24].

더 나아가서 굿패스터는 유정성은 유기체의 생존에 기여하는 일종의 적응과 관련된 특성이라고 주장한다. 그리고 주체성도 마찬가지일 것이라고 본다. 굿패스터에 따르면, "확실히 증명은 못하겠지만, 고통과 즐거움을 느끼는 능력은 그 자체로 고려되는 목적이라기보다는 더 중요한 어떤 것을 위한 부수적인 것이다."[25] 중요한 것은 바로 살아 있다는 것, 생명 자체이다. 도덕적 지위의 영역을 유정적 존재나 의식적 존재로 제한하는 것은 도덕적 지위를 우리를 닮은 존재에로 제한하는 것이다. 이에 대한 충분한 해명이 없다면(공정하게 평가하자면 싱어나 레건은 이에 대한 나름의 해명을 하고 있다), 이것은 자의적인 제한이며, 이것은 환경과 관련해 값비싼 대가를 치를 것이다.

그래서 비판자들은 동물복지운동은 환경철학으로 충분한 것이 아니라고 믿게 된다. 기껏해야 그것은 환경문제 전체가 아닌 문제의 일부만을 다루는 것이다. 충분한 환경윤리라면, 인간중심주의도 거부해야 하지만, 개체주의도 거부해야 한다.

6.6 요약 및 결론

싱어나 레건이 그런 비판에 대해 과연 무력한가와는 별도로, 한 가지 중요한 입장이 소개되었다. 환경윤리는 동물에 대한 배려 이상을 요구한다. 최소한 우리는 생태공동체의 도덕적 지위와 생태계에서의 인간의

---

24) K. Goodpaster, "On Being Morally Considerable", *Journal of Philosophy* 75(1978), 308~325쪽.

25) 같은 글, 31쪽.

역할이라는 문제를 고려해야만 한다. 전체론적이고도 탈인간중심적인 윤리로의 전환은 기존 전통과의 본질적인 단절을 요구한다.

『동물해방론』의 말미에서 싱어는 다음과 같이 말하고 있다.

> 철학은 시대의 기본 가정을 문제삼아야 한다. 우리가 당연한 것으로 생각하는 것을 비판적으로 주의 깊게 사고하는 것이 철학의 과제이고, 철학을 의미 있게 한다. 유감스럽지만, 철학이 이러한 역사적 역할을 항상 잘 수행했다고는 볼 수 없다.[26]

많은 환경론자들에 따르면, 싱어 자신도 레건과 마찬가지로 이러한 문제점을 갖고 있다. 앞으로 다룰 환경윤리의 이론들은 모두 '시대의 기본적인 가정을 문제삼는 것'을 자신의 과제로 삼고 있다.

---

26) 싱어, 앞의 책, 236쪽.

생각해 봅시다

1. 조나단 스위프트의 '겸손한 제안'과 현대의 식용 송아지 생산이 갖는 차이는 무엇인가? 유사점은 무엇이고, 만일 차이점이 있다면 그것은 무엇인가?

2. 사육 동물과 야생 동물을 달리 대우할 도덕적인 근거가 있는가? 이 문제에 대한 싱어와 레건의 입장은 어떤 것인가? 또한 멸종 위기에 처한 동물과 그렇지 않은 동물을 달리 대우할 도덕적인 이유가 있는가?

3. 채식주의를 옹호하는 논거에는 어떤 것들이 있는가? 그것들 중에서 도덕과 관계된 논거는 무엇인가? 당신은 이러한 주장에 동의하는가? 만일 동의한다면, 그 이유는 무엇인가? 동의하지 않았다면 그 이유는 무엇인가?

4. 최근 겨울의 추위가 극심해지면서, 미네소타 주 당국은 사슴이 굶어 죽는 것을 방지하기 위해 먹이를 공급한 적이 있다. 야생동물, 그것도 멸종 위기에 처하지 않은 야생동물을 보호할 책임이 인간에게 있는가? 미네소타 주 당국의 조치는 자신들의 사냥감인 사슴의 개체수가 줄어드는 것을 우려한 사냥꾼들의 지지를 받았다는데, 이것에 대해서는 어떻게 생각하는가?

5. 사냥에 대해서는 어떻게 생각하는가?. 사냥하는 것도, 심지어는 낚시하는 것도 도덕적으로 문제가 되는가? 그냥 사냥하는 것과 먹기 위해 사냥하는 것에 뭐 중요한 도덕적 차이가 있는가?

6. 지역에 따라 사슴의 개체수가 지나치게 많은 곳이 있다. 개체수가 지나치게 많으면, 생태계가 파괴되고, 그리고 사슴도 대량으로 굶어 죽을 가능성이 높다. 이 경우 여러분들은 개체수를 줄이기 위해 이른바 '선별적 사냥'을 해야 한다고 생각하는가?

7장. 생명중심윤리

사례 7 : 생물 다양성

사람들은 동식물의 종류에 대해서 별로 아는 것이 없다. 기껏해야 동물의 종 수십 개 정도 알 뿐이다. 식물의 종류에 대해서는 더욱 그러하다. 이천 년 전 아리스토텔레스가 생물의 목록을 작성한 이래, 생물학자들은 동식물의 종을 분류해 왔다. 현재 백 사십만 종 이상이 알려져 있다.[1] 박물관에 이것들을 모두 전시할 경우, 1분에 하나씩 본다고 하더라도 한 번 보는 데 약 30년이 걸릴 것이다.

하지만 이것은 실제 존재하는 종의 일부에 불과하다. 전체 종의 수는 적어도 약 4백만 개는 된다고 한다. 일부 학자들의 경우 페루의 열대림에 대한 연구를 통해서 전체 종이 3천만에서 4천만에 달한다고 보기도 한다.

생물의 종은 구성원이 극소수(예를 들면, 캘리포니아 독수리)에 불과한 것에서부터 시작해 수백 억 이상(예를 들면, 박테리아)에 이르는 것까지 다양하다. 그것들은 자신의 삶을 보전하기 위해서는 생태학적 적소를 갖고 있으며, 그것을 통해 환경과 상호 작용한다. 윌슨은 고도로 전문화된 삶을 사는 한 생명체에 대해 다음과 같이 말하고 있다.

생태학적 적소에서 사는 고도로 전문화된 생명체의 한 예는 병정개미의 몸에 기생하는 진드기이다. 진드기는 병정개미의 부리에 살면서 숙주인 개미의 입에서 먹이를 구하거나, 또는 병정개미의 뒷발에 붙어살면서, 병정개미의 피를 빨아먹고 사는 등, 매우 다양한 형태로 삶을 영위한다.[2]

---

1) 예를 들어 다음의 글들을 보아라. E.O. Wilson, "Threats to Biodiversity". E.O. Wilson, "The Current State of Biological Diversity," in E.O. Wilson and Frances Peter (편) *Biodiversity* (Washington, U : National Academy Press, 1988). 그리고 John C, Ryan, "Conserving Biological Diversity," *State of the World 1992* (New York : Worldwatch Institute, 1992).

2) E. O. Wilson, "The Little That Run the World", 84쪽. 이 글은 워싱턴 D.C 국립 동물원에서 열린 무척추동물 전시회의 개막연설문으로 D. VanDeVeer와 C. Pierce가 공동 편집한 *The Environmental Ethics and Policy Book*(Belmont, Calif : Wadsworth, 1994)에 수록되어 있다.

모든 유기체는 자신의 생명을 유지하고, 종을 번식시키기 위해 자연환경으로부터 양분을 섭취해야 한다. 이와 관련해 각각의 종은 생태계에서 고유의 역할(적소)을 갖고 있다. 이러한 능력은 수백만 년에 걸친 자연선택과 돌연변이를 통해 진화해 왔다. 그리고 이러한 능력은 각 개체의 유전코드 안에 저장되어 있다. 각각의 생명체는 백만 비트에서 백억 비트에 달하는 정보를 유전코드 안에 갖고 있는 것이다. 수십 억 년 동안에 걸쳐 발전해 온 막대한 유전적 정보가 이 코드 안에 들어 있는 것이다.

지구상에 존재하는 생명체는 다양하고 복잡하다. 그것은 오랜 기간 과학자, 철학자, 시인들의 영감을 자극해 왔다. 생명다양성 보전과 관련해 다양한 논거가 제시될 수 있다. 가령 생명다양성은 의학적, 농업적, 경제적, 심미적, 레크리에이션과 과학적 측면에서 엄청난 잠재력을 갖고 있다는 주장이 가능하다. 실로 우리의 생존을 위해서도 다른 생명체들이 필요하다는 것이다. 하지만 그들이 우리에게 주는 이익과는 별개로 그들이 단지 살아 있다는 이유만으로도 우리와 그들간에는 윤리적 관계가 존재한다고 보는 주장도 있다. 이것이 이른바 생명중심적(biocentric) 윤리인데, 앞으로 다룰 주제이다.

7.1 서론

우리는 앞의 네 장에서 표준적인 윤리이론과 개념들이 환경문제에 어떻게 적용되는지 살펴보았다. 지금까지는 몇몇 환경문제에 우연히 관심을 갖게 된 철학자의 입장을 살펴보았다면, 지금부터는 포괄적이고 체계적인 환경철학을 구축하려는 여러 입장들을 살펴볼 것이다. 이러한 입장들은 단순히 전통윤리를 확대하는 이른바 '윤리적 확대주의(ethical extensionism)'에 반기를 들면서 윤리적 관점의 극적이고, 급진적인 변혁을 요구한다.

윤리적 확대주의의 문제점은 다음 세 가지이다. 첫째, 싱어나 레건 같은 철학자들의 주장은 극단적이긴 하지만, 그들이 사용하는 원리와 개념들은 여전히 근본적으로는 인간중심적이라고 볼 수 있다. 그들이 제안하는 '도덕적 고려 가능성'의 기준은 성년 인간에서 볼 수 있는 특징들이고, 이러한 특징을 공유하는 몇몇 동물들만이 도덕적 지위를 보장

받기 때문이다. 그 결과 이러한 확장은 여전히 기본적으로 '위계적'이다. 예를 들면 싱어나 레건은 단지 '고등' 동물에게만 도덕적 지위를 부여한다. 나머지 존재들은 도덕적 고려대상에서 제외된다. 많은 환경론자들은 이러한 위계질서가 잘못된 것이라고 생각한다.

둘째, 윤리적 확대주의는 '개체주의'를 고수한다. 그것은 개별 동물에게는 도덕적 지위를 보장하지만, 식물, 종, 서식지, 관계에 대해서는 독자적인 도덕적 지위를 보장하지 않는다. 하지만 생태학은 자연의 상호연관성을 중시한다. 그래서 종, 생명다양성, 생태공동체, 생태계를 강조하고, 또한 생물학적, 화학적, 지질학적 순환을 강조한다. 관계, 공동체, 체계, 과정들은 생태학에서는 중요한 역할을 차지하고 있지만, 안타깝게도 표준적 윤리이론에서는 그렇지 못하다. 이러한 사실은 공동체에 대한 윤리적 관심을 레건이 '환경파시즘'이라고 주장한 것만 보아도 알 수 있다. 이는 철학이론 안에 갇혀 과학적 사실을 무시한 좋은 실례이다.

셋째, 윤리적 확대주의는 포괄적인 환경윤리도 아니며, 또한 애초부터 그런 의도로 출발하지도 않았다. 철학자들은 그때그때 발생한 특정 환경문제에 대해서 자신의 윤리이론을 적용하려고 했을 뿐, 일관되고 포괄적인 환경윤리이론을 구축하려고 하지 않았다. 이것은 두 가지 불행한 결과를 낳았다. 우선 동물권리론에서 드러나듯, 윤리적 확대주의는 지구온난화, 오염 등 다른 환경문제들에 대한 그 어떤 지침도 제공할 수 없다. 둘째, 윤리적 확대주의는 비판일변도에 머무르고 있다. 즉 특정 정책과 행위가 잘못된 것이라고 비판하지만, 어떤 것이 좋은 삶이 될 수 있는지에 대해서는 말해주는 바가 없다.

이제 체계적인 환경윤리를 구축하려는 여러 가지 시도들을 살펴볼 것이다. 최근의 환경철학이론들 중에는 표준적 윤리이론과의 단절을 꾀하면서, 인간과 자연의 관계를 근본적으로 재고하려는 것들이 많다. 새로

이 부상하고 있는 이것들 중에 몇몇 학파들은 환경 '윤리'라기보다는 환경 '철학'에 더 가깝다. 자연에서의 인간의 위치에 대한 포괄적인 설명을 시도하면서, 윤리학적 문제만 다룰 수는 없기 때문이다. 자연, 자연적인 것, 체계, 관계, 종 등의 존재론적 위상 등 형이상학의 문제들, 기술적 주장과 규범적 주장의 논리적 관계 등 인식론의 문제, 미적 본질적 가치 등과 같은 미학의 문제, 시민불복종, 에코 테러리즘 같은 정치철학의 문제들이 논의 대상이 되는 것이다.

이제 다시 앞의 논의로 되돌아가 보자. 당분간 철학자의 입장은 접어두고, 일반적인 환경론자의 관점을 살펴보자. 이를 위해서 이 책 1장 서론의 처음 문단을 다시 한 번 살펴볼 필요가 있다.

> 21세기가 다가오면서 인류는 지구 역사상 유례 없는 환경위기에 직면하게 되었다. 6천 5백만 년 전 공룡시대 이후로 가장 엄청난 대량멸종시대를 지구의 생명체들은 맞고 있다. 매일 백 종 이상이 멸종되고 있으며 이러한 추세는 앞으로 수십 년 안에 두세 배 증가할 것이라는 예측도 있다. 대기, 물, 땅 등 지구생명체의 토대인 자연자원들은 위험할 정도로 오염되고 파괴되고 있다. 인류의 인구는 몇 갑절씩 증가하고 있다. 1990년 55억의 인구는 십 년 안에 20% 에 해당하는 10억이 증가할 것이다. 자연자원이 파괴되고 고갈되리라는 전망은 인구문제를 더욱 어렵게 한다. 미래세대를 괴롭힐 유독 물질은 전 세계에 걸쳐 계속 축적되고 있다. 세계의 야생지역, 삼림, 습지, 산, 초지 등은 개발되어 도로로 덮여지고, 간척되고, 불태워지고, 지나치게 뜯어 먹혀 계속 존재할 수 없을 지경이다. 지구의 기후와 대기 또한 오존층의 파괴와 온실효과로 위협받고 있다.

합리적인 사람이라면 현 사태를 우려의 눈으로 바라보지 않을 수 없다. 하지만 환경철학의 목적이 무엇인가를 이해하기 위해서 잠시 이러한 우려를 접고, 왜 우리가 이러한 문제에 대해서 관심을 갖게 되었는가 하는 이유를 알 필요가 있다. 우리가 환경파괴를 걱정하는 이유는 무엇인가? 왜 우리는 그것 때문에 고민해야 하는가?

이에 대해서는 여러 가지 답변이 가능하다. 환경파괴가 우리에게 위협적인 일이라는 답변도 있을 수 있고, 환경파괴는 정신적, 심미적, 문화적 가치를 파괴한다는 답변도 가능할 것이다. 또한 환경파괴는 자연물 자체에 중대한 해를 가한다는 답변도 있을 수 있다. 환경철학의 목표는 이러한 다양한 관심사를 설명할 수 있는 하나의 체계적인 원리나 이론을 제시하는 것이라고 많은 철학자들은 생각한다. 그런 목표를 달성하기 위해서는 윤리학적 접근뿐만 아니라, 형이상학, 인식론, 미학, 정치철학적 접근이 필요하다. 반면 그런 체계적인 설명이 불가능하다면서, '도덕다원론(moral pluralism)'을 옹호하는 학자들도 있다.[3)]

7.2 도구적 가치와 목적적 가치

현재 일어나고 있는 철학의 변화를 이해하기 위해서는 도덕의 문제와 가치의 문제라는 보다 일반적인 문제를 비교할 필요가 있다. 좁은 의미의 도덕은 인간의 복지와 인간의 관계를 다룬다. 도덕은 다른 사람들에 대해 우리가 갖는 책임과 권리가 무엇인지를 탐구한다. 이러한 맥락에서 철학자들이 환경문제를 도덕적인 문제로 생각하는 데 어려움을 느낀다는 것은 당연할지도 모른다.

그러나 넓은 의미의 도덕, 즉 철학적 윤리학은 좋은 삶과 인간의 번

---

3) Christopher Stone, *Earth and Other Ethics : The Case for Moral Pluralism* (New York : Harper and Row, 1987). 도덕다원론에 대해서는 이 책 에필로그에서 자세히 살펴볼 것이다.

영이란 보다 일반적인 문제를 다룬다. 이 문제들은 가치라는 더 넓은 문제와 연관된다. 이러한 관점에서 보면, 환경문제는 우리가 어떻게 살아야 하는가에 대한 규범을 확립하는 가치와 관련된 문제를 제기하기 때문에, 확실히 윤리적인 문제가 된다. 가치에는 도덕적 가치만이 있는 것이 아니다. 가치 문제에는 미적, 영성적, 과학적, 문화적 가치와 관련된 문제들이 있으며, 이들 가치들도 다 의미 있고, 다 중요하다.[4)]

그래서 가치의 본질은 무엇이고, 그것에는 어떠한 것이 있는지 살펴보는 것은 포괄적인 환경철학의 핵심적인 문제이다. 가치에 대한 설명은 도덕과 관련된 대상을 정의하고, 도덕적 고려를 받을 만한 대상을 정의함으로써 윤리의 영역을 확정하는데, 도움이 된다. 앞에서 말했듯이, 윤리학은 우리는 어떻게 살아야 하는가, 그리고 어떻게 행동해야 하는가, 그리고 어떤 종류의 사람이 되어야 하는가를 다룬다. 이러한 '당위'의 영역을 정의한다는 것은 가치를 갖는 모든 것들을 설명하는 것이다.

예를 들어, 멸종문제를 고려해보자. 열대우림이 파괴되면서, 수많은 종들이 멸종되고 있다. 많은 사람들은 멸종사태를 지켜보면서 분노를 느낀다. 그런데 왜 사람들은 분노를 느끼는 것이고, 종의 멸종은 왜 잘못된 것인가? 곤충은 고통을 느낄 수 없으며, 의식도 없고, 또한 레건이 말한 삶의 주체도 아니다. 즉 곤충은 어떤 식으로든 도덕과 관련된 존재가 아닌 것이다. 잘못된 것은 가치 있는 것들이 사라지고 있다는 것이며, 그것도 인간의 행위로 말미암아 함부로 파괴되고 있다는 것일 것이다. 너무나 종종 인간의 탐욕과 무지로 말미암아 가치있는 것들이 파괴된다. 야생지, 습지, 나무, 호수, 바다, 물고기, 식물, 그리고 열대우림의

4) 포괄적인 환경윤리를 뒷받침하는 가치에 대한 철학적 설명으로 가장 훌륭한 것으로는 H. Rolston, *Environmental Ethics* (Philadelphia : Temple University Press, 1988)을 참고할 것.

파괴도 마찬가지로 설명할 수 있다. 동물복지의 윤리에서 전체주의적 환경철학에로의 전환은 좁은 의미의 도덕과 가치로부터, 가치 자체에 대한 보다 넓은 관심에로의 전환으로 이해될 수 있다.

철학자들은 종종 도덕적 가치를 이익관심(interests)의 견지에서 설명해왔다. 앞에서 다룬 바 있는, 화인버그, 스톤, 싱어, 레건, 굿패스터 등은 이익관심의 개념을 가지고, 어떤 종류의 대상이 도덕적 고려대상이 되는지를 설명한다. 어떤 대상이 이익관심을 갖고 있다는 것은 그것이 나름의 목적(화인버그), 또는 나름의 가치(스톤), 나름의 복지(welfare)(벤담과 싱어), 나름의 '내재적 가치'(레건), 또는 나름의 안녕(well-being)(굿패스터)을 갖고 있다는 것이다. 이것은 모두 이들 대상들이 인간이 그것들에게 부여하는 가치와는 별개의 자기 나름의 가치를 가진다는 것을 의미한다. 이것은 자기 고유의 가치를 지닌 존재를 마치 우리와의 관계에서만 가치를 지니는 존재로 다루는 것은 도덕적으로 잘못된 것이라는 것을 함의한다. 도구적 가치와 목적적 가치를 구분하면 이 점을 확연하게 이해할 수 있다.

도구적(instrumental) 가치의 척도는 유용성이다. 도구적 가치는 다른 가치 있는 것을 획득하는 데 사용될 수 있기 때문에 갖는 가치이다. 연필은 그것을 가지고 쓸 수 있기 때문에 가치 있다. 1달러 짜리 지폐는 그것을 가지고 다른 무엇인가를 살 수 있기 때문에 가치 있는 것이다. 어떤 대상이 도구적 가치를 가진다는 것은 그것이 그 자체로 가치 있다는 것이 아니라, 다른 무엇인가를 얻는 데 사용될 수 있기 때문에 가치 있다는 것이다. 만일 그것이 쓸모 없거나, 더 효과적인 것으로 대체될 경우, 그것의 용도는 폐기된다.

자연물을 자원의 관점에서 보는 것은 자연물을 도구적 가치로 다루는 것이다. 예를 들어, 핀쇼(G. Pinchot)의 자연보호운동은 산림과 야생지의 도구적 가치를 강조한다. 야생지는 인간에게 필요한 자연자원을 보유하고 있기 때문에 보호되고 보전되어야 한다는 것이다. 자연환경의 도구적 가치는 이외에도 많다. 깨끗한 공기와 물은 그것이 없다면 인간의 건강과 복지가 위협받기 때문에 가치 있는 것이다. 동식물의 종은 의학적으로 농업적으로 막대한 잠재력을 가지고 있기 때문에 가치 있다. 이렇듯 자연의 도구적 가치는 공리적, 경제적 근거에서 제시되는 것이다.

자연환경의 도구적 가치를 강조하는 것은 정치권에서는 효과적인 전략일 것이다. 자연을 접할 기회가 없어졌다거나, 또는 자원이 심각할 정도로 고갈되었다는 주장은 여론의 민감한 반응을 불러일으킨다. 하지만 오로지 자연환경의 도구적 가치에 기초하는 입장은 토대가 그리 단단하다고는 할 수 없다. 인간의 이익과 필요는 변하기 마련이고, 그에 따라 자연환경의 용도도 변하기 때문이다. 가령 콜로라도 강은 현재 레크리에이션 공간으로서 중요한 도구적 가치를 갖고 있지만, 앞으로는 캘리포니아 남부 지역의 식수원으로서, 수력발전소로서 더 큰 가치를 가질 수 있다. 자연의 도구적 가치만을 강조하는 것은 자연을 인간의 이익과 필요를 위한 수단으로 주장하는 것이다.

어떤 대상이 목적적(intrinsic) 가치를 갖는다는 것은 그 대상이 그 자체로 가치를 갖는다는 것을 의미하지, 다른 용도를 위해 가치 있다는 것을 의미하지 않는다.[5] 우리가 가치 있다고 평가하는 것들이 다 도구적 가치만을 갖는 것은 아니다. 어떤 것들은 상징적, 미학적, 문화적 중요성으

---

5) 도구적 가치, 목적적 가치, 내재적(inherent) 가치에 대한 논의는 매우 복잡하다. 이에 대해서는 S. Armstrong과 R. Bolzer, *Environmental Ethics : Divergence and Convergence* (New York : McGraw-Hill, 1993), 53쪽. 그리고 H. Rolston, *Environmental Ethics* (Philadelphia : Temple University Press, 1988), B. Callicott, "The Intrinsic Value of Nonhuman Species", *The Preservation of Species*, B. Norton(ed)(Princeton, N.J : Princeton University Press, 1986). 6장을 참고할 것.

로 말미암아 가치 있다고 평가된다. 그것은 그것 자체로, 또는 그것이 의미하는 바, 또는 그것이 상징하는 바에 의해 가치 있다고 평가된다.

우정이 목적적 가치의 좋은 예이다. 만일 친구를 유용성으로만 평가한다면, 그것은 우정을 잘못 이해한 것이다. 역사적 기념물, 문화유적, 심미적 대상도 마찬가지이다. 벨 도서관, 타지마할, 미켈란젤로의 다비드 상은 그것의 유용성을 훨씬 뛰어넘는 목적적 가치를 갖고 있다.

물론 도구적 가치이든 목적적 가치이든 간에, 그것을 평가하는 것은 인간이다. 하지만 인간이 모든 가치를 평가하긴 하지만, 평가는 다양한 이유에서 이루어진다. 만일 평가하는 사람이 없다면, 우정도, 벨 도서관도, 타지마할도, 다비드상도 가치 있다고 말할 수는 없다. 하지만 그렇다고 해서 이것들의 가치가 단지 인간의 유용성에서만 평가된다는 것은 아니다.

명확히 환경문제들 중의 상당부분은 우리가 자연에 대해 부여하는 목적적 가치와 관련된다. 생명은 그것이 어떤 형태를 취하든지 간에 그것이 생명이라는 사실만으로 목적적 가치를 지닌다고 많은 사람들은 생각한다. 또한 야생지, 웅장한 경관, 국립공원 등은 벨 도서관과 마찬가지로 그것이 우리의 국가유산이요, 국가의 역사라는 점에서 목적적 가치로 평가된다. (이것은 새고프가 행한 논증이다. 이와 관련해서는 3장을 참고하라) 회색곰은 도구적 가치는 별로 없지만, 그것이 엘로스톤 국립공원 안에 여전히 존재한다는 사실은 많은 사람들에게 중요한 의미를 지닌다. 마찬가지로 대머리 독수리의 상징적 가치는 그것의 도구적 가치를 초월한다. 마찬가지로 개발되지 않은 미지의 야생지도 높게 평가된다. 그래서 심지어는 그곳을 방문할 계획도, 사용할 계획도 없는 사람들조차도 야생지의 가치를 높게 할 수 있다. 존 뮤어와 기포트 핀쇼의 차이는 야생의 목적적 가치를 인정하느냐 인정하지 않느냐의 차이이다. 뮤어는 거대한 세코이아 나무 숲은 경제적 유용성을 뛰어 넘어, 영성적, 종교적 가치를 지니는 대성당과 같다고 말한다.

환경파괴를 걱정하면서 걱정하는 것은 종종 목적적 가치의 상실이다. 상류에 위치한 수력발전소의 방류로 인해 생긴 파도에 그랜드 캐년이 침식될 때, 그리고 산성비가 그리스와 로마의 고대유적을 부식시킬 때, 바다연안이 카지노와 보도로 뒤덮일 때, 바로 목적적 가치가 파괴되는 것이다.

상당수의 환경윤리학자들에 있어서 최대의 과제는 도구적 가치에 기초한 논증을 격파할 수 있는 목적적 가치 이론을 정립하는 것이다. 5장에서 보았듯이, 패스모어는 근대문화에서 지배적인 탐욕과 물질주의를 극복하기 위한 하나의 장치로 '감수성(sensuous)'을 강조한 바 있다. 또한 새고프는 모든 가치를 도구적인 것으로 보는 경제적인 패러다임을 비판한 다음, 환경문제의 배후에 놓인 문화적, 심미적, 역사적, 윤리적 가치를 철학자들이 밝혀 줄 것을 요청한 바 있다. 새고프에 따르면, 이러한 가치는 우리가 국민으로서 원하는 것일 뿐만 아니라 우리의 현재 인격을 나타내준다.

체계적인 환경철학을 발전시키는 것은 도덕적 지위, 도덕적 권리와 책임에 대한 좁은 관심으로부터 가치, 특히 목적적 가치에 대한 보다 일반적인 관심으로 논의를 전환시키는 것과 관련된다. 하지만 불행하게도 목적적 가치에 대한 호소는 종종 회의주의에 직면한다. 우리는 목적적 가치의 의미를 표현해 주는 적절한 용어를 갖고 있지 않다. 그래서 그러한 가치는 어차피 주관적인 것이고, 따라서 개인의 의견에 불과하며, "미는 그것을 보는 사람에 달려 있다"고 생각하는 사람들도 많다. 그래서 도구적 가치(가령, 이윤)와 목적적 가치(가령, 야생지의 아름다움)가 충돌할 때, 도구적 가치는 측정 가능한 반면, 목적적 가치는 표현되기 힘든 무형의 특징을 지니기 때문에 도구적 가치가 너무 쉽게 승리하곤 한다. 이장의 나머지 부분에서는 생명은 그 자체 목적적 가치를 지니며, 따라서 도덕적 고려를 받을 자격이 있다는 견해를 다룰 것이다.

7.3 슈바이처의 생명에의 경외

생명중심윤리는 모든 생명체가 내재적 가치를 가진다고 보는 이론이다. 레건 같은 사람은 몇몇 동물에게 내재적 가치를 부여하긴 했지만, 모든 생명체에 가치를 부여하지는 않았기 때문에 '생명중심적'이라고 할 수는 없다.

슈바이처(Albert Schweitzer)의 '생명에의 경외'가 초기의 생명중심윤리라고 할 수 있다. 슈바이처(1875~1965)는 종교, 음악, 윤리, 역사, 철학 등 광범위하게 글을 썼다. 또한 그는 자신의 일생을 아프리카의 오지에서 의료봉사에 바쳤다. '생명에의 경외(reverence for life)'라는 단어로 대표되는 그의 윤리는 현대 생명중심윤리의 원조가 된다.

슈바이처는 다른 사람을 돌보는 데 그의 전 생애를 보냈다. 동시에 그는 글을 많이 쓰는 작가였는데, 그것의 상당부분은 현대사회의 윤리적 질병을 진단하고, 치료를 모색하는 것이었다. '생명에의 경외'야말로 다툼으로 점철된 세계에 희망을 던져주는 태도라고 그는 믿었다.[6]

슈바이처에 따르면, 현대 산업사회는 생명의 선과 자연의 선을 연결시키는 세계관으로부터 이탈해왔다. '세계와 생명의 연관'에 대한 슈바이처의 믿음은 윤리학에서의 자연법적 전통을 연상시킨다. 과학과 기술

6) 슈바이처의 윤리적 입장은 *Civilization and Ethics*, London : A.& C. Black, 1946)을 참고할 것. 또한 그의 자서전 *Out of My Life and Thought* (A. B. Lemke 역, New York : Holt, 1990)도 유용하다. 또한 James Brabagon의 *Albert Schweitzer : A Biography* (New York : Putnam, 1975)도 좋은 2차 문헌이다.

의 발전, 그리고 이것에 기초한 산업사회는 자연을 무관심하고, 몰가치적인, 기계적인 힘으로 이해함으로써 자연과 윤리를 분리시킨다. 근대과학은 자연을 물리적, 기계적 법칙에 지배받는 기계로 본다. 자연 자체에는 선도 악도 존재하지 않는다. 그런 세계에 휩쓸리면서, 윤리는 그 기반을 상실하였다. 전쟁과 관료제, 무의미한 노동, 문화의 쇠퇴로 특징되는 근대산업사회의 참상은 자연과 윤리가 분리된 결과이다.

슈바이처의 작업은 인간과 자연의 유대를 재확립하는 것이다. 아프리카 오지에서 오랜 기간을 보냈기 때문에 그는 자연이 인자하고 부드럽다는 환상을 갖지는 않았다. 그는 자연의 변덕스럽고도 파괴적인 힘을 잘 알았다. 하지만 그는 그럼에도 불구하고 자연 안에는 선이, 내재적 가치가 존재한다고 믿었고, 그것이 윤리의 기초를 제시할 수 있으리라고 확신했다. 슈바이처의 이념은 '생명에의 경외'라는 말로 잘 표현된다.[7)]

슈바이처는 이 이념이 자신에게 다가왔던 순간을 신비적인 색채로 묘사한다. 그는 이 이념을 자연에서 느꼈다. 해질 무렵 아프리카에서 강의 상류로 바지선을 타고 하마떼를 헤치면서 올라갈 때, 전혀 예기치 않게 갑자기 '생명에의 경외'라는 말이 섬광같이 떠올랐다고 그는 고백한다.

'생명에의 경외'란 무엇을 의미하는가? 슈바이처의 모국어인 독일어로 '생명에의 경외(Ehrfurcht vor dem Leben)'에서 'Ehrfurcht'는 '놀라움'과 '두려움'의 태도를 의미한다. 영어로 'reverence'에는 'Ehrfurcht' 에는 없는 종교적 색채가 함축되어 있지만, 슈바이처는 이러한 것을 마음속에 두고 있었음이 확실하다. 'Ehrfurcht'의 어원에는 존경과 두려움의 태도가 혼합되어 있다. 산꼭대기에서 장엄한 광경을 바라보거나, 격렬한 폭풍을 볼 때 느끼는 태도를 연상하면 될 것이다. 슈바이처는 "나는 살

---

7) 슈바이처, *Out of My Life and Thought*, 130쪽.

려고 애쓰는 생명체들의 와중에 있는 살려고 애쓰는 생명체" [8]라는 사실을 자각하는 것이 중요하다고 주장한다. 윤리는 바로 이러한 사실을 자각하는 데서 출발한다.

> 생각하는 존재인 인간은 모든 살려고 하는 의지에게 자신에게 부여했던 생명에의 경외를 부여하지 않으면 안 된다고 느낀다. 인간은 다른 생명체 또한 살려고 애쓴다는 것을 자기 안에서 경험한다. 그래서 그는 생명을 유지하고, 생명을 증진하며, 생명을 고양시키는 것을 선으로, 반대로 생명을 파괴하고, 생명에 해를 끼치며, 생명을 억압하는 것을 악으로 본다. 이것이야말로 도덕의 절대적이고 기본적인 원리이다.[9]

결국 슈바이처의 주장은 모든 생명체는 내재적 가치를 갖고 있기 때문에 우리는 이들을 존중하고 경외해야 한다는 것이다. 그에 있어서 생명은 단순히 가치중립적 '사실'이 아니며, 그 자체로 선이며, 존중을 받을 가치가 있는 것이다.

하지만 생명경외의 윤리는 우스꽝스러운 것으로 치부되기도 쉽다. 과연 바이러스나 박테리아의 생명이 인간의 생명만큼 소중하다고 할 수 있을까? 개미의 생명을 인간의 생명만큼 존중해야 하는가? 만일 그렇지 않다면, 인간의 생명과 다른 생명, 예를 들면 HIV바이러스의 생명이 충돌할 때, 그것을 해결해 줄 원칙이 있는가?

슈바이처는 남들이 보기에 부담스러울 정도로 인생을 철두철미하게 살았다. 그는 모기도 죽이기를 꺼려해 단지 모기를 방밖으로 내보낼 정도였다. 심지어는 질병을 옮기는 모기도 죽이기를 꺼렸다. 또한 DDT에 반대했는데, 그 이유는 그것이 생명을 무차별적으로 죽인다고 생각했기

---

8) 같은 책, 130쪽.

9) 같은 책, 131쪽.

때문이다. 그러나 슈바이처가 생명을 때때로 죽일 수밖에 없는 필연성을 몰랐던 것은 아니다. 생명을 유지하기 위해서 다른 생명체를 먹어야 하는 것이 우리의 현실인 것이다. 그는 또한 동물이 심하게 고통받고 있을 경우, 주저하지 않고 그 동물을 죽였다.[10)]

그러나 슈바이처는 갈등상황에 적용할 수 있는 규칙을 발전시키지는 않았다. 그러한 위계는 생명존중보다 더 근본적인 규칙이나 기준이 있다는 것을 함축함으로써 생명경외의 윤리의 기반을 무너뜨릴 것이기 때문이다. 또한 그러한 위계를 통한 문제 해결 방식은 우리가 생명을 죽여야만 할 때 봉착하는 심각한 딜레마 상황을 경시한다. 갈등을 해결해주는 규칙이나 원리는 어떤 윤리적 갈등도 단지 외견상 존재하는 것이지 실제로 존재하는 것은 아니라는 것을 의미하기 때문이다.

슈바이처는 생명경외를 개별상황에 적용할 수 있는 일종의 규칙으로는 보지 않았다. 그에 있어서 생명경외는 우리가 행해야 하는 바를 결정해 주는 규칙이라기보다는 우리의 현재 인격을 나타내주는 태도이다. 즉 도덕적으로 훌륭한 인격을 갖춘 사람은 생명의 내재적 가치를 경외하고 존중한다는 것이다.

하지만 아무리 훌륭한 사람이라도 생명을 죽여야만 하는 상황이 있다. 그것을 슈바이처는 어떻게 설명할까? 바이러스를 죽이는 의사에 대해서 뭐라고 말할 것이고, 돼지를 죽이는 도축업자, 그리고 나무를 자르는 농부에 대해서는 뭐라고 말할 것인가? 슈바이처는 이러한 상황에서도 의사나 도축업자, 농부는 일말의 책임감을 느껴야 한다고 본다. 그러한 일들은 어쩔 수 없이 행해져야 하지만, 채무의식을 느끼면서, 그리고

---

10) Brabagon의 슈바이처 위인전에 따르면, 슈바이처는 펠리컨이 치료불가능한 증상을 입자, 펠리컨을 죽였다. 여기에 나오는 일화들도 그의 책에서 참고한 것들이다. James Brabagon의 *Albert Schweitzer : A Biography* 참고.

그러한 사실을 의식하는 상태에서 행해져야 한다는 것이다. 생명경외는 우리에게 이러한 책임감을 느끼게 해주는 성품이다. 그것은 또한 생명을 죽이는 것이 무엇을 의미하는지를 자각하게 해주는 태도이다. 그것은 생명을 함부로, 아무런 느낌 없이, 연민 없이 살상하는 것을 막아준다. 생명경외의 태도를 통해서 우리는 진실되고 도덕적인 삶을 사는 것이다.

슈바이처의 윤리적 견해는 아프리카 오지에서의 오랜 경험을 통해 얻어지고 확고해진 것이다. 하지만 그의 견해는 대중들한테도, 또한 철학자들한테도 지지를 얻지 못했다. 그의 견해는 너무 낭만적이고 소박하다는 것이 가장 일반적이면서 동시에 가장 강력한 비판이다. 그는 자기의 견해를 직업철학자들이 요구하는 만큼 학문적으로 방어하지 못했다. 하지만 최근의 생명중심이론들은 슈바이처의 문제점을 극복하고 있다.

7.4 윤리학과 성품

최근의 생명중심적 견해를 살펴보기 전에 잠시 그러한 논의의 배경이 되는 철학적 문제를 검토하는 것이 좋을 것이다. 이번 장을 시작하면서 나는 최근의 환경철학은 전통적 이론과의 단절을 의미한다고 주장한 바 있다. 나는 앞에서 이것을 암시했는데, 여기서는 이것을 보다 발전시키겠다.

공리주의, 의무론, 자연법 등 전통적 윤리이론의 옹호자들에 있어서, 윤리학의 근본문제는 "나는 무엇을 해야만 하는가?"이다. 이때 윤리학의 목표는 우리의 행동에 지침이 되는 규칙이나 원리를 밝히고 옹호하는 것이다. 그리고 철학자들의 과제는 왜 합리적인 사람이라면 이것을 따라야 하는지를 규명함으로써 규칙을 정당화하는 것이다. 이러한 전통에 있는 대부분의 철학자들에 있어서, 이러한 과제는 궁극적으로 규칙을 따르는 것이 당사자의 합리적 자기이익에 부합한다는 것을 보이는 것을 필요로 한다.[11)]

윤리학에 대한 이러한 접근법을 가정할 경우, 생명경외에 대한 슈바이처의 견해는 난점을 갖고 있다. 생명경외의 원리를 행위의 '규칙'으로 받아들인다면, 그것은 합리적 자기이익에 반하는 것이기 때문이다.

그러나 이미 주장한 바와 같이 슈바이처는 생명경외를 윤리적 '규칙(rule)'으로 제안한 것이 아니라 세계에 대한 근본적 '태도(attitude)'로 제안한 것이다. 이러한 의미에서 슈바이처의 윤리적 관심은 "나는 무엇을 해야만 하는가?"가 아니라 "나는 어떤 종류의 사람이 되어야 하는가?"이다. 그의 견해는 규칙에 대한 윤리학이 아니라 '성품(character)'에 대한 윤리학이다. 그리고 그것은 행위의 측면에서가 아니라 성품과 성향의 측면에서 도덕적으로 훌륭한 사람을 추구하는 것이다.

이것은 플라톤과 아리스토텔레스로 소급되는 철학적 윤리학의 전통으로의 회귀를 의미한다. 덕(virtue)의 윤리학은 원리나 규칙이 아니라 도덕적 성품을 강조한다. 공리주의, 의무론, 자연법 같은 윤리체계는 인간의 행위에 초점을 맞춰, 행위의 옳고 그름을 판가름해 주는 규칙이나 원리를 탐구한다. 반면 덕의 윤리는 도덕적으로 훌륭한 인격의 특질을 탐구하는 것이다. 아리스토텔레스에서처럼, 덕의 윤리는 대부분 목적론적이다. 인간의 목적(telos), 또는 목표를 성취하는 데 도움이 되는 것이 덕이라면, 그 반대는 악덕이 된다. 아리스토텔레스에 있어서 덕은 의미 있고 자아실현적인 인간의 삶을 사는 것을 가능하게 해주는 성품과 성향

---

11) 다음을 참고할 것. K. Goodpaster, "From Egoism to Environmentalism," in K. Goodpaster and K. Sayre(편), *Ethics and Problems of the 21st Century* (Notre Dame, IN : University of Notre Dame Press, 1979).

이다.

최근의 환경철학을 다룰 때는 이 점을 유념해야 한다. 최근 대두되고 있는 환경철학은 공리주의나 의무론을 대치하는 규칙이나 원리를 제안하는 것이 아니기 때문이다. 대신 그것은 행위규칙이 아니라 도덕적 성품에 관심을 가질 것을, 즉 철학적 관점의 근본적 변혁을 요구하고 있는 것이다. 이것은 환경에 대해 달리 생각할 것을 촉구할 뿐만 아니라, 보다 중요하게는 우리의 자아에 대해 달리 생각할 것을 촉구하는 것이다.

앞서 새고프의 논의를 검토했을 때, 새고프가 만족할 만한 환경윤리라면 '우리가 원하는 것'과 관련된 가치가 아니라 '우리의 인격'과 관련된 가치에 대해서 언급해야 한다고 말한 것을 상기하자. 여기에는 인간으로서 우리 자신의 아이덴터티는 부분적으로는 우리의 가치와 태도에 의해 구성된다는 주장이 함축되어 있다. 성품, 성향, 관계, 태도, 가치, 신념들은 우리 자신의 아이덴터티와 별개로 존재하는 것이 아니다. 우리의 성품은 우리의 자아가 마음대로 입었다가 벗을 수 있는 옷이 아니다. 우리의 자아는 우리의 가장 기본적이고 지속적인 성향, 태도, 가치, 신념이라고 할 수 있다. 환경철학이 자연에 대한 우리의 태도를 바꾸어야 한다고 요구하는 것은 바로 우리 자신을 바꾸어야 한다고 요구하는 것이다.

여기에서 윤리학에서의 '정당화문제'의 성격도 변한다. 상당수의 전통적 윤리이론에서 규칙을 정당화하는 것은 그것이 어떻게든 자기이익과 결부되어 있음을 보이는 것이었다. 그 경우 정당화는 종종 실패할 수밖에 없다. 왜냐하면 윤리적인 논쟁은 종종 자기이익과 윤리적 가치의 갈등에서 발생하기 때문이다. 그렇다면 생명경외를 과연 어떻게 정당화할 것인가? 생명경외의 성향을 이미 포함하지 않은 자아에 있어서, 정당화하는 유일한 방법은 그러한 성향이 자아의 다른 어떤 이익에 이바지하는가를 보이는 것이다. "이미 생명을 경외할 자세가 되어 있는 않은 내가 왜 생명을 경외해야만 하는가?" 이 문제에 답하는 유일한 방법은 생명경외의 태도를 채택하는 것이 자기이익에 부합한다는 것을 보이는 것이다. 하지만 새고프에 따르면, 이것은 생명경외의 태도를 현재 우리의 인격(what you are)과 관계된 가치가 아니라 우리가 원하는(what you want) 것과 관계된 가치에다가 연관시키는 것이다. 그리고 이것은 생명경외를 일종의 도구적 가치로 환원하려는 입장이다. 즉 생명경외의 태도를 취하는 이유는 그것이 일정한 방식으로 우리의 의도 또는 우리의 욕구를 만족시키기 때문이라는 것이다. 물론 이것은 명확히 생명경외윤리가 거부하는 것이다. 생명이 내재적 가치를 가진다는 것은 생명이 단순한 도구적인 가치 이상의 가치를 지니고 있다는 것이기 때문이다.

반면 이미 생명경외의 성품을 지닌 사람에 있어서 생명경외는 정당화될 필요가 없다. 만일 당신이 생명경외의 태도를 갖고 있다면, "왜 나는 생명을 존중해야만 하는가?"의 문제는 제기되지도 않을 것이기 때문이다.[12] 따라서 도덕적 태도의 근본적 전환을 요구하는 윤리학에서 '정당화'는 기존 윤리학에서의 정당화에서처럼 자기이익에 호소하는 것이 아니다.

7.5 테일러의 생명중심윤리

폴 테일러(Paul Taylor)의 『자연에 대한 존중』(Respect for Nature, 1986)은 생명중심윤리의 가장 발전되고, 철학적으로 정교한 형태라고 볼 수

12) 물론 자기의 근본적인 태도를 의심할 때도 있다. 하지만 그런 실존적 위기상황은 그 이상의 정당화가 제시될 수 없다는 견해를 반대하기보다는 오히려 옹호하는 경향이 있다.

있다. 슈바이처는 생명경외의 의미와 그것의 실천적 함축에 대해 설명하려 했지만, 왜 그러한 입장을 취해야 하는지에 대해서 충분한 정당화는 하지 못했다. 테일러의 논의가 가지고 있는 힘은 왜 자연존중의 태도를 취하는 것이 합리적인가를 아주 주의 깊게 옹호했다는 데 있다. 이러한 이유에서 나는 그의 견해를 생명중심윤리의 표본으로 면밀히 검토할 것이다.

테일러는 인간과 다른 생명체들 사이에 존재하는 도덕적 관계에 대한 체계적이고 포괄적인 설명을 시도한다. 테일러는 이러한 관계가 모든 생명의 내재적 가치에 기반한 것으로 본다.

> 내가 옹호하려고 하는 환경윤리이론의 핵심은 행위의 옳고 그름의 여부, 그리고 성품의 도덕성 여부는 자연존중이라는 궁극적인 도덕적 태도를 얼마나 표현하느냐에 달려있다는 것이다.[13]

테일러의 논의는 여러 단계로 진행된다. 우선 그는 생명체가 고유의 선을 갖는다고 말하는 것이 의미 있다고 주장한다. 왜냐하면 생명체는 테일러의 개념을 빌자면, '목적론적 삶의 중심(teleological-center-of-life)'이기 때문이다. 그러나 어떤 존재가 자신의 선을 갖고 있다는 것은 그 존재에게 내재적 가치를 부여하는 필요조건이기는 하지만 충분조건은 아니다.[14] 어떤 존재가 내재적 가치를 가진다고 주장하는 것은 그 존재가 도덕적 고려를 받을 만하며, 도덕행위자는 그 존재에 대한 의무를 갖고 있다는 규범적 주장을 하는 것이기 때문이다. 테일러가 '자연에 대한

---

13) 테일러, 앞의 책, 80쪽.

14) 테일러의 내재적 가치(inherent worth) 개념은 나의 목적적 가치(intrinsic value)와 거의 같은 개념이다. 내재적 가치는 다른 가치 평가자와 무관하게 가치를 갖는다는 것으로, 그 자체로 평가되어야 하는 가치이다.

생명중심적 관점(the biocentric outlook on nature)'이라고 부른 것을 이해하고 받아들이는 것은 어떤 존재가 고유의 선을 갖고 있다는 기술적 주장에서 그것이 내재적 가치를 가진다는 규범적 주장으로 나아가는 것이다. 이러한 관점을 받아들여 생명의 내재적 가치를 인정한다는 것은 자연존중을 '궁극적인 도덕적 태도(ultimate moral attitude)'로 채택하는 것이다. 또한 이러한 태도를 채택한다는 것은 자연환경에 대해 도덕적으로 책임 있는 방식으로 행위 한다는 것을 의미한다. 이 각각의 단계를 자세히 검토할 필요가 있다.

먼저 자기 고유의 선을 갖는 존재와 그렇지 않은 존재를 구분할 필요가 있다. 테일러는 자기 고유의 선을 갖는 존재의 예로 아이를, 그리고 그 반대의 예로 모래더미를 든다. 부모는 아이의 선을 증진하기 위해 노력한다. 그래서 아이의 선이 증진된다면 아이는 이득을 얻은 것이고, 반대로 아이의 선이 좌절된다면 아이는 손실을 입은 것이다. 그러나 모래에 대해 이렇게 말하는 것은 무의미하다. 왜냐하면 모래 자체는 손실도 이익도 받을 수 없기 때문이다.

그 다음 단계로 테일러는 실제적(real) 선과 외견적(apparent) 선, 그리고 주관적 가치와 객관적 가치를 구분한다. 존재의 선은 그 존재가 선이라고 믿는 것과 항상 일치하지는 않는다. 나의 선이라고 나에게 보였던 것(주관적으로)이 실제로는(객관적으로는) 나의 선이 아닐 수 있다. 이러한 구분을 통해서 테일러는 자기 고유의 선을 갖는 존재를 자기의 이론체계 내에 포함할 수 있게 된다. 외견적, 주관적 선 개념을 무시함으로써 그는 주관적 선 개념이 전제하는 것처럼, 믿음, 이익관심, 욕구를 소유한 존재만을 도덕적 고려대상 안에 포함시킬 필요가 없게 된 것이다.

그렇다면 어떤 존재가 객관적인 고유의 선을 갖는가? 테일러의 답변은 '목적론적 삶의 중심'이라는 개념에서 찾을 수 있다. 이것을 이해하기 위해서는 테일러의 주장을 슈바이처의 생명경외윤리와 아리스토텔레스의 자연법적 전통과 비교할 필요가 있다. 여기서는 먼저 테일러의 입장과 레건의 '삶의 주체' 개념과 비교하는 것이 좋을 듯하다.

테일러의 예부터 시작해 보자.

> 나비의 예를 들어보자. 우리는 아마 나비가 이익관심이나 선호를 가지고 있다고 말하는 데에는 주저할 것이다. 그리고 나비가 어떤 것이 자신에게 좋거나 바람직하다는 식으로 스스로 가치평가 한다고는 보지 않을 것이다. 하지만 나비의 삶의 주기에 대해서, 그리고 나비가 건강한 상태로 생존하는 데 필요한 환경조건을 알게 된다면, 무엇이 나비에게 이득이 되고 무엇이 나비에게 해가 되는지를 말하는 데 어려움이 없을 것이다. 하다못해 단세포 원생동물에 대해서도 무엇이 그것에게 이득이 되고, 어떤 환경변화가 그것에게 이득이 되고, 반대가 되는지, 그리고 어떤 물리적 환경이 그것에게 유리하고 불리한지에 대해 말하는 것은 생물학을 아는 사람에게는 의미 있는 일이다. 우리가 원생동물에 대해 많이 알면 알수록, 우리는 무엇이 그것에게 이득이 되고, 해가 되는지에 대해 적절한 판단을 할 수 있다.[15)]

굳이 철학이론을 들먹이지 않더라도, 이것은 대부분이 받아들이는 사실이다. 생명체의 선에 대해 말하는 것이 완전히 의미 있다는 것이다. 그리고 그것은 사람들의 믿음이나 의견에 의존하지 않는다는 의미에서 객관적인 것이다. 이것은 생물학적 증거에 의해 뒷받침될 수 있는 주장이다. 즉 그것은 인식(know)할 수 있는 객관적 사실인 것이다. 우리가 어떤 존재의 선에 대해 인식한다는 것은 그 존재에게 이익이 무엇인지를 인식하는 것이다. 설사 그 존재가 식물이라 자신의 이익에 대해 의식하지 못한다하더라도 그것은 가능하다. 그래서 주말농장을 하는 아마추어

---

15) 같은 책, 66~67쪽.

농부도 퇴비는 토마토에게 좋고, 가지치기는 사과나무에 좋은 반면 가뭄은 야채에게 좋지 않고, 진딧물은 콩에 좋지 않으며, 무당벌레는 진딧물에 좋지 않다고 의미 있게 말할 수 있는 것이다.

생명체가 선을 갖는 이유는 그것이 '목적론적 삶의 중심'이기 때문이다. 2장에서 자연법에 대해 논의하면서 희랍어 telos는 '의도', '목표', '목적'으로 번역된다고 말한 것을 기억하자. 생물학적 관찰을 통해서 아리스토텔레스는 모든 생명체는 어떤 뚜렷한 목표를 향해 나아간다는 주장에 도달했다. 아리스토텔레스와 마찬가지로, 테일러는 각각의 종은 그 종의 선을 결정해주는 뚜렷한 성질을 갖고 있다고 주장한다. 아리스토텔레스에처럼 이러한 특성을 굳이 유기체의 본질이나 영혼으로 가정할 필요는 없다. 테일러에 있어서 이것은 종이 차지하는 생태학적 적소나 기능에 가까울 것이다.

진딧물과 무당벌레의 예에서 보이듯, 어떤 종에게 선이 되는 것이 다른 종에게도 선이 되는 것은 아니다. 진딧물은 자기 고유의 목적을 갖고 있지만, 그것은 진딧물뿐만 아니라 다른 모든 생명체도 마찬가지이다. 일반적으로 생명체의 목적은 성장, 발전, 생존, 번식이다. 생명은 이러한 목적을 향해 나간다는 의미에서 목표지향적이다. 각각의 생명체는 이러한 목표지향적 활동의 중심이다. 즉 모든 생명체는 목적론적 삶의 중심인 것이다.

이런 맥락에서 슈바이처는 "나는 살려고 하는 생명들에 둘러싸인 살려고 하는 생명이다."라고 말한다. '살려고 하는'(will to live) 모든 것들이 의식적으로 그렇게 하는 것이라고 굳이 가정하지 않는다면, 슈바이처의 생각은 테일러의 생각과 거의 같다. 생명체는 살아 있는 존재로서 방향, 목표, 텔로스를 갖기 때문에 고유의 선을 갖고 있으며, 이것은 생명체가 그것을 의식하든 하지 않든 간에 엄연한 사실이다. 성장, 발전,

번식, 생명보전이라는 생물학적 과정에는 '살려고 하는 의지'가 표현되어 있다.

이러한 견해는 동물권을 옹호하면서 레건이 편 논변과 대조된다. 6장에서 우리는 '삶의 주체(subject of a life)'인 모든 존재는 도덕적 지위를 부여해주는 내재적 가치를 갖고 있다는 레건의 주장을 살펴본 바 있다. 그에 있어서 삶의 주체가 된다는 것은 단순히 살아 있다거나 또는 단순히 의식한다는 것을 넘어서 매우 복잡한 일련의 성질들을 갖고 있다는 것이다. 그래서 레건은 도덕적 지위를 '정신적으로 정상인 1살 이상의 포유류'에게만 부여한다. 테일러의 '목적론적 삶의 주체'는 레건의 '삶의 주체'보다 더 포괄적이다.

> 생명체가 목적론적 삶의 중심이라는 것은 그것의 외적 활동뿐만 아니라 내적 작용이 목표지향적이라는 것, 그리고 그것이 자신의 생존을 유지하고, 자신의 종을 재생산하고, 변화하는 환경에 적응하게 하는 생명활동을 성공적으로 수행하게 해주는 항상적인 경향성을 갖고 있다는 것이다. 생명체가 목적론적 활동의 중심이 되게끔 하는 것은 자신의 선을 실현하도록 방향지워진 유기체의 작용이 갖는 일관성과 통일성이다.[16]

레건과 마찬가지로, 하지만 아리스토텔레스와 슈바이처와는 달리, 테일러는 어떤 존재가 고유의 선을 갖는다는 기술적 주장에서 그것에 대한 윤리적 의무가 인간에게 있다는 규범적 주장에로 나가는 데 매우 조심스럽다.[17] 테일러에 따르면, 생명체가 자기의 선을 갖는다는 것은 생

16) 같은 책, 121~122쪽.

17) 자연주의적 오류에 대한 레건의 견해를 보기 위해서는, 레건의 *The Case for Animal Right* (1983), 247~248쪽을 참고할 것.

물학적 사실이긴 하다. 그러나 이러한 사실만으로 우리가 생명체에 대해 특정한 자세를 취해야 한다고 볼 수 없다는 의미에서 그것은 윤리적 선은 아니다. 어떤 존재가 고유의 선을 갖는다는 사실이 그 자체로 그 존재에게 도덕적 지위를 부여하지는 않는다.

모든 생명체는 도덕적 지위를 가지며, 따라서 우리는 그들에 대한 의무를 갖는다는 규범적 주장을 테일러는 내재적 가치 개념을 통해 설명한다. 그에 따르면, 내재적 가치는 다음 두 가지 규범적 판단을 이끌어낸다. 내재적 가치를 가진 존재는 도덕적 고려를 응당 받아야 한다는 것, 따라서 모든 도덕적 행위자는 이들의 선을 존중할 의무가 있다는 것이다.[18)]

그렇다면 어떤 존재가 고유의 선을 가졌다는 것과 내재적 가치를 지닌다는 것은 어떤 연관이 있는가? 자기 고유의 선을 갖는다는 것은 생명체가 인간의 의무의 대상이 되는 것을 가능하게 한다. 즉 어떤 존재가 자기 고유의 선을 가지고 있을 경우에만, 그 존재의 선을 증진하거나 유지시킬 의무를 우리는 가질 수 있는 것이다. 하지만 자기 고유의 선을 가진다는 것은 내재적 가치를 가지는 것의 필요조건일 뿐, 충분조건은 아니다. 생명체가 내재적 가치를 가진다는 규범적 주장은 테일러가 '생명중심적 관점'(biocentric outlook)이라고 부른 것에 의해 설명되고 정당화된다.

생명중심적 관점은 다른 생명체와 우리의 관계를 개념화해주는 신념체계이다. 그것은 자연계에 대한, 그리고 자연계와 우리의 관계에 대한 근본적인 세계관을 제공해 주는 신념체계이다. 일단 이러한 세계관을 채택하게 되면, 우리는 모든 생명체를 내재적 가치를 가진 존재로 보는 것만이 유일하게 적절한 방식이라는 것을 알게 된다. 그리고 그러한 이

---

18) 테일러, 앞의 책, 75쪽.

해방식만이 생명중심적 관점과 일치한다.

생명중심적 관점은 다음 네 가지 핵심 신념으로 구성되어 있다. 첫째, 인간은 다른 생명체와 똑같은 이유에서 지구공동체의 구성원이다. 둘째, 인간을 포함해 모든 종은 상호의존 체계의 일부이다. 셋째, 모든 생명체는 자기 고유의 방식으로 자기 고유의 선을 추구한다.(목적론적 삶의 중심이라는 신념) 넷째, 인간이 다른 생명체보다 내재적으로 더 우월한 것은 아니다.[19)]

더 나아가서 테일러는 생명중심적 관점이야말로 합리적이면서 사실에 대해 정통한 사람이라면 반드시 채택해야 할 자연관이라고 주장한다. 그것은 합리적인 과학적 근거에 확고하게 기초한 관점이기 때문이다. 이 관점을 거부하는 것은 과학으로서 생태학에서 배운 것의 상당 부분을 포기하거나 수정해야 한다는 것을 의미한다. 일단 생명중심적 관점을 채택하게 되면, 모든 생명체의 내재적 가치를 인정하는 것이 그러한 관점과 일관된 생명에 대한 유일한 관점이라는 것을 알게 된다.

생명체를 내재적 가치를 가진 존재로 간주하는 것은 '자연존중(respect for nature)'의 태도를 채택하는 것이다. 그것은 일정한 기본적 동기와 성향을 확립하는 자연에 대한 기본 태도를 채택하는 것이다. 이러한 태도를 채택하는 것은 단지 그것이 자기 고유의 선을 가진다는 이유에서 다른 생명체의 선을 증진하고 보호하는 성향을 갖는다는 것을 의미한다. 이것은 다른 존재의 선을 자기의 행위 근거로 받아들이는 것이다.

테일러의 생명중심윤리는 슈바이처의 생명경외윤리가 놓치고 있는 많은 철학적 문제들을 다루고 있다. 모든 생명체에 내재적 가치를 부여하는 것을 합리적인 것으로 만드는 생명중심적 관점에 대한 그의 설명은 슈바이처가 놓치고 있는 신념에 대한 이성적 근거를 제공한다. 뿐만

19) 같은 책, 특히 3장에 생명중심적 관점이 잘 나타나 있다.

아니라 내재적 가치, 고유의 선에 대한 테일러의 설명은 철학적 논변에 많은 것을 공헌했다. 이제 남은 것은 규범윤리의 문제, 그리고 실천적인 문제에 대한 테일러의 논의를 살펴보는 것이다.

7.6 실천적 함의

테일러의 규범윤리는 다음 두 가지 기본 문제에 초점을 맞춰져 있다. 첫째, 자연존중의 태도에서 나오는 일반 규칙과 의무들. 둘째, 인간과 다른 생명체들의 윤리적 권리주장이 상충할 경우, 이것을 해소해주는 우선성의 규칙들이 그것이다. 여기서는 최근의 윤리적 사색이 환경문제에 어떻게 적용되는가를 보여주는 한 가지 예로서 테일러의 논의가 갖는 규범적 함의를 간단히 검토하겠다.

테일러는 자연존중의 태도에서 다음 네 가지 일반 의무가 나온다고 본다. 불침해(nonmaleficence), 불간섭(noninterference), 성실(fidelity), 보상적 정의(restitutive justice)가 그것이다.[20] 이름에서 보이듯이, 불침해의 의무는 다른 생명체에게 해를 가해서는 안 된다는 규정이다. 테일러는 이것을 소극적(negative) 의무로 이해한다. 즉 고유의 선을 가진 생명체에게 해를 끼쳐서는 안 되지만, 그렇다고 해서 우리가 야기하지도 않은 해를 방지할 적극적인 의무는 없다. 그래서 생명체가 자기의 선을 달성하는 것을 도와줄 의무도, 또한 그들의 고통을 덜어줄 의무도 없다. 또한 이러한 의무는 다른 의무와 마찬가지로 오직 도덕 행위자인 인간들에게만 적용되는 의무이다. 예를 들어 하이에나 같은 약탈동물에게 그들의 먹이동물에게 해를 가해서는 안 된다고 요구할 수는 없다.

불간섭의 규칙 또한 소극적 의무이다. 우리는 개별 유기체의 자유를

---

20) 테일러, 같은 책, 4장.

간섭해서도 안 되고, 또한 생태계나 생명공동체에 간섭해서도 안 된다. 개별 유기체에 대한 인간의 간섭 양상은 다양하며, 따라서 불간섭의 규칙에서 나오는 의무들 또한 다양하다. 우리는 유기체가 자기의 선을 추구하는 것을 방해해서도 안 되며, 또한 그들이 자신의 목표를 달성하는데 필요한 필수품을 얻는 것을 방해해서도 안 된다. 우리는 덫을 놓아서도 안 되고, 그들을 포획해서도 안 된다. 또한 그들이 건강과 영양을 추구하는 것을 방해해서도 안 된다. 또한 자연 생태계를 조작하거나 통제하려 해서도 안 되고, 변경하거나 관리하려고 해서도 안 된다. 그리고 그들의 정상적 활동에 개입해서도 안 된다고 규정한다.[21] 이것들은 일종의 소극적 의무이다. 따라서 우리가 먼저 해를 가한 경우를 제외하고는 그들이 자신들의 텔로스를 실현하는 것을 도울 적극적 의무는 없다.

테일러는 '성실의 규칙'을 야생 동물에게만 적용한다. 자연존중의 태도는 야생동물을 속이거나 기만해서는 안 된다고 규정한다. 사냥, 낚시, 덫은 대개 야생동물을 속이고 기만하는 것과 관련된다. 이것은 속이는 자가 속는 자보다 우월하다는 것을 가정한다. 그것이 동물이든 인간이든 간에, 속는 자는 속이는 자보다 열등한 가치를 가진 것으로 가정된다. 사냥, 낚시, 덫은 불침해의 의무와 불간섭의 의무를 어기는 것이기도 하지만 동시에 불성실의 의무를 어기는 것이기도 하다.

보상적 정의의 의무는 인간이 다른 생명체에 해를 끼쳤을 경우, 마땅히 피해를 보상해야 한다고 규정한다. 도덕행위자는 자기의 행위로 인해 해를 입은 도덕적 대상이 있다면, 그 대상에게 무엇인가 보상을 해주어야 한다. 앞의 세 가지 의무가 인간과 다른 생명체간의 기본적인 도덕적 관계를 규정하는 것이라면, 보상적 정의의 규칙은 이들 세 가지 규칙들을 위반했을 경우, 이를 교정해 인간과 다른 생명체간의 도덕적 균형

---

21) 같은 책, 175쪽.

이 회복되어야 한다고 요구하는 것이다. 그래서 만일 인간이 동물의 서식지를 파괴했다면, 그것을 복원시켜야 한다. 그리고 야생동물이나 식물을 포획했다면, 그것을 원래 있던 자리에 되돌려 놓아야 한다.

마지막으로 테일러는 이들 네 가지 규칙들간의 우선성의 문제를 논의한다. 그는 불침해의 의무가 가장 근본적인 의무라고 본다. 또한 주의깊게 대처한다면, 나머지 세 가지 규칙들의 충돌을 최소화할 수 있다고 믿는다. 하지만 그래도 이들 규칙들간의 충돌이 일어났을 경우, 불간섭의 의무보다는 성실의 의무가, 그리고 성실의 의무보다는 보상적 정의의 의무가 우선한다고 주장한다.

아마 생명중심윤리가 넘어야 할 가장 큰 벽은 인간의 이익과 다른 존재의 이익이 충돌할 때 이를 해결해 줄 원리를 제시하는 것이다. 이것은 환경철학에 대한 중요한 평가 기준인 동시에 환경철학을 발전시키려는 근본 배경이 된다. 인간의 이익과 다른 존재의 이익이 충돌할 경우, 어떻게 해야 하는가?

생명중심윤리가 자기의 일관성을 지키기 위해서는 인간의 이익에 특권을 부여해서는 안 된다. 따라서 충돌을 해결하는 원리 또한 생명체의 내재적 가치를 존중해야만 한다.

여기서 우리는 인간중심적인 틀 안에서는 이러한 도덕적 갈등과 딜레마가 발생하지도 않는다는 사실을 알 수 있다. 즉 갈등은 생명체의 내재적 가치를 인정하기 때문에 발생하는 것이다. 테일러는 몇 가지 갈등 사례를 든다. 요트선착장을 건설하기 위해 습지를 매울 것인가? 쇼핑단지를 건설하기 위해 야생화가 피어있는 곳을 불도저로 밀을 것인가? 밀이나 옥수수를 심기 위해 야생 초지를 갱기로 갈 것인가? 광물을 채굴하기 위해 산허리를 파헤칠 것인가? 이러한 문제들은 모두 다른 생명체에 심대한 해를 끼칠 것이라는 것을 인정할 때에만 발생하는 도덕적 문제인 것이다. 인간에 특혜를 부여하지 않고, 어떻게 갈등을 해소할 것인가?

자유주의 정치철학의 오랜 전통을 따라, 테일러는 공평한 해결책을 위해 몇 가지 형식적, 절차적 규칙을 제시한다. 이것들은 각각 1) 자기방어 2) 비례 3) 최소악 4) 분배적 정의 5) 보상적 정의의 규칙이다.

'자기방어'는 다른 생명체가 인간의 건강과 생명을 위협할 때 인간의 이익에 우선권을 주는 원리이다. 가령 회색곰이 인간을 공격하려고 할 때 인간은 자신의 생명보호를 위해 회색곰을 죽일 수 있다. 또한 자신에게 해를 끼치는 곤충이나 미생물을 박멸시킬 수 있다. 하지만 이것은 인간 사회에서 존재하는 정당방위와 마찬가지로 불가피한 상태에서만 취해지는 마지막 선택으로 남용되어서는 안 된다.

나머지 원리를 설명하기 위해서는 먼저 기본적(basic) 이익과 부수적(nonbasic) 이익을 구분해야 한다. 비례의 원리와 최소악의 원리는 인간의 부수적 이익과 다른 존재의 기본적 이익이 충돌할 때 적용되는 원리이다. 비례의 원리에 따르면, 인간은 다른 존재의 기본적 이익을 희생하면서까지 자신의 사소한 이익을 추구해서는 안 된다. 예를 들어 유행하는 신발과 핸드백을 만들기 위해 악어를 죽여서는 안 된다.

인간이 자신의 부수적 이익을 추구하다보면, 다른 존재의 기본적 이익을 침해하지는 않지만 다른 존재에게 상당한 불리한 경우가 있다. 하지만 이 경우는 인간의 부수적 이익과 다른 존재의 기본적 이익이 양립 가능한 경우로 볼 수 있다. 이때 최소악의 원리가 적용된다. 최소악의 원리는 인간이 자기의 이익을 추구하는 데 몇 가지 제한조건을 부여한다. 하지만 인간의 자기 이익 추구를 원천적으로 금지하지는 않는다. 수력발전소를 위한 댐을 건설하는 것이 그 경우에 해당된다. 댐 건설은 강에 서식하는 생명체들에게 좋지 않은 결과를 주지만, 최소악의 원리는 이를 허용한다.

분배적 정의는 인간과 다른 존재의 기본적 이익이 충돌할 경우 적용되는 원리이다. 일반적으로 정의의 원리에 따르면, 이득과 부담은 관련 당사자들간에 공평하게 분배되어야 한다. 그리고 이러한 원칙은 인간간의 관계뿐만 아니라, 인간과 다른 생명체들의 관계에도 적용되어야 한다.

보상적 정의는 최소악이나 분배적 정의에 의해 설정된 조건이 이행되지 않았을 때 적용된다. 이들 원리가 부과한 조건이 만족되지 못했을 경우, 이를 고치기 위한 교정이 있어야 한다고 규정한다.

7.7 요약 및 결론

테일러의 논의는 정교하기는 하지만, 중대한 반론에 직면한다. 여기서는 그것이 갖는 몇 가지 함의에 대해 이야기할 것이다.

우선 지적되어야 할 반론은 테일러는 자연계에 대한 인간의 '불간섭'을 강조하는데, 이러한 테일러의 입장은 인간과 자연의 관계에 대한 잘못된 관점에 기초한다는 비판이다. 즉 우리가 자연에 '간섭해서는' 안 된다고 말하는 것은 인간을 자연 밖에 존재하는 것으로 보는 것이다. 이것은 인간을 자연과 분리하는 것이다. 또한 자연에서 발생한 것이라고 다 좋을 수가 있을까? 자연적으로 발생한 환경파괴도 그것이 자연적으로 발생했다는 이유만으로 허용되어야 하는가? 그리고 자연적으로 발생했기 때문에 좋은 것이라고 말할 수 있는가? 인간은 또한 다른 존재와 마찬가지로 자연과정의 일부이다. 그렇다면 환경변화가 인간에 의해 초래되었다고, 그것에 특별히 윤리적 의미를 부여할 필요는 없다.

그 다음으로 지적되어야 할 반론은 테일러는 유독 개별 생명체에 대해서만 관심을 보인다는 것이다. 테일러는 개체만이 내재적 가치를 가지고 있기 때문에, 생태계나 무생물, 종 등에 대해서는 직접적(direct) 의무가 없다고 주장한다. 이와 관련해 비판자들은 테일러의 생명중심주의는 '탈인간중심적'이긴 하지만, '개체주의적'이라고 비판하면서 몇 가지 문제점을 제기한다.

첫째, 테일러는 개체들간의 관계를 대립적(adversarial) 것으로 가정한다. 각자 고유의 목적을 추구하는 개체에 초점을 맞추다보니, 테일러는 갈등과 경쟁을 자연상태라고 가정한다. 그리고 생명중심윤리의 과제는 이런 갈등을 공정하게 해소해주는 절차를 발견하는 것이라고 본다. 하지만 전체주의적 철학에 초점을 맞추고 있는 철학자들은 개체들간의 대립갈등보다는 협력과 상호의존에 주목한다.

둘째, 개체에 대한 강조는 테일러를 딜레마에 빠지게 한다. 다음의 예를 살펴보자. 가령 내가 앞마당 일부를 파서, 잔디를 뒤엎고, 거기에 콘크리트 블록으로 된 테라스를 만들 계획이라고 가정하자. 그것은 잔디와 잔디에 살고 있는 무수한 미생물들을 파괴하는 것이다. 과연 이것은 중요한 도덕적 문제를 초래하는가?

앞에서 보았듯이, 테일러는 자신의 생명평등주의를 포기하지 않고서는 인간의 이익에 우선성을 부여할 수 없다. 그래서 이러한 갈등을 해소하기 위해 그는 기본적 이익과 부수적 이익을 구분하고, 비례의 원리, 최소 악, 보상적 정의의 원리에 의존했다. 그래서 그의 입장에서 본다면, 테라스를 건설해서는 안 될 것이다. 테라스 건설은 도덕적으로 정당화되기 어렵다.

하지만 테라스 건설을 허용하지 않는다면, 그것은 우리에게 너무 많은 것을 요구한다는 비판에 직면할 것이다. 그리고 그 정도까지 요구하는 것은 우리의 직관에도 맞지 않는다. (테일러는 어떤 것이 직관에 어긋난다고 해서, 그것을 거부할 하등의 이유가 없다고 주장한다) 그뿐만 아니라 테일러의 기준은 보통 사람의 능력을 벗어나는 것이다.(과연 잔디에 사는 수많은 생명체를 살상할까 두려워 잔디밭을 걸어서도 안 되는가? 야채를 먹는 데 무슨 윤리적 정당화가 필요한가?) 만일 모든 생명체를 도덕적 고려를 받을 만한 가치가 있는 존재로 본다면, 우리의 행위 대부분은 정당화될 수 없을 것이다.

반면 테라스 건설을 허용한다면, 테일러는 왜 인간의 부수적 이익이 잔디나 미생물의 기본적 이익보다 우선적일 수 있는가를 설명해야만 한다. 명확히 테라스를 위해서 인간을 대량살상 할 수는 없을 것이다. 테일러가 탈인간중심주의를 계속 견지할 수 있으려면, 그러한 일이 인간의 경우에는 허용되지 않지만, 식물의 경우에는 허용될 수 있는 이유를 제시해야만 한다. 테일러는 이 문제를 보상적 정의의 원리로 해결하려는 것으로 보인다. 즉 우리와 생명체들간의 정의의 균형을 회복한다면, 테라스를 건설해도 되지 않겠느냐는 것이다.

그래서 앞마당 다른 어딘가에 잔디를 심을 수 있을 것이다. 하지만 어디까지나 그것은 파괴한 유기체 당사자에 대한 보상은 아니다. 그것은 그 유기체와 같은 종에 속한 다른 유기체에 대한 보상인 것이다. 이러한 해결책은 우리의 의무가 유기체의 종에 대한 의무라는 것을 함축하는 것으로 보인다. 하지만 이것은 테일러의 기반인 개체주의의 포기를 의미한다.

물론 이에 대해 생명중심주의 입장에서 다시 나름대로 대응할 수 있을 것이다. 그리고 이러한 논의는 앞으로도 계속될 수 있을 것이다. 나의 의도는 테일러의 논의가 쉽게 반박된다는 것을 보이려는 것이 아니었다. 오히려 나는 생명중심주의가 부딪치는 난관이 얼마나 극복하기 힘든 것인가를 보여주기 위해 테일러를 생명중심윤리의 대표자로 선정해 논의한 것이었다. 그래서 많은 철학자들은 전체주의적 접근을 매력적인 대안으로 본다. 이제부터는 생태계나 생태학적 전체에 더 강조점을 두는 여러 이론들을 소개하겠다.

생각해 봅시다

1. value라는 단어는 '가치를 평가하다'라는 동사로도, 그리고 '가치'란 명사로도 사용된다. 어떤 것들은 가치를 갖고 있다고 주장되며, 또한 우리 인간들은 수많은 것들에 대해 가치를 평가한다. 그런데 만일 가치를 평가하는 인간이 더 이상 존재하지 않는다면, 그 때에도 가치를 가진 것들이 존재한다고 말할 수 있는가?

2. 가치 있다고 생각되는 것들의 목록을 작성해보아라. 그리고 도구적인 가치를 지닌 것과 목적적 가치를 지닌 것을 구분해 보라. 목적적 가치를 지닌 것에는 어떤 것들이 있는가?

3. 아리스토텔레스와 마찬가지로, 테일러는 각각의 종은 그 종 특유의 활동을 하고, 그것에 의해 특유의 본질을 가진다고 주장했다. 이 방법 말고, 종들을 구분할 방법이 있는가?

4. 이익의 갈등을 중재하기 위해 테일러는 인간의 이익을 기본적 이익과 부수적 이익으로 구분했다. 이러한 구분은 유용한가? 기본적 이익에 해당되는 것은 무엇이고, 부수적 이익에 해당되는 것은 무엇인가? 어떻게 이것을 다른 생명체의 기본적 이익과 부수적 이익과 비교할 것인가?

5. 테일러의 입장에서 야생지나 강, 생태계에 이익이나 선을 부여하는 것이 의미 있을 수 있는가? 그런 것들도 목적론적 삶의 중심이라고 할 수 있는가?

8장. 생태학과 윤리학

사례 8 : 옐로스톤 화재와 올림픽 공원의 염소들

광역 옐로스톤 지역은 약 5백만 헥타르(천이백 에이커)에 달하는 지역으로, 옐로스톤 국립공원과 글랜드 테톤 국립공원과 그 주변의 공유림으로 되어 있다. 여기에는 2개의 국립공원 이외에도 아이더호 주, 와이오밍 주, 몬태나 주에 있는 2개의 국립 야생생물보호지역과 6개의 국유림이 포함된다. 1988년 여름은 옐로스톤에서 기후를 측정한 이래 가장 건조한 여름이었다. 6, 7, 8월 동안 비 한 방울 내리지 않았다.

옐로스톤에서는 매년 수십 차례의 화재가 발생한다. 대개는 번개로 인한 것으로 보통 일 이 에이커 정도 태우다가 자연적으로 꺼진다. 하지만 1988년 여름은 달랐다. 오뉴월에도 작은 화재가 수십 차례 발생했는데, 그래도 대개는 조금 타다가 꺼졌다. 그러나 7월 중순경 심한 바람과 계속된 가뭄으로 말미암아 엄청난 화재가 발생했다. 7월 하순 국립공원 당국은 모든 화재를 '광폭한 불(wildfires)'로 규정했고, 그것을 진압하기 위해 심혈을 기울였다. 수백 대의 소방차와 비행기, 약 25,000명의 소방수, 그리고 국립경비대, 미 육군, 공군, 해군의 요원들, 그리고 1억 2천만 달러의 경비가 투입되었지만, 화재는 통제 불능이었고 8월을 거쳐 결국 9월까지 계속됐다. 거의 2달 동안 국민들은 옐로스톤 국립공원이 계속 불타고 있다는 뉴스 보도를 들어야 했다. 9월 눈 폭풍이 불고 나서야 화재는 가까스로 진압되었다. 그때까지 옐로스톤 국립공원 안의 거의 백만 에이커에 달하는 지역과 공원 밖의 오십만 에이커의 지역이 불에 탔다. 봄에 푸르고 무성한 숲으로 보였던 경관이 초가을에는 검은 지형으로 바뀌었다.

1872년 옐로스톤 국립공원이 생긴 후 백여 년 동안 화재 진압은 야생지 관리의 주요 목표였다. 유명한 스모키 곰은 화재진압 노력의 상징이다. 화재진압정책은 거의 보편적인 지지를 얻었다. 목재에 관심 있는 사람들은 자연자원을 지키기 위해, 레크리에이션 애호가들은 공원의 다용도 이용을 위해, 자연보전주의자들은 야생의 자연미를 보전하기 위해 화재 진압을 주장했다.

산림청이 화재를 산림 관리의 한 가지 수단으로 보기 시작한 것은 1940년대 초반부터였다. 50년대와 60년대 국립공원 당국은 화재를 때때로 방임하면서 그 추이를 면밀히 관찰했다. 그 결과 화재가 지극히 자연적인 현상이면서 동시에 생태계에도 유익한 결과를 낳는다는 점을 알게 되었다. 즉 화재는 생명의 다양성을 보전하는 데에도, 그리고 자연적인 식물천이에도 도움이 된다. 가령 자이언트 세코이아 나무와 잭 소나무의 경우, 불의 뜨거운 열을 쏘인 다음에야 발아하기 시작한다. 그리고 키트랜드 워불러 같은 새들은 이런 나무에 서식한다.[1] 또한 화재는 숲에 잔존하는 쓰레기를 분해하는 데에도, 그리고 토양의 순환에도 도움이 된다. 또한 화재는 잡초를 없애 덩치 큰 종이 살기 유리한 조건을 조성해 주며, 또한 화재 후에 발아하는 음식 원에 접근하기 위해서도 필요하다.

1970년대 초반 옐로스톤을 포함해 많은 공원들이 인명과 재산에 위협에 되지 않는 한도 내에서 자연발생의 화재를 방임하는 정책을 채택했다. 그래서 1972년부터 1988년 사이에 옐로스톤 공원에서는 수백 건의 화재가 '허가'되었다. (만일 허가 받지 못한 화재는 '광폭한 불'로 규정되어 진압된다) '허가된 화재'들은 보통 조그만 지역을 태운 후 자연적으로 꺼졌다. 대부분의 전문가들은 화재 방임 정책을 성공적인 정책으로 판정했다. 그러다가 1988년 여름이 온 것이다.

여론의 압력에 직면하여, 부시 행정부는 화재 방임 정책의 전면 유보를 선언하면서 주 정부에 모든 화재를 적극적으로 진화하도록 명령했다. 관계당국이 더 나은 화재 관리 정책을 개발하기 전까지 화재 방임 정책은 계속 유보되었다.

1995년 미국 국립공원관리국은 워싱턴 주에 있는 국립 올림픽 공원에 사는 산(山)염소 삼 백 마리를 사살할 계획이라고 발표했다. 염소 떼는 1920년대 사냥감 확보를 위해 공원관리인들에 의해 공원 안으로 들어오게 되었다. 1983년경 염소의 수는 천 이백 마리까지 육박했는데, 이는 부분적으로 염소들이 공원을 벗어나지 않고, 공원 안에서 살도록 보호했기 때문이다. 1980년대 공원관리 당국은 염소의 수가 너무 많아 이 지역의 토양을 침식시키고, 수많은 토착생물을 파괴해, 그 중 몇몇 종은 멸종지경에 이르렀다고 판단했다. 최근 공원관리당국은 염소를 포획해 불임수술을 함으로써 염소의 개체수를 조절해왔다. 하지만 이 방법은 비용이 많이 들어, 원래 의도했던 만큼 제대로 이루어지지 못했고, 마침내 공원관리당국은 헬리콥터에서 염소를 사살하는 계획을 발표하게 된 것이다.

시에라 클럽, 오도번 협회 등 주요 환경단체들은 이 계획을 지지했다. 그 이유는 다음과 같은 생태학에 기초한 야생관리철학에 기반한다. 현재 올림픽 공원의 생태계는 비교적 안정되고, 균형 있는 상태이다. 생태계에 외래의 비토착종을 들여오는 것, 특히 생태

1) 커트랜드의 워블러 새가 잭 소나무에 의존하는 것에 대해서는 Daniel Botkin, *Discordant Harmonies*, 68~71쪽 참고.

계 먹이 사슬의 최정점에 위치한 커다란 짐승을 들여오는 것은 생태계의 안정과 균형을 위협한다. 생태계를 위해서는 이들 염소들은 없어져 줘야 하는 것이다.

동물복지단체인 동물기금은 몇 가지 이유에서 이 계획에 반대했다. 우선 염소들이 올림픽 공원에 예전부터 살았던 토착종임을 보여주는 증거가 있다고 주장한다. 인근 캐스케이드 지구에 염소들이 원래부터 살고 있었으며, 1920년대 올림픽 공원에 염소가 살고 있지 않았다는 증거는 없다. 더욱이 염소의 개체수는 이미 상당히 줄어들어, 생태계에 크게 위협이 되지도 않는다는 것이다. 그냥 내버려두면, 생태계는 염소를 자기 내에 포함시켜, 새로운 평형상태에 도달할 것이다. 끝으로, 동물복지단체들은 우리 인간은 식물과 땅보다는 염소들에게 더 큰 도덕적 책임을 갖고 있다고 주장한다. 식물을 보호하기 위해 헬리콥터에서 염소를 쏘는 것은 말이 안 된다는 것이다.

8.1 서론

앞장에서 설명한 바와 같이 생명중심윤리는 두 가지 측면에서 최근의 윤리적 사색으로부터의 이탈을 의미한다. 우선 생명중심윤리는 생명체의 특정 성질이 아니라 생명 그 자체를 도덕적 지위의 기준으로 설정함으로써 전통이론에 내재한 도덕적 위계를 거부한다. 그것은 싱어나 레건의 동물복지윤리도 미처 하지 못한 것이고, 그러한 의미에서 생명중심주의는 탈(脫)인간중심적인 이론이라고 할 수 있다. 생명중심주의에서 도덕적 고려의 기준은 몇몇 동물만이 공유하는 인간적 속성이 아닌 것이다. 그래서 생명중심주의는 윤리적 사고에서 일대 전환을 이루고 있다.

하지만 생명중심윤리가 전통과 충분히 단절하지 못하고 있다고 보는 시각도 있다. 생태중심적(ecocentric) 윤리라고 불리는 접근에 따르면, 충분한 환경윤리라면 무생물이나 생태계, 관계, 과정에 대해서도 도덕적인 고려를 해야 한다. 생태윤리는 자연물들 간의 '관계', 무생물, 그리고 종과 생태계 등과 같은 생태적 '전체'에도 직접적인 도덕적 지위를 부여한다는 점에서 '전체주의적(holistic)'이다. 생태중심의 사상가들은 생명중심적 접근은 나무만 보고, 숲은 보지 못한다고 주장한다. 그들에 따르면, 생태계에 대한 배려는 생태계 안에 존재하는 나무나 동물에 대한 배려와 근본적으로 다른 것이다. 숲, 초지, 호수 등의 생태계, 그리고 야생 생태계는 그 자체로 가치 있으며, 도덕적 고려를 받을 자격이 있다. 그런데 생명중심윤리는 생태계의 가치를 설명하지 않으며, 설명할 수도 없다.

생태중심윤리는 생명체들의 다른 생명체 및 무생물적 환경과의 상호작용을 연구하는 학문인 생태학에 상당 부분 빚지고 있다. 생태계－삼림, 습지, 호수, 초지, 사막－는 다양한 생명체들이 살아 있는 또는 무생물적인 자연환경과 호혜적인 방식으로 상호 작용하는 지역이다. 생태계에서 중요한 것은 개별 유기체가 아니라 상호 의존성이다. 생태학자들은 이러한 체계적인 상호작용과 상호의존성을 탐구하고, 설명하려 한다. 전통적인 생물학자와 동물학자와 달리, 생태학자들은 개별 유기체가 아니라, 그것들의 상호의존성과 관계에 초점을 맞춘다.

생태윤리는 개별 유기체에 관심을 갖기보다는 상호의존성에 기반한 생태공동체에 관심을 갖는다. 그래서 '개체주의' 윤리라기보다는 '전체주의' 윤리이다. 앞으로 다룰 생태중심적 철학에서 생태학은 중요한 역할을 담당한다. 이들 철학은 자신들의 주장을 설명하고, 정당화하는 데 있어서 생태학의 도움을 많이 받는다. 불행하게도 철학이나 윤리학에서 생태학을 이용하려는 시도에는 많은 문제가 따른다. 우선 과학적 방법, 모델, 결론에서 생태학자들은 의견의 일치를 보지 못하고 있다. 생태학은 하나의 확립된 학문은 아닌 것이다. 둘째, 과학적 관찰에서 윤리적 결론을 이끌어낼 수 있을지, 그리고 어떤 윤리적 결론을 이끌어 낼 수 있을지는 불분명하다. 앞으로 보겠지만, 동일한 생태학적 사실로부터 서로 다른 규범적 결론을 이끌어 낼 수 있으며, 또한 서로 다른 생태학적 사실로부터 동일한 규범적 결론을 이끌어 낼 수 있다. 그래서 생태학과 윤리학이 어떤 관련을 맺는가 하는 문제는 아직 해결되지 않은 문제이다.

이번 장에서는 생태학의 주요 개념과 방법을 소개한다. 도덕적 문제에서 가치의 문제에로 철학적 윤리적 관심을 확대하면서, 이전의 윤리적 전통의 사유방식, 세계를 바라보고, 가치평가하는 방식을 살펴볼 필요가 있다. 야생(wilderness) 개념에 대한 다양한 관점을 이해하는 것은 좋은 출발점이다.

야생지는 자연생태계의 탁월한 예이고, 야생지 보전문제는 환경 관련 논쟁의 전면에 등장해 있다. 그런데 생명중심적 접근은 야생지에 대한 직접적 고려를 할 수 없다. 예를 들어 야생의 도덕적 지위 같은 문제에 대해 윤리적 확대주의는 야생의 가치를 쉽게 설명하지 못한다. 야생을 어떻게 바라볼 것인가, 그리고 그것을 어떻게 가치 평가할 것인가, 그리고 우리는 야생지와 어떠한 관련을 맺고, 야생지를 어떻게 관리할 것인가가 생태중심윤리의 핵심적인 관심사항이다.

8.2 야생의 가치

1964년의 야생보호법은 야생지를 "인간에 의해 속박 받지 않는 지역, 인간이 거주자가 아니라 단지 방문자인 지역"으로 정의한다. 야생지는 인간에 의해 손상되지 않은, 침범되지 않은 지역을 의미한다. 야생보호법에 따라 주 정부는 특정 공유지를 "미래에도 야생을 즐길 수 있게 하기 위해 손상되지 않은 한도에서만 사용하고 즐길 수 있도록"[2] 떼어놓

2) 미국 야생보호법(1964), 1131조(a).

을 수 있게 되었다. 일반적으로 이것은 하이킹, 캠핑, 모터 없는 보트, 제한된 형태의 사냥이나 낚시는 허용하지만 채광이나 벌목 같은 상업적 활동은 금지하고, 또한 영구 구조물이나 도로의 건설을 금지한다.

문자 그대로 이해할 경우, 이 지구상에 야생지는 없다. 지구 대부분에 인간이 거주하고 있으며, 인간의 영향이 미치지 않는 지역이 지구상에는 없기 때문이다. 기후 변화나 대기오염은 인간이 지구에 미치는 영향들 중 단지 한 가지 예일 뿐이다. 야생지를 보전하고 관리하기 위해서라도 사실 인간의 개입이 필요하며, 그런 의미에서 야생지 또한 인간의 산물인 것이다. 그래서 야생지를 따로 떼어 보전하려는 정책 결정조차도 일종의 야생지의 적극적 관리인 셈이다. 따라서 이러한 결정은 야생생태계를 어떻게 관리해야 하는가에 대한 윤리적 문제와 연관된다.

미국의 많은 지역들, 특히 알래스카의 상당 부분은 인간에 의해 상대적으로 침범되지 않은, 인간이 거주하지 않는 지역이다. 환경운동의 주요 부분은 이들 지역을 보호하고 보전하는 것과 관계된다. 야생지 보전 문제를 건드리지 않는 환경윤리는 아무리 잘 되더라도 불완전한 것이다. 그렇다면 야생에 대해 어떤 태도를 취해야 하는가? 능동적으로 야생지를 관리해야 하는가, 아니면 소극적으로 그것을 보호하고 보전하는 데 그쳐야 하는가? 이미 개발된 야생지를 다시 원상태로 복구시켜야 하는가? 만일 그렇다면, 원상태로 복구한다는 것은 정확히 무엇을 의미하는가? 1988년 옐로스톤의 화재는 화재 진압 정책에 관한 논쟁을 불러 일으켰는데, 이것은 그런 문제의 중요한 예이다.

많은 윤리적 전통에서 야생에 대한 책임은 다른 책임으로부터 도출된다. 예를 들어, 레건은 생태공동체를 구성하는 개체들의 권리를 존중하기만 한다면, 생태공동체는 보호될 수 있을 것이라고 주장한 바 있다.[3)]

3) Regan, *The Case for Animal Rights* (1983), 363쪽.

예를 들어 서식처에 대한 의무는 그곳에 사는 개별 동물(레건의 입장에서는 포유류)에 대한 책임에서 도출된다. 이런 입장에서 보자면 야생지 자체, 서식처 자체에 대한 직접적인 책임은 없다.

하지만 6장 말미에서 언급했듯이, 이러한 접근은 생태계에게 좋을 수도, 나쁠 수도 있는 요인들에 생태계의 위상을 의존하게 한다. 예를 들면, 흰꼬리 사슴의 권리를 존중하는 것은 흰꼬리 사슴의 수가 생태계의 수용 능력을 넘어선 곳에서는 생태계에 좋지 않은 결과를 초래할 수 있다. 사슴들이 지나치게 많을 경우, 식물들이 지나치게 뜯어 먹혀 황폐화될 것이다. 그리고 식물들과 상호작용하고, 식물들에 의존하는 많은 다른 생명체들도 마찬가지로 황폐화될 것이다.

8.3 야생의 이념

야생관리에 대한 정치적 결정은 야생을 어떻게 이해하는가에 상당 부분 달려 있다. 앞서 언급했듯이, 기술(記述 descriptive)윤리학의 중요한 역할은 우리의 세계관을 형성하는 모델과 메타포의 의미를 밝히는 것이다. 여기서는 최근 세대, 특히 미국인들의 야생에 대한 몇 가지 전통적인 관점들에 대해서 서술하겠다.

야생은 말 그대로 '거친(wild)', '길들여지지 않은(untamed)' 지역을 의미한다. 야생은 인간에게 위협적인 존재로, 거칠고, 잔혹하고, 위험한 것이었다. 이것은 고대의 일반적인 사고방식이었고, 유대-그리스도적 전통에도 해당된다. 그러한 사실은 성서를 보면 잘 알 수 있다.

구약과 신약 모두 야생을 헐벗고 황량한 장소로 본다. 고대 중동의 거주지 주변은 황량한 사막이었고, 살기 힘든 지역이었다. 야생에서 인간은 거주자가 아닌 단지 방문자였을 뿐이었고, 거주지를 떠나 야생에 오랫동안 머무른다는 것은 그야말로 끔찍한 일이었다. 이러한 실제적인 측면 이외에도 야생은 일정한 상징적 의미를 갖고 있다.

성서에 따르면, 아담과 이브는 에덴 정원에서 추방되어 '저주받은(accused)' 황야로 들어간다. 그곳은 "가시나무와 엉겅퀴가 무성하고, 먹을 것이라고는 들풀밖에 없는"[4] 곳이었다. 모세는 자신의 민족을 노예 상태에서 해방시켜 '약속된 땅'으로 들어가기 위해 40년간 황야를 방랑한다.[5] 또한 신약에서 예수는 황야에 들어가 40일 동안 단식하면서 악마의 유혹을 받는다. 이것이 상징하는 바는 명확하다. 야생은 위험한 장소이면서 동시에 악의 소굴이다. 야생은 에덴 및 약속된 땅과는 정반대의 의미를 지닌 것이다.

이러한 자연관과 다른 문화의 자연관을 비교하는 것은 흥미로운 일이다. 다른 문화와 비교했을 때, 유목 문화는 야생을 지나치게 적으로 간주한다. 오글라라 석스 족의 추장 루터 스탠딩 베어는 이점을 다음과 같이 묘사한다.

> 우리는 드넓은 대평원, 그리고 아름다운 구릉, 그리고 구비치는 강물을 보고, 그것을 사납다(wild)고 하지 않는다. 단지 백인들만이 자연을 '삭막한' 곳으로, 사나운 동물과 야만인들이 우굴거리는 장소로 본다. 우리에게 있어서 그곳은 친숙한(tame) 곳이다. 동쪽에서 털이 많이 난 백인들이 오기 전까지, 그래서 그들이 야만스런 광폭한 불의를 우리와 우리의 가족들에게 행하기 전까지, 자연은 사나운 곳이 아니었다.[6]

---

4) 창세기 3장 17~19절.

5) 마태복음 4장 1절.

6) Luther Standing Bear, *Land of the Spotted Eagle* (Boston : Houghton Mifflin, 1933). 여기서는 다음의 책에서 재인용. T C. MrLuhan(편), *Touch the Earth : A Self-Portrait of Indian Existence* (New York : Promontory Press, 1971), 45쪽.

'동쪽에서 온 털 많은 인간들', 즉 유럽 정착민들의 야생에 대한 관점은 상당 부분 성서적인 관점이다. 메이플라워호가 1620년 플리마우스에 도착했을 때, 그들은 브래포드(William Bradford)의 표현을 빌리자면[7), '음험하고 삭막한 황야'에 직면했다. 2년 후, 위글즈워즈(Michael Wigglesworth)는 그때의 느낌을 다음과 같이 묘사한다.

> 버려진 황량한 황야
> 그곳엔 아무도 살고 있지 않았다.
> 다만 지옥의 마귀들과 야만인들이
> 악마를 경배하고 있었다.[8)]

당시의 청교도들의 글과 기도문에서 그들이 차츰 자신의 경험을 성서와 비교하고 있음을 알 수 있다. 그들은 자신들이 이스라엘 민족처럼 박해를 피해 황야에 들어왔고, 그곳에서 신앙을 시험받고 있다고 믿었다. 그들의 눈에 비친 야생지는 '악마의 땅'이요, '악마의 덫에 걸려 사탄의 노예가 된 야만인들의 소굴'이었다.[9)]

청교도의 사고방식은 야생에 대한 두 가지 태도를 동시에 반영한다. 한편에서 야생은 피해야 할 두려움의 공간이었다. 그곳은 신에 의해 버림받은 땅이자 악마의 소굴이었다. 그들에 있어 도시와 거리가 번영의

---

7) William Bradford, *Of Plymouth Plantation*, 1620～1647(Boston : Wright and Potter, 1899), 62쪽. 여기서는 다음의 책에서 재인용. Roderick Nash, *Wilderness and the American Mind* (New Haven, CN : Yale University Press, 1967), 24쪽. 여기서 상당 부분은 야생의 이념에 대한 Nash의 탁월한 기록에 기반한 것이다.

8) *Proceedings of the Massachusetts Historical Society 83* (1871～1873). 여기서는 다음의 책에서 재인용했다. Sagoff, *Economy of the Earth*. 125쪽.

9) John White, *The Planter's Plea* (1630). 여기서는 Peter Carroll, *Puritanism and the Wilderness* (New York : Columbia University Press, 1969), 11쪽에서 재인용.

장소라면, '음험하고 황량한' 곳으로 표현되는 야생은 고통과 죽음의 장소였다.

다른 한편, 야생은 약속된 땅까지 못되지만, 압제로부터 피난처를 의미한다. 즉 그것은 약속된 땅이 잘하면 건설될 수도 있는 최소한 일시적인 안식처 정도는 되는 것이다. 청교도들은 뉴잉글랜드 야생지에서 자신들의 신앙이 시험받고 있다고 믿었다. 야생은 신이 재림해 이스라엘 백성과 약속을 맺은 장소였다. 그들은 자신들이 야생지에서 얼마나 잘 행동하느냐에 따라 새로운 '선택된 백성'이 될 수 있다고 믿었다. 야생은 그들에게 있어 극복해야 할 벽이었고, 지배해야 할 적이었으며, 정복되어야 할 위협이었다.

청교도적 모델은 야생에 대한 적대적이고 공격적인 태도를 부추겼다. 야생은 순치 되고, 정복되어야 할 땅이었다. 사람들은 야생을 복속시키고 정복하라는 소명을 받은 것이다. 삼림이 잘라지고, 습지가 매워지고, 땅이 경작되고, 정착촌이 건설될 때, 그 땅은 '발전되는(improved)' 것이다. 몇몇 토착민들이 그랬듯이 청교도들은 야생을 정복하고 통제하기 위해 그곳에 불을 질렀다.

유럽인들의 이러한 사명이 완수됨에 따라 야생에 대한 새로운 모델이 청교도 모델을 대치하게 된다. 이제 야생은 좋은 삶을 위해 자원을 공급해 주는 장소로 탈바꿈한다. 이미 정복된 자연은 자연 자원일 뿐이다. 인간의 지배가 이미 확인되었기 때문에, 야생은 더 이상 위협이 아니라, 기회의 땅이다. 이것은 2장에서 다룬 바 있는 로크의 관점을 연상시킨다. 로크의 모델에서는 무소유의 거대한 땅이 인간의 노동을 통해 생산적이고 가치 있는 재산으로 바뀐다. 야생은 신이 만인에게 준 것으로, 활발하고 야심 있는 사람들의 노동을 통해 사유재산으로 전화되기를 기다리는 공간이다.

로크의 모델에서 야생은 부동산으로, 그리고 소유되고 사용되는 상품으로 보여진다. 그것의 가치는 그것과 '결합된'(mixed) 인간 노동에 달려 있다. 야생은 더 이상 두려움의 대상이 아니며, 인간의 목적에 봉사하는 엄청난 잠재력을 상징한다. 야생은 그 자체로는 상대적으로 수동적인 존재일 따름이다. 그것은 그것의 소유자의 목적 이외에 다른 목적이 없는 '그저 저기에 존재하는 것'일 뿐이다. 누군가에 의해 소유되지도, 그리고 누군가에 의해 사용되지 않는다면, 그것은 버려진 잠재력일 따름이다.

초기의 환경보호운동은 야생에 대한 로크적인 모델을 갖고 있었다. 기포드 핀쇼(Gifford Pinchot)에 있어서, 야생은 일종의 자원으로 그것이 생산한 상품에 따라 가치가 결정되는 것으로 인식되었다. 로크의 모델은 환경보호운동의 반대자들에 의해서도 공유되었다. 개인의 부를 위하여 야생을 이용하고 개발하는 사람들은 야생의 가치는 인간의 용도에 달려 있다는 로크의 가정을 공유했다. 그들은 야생이 인간의 사용을 위해 통제되고, 관리되어야 한다는 것에 대해서는 환경보호주의자들과 견해가 같다. 다만 차이가 나는 것은 누가 수혜자인가 하는가 이다.

청교도적 모델과 달리, 로크의 모델은 화재진압정책을 지지하는 경향이 있다. 화재가 일정 목적을 위해 땅을 깨끗하게 해줄 수는 있어도, 어디까지나 그것은 자원과 잠재력의 상실을 의미한다. 초기 환경보호주의자들이 국유림과 국립공원 지역의 화재 진압 정책을 주도했다. 스모키 곰은 이런 환경보호운동의 산물이다.

야생에 대한 세 번째 모델은 낭만주의 모델인데, 오늘날 많은 환경운동가들에게 상당한 영향력을 발휘한다. 여기에서 야생은 순수와 순결의 상징이다. 야생은 손상되지 않고, 타락하지 않은 자연의 마지막 보루이다. 청교도 모델과 대조적으로 여기에서 야생은 파라다이스, 즉 에덴의 정원으로 인식된다. 야생은 문명의 타락으로부터 벗어나기 위해 우리가 의지해야 할 장소이다. 청교도들이 위험과 사탄의 유혹을 느꼈던 곳에서 낭만주의자들은 신성한 순수를 본 것이다. 청교도들이 도시를 인간의 번영의 본산으로 보았다면, 낭만주의자들은 도시를 버림받은 땅으로 본 것이다.

이러한 견해의 철학적 뿌리는 장자크 루소(Jean-Jacque Rousseau), 미국에서는 에머슨(Ralph Waldo Emerson)과 소로우(Henry David Thoreau)에서 찾을 수 있다. 로크와 마찬가지로 루소는 현재의 사회적 삶의 상태와 대조되는 '자연상태'에 대해 논의한다. 루소에 있어서 자연은 거짓이 없고, 믿을 만하고, 유덕한 공간을 상징한다. 반면 사회는 인위적인 욕망과 이기심, 불평등의 원천이다. 루소는 자연으로 돌아가자고 주장하지는 않았지만, 인간의 자연적, 본래적 선에 대한 이해에서 도출되는 원리가 교육과 정치를 이끌어야 한다고 믿었다. 그는 '자연과 조화로운 삶'을 바람직한 삶의 모델로서 추천하는데, 이러한 삶은 자급, 소박한 욕망, 문명과 기술로부터의 탈피, 평정 등으로 특징되는 삶이다. 이러한 입장에서 인간 본성의 본래적 선은 자연의 본래적 선과 분리될 수 없다. 루소는 종종 자연을 스위스 알프스의 손상되지 않은 야생과 동일시했다.

그러나 낭만주의적 야생관에 최초로 철학적 영향을 미친 것은 에머슨과 특히 소로우였다. 에머슨은 18, 19세기 유럽의 낭만주의 운동에 의해 영향받았다. 낭만주의는 자연에 대한 기본적 이해 방식으로 과학적 경험주의와 합리적 분석을 거부한다. 낭만주의적 관점에 따르면, 우리가 일상적으로 경험하는 세계는 과학에 의해 분석되고 관찰된 세계인데, 이것은 대부분 인간과 문화가 만들어 낸 창조물일 뿐이다. 우리는 문화가 가르친 대로 세계를 보고 경험한다. 이러한 세계는 더 깊은 실재, 즉 인간의 신념과 가치에 의해 규정 당하지 않는 실재를 왜곡할 뿐이다. 더 깊고, '초월적인(transcendent)' 실재를 이해할 때에만 우리는 참된 이해에 도달한다.

유럽의 낭만주의와 연관된 미국의 철학적 운동은 '뉴잉글랜드 초월주의'라고 부른다. 초월주의자들 중에서 가장 유명한 사람이 에머슨과 소로우이다. 이들은 과학적, 기술적 분석이 아니라, 직관과 상상력을 통해, 그리고 시와 문학을 통해 더 깊은 실재를 이해할 수 있다고 주장한다. 인간의 활동에 의해 오염되지 않은 야생이야말로 초월적 실재의 가장 믿을 만한 형태이다. 야생은 신의 피조물들 중에서 가장 순수한 것이다. 야생은 문명의 타락한 영향으로부터 최후의 피신처인 것이다. 그래서 야생은 최고의 진리와 영적 탁월함을 가장 깊게 접촉할 수 있는 곳이다.

그래서 소로우는 월든 호숫가의 한 오두막에서 칩거한다. 그에 따르면, 야생에서의 산책은 정신을 '고양시켜 주는(tonic)' 효과가 있다. 그래서 산책을 통해 "신경이 안정되고, 감정과 마음은 제자리를 찾는다". 야생은 마음을 안정시키고, 억견과 편견, 전통, 기만으로부터 벗어나 실재(reality)에 도달하게 해준다.10)

쿠퍼(James Fenimore Cooper)의 '가죽 양말 이야기'(Leatherstocking Tales)처럼 낭만주의적 관점이 잘 나타난 것은 없을 것이다. 『사슴 사냥꾼』, 『모히컨족의 최후』, 『탐험가』, 『개척자』, 『프레이리』 등 일련의 소설에서 쿠퍼는 내티 범포(Natty Bumpo)의 삶을 추적했다. 내티는 사슴 사냥꾼, 하우케웨, 가죽양말 등 다양한 이름으로 알려져 있는 낭만주의의 영웅이다. 그는 뉴욕주 북부의 토착민들 사이에서 자랐으며, 그들로부터 야생의 방식을 배웠다. 그는 소박한 사람이었고, 순수하면서도 현명했고, 존경할만하고, 강건했고, 덕 있는 사람이었다. 그는 전혀 가식이 없었고, 사회생활에서 오는 악덕과도 거리가 멀었다. 그는 야생에서 편안

10) Henry David Thoreau, *Walden* (New York : Library of America, 1985), 400쪽.

함을 느꼈고, 야생과 조화롭게 살았다.

내티의 삶이 소설에서 전개될 동안, 그는 문명의 발전에 따라 계속해서 서부로 밀려나게 된다. 그는 항상 문명과 야생의 경계선에서 살았다. 처음 유년기에는 뉴욕 주에서 살다가; 말년에는 대평원에서 살았다. 이러한 관점에 따르면, 사회의 요구와 기대로 말미암아 자연적 순수와 덕이 탐욕, 파괴, 악덕으로 바뀐다는 사실을 알 수 있다. 내티와 더불어 우리는 야생이 사라지는 것을 슬퍼하고, 또한 진실되고 온전한 소박한 삶이 사라지는 것을 슬퍼한다.

8.4 환경론과 낭만주의적 자연관

야생에 대한 여러 모델들은 현대 환경론에 중요한 영향을 미쳤다. 야생을 자연 자원의 막대한 보고로 보는 핀쇼의 환경보호주의는 명확히 20세기 환경정책에 상당한 영향을 미쳤다. 하지만 그러한 모델보다 낭만주의 모델이 현대 환경론에 더 광범위하고 강력한 영향을 미쳤다. 1장에서 언급한대로, 윤리학의 기술적 접근의 역할 중의 하나는 우리의 사유를 이끌고, 우리의 가치관을 형성하는 모델의 의미를 밝히고 규명하는 것이다. 여기서는 야생에 대한 낭만주의 모델의 의미를 규명할 것이다.

1800년대 중반 이미 낭만주의적 야생관과 거기에서 나오는 자연 파괴에 대한 반감은 야생지 보전을 요구하게 된다. 그래서 3장에서 다룬 바 있는 보호주의자와 보전주의자의 대립은 헤츠헤치 계곡 논쟁이 발생한 60년 전부터 있었다. 일찍이 1800년대의 처음 10년간 오도본(John James Audubon)은, 오도본 협회는 이 사람의 이름을 딴 것인데, 숲의 파괴를 슬퍼했다. 그는 "나무들이 도끼로 빠르게 사라지는" 것을 바라보면서 "탐욕스런 공장으로 말미암아 백년 안에 고상한 숲이 모두 없어질 것"이라고 말한 바 있다.[11] 1858년 에세이에서 소로우는 야생보호지역의 필요성을 주장했다. "곰과 표범, 그리고 사냥꾼들이 존재하고, 문명화되지 않은 야생보호지역이 있어야 한다. 그리고 그곳의 숲은 게으른 스포츠나 음식을 위해서가 아니라, 우리의 영감과 참된 레크레이션을 위해 존재해야만 한다."[12]

야생지가 신비한 계시까지는 아니더라도 영감의 근원이라는 초월주의자들의 확신은 가장 영향력 있는 보전주의자인 존 뮤어(John Muir)에 의해 공유되었다. 뮤어의 저작과 노력은 국립공원 및 주립 공원, 그리고 야생생물보호지역을 만드는 데 상당히 공헌했다. 옐로스톤 같은 최초의 공원은 보전주의적 이유에서만 생긴 것은 아니지만, 야생지에 대한 뮤어의 입장은 공원과 보호지역에 대한 현대적 이해에 기반이 된다. 상당한 정도에서 뮤어의 입장은 에머슨과 소로우에 의해 묘사된 야생에 대한 낭만주의 모델에 기반한다.

낭만주의 모델이 환경에 대한 가치평가에 미친 영향이 매우 크기 때문에, 자세히 고찰할 필요가 있다. 또한 낭만주의 모델이 실제 야생 지역에 대해 얼마나 정확하게 기술하고 있는지, 그리고 야생 지역의 가치는 정확히 어디에서 비롯된 것인지 분명하게 할 필요가 있다.

낭만주의 모델은 야생 지역을 정확하게 기술하고 있는가? 물론 많은 야생 지역은 아름답고, 경외감을 준다. 이것은 산업사회의 도시의 찌들

11) John James Audubon, *Delineations of American Scenery and Character*, Francis Hobart Herrick(편)(New York : Baker, 1926), 9~10쪽. 여기서는 Roderick Nash, *Wilderness and the American Mind* (New Haven, CN : Yale University Press, 1967), 97쪽에서 재인용.

12) Henry David Thoreau, *Maine Woods*, in *The Writings of Henry David Thoreau* (Boston : Houghton Mifflin, 1894~1895), vol. 3, 212~213쪽.

고, 오염된 모습과 국립공원의 웅장한 경관을 비교해보면 안다. 하지만 낭만주의 모델이 전혀 문제가 없는 것은 아니다.

첫째, 야생하면 으레 축복 받고 온화한 장소를 연상하는 경향이 있다. 가령 무성하고 푸른 숲, 잡목과 덩굴이 없는 탁 트인 평원, 장엄한 일몰, 풍부한 먹고 입을 것, 유순한 동물, 온화한 기후가 그것이다. 하지만 실제의 야생은 '사납고', 거친 공간이다. 사막, 북극의 툰드라, 열대우림은 월든 호수 가를 산책하면서 보았던 낭만적인 자연과는 거리가 멀다. 상대적으로 좀 낫다는 국립공원조차도 살기 힘든 장소이다. 낭만주의자들의 야생에 대한 높은 평가는 실제 자연과는 거리가 멀다.

둘째, 낭만주의 모델에서는 유럽인들이 처음 도착했을 때 바라본 북미의 이상적 모습을 '야생'과 동일시하는 경향이 있다. 그들이 보기에 '인간에 의해 속박되지 않았던' '처녀림(virgin forests)'도 사실 그 당시에 이미 토착 원주민들에 의해 속박되어 있던 땅이다. 처음 유럽인들이 북미에 도착했을 때, 이미 그곳에는 상당수의 사람이 살고 있었던 것이다. 이러한 사실을 무시하는 관점에는 인종주의까지는 아니더라도 심각한 문화적 편견이 도사리고 있다.[13]

셋째, 더 중요한 점은 낭만주의 모델은 '다윈 이전의(pre-Darwinian)' 사고를 조장하는 경향이 있다는 점이다. 낭만주의 모델에 따르면, 인간은 자연과 분리된, 그래서 자연으로부터 영감을 얻긴 하지만, 자연과는 전적으로 다른 존재이다. 인간의 영혼은 '초월적'이며, 비록 자연에서 초월적 실재를 가장 깊숙이 접촉할 수 있다지만, 여전히 자연은 저급한 물리적 실재일 뿐이다. 생태윤리는 인간은 자연의 일부이지, 결코 자연을 초월하고 자연과 다른 존재는 아니라는 다윈적 관점을 강조한다. 이

---

13) 쿠퍼의 가죽 양말 이야기는 낭만주의적 야생관이 북미 인디언에 대한 문화적인 편견 및 인종주의적 태도와 어떻게 관련되는가를 잘 보여주는 예이다.

러한 관점에서 보자면, 이원론(인간과 자연)의 용인은 도덕적 위계(자연 위의 인간)와 갈등(자연과 인간의 대립)을 조장할 따름이다.

끝으로 낭만주의 모델은 야생을 정태적이고 불변적인 공간으로 보는 경향이 있다. 우리가 단지 내버려두기만 하면 야생은 자연적이고 손상되지 않은 상태로 보전될 것이라는 가정이 그것이다. 이러한 가정은 마쉬(George Perkins Marsh)에 의해 표명되었다. 그는 오늘날 보호주의자와 보전주의자 모두에 영향을 미친 19세기의 환경론자인데, 『인간과 자연』이란 책에서 다음과 같이 말한다.

> 인간이 거주하지 않은 지역에서는 땅과 담수의 비율과 위치, 대기의 강우량, 증발량, 열 평균, 식물과 동물의 분포는 지질의 변화에 의해서만 변하는데, 이러한 변화는 아주 완만해서 지리적 조건은 항상적이고 불변의 것으로 간주될 수 있다.[14)]

하지만 이 가정에는 문제가 있다. 앞서 지적했듯이, 지구상에 인간에 의해 영향받지 않는 장소는 없다. 어떤 지역을 야생지로 보전하자는 결정에서 보이듯, 결국은 야생이라는 것도 인간의 행위에 의존할 수밖에 없다. 그러나 중요한 것은 옐로스톤 화재에 대한 논쟁에서 보이듯, 손상되지 않은 '항상적이고 불변적'인 야생이란 관점은 실제 자연과는 맞지 않는다는 것이다. 그렇다면 옐로스톤을 야생지로 보전하는 입장은 옐로스톤이 자연발생의 화재로 황폐화되도록 내버려둬야 한다는 것을 의미하는가? 옐로스톤 지역에는 1년에도 수십 번씩 번개로 인해 화재가 발생한다. 검게 타 나무 한 그루 없는 경관이 소로우나 뮤어가 바라본 낭

14) G.P. Marsh, *Man and Nature*, D. Lowenthal(편) (Cambridge, MA, Harvard University Press, [1864] 1967), 29~30쪽. 여기서는 Botkin의 앞의 책, 8쪽에서 재인용.

만주의적 야생은 아닐 것이다. 하지만 화재를 막아 야생을 보전하자는 것은 자연에 대한 인간의 간섭을 의미하는 것이다. 반면 자연을 그대로 놔두는 것은 요세미테와 옐로스톤의 낭만주의적 이미지가 시사하는 초월적 실재와의 합일을 고무하는 야생과는 거리가 멀 것이다.

예를 들어, 북 미네소타 수질 보호 지역을 보전하려 한다고 가정해 보자. 그것은 도대체 무엇을 보전한다는 것인가? 스노모빌과 카누도 자연상태에 포함되는가? 토착인디언도 자연상태에 포함되는가? 그래서 인디언들의 사냥, 낚시, 벼농사도 '손상되지 않은' 야생이라고 할 수 있는가? 인디언들은 전통적 방식으로만 이런 활동을 허가 받아야 하는가? 아니면 모터보트도 사용할 수 있는가? 유럽인들이 도착하기 직전의 상태가 이상적인 상태인가? 아니면 수천 년 전 이 지역의 특징이었던 툰드라 환경을 복원시켜야 하는가? 빙하기 때의 상태가 자연상태라고 할 수 있는가? 이런 문제들은 자연을 항상적이고 불변적인 것으로 보는 관점의 문제점을 보여준다.

현대 생태학자들은 자연을 손상되지 않고 변화하지 않는 것으로 보는 관점을 거부한다. 그들에 있어서 야생은 정적인 것이 아니라 동적인 것이다. 변화와 진화가 정상적인 것이고 오히려 동일성과 항상성이 예외이다. 생태학자 복킨(Daniel Botkin)은 『부조화 속의 조화』에서 이러한 주장을 하고 있다.

> 자연을 인간의 영향력으로부터 자유로운 것으로 보는 마쉬의 관점이 일반적으로 옹호되고 있다. 이 관점은 생태학 교재와 환경 관련 문헌에서도 지배적인 것이다. 아마 더 중요한 점은 이러한 자연관이 개체군과 생태계에 대한 20세기의 과학 이론의 토대라는 것이다. … 지난 몇 년 전까지만 해도 생태학에서 지배적인 이론들은 고도로 구조적이고 조직적이며, 규칙적이고 안정 상태의 생태계에 대한 엄밀한 개념을 가정해

> 왔다. 이제 과학자들은 그러한 견해가 지역적이고 국지적인 수준에서 잘못되어 있다는 것을 알게 되었다. 즉 독수리나 두루미이건, 아니면 농토이건 숲이건 간에 개체군과 생태계 수준에서 그런 견해는 잘못된 것이다. 이제 변화는 생명권에서 본질적이고 자연적인 것으로 보인다.… 최소한 몇몇 경우에 변화는 생명체의 지속에도 필수적이다. 왜냐하면 생명체들은 변화에 적응해 왔고, 변화에 의존하기 때문이다.[15)]

생태중심적 접근의 과제는 생태계를 강조하는 생태학적 인식과 부합되는 동시에, 항상성이 아니라 변화가 정상적인 것이라는 생태학적 인식에 부합된 정합적인 철학적 윤리를 발전시키는 것이다. 그래서 우리는 부분과 전체의 관계에 대한, 그리고 전체를 지배하는 변화의 역학에 대한 설명을 필요로 한다. 또한 생태학을 진지하게 고려하는 윤리학이라면, 이 문제에 대해 철학적으로 충분한 설명을 해야만 한다.

8.5 생태학에서 철학으로

생태중심의 철학을 주창하는 학자들은 생태학에 기초해 자신들의 주장을 설명하고, 정당화하기 때문에, 이들의 주장을 이해하기 위해서는 먼저 생태학적 연구를 주도하는 중요한 기본 모델을 알아야만 한다. 여러분이 알다시피, 철학자들이 생태학에 기초해 이끌어낸 결론도 다양하지만, 생태학의 모델도 다양하다.

개별 과학으로서 생태학의 역사는 백년이 약간 넘는다 생태학(ecology)이라는 용어는 독일의 생물학자 핵켈(Ernst Haeckel)이 1860년대에 처음 사용했다고 한다. 핵켈은 그리스어인 oikos(가계, 가정)와 logos(학문)을 합성해서 ecology란 말을 지어냈다. 경제학(economics)도 비슷한 그리스

15) Botkin, 앞의 책, 9쪽.

어원을 갖고 있다. 그것은 oikos와 nomos의 합성어로 '가정의 규범'을 의미한다.

생태학을 이끌었던 가장 초기의 모델들 중 하나는 유기체(organic) 모델이다. 이 모델에서 개별 종들과 환경의 관계는 개별 신체 기관과 신체의 관계와 같다. 유기체가 여러 단계를 거쳐 성숙한 상태로 성장하듯이, 생태계도 성장하고 발전하고 성숙해진다. 따라서 생태계에 대해서도 '건강한', '병든', '젊은', '성숙한'이라는 표현이 가능하고, 이것은 생태계의 정상적 발전 여부와 관련해 이루어진다. 그래서 이 모델은 유기체의 측면에서 부분과 전체의 관계를 설명한다. 그리고 발전 또는 성숙의 측면에서 변화의 성격을 설명한다.

유기체 모델은 환경철학과 관련해 매력적인 측면이 있다. 자연의 변화과정에 정상적이고 자연적인 과정이 있다면, 우리는 그것에 기초해 자연에 대한 정책을 수립할 수 있기 때문이다. 그래서 아리스토텔레스의 전통에서처럼, 생태계는 자연적인 텔로스를 갖고 있으며, 과학적 객관적 방법으로 생태계에 적절한 것이 무엇인지, 생태계에 좋은 것이 어떤 것인지를 결정할 수 있게 된다. 그리고 유기체 모델에 기초해, 생태학의 객관적 사실로부터 정책과 윤리적 지침을 이끌어 낼 수 있게 된다.

유기체 모델은 19세기 말 미국의 생태학자인 쿠울즈(Henry Cowles)와 클레멘트(Frederick Clements)의 선구적인 작업에서 발견된다. 이들 과학자들은 특정 지역에서의 식물의 천이(遷移 succession)과정에 대한 연구에 전념했다. 쿠울즈는 시카고대학을 벗어나 미시간 호 모래언덕의 식물천이를 연구했다. 그는 호숫가에서 멀어짐에 따라 일정하고 명확한 방식으로 식물들이 다른 식물들로 대체된다는 사실을 발견했다. 그래서 생태학자들은 호수에서의 거리에 따라 어떤 식물 천이가 있는 것이 자연적이고 정상적이라고 말할 수 있다.

네브라스카 대학에서 클레멘트는 서부평원의 프레이리와 초지에 대해 쿠울즈와 비슷한 연구 작업을 수행했다. 클레멘트는 특정 서식처에서 벌어지는 생물변화의 동적 과정에 관심을 갖고 있었다. 그는 시간의 흐름에 따라 일정 지역에 어떤 종이 들어오고, 점차 숫자가 많아져 지배종이 되고, 그러다 쇠락해 마침내 사라진다는 사실을 인식했다. 그러나 이러한 식물천이가 우연적이고 임의적이라고는 생각하지 않았다. 그는 일정 지역과 기후에서 식물천이는 안정되고 영구적인 군집으로 나아가며, 마침내 극상군집(climax community)[16]에 도달한다고 믿었다. 그래서 어느 지역에서는 어떤 것이 가장 적절한 극상군집이라는 것을 생태학자들은 말할 수 있게 된다.

유기체 모델에서 생태학자는 의사에 비유된다. 의사가 해부학과 생리학을 연구해 신체의 정상 상태를 진단할 수 있는 것처럼, 생태학자들은 서식처－기후대, 강우량, 토질 등－을 연구해 해당 지역의 정상 상태를 알 수 있다. 의사가 인간신체에 대해서 그러는 것처럼, 생태학자는 생태계의 건강과 균형과 관련해 문제를 진단하고, 처방도 내릴 수 있다.

클레멘트에 있어서 극상 군집은 그 자체 '복합 유기체(complex organism)'으로 이해된다.

> 그것은 게라늄, 북미산 가슴울새, 침팬지 등의 개체 생물보다 더 고도의 질서를 갖고 있다. 그것은 개체 생물과 마찬가지로 통합된 매카니즘이다. 거기에서 전체는 부분의 총합보다 더 크며, (부분이 갖지 않은) 새로운 속성을 가진 새로운 종류의 유기적 존재가 된다.

같은 페이지 조금 뒤에서 클레멘트는 다음과 같이 주장한다.

---

16) 역주: 극상이란 생태학의 용어로, 어떤 생물권에 있어서 천이가 안정되어 이후 변화 없이 번영을 유지하는 상태를 의미한다.

> 식생의 단위, 극상 형태(climax formation)는 하나의 유기적 실재이다. 유기체로서 극상 형태는 자라나고, 성장하고 성숙하다가 죽어간다. … 극상형태는 성년 유기체로 가장 완벽하게 발전한 군집이다. 그것의 초기, 중간 단계는 모두 발전의 단계들 일 뿐이다. 천이는 극상형태의 재생산 과정이다.[17]

유기체 모델에 따르면, 생태계는 자연적 평형상태, 즉 조화와 균형상태로 나아가기 때문에, 야생지역의 파괴를 막으려는 데 열심인 환경론자들에게 유기체 모델은 큰 힘이 될 수 있다. 그것은 환경문제를 진단하고, 그것에 대한 해결책과 관련해 과학적 기초를 제공하기 때문이다. 이러한 입장에서 보면, 자연에 대한 인간의 개입은 잘못된 것이고, 자연을 간섭하지 않는 보전주의적 정책이 요구된다.

20세기 초반 유기체 모델은 생태학자들 사이에서 설득력을 상실하기 시작한다. 유기체 모델은 과학적, 철학적 이유에서 잘못된 것이라고 다수의 생태학자들은 믿게 되었다. 자연의 생명 공동체는 어떤 단 하나의 유기적 전체로의 과정을 밟지 않는다. 종들간의 상호작용, 식물과 동물의 상호작용, 생물적 요소와 무생물 요소의 상호작용은 유기체 모델이 가정하는 것 보다, 훨씬 더 복잡하고 다양하다. 클레멘트와 쿠울즈가 본 통일성과 안정성은 단기적으로는 몇몇 지역에서 들어맞을지 모르지만, 장기적으로 모든 지역에 해당되는 이야기는 아니다. 유기체 모델은 무생물 요소를 공간 또는 수동적 환경으로 오해하는 경향이 있다. 하지만 비판자들이 보기에 무생물적 환경은 생태적 과정이 진행되는 데 중요한 역할을 하고 있다.

1930년대 중반 영국의 생태학자 탠슬리(Arthur Tansley)는 생태계라는

---

17) Donald Worster, *Nature's Economy* (Cambridge, England : Cambridge University Press, 1985), 211쪽.

새로운 개념을 제시했고, 이것이 유기체 모델을 생태학의 주류에서 축출하게 한다. 1936년의 논문에서, 탠슬리는 생태학 연구에 생태계 개념이 더 적절한 모델이라고 주장한다.

> 내가 보기에는 복합 유기체뿐만 아니라, 생명권의 환경–가장 넓은 의미에서 서식지의 요소–이라 불리는 물리적 요소의 복합체를 포괄한 (물리학적 의미의) 전체 체계(system)가 더 적절한 개념이다.
>
> 생태학자의 관점에서 보면 생태계가 지구 표면에 있는 자연의 가장 기본적 단위이다.
>
> 생태계는 크기와 종류에 있어서 매우 다양하다. 그것은 전체로서의 우주로부터 원자에 이르는 우주의 다양한 물리 체계들 중 하나이다.[18]

생태계의 개념은 오늘날까지 중요한 과학적 개념으로 남아 있다. 탠슬리는 생태학을 과학적 학문으로 확립하려 했다. 생명공동체를 자기 나름의 생명을 가진 초유기체로 규정하는 것은 비과학적이고, 형이상학적이다. 탠슬리는 복합 유기체라는 단어 대신, 생태계라는 물리학의 용어를 사용함으로써 생태학을 물리학과 연결시키려 했다. 이러한 입장에서 생태학은 더 이상 신비적인 것이 아니며, 원자에서 태양계에 이르는 다양한 물리체계를 기술하는 데 사용되는 다른 카테고리와 마찬가지로 단지 하나의 카테고리일 뿐이다.

생태계라는 개념은 유기체 모델이 갖지 못한 몇 가지 장점을 갖고 있다. 우선 그것은 초유기체나 복합 유기체 같은 단어가 함의하는 살아 있은 독립적 존재라는 의미를 탈피한다. 둘째, 시스템 개념은 주류과학인 물리학, 화학, 수학에서 확고한 토대를 갖고 있다. 셋째, 생태계 개념을

18) Arthur Tansley, "The Use and Abuse of Vegetational Concepts and Terms", *Ecology* 16(1935), 284~307쪽.

통해 생태계의 과정에서 무생물적 요소가 차지하는 중요한 역할을 설명할 수 있다. 무생물 요소들은 생태계의 구조와 기능에 공헌하는 바가 크다. 생태계 개념은 무생물 요소의 물리화학적 과정과 생물 요소의 생물학적 과정을 통합한다. 끝으로 생태계 개념은 생태계가 자연의 근본 단위라는 생태학의 핵심 이념을 담고 있다. 동물학과 식물학의 상당부분을 특징짓는 개체주의로는 생태학의 전과정을 담을 수가 없다. 생태학은 통일, 관계, 의존성을 설명함으로써 이것에 공헌한다. 생태계의 개념은 자연이 독립적이고 고립된 부분의 집합으로 환원되지 않는다는 것을 보여준다. 그럼에도 불구하고, 이러한 전체는 그 자체로 독립적인 생명을 가진 유기체가 아니라, 일정한 방식으로 조직된 생물 요소와 무생물 요소의 집합이다.

탠슬리를 기점으로 해 생태학자들은 생태계의 구조와 기능에 초점을 맞추기 시작했다. 체계의 구조는 부분들이 어떻게 관련을 맺는가를 보여준다. 생태계 개념과 더불어 나타난 중요한 개념은 '피드백 루프(feedback loop)'의 개념이다. 생태계의 각 요소들은 단선적이고 인과적인 방식으로 관계를 맺는 것이 아니라, 피드백 루프라는 복잡한 방식으로 관계를 맺는다. 이것은 생태계의 요소들이 다른 요소들에 의해 영향을 받을 뿐만 아니라, 동시에 상호 연관의 역동적인 네트웍을 통해 다른 요소에 영향을 미친다는 것을 의미한다. 이 피드백은 임의적인 방식으로 작동하는 것이 아니라, 전 체계의 균형, 또는 평형을 유지하는 방식으로 작동한다. 피드백 루프의 좋은 예가 가정용 난방장치에 붙어 있는 자동온도 조절기이다. 실내 온도가 떨어지면 자동온도 조절기에 자극이 가해진다. 그러면 그것은 난방장치를 가동함으로써 실내온도를 변화시킨다. 실내온도가 변하면, 이것은 자동온도 조절기에 자극을 가하게 되고, 이로 인해 난방장치는 꺼지게 된다. 그리고 이러한 과정은 계속된다.

그래서 이러한 접근은 자연이 초지, 호수, 산림 등 생태계로 조직되어 있다는 사실, 그리고 개별 구성원들의 정상적인 기능을 통해 실내온도를 유지하는 난방체계처럼 체계가 비교적 안정적인 균형상태에 있다는 사실을 보여주고 있다. 구조－관계의 네트웍－와 기능－균형상태를 유지하기 위해 작동하는 피드백 루프의 활동－은 과학적, 수학적 개념으로 설명될 수 있다. 그래서 생태학의 전체주의는 지배적인 물리학적, 과학적 패러다임 안으로 통합된다.

한편 생태계의 구조는 생태계를 구성하는 여러 종들간의 먹이관계로 설명될 수 있다. 생태계의 관계의 네트웍은 또한 먹이사슬의 네트웍이다. 종들은 각기 다른 '영양 단계(trophic levels)'에 위치한다.(그리스어로 trophikos는 영양'nourishment'을 의미한다.) 그리고 이 영양단계는 자기가 먹고, 먹히는 것에 의해 결정된다. 우리는 각 영양단계에서 일어나는 활동을 그것에 의해 교환되는 에너지와 생화학적 영양의 측면에서 설명할 수 있으며, 이러한 방식에서 생태학은 물리학과 밀접하게 결합된다.

20세기 중반 생태계 개념은 생태학의 표준 모델이 된다. 생태계의 이념－생태계가 통일되고 안정된 평형상태를 유지하기 위해 작동하는 구조적 전체라는 이념－은 많은 환경론자들에게 지대한 영향을 미쳤다. 우리는 이러한 전통 안에 있는 두 개의 흐름을 설명할 것이다. 이 두 흐름은 서로 다른 철학적, 윤리학적 함의를 갖고 있는데, 그것은 '공동체(community) 모델'과 '에너지(energy) 모델'이다.

공동체 모델은 자연을 유기체가 아니라 사회 또는 공동체로 본다. 시민들이 공동체와 관계를 맺고 개인들이 가족과 관계를 맺듯이, 부분은 전체와 관계를 맺는다는 것이다. 변화는 발전 또는 성장의 맥락이 아니라 상호작용과 상호 의존의 맥락에서 이해된다. 공동체의 구성원은 서로 다른 역할과 직업을 갖고 있고, 이것을 통해서 공동체의 원활한 작동에 이바지한다. 공동체 모델에서 생태학은 자연이라는 일종의 가정을 연구하는 것이다.

공동체 모델을 옹호하는 사람들 중에는 종들의 경쟁과 갈등에 대한 다윈의 주장에 대해 거부감을 가진 사람들이 있었다.[19] 그들은 자연을 일종의 '가정'으로 이해했고, 그 가정에서 각 구성원들은 서로 협동하면서 전체에 이바지한다고 생각했다. 이들 중 많은 사람들은 그들의 연구 작업을 '생태학'이란 비교적 생소한 용어보다는 '가정'이나 '경제'처럼 오래된 용어로 표현하기를 원했다. 그러한 그들의 입장에서, 그들의 연구 작업은 '자연'이란 '가정'을 연구하는 것이었고, 그것은 또한 '자연의 경제'를 연구하는 것이었다.

공동체 모델과 관련해 가장 영향력 있고 존경받는 학자는 영국의 동물학자 엘튼(Charles Elton)이다. 엘튼은 자신의 연구 주제를 '동물의 사회학이자 경제학'으로 표현한다. 그는 자연을 통합된 상호 의존 경제로 보는 관점을 발전시키고자 했다.

따라서 엘튼의 공동체 모델은 기능주의적(functional)인 모델이라고 할 수 있다. 개별 존재는 그것이 전체 체계에서 행하는 기능에 의해 규정된다. 체계 자체는 경제학적인 개념으로 이해된다. 어떤 구성원들은 생산자로, 어떤 구성원들은 소비자로 기능한다. 먹이는 상품으로, 생태공동체는 '먹이사슬(food chains)'로 이해된다. 먹이사슬 내에서 구성원들은 다양한 직업에 종사한다. 자연의 법칙은 다름이 아니라 먹이를 생산하고, 분배하고, 소비하는 과정이다. 개별 종의 기능 또는 역할은—이것은 엘튼의 용어로 생태학적 적소(niche)인데—그것이 무엇을 먹고 무엇에 먹히는가에 의해 결정된다.

'먹이사슬'이란 말이 공동체 모델에서 가장 친숙한 개념일 것이다.

---

19) Worster, 앞의 책, 14장.

'생산자'는 유기적 혼합물(설탕, 녹말, 섬유소)을 가지고 무기물 분자(이산화탄소, 물)로부터 자신의 먹이와 에너지를 만들어 낸다. 광합성은 생산자가 먹이를 만들어 내는 기본 과정이다.

'소비자'는 먹이를 직접, 간접으로 생산자에 의존한다. 1차 소비자인 초식동물은 생산자인 식물로부터 직접 먹이를 얻는다. 육식동물은 초식동물을 먹어 2차 소비자가 되거나, 다른 육식동물을 먹어 3차 소비자가 된다. 돼지, 쥐, 인간 등은 잡식동물로 동물과 식물 모두를 먹는다.

먹이사슬의 끝에는 분해자가 있다. 균이나 박테리아가 분해자에 해당하는데, 이것들은 죽은 유기물을 먹어, 단순한 무기물로 분해한다. 분해된 무기물들은 생산자가 사용하며, 분해자들은 해충이나 곤충 등의 유기체가 먹어 치운다.

공동체 모델은 이후에 많은 사람들에게 영향을 미쳤으나, 덜 은유적이고 덜 의인(擬人)적인 견해로 대체된다. 1935년 영국의 생물학자인 탠슬리(Arthur Tansley)는 '거대 유기체', '공동체' 같은 용어를 물리학의 덜 은유적인 용어로 대체해야 한다고 주장했다. 그는 '먹이', '생산자', '소비자', '공동체', '직업' 등의 질적(qualitative)인 개념들을 '생태계', '에너지' 등의 객관적인 용어로 대체하려 했다.

에너지 모델에서 생태계는 에너지 체계, 에너지 회로로 이해된다. 물리학자들이 물리계의 에너지 흐름을 연구하는 것처럼, 생태학자들은 생태계의 에너지 흐름을 연구한다. 먹이사슬이란 용어는 화학과 물리학의 수학적으로 엄밀한 언어로 대체된다. 생태계는 또한 물리적, 기계적 체계로 간주된다.

살아 있는 것과 그렇지 않은 것, 즉 생물과 무생물의 구분도 무너진다. 태양에너지, 기온, 물, 화학분자 등과 같은 무생물 요소들도 체계를 구성하는 주요 요소들이다.

먹이사슬을 통과하는 먹이의 흐름을 추적할 수 있는 것과 마찬가지로 생태계를 통과하는 에너지의 흐름을 추적할 수 있다. 다만 경제나 가정이란 메타포를 사용하지 않을 뿐이다. 광합성은 태양에너지가 이산화탄소와 물분자의 화학적 결합을 깨고 새롭게 탄화수소와 산소를 형성하는 과정이다. 호흡을 통해 탄화수소와 산소는 다시 이산화탄소와 물, 에너지로 변형된다. 이러한 과정을 통해 방출된 에너지는 삶, 성장, 재생산이란 화학적, 물리적 과정의 원동력이 된다. 광합성과 호흡은 생태계에서 탄소와 산소의 순환 과정이다.

살아 있는 유기체는 질소를 필요로 하는데, 왜냐하면 질소가 단백질, DNA, 그리고 다른 중요한 분자의 화학적 기초이기 때문이다. 질소 또한 생태적 순환과정을 밟는다. 대기의 78%를 형성하는 대기의 질소는 다양한 생물학적, 물리학적 과정을 통해 물로 용해될 수 있는 질소 이온으로 전화된다. 토양과 다양한 식물 뿌리에 사는 박테리아와 그리고 물에 사는 조류, 그리고 심지어는 번개까지도 이러한 전화과정에 이바지한다. 또한 식물은 토양에서 섭취한 질소를 단백질과 DNA 같은 복잡한 질소화합물로 변형시킨다. 동물은 식물이나 다른 동물을 먹음으로써 필요한 질소화합물을 섭취한다. 끝으로 식물과 동물이 죽을 때, 분해자가 이 질소화합물을 다시 질소 가스와 질소 이온으로 분해한다. 여기서 다시 순환과정이 시작한다.

탄소, 산소, 질소의 순환은 결국 태양에너지에 의해 이끌어지는 것이기 때문에 – 인의 순환과 물의 순환도 마찬가지이다 – 생태계는 다양한 화학적, 생물학적, 기후의 순환을 통해 흐르는 에너지로 설명될 수 있다고 생태학자들은 본다.[20]

---

20) 이 주제에 대해 읽어 볼 만한 것으로는 David Gates, "The Flow of Energy in the Biosphere", *Scientific American* 224(1971), 89~100쪽.

공동체 모델과 에너지 모델은 완전히 서로 별개의 모델이라기 보다는 강조점을 어디에 두느냐에 따라 구분되는 모델이다. 에너지체계만 갖고 있다고 해서 생태계가 되는 것은 아니다. 그리고 생태학자들이 관심을 갖는 에너지 체계는 생명을 부양하고, 생명의 사이클을 이루는 체계일 것이다. 그럼에도 불구하고, 어느 것을 강조하느냐에 따라 서로 다른 규범적 주장이 나올 수 있다.

지금까지 언급된 생태학적 연구는 대부분 동일한 가정을 공유한다. 자연 생태계는 상대적인 안정점, 평형점을 향해 나가는 경향이 있다는 것이다. 체계가 혼란해지면 자연의 힘은 평형점으로 돌아가는 방향으로 작동한다. 그리고 평형상태에 있는 체계는 변화에 저항하고, 평형상태로 돌아가려는 경향이 있다는 것이다. 하지만 최근 몇몇 생태학자들은 이러한 주장에 도전한다. 그들은 자연체계는 생각하는 것보다 더 무질서(chaotic)하다고 주장한다.[21] 그들에 따르면, 생태계는 항상 변화하고 있으며, 더 중요한 사실은 이러한 변화는 아무런 지향점 없이 이루어진다는 것, 따라서 발전(development)이란 개념이 적절하지 않다는 것이다. 수학과 과학에서의 카오스 이론에 영향받아, 이들은 생태계 안의 복잡한 상호연관성을 강조하면서, 생태계 안에서 일어나는 아무리 작은 임의적인 변화라 할지라도 예측할 수 없는 중대한 결과를 낳을 수 있다고 주장한다. 궁극적으로 카오스 모델은 자연에 어떤 균형이 존재한다는 것, 특히 장기적인 평형이 존재한다는 것을 부정한다.

21) 생태학에 대한 카오스적 접근에 대한 탁월한 논평으로는, Donald Woster, "The Ecology of Order and Chaos", *The Wealth of Nature*(New York : Oxford University Press, 1993) 13장.

8.6 생태학에서 윤리학으로

생태학에서 도출되는 윤리적, 정책적 함의를 살펴보면서, 생태학의 여러 모델이 갖고 있는 의미를 알아보았다. 환경윤리에서 전체주의에 관심이 있는 사람에게, 유기체 모델은 매력적인 대안이다. 유기체 모델에서 생태계는 독립적인 살아 있는 유기체로 이해된다. 그래서 마치 의학에서 신체에 대해 과학적 확신을 갖고 판단하듯이, 생태학에서도 지구에 대해 마찬가지로 과학적 확신을 갖고 가치평가적 판단을 이끌어 낼 수 있다. 이러한 평가들—건강한, 병든, 성숙하지 못한, 성숙한—은 생태계의 균형을 회복하고, 그것을 자연상태에서 보전하려 하거나, 그것을 지속 가능한 수확을 낳은 방향으로 관리하려는 사람들에게 특히 유용하다. 유기체 모델은 생태계에 도덕적 지위를 부여하기를 원하는 사람들에게도 유용하다. 만일 생태계가 살아 있는 유기체라면, 도덕적 지위를 부여할 수 있는 명분이 될 수 있기 때문이다.

최근 영국의 과학자 제임스 러브록(James Lovelock)과 미국의 생물학자 린 마굴리스(Lynn Margulis)을 대표로 하는 일단의 과학자들은 지구는 하나의 살아 있는 유기체라고 주장했다.[22] 러브록은 그의 저작에서 피드백 루프와 평형이라는 생태학적 개념을 사용하면서도, 전체 체계에 가이아(Gaia)라는 이름(가이아는 그리스어로 대지의 여신이다)을 붙이면서 유기체 모델에 대한 호감을 보이고 있다. 러브록과 가이아 가설의 옹호자들은 가이아 가설을 지구를 오염시키고, 파괴하는 인간의 행위를 비판하려는 의도로 사용하고 있다. 가이아 가설이 메타포로 사용된 것인지,

---

22) James Lovelock, Gaia : A New Look at Life on Earth(Oxford University Press, 1979)와 The Ages of Gaia : A Biography of Our Living Planet(Oxford University Press, 1988)

아니면 실제 의미로 사용된 것이지는 몰라도, 가이아 가설은 환경보전을 옹호하는 데 사용될 수 있는 강력한 논거이다.

하지만 자연적 사실에서 윤리적 가치를 근거지우려는 이러한 시도들에 대해서는 강력한 비판이 존재한다. 그것은 '존재'와 '당위', 즉 '사실 판단'과 '가치 판단'의 논리적 차이가 있는데, 이러한 시도들은 이점을 무시하고 있다는 것이다. 지난 수십 년 동안 많은 철학자들은 자연적인 것에 대한 기술에서 어떤 것이 옳거나 좋다고 보는 결론짓는 것을 '자연주의적 오류(naturalistic fallacy)'라고 부르면서 잘못된 것이라고 거부해 왔다.

이런 추리의 문제점은 최소한 플라톤이래 철학자들이 인정해 온 것이다. 『국가』 1권에서 플라톤은 정의를 '강자의 이익'이라고 보는 견해의 이러한 문제점을 상당 부분 규명한 바 있다. 최근의 논의는 18세기의 철학자인 흄(David Hume)의 존재와 당위의 구분에 집중된다.[23] 비판의 요지는 '어떤 것이 그렇다'에 대한 논거와 '어떤 것이 그래야 한다'에 대한 논거는 별개라는 것이다. 설사 '어떤 것이 자연적인 것'으로 인정된다 할지라도, '그것이 좋다'라는 문제는 또 다른 논의를 필요로 한다는 것이다.[24]

2장에서 우리는 자연법적 또는 목적론적 윤리학의 전통에서 자연적 활동과 선을 연관시키는 것을 보았다. 예를 들어, 심장의 정상적, 자연적인 활동에 대한 기술로부터 어떤 심장이 건강하고 좋은 심장인지 설명하는 것이다. 탄생, 성숙, 죽음에로의 성장의 정상적 단계에 대한 기

---

23) David Hume, *A Treatise on Human Nature*, 3권, 1부, 1절.

24) 자연주의적 오류에 대한 고전적 논의는 C . E. Moore, *Principia Ethica*. 그리고 무어에 대한 최고의 논평은 William Frankena, "The Naturalistic Fallacy", *Mind* 48 (1939), 464~477쪽. 그리고 관련 논문들을 모은 것으로는 W. D. Hudson, *The Is/Ought Question* (New York : St. Martin's Press, 1970).

술로부터 어떤 삶이 건강하고 좋은 삶인지를 설명하는 것도 마찬가지이다. 이와 마찬가지로 '생태계'를 목적론적 견지에서 기술할 수 있다면, 그러한 자연적 설명에 기반한 가치 평가도 가능하지 않겠느냐 하는 것이다.

만일 유기체 모델을 채택해 생태계를 유기적 전체로 볼 수 있다면, 이러한 목적론적 추리 방식도 괜찮을 수 있을 것이다. 그래서 생태계(그것의 온전함과 안정)의 정상적 발전에 대한 자연과학적 기술로부터 체계를 구성하는 요소들이 좋은지 나쁜지, 또는 옳은지, 그른지, 아니면 건강한지, 건강하지 않은지를 추론해 낼 수도 있을 것이다. 가령 포식자는 생태계의 개체 수를 조절하는 데 공헌하기 때문에, 포식자는 좋고, 따라서 보호해야 한다는 것이 한 가지 예가 될 것이다.

그러나 아직 문제가 해결되지 않았다는 사실에 유념해야 한다. 즉 생태계의 건강을 왜 소중하게 생각해야 하는가? 문제의 유기체가 개별 인간이라면, 우리는 건강한 심장의 가치를 설명하는 데 별 어려움이 없을 것이다. 그러나 습지, 사막, 초지의 안정과 온전함을 왜 소중하게 생각해야 하는가? 부분과 전체의 관계의 문제를 다룰 때와 개별 유기체의 성장 및 발전의 문제를 다룰 때, 가치의 목적론적 모델은 상당히 매력적인 모델이다. 하지만 생태학자들은 유기체 모델을 거부했고, 그렇다면 생태학적 사실과 환경의 가치간에는 한층 더 큰 차이가 존재하게 된다.

환경론자들과 생태학자들의 이러한 차이는 최근의 생태학 모델이 갖는 함의를 살펴보면 더욱 명확해진다. 예를 들어, 생태계는 자연적인 평형상태를 갖고 있다는 주장이 있을 수 있다. 많은 환경론자들은 이것은 보전정책의 당위성을 시사한다고 주장한다. 자연을 간섭하지 않고 그냥 내버려 두면, 자연은 알아서 자신의 안정, 균형, 조화로의 최선의 길을 갈 것이다. 이점을 인식한다면, 자연의 길을 존중하고, 자연계를 그대로 보전하는 방향으로 나가야 한다는 결론이 나온다.

그러나 정반대의 논리도 가능하다. 자연은 어찌하든 알아서 균형상태로 가기 때문에, 우리는 자연에 대해 마음대로 간섭해도 된다는 논리도 있을 수 있기 때문이다. 또한 우리는 자연의 균형이 이루어지는 메카니즘—에너지와 영양의 물리화학적 사이클—을 알기 때문에, 생태계를 관리하고 통제할 수 있는 좋은 위치에 와 있다. 그래서 우리는 토양에 영양분과 비료를 주고, 염소와 같은 외래종을 사살하거나 염소를 먹이로 삼는 새로운 포식자를 도입함으로써 자연의 조화를 창출하고, 관리할 수 있다.

카오스 이론의 함의도 마찬가지로 다양하다. 생태계를 지배하는 원리는 안정적인 것이 아니라 변화하는 것이며, 자연상태는 조화와 균형이 아니라 무질서하고, 유동적이라고 카오스 이론은 본다. 그렇다면 그것의 윤리적, 정책적 함의는 어떤 것인가? 우리는 보전하거나 복구해야 할 어떤 자연적 질서도 없다는 이유에서 이것을 야생지 보전과 복구에 반대하는 논거를 사용할 수 있다. 또한 19세기 사회진화론자들과 마찬가지로, 카오스 이론의 옹호자들은 모든 종은 무질서한 세계에서 서로 생존을 위해 싸우며, 인간 또한 자신의 환경을 자기이익을 위해 관리하는 자연적 본능을 가진다고 주장할 수 있다.[25] 반면 이와는 정반대로 자연의 복합성과 무질서는 자연에 대한 우리의 간섭이 훨씬 더 신중해야 한다는 것을 보여준다고 주장할 수 있다. 즉 자연의 복합성으로 말미암아, 우리는 자연을 두려하거나 존중해야 하며, 자연을 이해하고, 관리하는 능력에 한계가 있음을 인정해야 한다고 주장할 수 있다.

지금까지 논의가 보여주는 것은 과학의 자명한 사실로부터도 우리는

25) D. Worster는 다음 글에서 카오스 이론을 사회진화론의 이데올로기적 측면에서 논의하고 있다. "Ecology of Order and Chaos", 165~170쪽.

다양한 윤리적 결론을 이끌어낼 수 있다는 것이다. 따라서 환경문제에서 생태학이 중요하기는 하지만, 그렇다고 해서 생태학만으로 환경정책을 결정하는 것은 충분하지 않다는 것이다. 또한 누군가 환경과 관련된 가치평가, 윤리적 판단, 정책을 옹호하기 위해서 생태학에 호소할 때, 바로 이러한 사실에 주목할 필요가 있다.

8.7 전체주의의 여러 형태

이번 장을 시작하면서, 나는 '전체주의'가 생태중심적 이론들에 공통되는 이념이라고 말한 바 있다. 하지만 이 개념은 다른 철학적 개념들이 대개 그러하듯, 규정하기가 어렵다. 어떤 의미에서 그것은 쉽게 이해될 수도 있는 개념이다. 그래서 전체가 부분의 총합 이상이라는 일상적 표현이 전체주의의 본질을 말해 주고 있는 것 같기도 하다. 하지만 이러한 일상적 이해의 이면에는 철학적으로 복잡한 측면이 있다.

'전체는 부분의 총합 이상이다'라는 말이 의미하는 것은 무엇인가? 형이상학적(metaphysical) 전체주의의 관점에서 이것은 전체는 부분들과 별개로 존재하는 동시에 부분과 마찬가지로 실재하는 존재라는 것을 의미할 수 있다. 형이상학적 전체주의에서는 전체는 실재적이고, 심지어는 부분보다 더 실재적이라고 주장한다. 환경철학에서 이것은 생태계는 그것의 개별 구성 요소를 넘어서 독립된 존재를 갖고 있다는 주장과 관련될 것이다. 만일 그렇다면, 생태계가 독자적인 도덕적 지위를 갖는다고 주장할 길이 열리는 것이다.

앞에서 우리는 이러한 주장의 단서를 보았다. 예를 들면, 유기체 모델은 형이상학적 전체주의를 암시하는 것으로 보인다. 클레멘트는 극상군집(climax community)이 그 자체 새로운 종류의 유기적 존재인 '복합적 유기체'라고 주장한 바 있다. 레오폴드의 대지윤리에 대한 중요한 주석가인 캘리코트(J.B. Callicott)도 이와 유사한 주장을 한다.

> 생태학은 유기체 상호간의 관계와 유기체와 환경과의 관계를 연구하는 학문이다. … 고전적인 서양 과학의 특징인 대상의 존재론적 우위와 관계의 존재론적 종속은 생태학에서는 정반대가 된다. 즉 오히려 생태적 관계가 유기체의 본질을 규정한다. 종은 그것이 생태계의 적소로 적응할 때, 자신의 본질을 획득하는 것이다. 체계 자체, 즉 생태적 전체가 그것의 구성 부분들을 형성하고 만드는 것이다.[26]

그리고 더 나가서

> 근대 생물학의 관점에서 종은 생태계의 적소에 자신을 적응시킨다. 다른 유기체(포식자, 먹이, 균, 죽은 유기체)와의 현실적 관계, 그리고 물리적, 화학적 조건(기온, 복사열, 염분, 바람, 토양, 물PH)과의 현실적 관계가 자신의 외적 형태, 즉 신진대사 과정, 생리 과정, 재생산 과정을 규정하고, 심지어는 자신의 심리적, 정신적 능력마저도 결정한다.[27]

결국 개체가 생태계를 규정하는 것이 아니라, 오히려 생태계가 개체를 규정한다는 것이다. 캘리코트가 말하는 (개체에 대한 전체의) '존재론적 우위'는 형이상학적 전체주의에 해당한다.

전체주의의 두 번째 의미는 방법론적(methodological) 또는 인식론적(epistemological) 전체주의이다. 형이상학적 전체주의와 달리, 방법론적

---

26) J. Baird, "The Conceptual Foundation of the Land Ethic", *In Defense of the Land Ethics* (Albany, NY : SUNY Press, 1989), 87쪽.

27) J. Baird, Calicott, "The Metaphysical Implication of Ecology", *In Defense of the Land Ethics* (Albany, NY : SUNY Press, 1989), 110쪽.

또는 인식론적 전체주의는 무엇이 존재하는지, 그리고 무엇이 실재하는지에 대해서는 관심이 없다. 대신 그것은 다양한 현상을 이해하는 가장 최선의 방법이 무엇인가에 초점을 맞춘다. 이러한 관점에 따르면, 설사 생태계의 구성 요소에 대해서 다 안다 할지라도, 그것은 생태계에 대한 불충분하고 불완전한 이해에 불과하다.

어떤 방식에서 공동체 모델은 방법론적 전체주의를 시사한다. 공동체 모델은 개별 유기체에 대한 기능적 설명을 제안하면서, 상호의존적 체계를 전체로서 이해할 때만이 제대로 된 이해에 도달한다는 것을 함축한다. 예를 들어, 먹이사슬은 개체를 먹이사슬에서 수행하는 역할의 맥락에서 규정한다.

끝으로 '윤리적(ethical) 전체주의'는 도덕적 고려 가능성을 전체에로 확대한다. 예를 들어 법인이 그것을 구성하는 개별 구성원들의 법적 지위와 무관하게 법적 지위를 갖는다고 인정하는 것과 마찬가지로, 윤리적 전체주의는 윤리적 지위가 개체 이외의 존재에로 확대되어야 한다고 주장한다.

레오폴드의 다음 문장만큼 이러한 입장을 잘 대변하는 것은 없을 것이다.

> 어떤 것은 그것이 생명공동체의 온전함, 안정, 아름다움을 보전하는 경향만큼 옳다. 그리고 그 반대이면 그르다[28)]

여기서 개체의 옳고 그름은 개체 자체에 달려 있는 것이 아니라, 그것이 전체 공동체에 해가 되느냐, 이득이 되느냐에 달려 있다.

---

28) Aldo Leopold,"The Land Ethic", in A Sand County Almanac (New York : Oxford University Press, 1949) 262쪽.

여기서 전체주의에 대한 철학적 논쟁을 다룰 수는 없다. 전체주의의 여러 유형들에 대해서는 각각 중대한 철학적 반론이 제기될 수 있다. 앞으로 우리는 이런 반론들을 보게 될 것이다. 이것은 생태중심적 환경철학이 해결해야 할 숙제이다.

8.8 요약 및 결론

환경윤리에 대한 생태중심적 접근은 자연의 본질을 이해하고, 자연의 가치를 이해하는 데 생태학이 중요한 역할을 해야 한다는 신념에서 나온 것이다. 생태중심적 접근으로의 방향전환은 개별 동식물 대신 생태적 전체를 강조하는 것이다. 하지만 앞에서 보았듯이, 생태학은 계속 발전하고 있는 학문이다. 그래서 생태중심적 접근은 아직 완벽하지 않은 전제에 기초하고 있으며, 여기서의 우리의 논의도 아직 완벽하지 않는 환경철학을 다루었다는 점을 인식할 필요가 있다. 그리고 어떤 특정한 생태학적 사실이 이들 철학에서 이용되고 있는지, 그리고 그러한 이용은 어떻게 설명되고 정당화되고 있는지에 대해 특별한 관심을 기울일 필요가 있다.

생각해 봅시다

1. 당신이 옐로스톤 국립공원의 책임자라면, 더 많은 사람들이 오지에 접근할 수 있도록 하는 도로건설계획안에 찬성할 것인가, 아니면 반대할 것인가? 당신의 입장에 반대하는 사람들에게 어떻게 당신의 입장을 정당화할 것인가? 레크리에이션 차량이나 여행자들, 또는 장애인들의 접근을 용이하게 하는 정책을 추진할 것인가?
2. 야생! 하면 떠오르는 이미지가 무엇인가? 어떻게 해서 그런 이미지를 갖게 됐는가? 당신은 야생을 표현할 때, 어떤 형용사를 사용하겠는가?
3. 야생지를 원상 복구시킬 때, 어떤 모델을 따라야 하는가? 최초의 백인 정착민들이 도착했을 당시의 모습으로 복구해야 하는가? 아니면 현재 자연에 간섭하지 않고, 그냥 내버려둬야 하는가? 만일 간섭하지 않는다면, 비토착종들이 더욱 창궐할 가능성이 높은 상황에서도 그냥 내버려둬야 하는가?
4. 영감이나 심미적 감상도 교육될 수 있는 부분인가? 만일 당신은 산이 아름답다고 생각하지만, 상대방은 그렇게 생각하지 않는다면, 어떻게 그를 설득할 것인가? 당신은 산 계곡이 아름답고, 영감을 준다고 믿는 반면, 산을 개발하려는 사람은 그렇게 생각하지 않는다면, 그의 인식을 바꾸기 위해서 어떤 일을 할 수 있을까?
5. 인간은 자연과 생존을 위한 투쟁을 하는가? 그렇게 생각한다면 그 이유는 무엇인가? 그렇게 생각하지 않는다면, 이유는 무엇인가?
6. 야생 보전 지역에서 인디언 원주민은 사냥과 낚시를 해도 되는가? 만일 해도 된다면, 재래적인 방법만 사용해야 하는가, 아니면 현대적인 도구나 차량을 사용해도 되는가? 에스키모들은 먹고 살기 위한 식용으로 고래나 바다표범 같은 보호동물을 사냥해도 되는가? 그리고 만일 그들이 상업적 용도로 사냥이나 덫을 놓는다면, 어떻게 해야 하는가?
7. 팀이나 국가 같은 집단의 이익은 그것을 구성하는 구성원들의 이익으로 환원될 수 있는가? 개인의 이익과 집단의 이익이 같을 수 있는가?

9장. 대지윤리

사례 9 : 포식자와 먹이

'포식자(predator)'가 먹는 존재라면 '먹이(prey)'는 먹히는 존재이다. 포식자와 먹이의 관계는 그 이상도 그 이하도 아니다. 포식자가 먹이의 몸 속에 살 경우, 그것은 기생동물이 될 것이고, 먹이는 숙주가 된다. 반면 몸밖에 산다면, 포식자와 먹이가 된다. 우리가 잘 아는 초식동물과 육식동물을 포함해, 미생물이 아닌 대개의 생물들은 포식자이다. '먹이사슬'이란 표현에서 드러나듯, 포식자는 대개 또 다른 동물의 먹이이기도 하다.

포식자와 먹이란 표현에는 가치와 관련된 의미가 함축되어 있다. 즉 '포식자'라는 표현에는 악의와 잔혹함이 숨어 있다. 포식자는 악의에 찬 존재로, 먹이에게 음험하게 다가가는 존재라는 인식이 우리에게 있다. 그래서 종달새, 사슴, 다람쥐는 포식자가 아니라고 생각하고, 포식자 하면 으레 날카로운 발톱과 이빨을 가져서 인간도 먹을 수 있을 만큼 커다란 짐승을 떠올린다. 예를 들어, 곰, 늑대, 코요테, 퓨마, 상어 등이 그것이다. 하지만 이들 동물들 모두가 오늘날 인간의 손에 의해 사냥되거나 독살되어 멸종 위기에 처해 있다는 사실은 그리 놀랄 만한 일이 아니다.

혹시 습격 당할지도 모른다는 두려움도 있지만 우리는 이들 동물에 대한 이상한 감정을 갖고 있다. 이러한 감정으로 말미암아, 우리는 적의를 가지고 이들을 사냥했다. 물론 이들 동물들이 절멸하기 바로 직전까지도 적은 수이긴 하지만 인간들 중에는 이들의 제물이 되는 사람이 있었다. 야생을 악하고 두려운 존재로 보는 청교도 전통은 야생 동물에 대한 두려움을 더욱 강하게 했다. 목축업자. 농부, 사냥꾼, 그리고 이들을 후원하는 정부의 정책이 북미에서 늑대, 회색곰, 퓨마를 멸종 직전까지 몰고 갔던 가장 큰 요인들이라고 할 수 있다. 이들 동물들은 가축들과 우리의 사냥감을 위협하는 존재이기 때문에, 당연히 제거해야 한다고 사람들은 생각했다.

포식자에 대한 정부의 정책은 여러 가지 면에서 화재 진압 정책과 유사하다. 20세기에 접어들면서 처음 10년 동안 주 정부의 정책은 핀쇼 같은 사람들의 진보적인 환경보호운동에 의해 주도됐다. 환경보호운동의 목표는 목재나 가축, 곡물 등과 같은 자연자원을 안정적으로 공급하는 것이었다. 그 이후에 생태학의 영향력이 커짐에 따라 화재나 포식자에 대한 보다 온건한 접근이 도입된다.

20세기 초반의 환경보호주의자들은 자연 자원에 대한 이전의 태도의 특징이었던 탐욕과 착취와 맞서 싸웠다. 그들은 공공의 이익을 위해 자원을 관리하고 보호해야 한다고 주장했다. 이들이 주도한 과학적 임업과 과학적 수렵관리 정책은 자연자원의 효과적인 이용을 추진했다. 그리고 이 정책들은 자원들을 포식자들로부터 보호하는 것과 연관된다.

환경보호운동은 대체로 야생 및 야생 동물에 대해 로크적인 관점을 채택했다. 그것들은 인간을 위해 자원으로 이용되어야 할 공유 또는 사유 재산으로 이해된다. 또한 환경보호운동은 초기 생태학의 주요 개념인 극상군집의 개념과 일치했다. 이것에 따르면, 각 지역에서 군집들은 안정된 '극상'군집으로 나아간다. 그래서 생태학의 세례를 받은 전문가들은 지역생태계의 자연적 안정을 확보하기 위해 야생생물을 관리할 수 있다고 믿었다. 그들은 핀쇼가 산림을 관리했던 것과 마찬가지 방식으로 자원의 장기적이고 안정적인 공급을 위해 야생생물을 관리했다.

이러한 입장에서 보자면, 포식자는 자연 자원의 안정과 건강을 해치는 존재였다. 마치 신체 안에 자라나는 암세포와도 같이 자원공급의 안정을 해치는 포식자들은 제거되어야 할 존재이다. 커다란 육식동물은 곡물에 해를 끼치는 메뚜기 또는 해충과 같은 존재였고, 인간의 이익을 보호하기 위해서 박멸되어야 할 존재였던 것이다.

20세기 초반 정부는 포식자 박멸 정책을 공격적으로 추진했다. 이것은 장려금 제도를 통해 이루어졌데, 포식자를 죽인 사람들에게 보상금을 주는 형태이다. 1920년경 보상금 제도는 없어지고, 정부가 직접 사냥꾼과 수렵꾼을 훈련하고 봉급을 주기 시작했다. 수십년간 매년 수천만 달러가 곰, 늑대, 코요테, 퓨마를 죽이는 데 사용되었다. 그 결과 1970년경에는 고지대를 제외한 48개의 주 대부분에서 코요테는 멸종 직전에 이르렀다.

1920년대와 1930년대 과학자들과 야생 생물 관리자들 사이에서 소수이긴 하나 새로운 관점이 나타나기 시작했다. 생태학이 발전함에 따라 공동체의 상호의존성에 주목하게 됐고, 그래서 포식자가 '자연경제'에서 수행하는 역할을 인식하기 시작한 것이다. 임업가들이 화재가 산림관리에 미치는 유익한 역할을 인식했던 것과 유사하게, 이들은 포식자가 다른 야생생물의 개체수에 대한 자연적 억제책으로 기능한다고 믿었다. 생태공동체의 다른 구성원과 마찬가지로 포식자들은 나름의 역할을 수행하면서, 자연의 전반적인 균형에 이바지하는 것이다.

포식자의 존재는 안정되고 건강한 군집을 유지하려는 자연의 한 가지 방식으로 보여졌다. 적절히 통제되지 않을 경우, 군집의 개체수는 기하급수적으로 증가하는 경향이 있다. 보통 다양한 요인들이 결합해 군집의 개체 수를 억제한다. 이는 기호논리학(logistic)으로 불리는 S형 곡선으로 수학적으로도 표현될 수 있다. 우선 개체수는 서식지가 지탱할 수 있는 수용능력을 초과하는 지점까지 증가한다. 그 다음 기아 등을 통해 개체수는 생태계의 수용능력 이하로 감소한다. 일단 개체수가 생태계의 수용능력 이하로 떨어지게 되면, 개체수는 다시 증가하기 시작한다. 이러한 증가율은 서식지의 수용능력의 평형점에서 왔다 갔다 하는 것이다.

포식자는 개체 수를 억제하는 생태적 요인들 중의 하나이다. 먹이의 수가 증가한다는 것은 그만큼 포식자에게는 먹이가 풍부한 셈이다. 또한 포식자들은 적응을 못하는 자를 먹는 경향이 있다. 이것은 군집의 유전적 강도를 유지하고, 군집의 적응을 도와주는 역할을 하는 셈이다. 먹이가 풍부하면 포식자의 수가 증가하고, 이것은 다시 먹이의 수를 감소시키게 된다. 그래서 먹이와 포식자의 개체수는 수학에서는 록카-볼테라(Lotka-Volterra)방정식으로 알려진 대칭 S곡선으로 표현될 수 있다.[1]

20세기 중반 이 모델은 생태학자 대부분의 지지를 받게 된다. 이것은 초기에 환경론자들이 포식자들에게 가졌던 반감을 바꾸는 결과를 낳았다. 커다란 육식동물을 복원시키려는 최근의 노력은 이것의 직접적인 결과이다.

1980년대 초반 미국의 어업 및 야생생물 보호국은 회색늑대를 옐로스톤으로 다시 도입하는 계획안을 검토하기 시작했다. 이 계획안은 캐나다의 늑대를 포획해 1995년부터 매년 15마리씩 다시 도입하는 것을 골자로 한다. 그리고 10쌍을 교미시켜, 2002년에는 모두 백 마리를 살게 한다는 계획이다.

옐로스톤에 늑대를 재도입하는 계획은 격렬한 반대에 부딪쳤다. 이러한 반발에 부딪쳐, 어업 및 야생생물 보호국은 83회의 청문회를 포함해 미국의 역사에서 유례없는 철저한 검토과정을 거쳤다. 1994년 목장주의 이익을 대변하는 미국농업협회는 반대소송을 제기했고, 이로 인해 계획은 일시적으로 중단됐다. 1995년 1월 법원은 계획의 중지 명령을 철회했고, 어업 및 야생생물 보호국은 포획한 늑대를 캐나다에서 미국으로 이주시키는 계획을 진행시켰다. 옐로스톤의 한 사육장에서 일정시간 적응훈련을 거친 후, 1995년 초 옐로스톤에서 방사되었다. 그해 후반 또 한번의 똑같은 과정이 뒤따랐다.

미국의 멸종생물보호법은 멸종생물을 보호하는 것뿐만 아니라, 멸종 위기에 빠진 생물을 생존가능한 개체수 수준으로 회복시키도록 규정한다. 그러나 캐나다, 알래스카, 북미네소타 지역을 모두 합할 경우 늑대의 수는 수만 마리에 이르기 때문에, 늑대를 멸종위기에 처한 동물로 보기는 어렵다. 늑대는 단지 특정 지역에서만 멸종되었거나, 멸종

1) 이 모델에 대한 비판적 논의는 Daniel Botkin, *Discordant Harmonies*, 3장.

위기에 처한 것이다. 또한 실제로 홀로 사는 늑대들이 인간의 개입 없이 옐로스톤 지역으로 들어왔다는 보고를 확인한 바 있다. 이러한 가능성은 재도입 계획에 의문을 제기한다.

연방법은 인간의 개입에 의해 '재도입된(reintroduced)' 동물과 '스스로 삶의 터전을 잡은(reestablished)' 동물을 서로 다르게 취급한다. 인간의 개입 없이 스스로 삶의 터전을 잡은 동물에 대해서는 그 동물의 생존과 번식을 방해하는 사냥이나 기타 행위를 금지하는 등, 완벽한 보호를 한다. 더욱이 법은 스스로 삶의 터전을 잡은 개체들의 유전적 순수성을 보호하기 위해 재도입 계획을 금지할지도 모른다. 인간의 개입에 의해 재도입된 동물은 보호도 덜 받는다. 늑대 재도입 계획에서 정부당국은 공원 밖을 배회하거나, 가축을 위협하는 동물들을 사살하는 행위를 허용했다. 그리고 늑대에게 가축을 잃은 목장주인은 보상도 받는다. 더욱이 재도입된 동물의 사망률은 50%를 상회하는 것으로 추산되는데, 이는 상당부분 불법 사냥에 의한 것이다. 1996년 봄, 재도입된 동물이 생존한 추정치는 늑대집단이 옐로스톤 지역에서의 생존에 성공했음을 보여준다.

9.1 서론

레오폴드(A. Leopold)(1887 ~ 1948)는 생태중심 환경윤리의 발전에서 가장 영향력 있는 사람이라고 할 수 있다. 그가 살아 있을 동안 생태학은 발전하기 시작했고, 그는 이 새로운 학문의 입장에서 윤리문제를 근본적으로 재고할 것을 처음으로 요구했던 사람이다. 그의 일생의 작업은 생태학과 윤리학을 통합하는 것이었다. 레오폴드는 장중한 문체의 소유자로 글을 많이 쓰는 작가였는데, 그가 죽은 후에 출판된 『A Sand County Almanac(샌드 카운티의 일년)』은 환경운동의 가장 고전적인 저작 중의 하나이다. 이 책에서 가장 중요한 부분이 "대지윤리(Land Ethic)"란 논문인데, 이것은 생태중심윤리에 대한 체계적인 최초의 저작이라고 할 수 있다. 여기서는 레오폴드의 대지윤리를 생태중심윤리의 가장 훌륭한 예로 보고 중점적으로 다룰 것이다.

레오폴드의 사상의 발전은 포식자에 대한 인식의 변화와 맥을 같이 한다. 그의 초기 관심 분야는 수렵 관리인데, 이것은 핀쇼의 관심 분야가 임학인 것에 비교된다. 그는 자원 관리 분야에 과학적 기술과 과학적 원리를 도입했는데, 이는 수렵 관리에도 해당된다. 레오폴드는 예일대 임학부에서 훈련을 받았고, 1933년에 출판된 『수렵 관리』는 이 분야의 고전적 교재가 되었다. 이 책은 환경보호주의자들의 교과서이기도 하다. 사슴과 메추라기 등과 같은 사냥감은 그 수확량을 증가시키기 위해 관리되어야 할 자원 또는 작물이었다. "다른 모든 농업기술과 마찬가지로, 수렵관리는 생산성을 지배하는 환경요인을 조작함으로써 수확물을 생산한다."[2] 그리고 수렵자원의 수확을 결정하는 환경요인들 중의 하나는 포식자의 존재이다.

1915년 출판된 초기의 글에서 레오폴드는 포식자를 '해충(varmints)'라고 이름 붙이면서 포식자에 대한 환경보호주의적인 입장을 보여준다. 목장주와 사냥꾼 사이에 존재하는 적대감에 대해 유감을 표시하면서, 그는 이들은 포식자의 감소와 관련해 공동의 이익을 갖고 있다고 충고한다. 오늘날 아마도 생태학자와 환경론자들의 분노를 일으킬 글에서, 그는 다음과 같이 설명하고 있다.

> 포식 동물이 목장주의 이익을 갉아먹고 있다는 사실은 잘 알려진 사실이고, 사냥감이 부족할 때, 포식 동물을 줄이면 상황이 호전된다는 것은 당연하다. 늑대, 사자, 코요테, 스라소니, 여우, 스컹크 등의 해충들이 우리의 사냥감과 같은 비율로 줄어든다면, 걱정할 필요가 없다.… 장려금 제도, 독극물 풀기, 덫 설치를 통해 얻는 결과의 가치가 무엇이든 간에, 해충들은 계속 번성할 것이고, 그들의 감소는 실천적이고 왕성한 포괄적 계획에 의해서만 성취될 수 있다는 사실은 여전하다.[3]

---

2) Aldo Leopold, *Game Management* (New York : Scribner, 1933).

3) Aldo Leopold, "The Varmint Question", *The River of the Mother of God and Other*

하지만 현장 경험과 연구를 통해서 생태학에 대한 조예가 깊어지면서, 레오폴드는 환경보호주의적 접근의 문제점을 인식하기 시작한다.

특히 환경보호주의적 접근은 자연을 기계적인 대상으로, 즉 인간의 목적대로 조작해도 되는 단순한 대상으로 보는 경향이 있다. 레오폴드는 이것이 최소한 두 가지 점에서 생태학적 관점과 충돌한다고 보았다. 첫째, 이것은 자연의 상호연관성을 무시한 것이다. 자연의 한 부분을 조작하는 것－예를 들어, 포식자를 전멸시키는 것－은 확실히 다른 곳에서 중대한 결과－예를 들어, 사슴의 과잉－를 초래할 것이다. 더욱이 기계론적 모델과 달리 생태학은 이러한 조작이 초래할 모든 결과를 인간이 확실히 다 알 수는 없다는 점을 가르쳐준다. 둘째, 기계론적 접근은 지구를 '죽은' 존재로 취급한다. 하지만 실제로 한 줌의 진흙에도 엄청난 수의 유기체가 살아 있다는 점을 생태학은 말해준다. "해충의 문제"라는 그의 글이 발표된 지 10년도 채 못되어, 그는 초기 환경보호주의의 공리주의적-경제적 계산을 초월하는 '도덕적 문제'로서 환경보호의 문제를 논의한다.

> 통찰력 있는 사람들은 이른바 '무생물적 자연'을 살아 있는 것으로 간주해 왔다. 그리고 우리들 중… 상당수는 지구와 인간 사이에는 지구에 대한 기계적인 이해에서 나오는 것보다 더 깊고, 밀접한 관계가 존재한다는 것을 직관적으로 느껴 왔다.…
>
> 철학은 도덕적 죄의식을 느끼지 않고는 지구를 파괴할 수 없는 이유를 제시해야 한다. 즉 '죽은 것(무생물)'으로 간주해 왔던 지구도 사실은 일종의 생명적 성질을 소유하며, 따라서 우리는 지구 그 자체를 직관적으로 존중해야 한다.[4]

Essays by Aldo Leopold, Susan Flader와 J.Baird Callicott(편) (Madison : University of Wisconsin Press, 1991), 47～48쪽.

'생태의식(ecological conscience)'이란 새로운 관점이 수십 년간 발전해 오다가, 마침내 1940년 후반 "대지윤리"에서 가장 완벽한 형태로 표현되는 것이다. 생태의식은 자연을 도구적 가치로 보는 관점으로부터 자연의 내재적 가치를 인정하는 관점으로의 변화를 의미한다. 우리는 레오폴드의 에세이, "산처럼 생각하기(Thinking Like a Mountain)"에서 레오폴드의 심경 변화를 읽을 수 있다. 이 글에서 레오폴드는 "젊은 혈기에 방아쇠를 당기고 싶은 나머지 늑대를 쏘았고, 재빨리 그 곳에 도착해 늑대가 나의 눈앞에서 죽어 가는 것을 보았다. 그전까지만 해도 나는 늑대의 수가 적어지면, 사냥감이 더 많아지리라고 생각했지만, 그때 이후로 생태학적 시각이라는 더 넓은 시각에서 사태를 보기 시작해 그전까지의 나의 생각이 잘못되었다는 것을 알았다"고 고백한다.[5] 실제로 우리의 단견으로 말미암아 우리의 개입은 자연의 균형을 촉진하기보다는 해를 줄 때가 많다. '산처럼 생각하는' 법을 알아, 더 넓고, 장기적인 관점에서 자연을 이해하기 전까지, 우리는 자연생태계를 잘못 관리할 수밖에 없다. 만일 레오폴드가 지금 살아 있다면, 옐로스톤에 늑대를 다시 도입하는 것을 지지했을 것이다. 이러한 관점에서 어업 및 야생생물 보호국의 정책은 산처럼 생각하는 이념에 어느 정도 접근한다고 할 수 있다.

9.2 대지윤리

레오폴드의 "대지윤리"는 오디세우스에 관한 이야기로 시작한다. 그것은 트로이 전쟁에서 돌아온 오디세우스가 열두 명의 노예를 비행죄로

---

4) Aldo Leopold, 같은 글, 86~97쪽.

5) Leopold, "Thinking Like a Mountain", in *A Sand County Almanac* (1949; New York : Ballatine, 1970), 138쪽.

교수형에 처한다는 이야기이다. 노예는 재산으로 이해되었기 때문에 오디세우스의 행위는 비윤리적인 행위로 보이지 않았다. 이후로 윤리는 진화를 거듭해 도덕적 지위가 모든 인간에게 확대 적용되었다. 레오폴드는 윤리가 땅, 식물, 동물에로 포함하도록 더욱 확대 적용될 것을 요구한다. 오늘날에 여전히 땅은 오디세우스의 노예와 마찬가지로 단순한 재산일 따름이다. 즉 우리는 땅에 대한 특권은 갖고 있지만, 땅에 대한 의무는 가지고 있지 않다.

땅에 대한 생태학적 이해는 땅을 재산으로 보는 로크의 관점을 거부한다. 더 이상 땅을 단순한 재산으로, 그래서 우리가 원하는 대로 사용하고, 가공하는 '죽은' 물질로 볼 수는 없다. 땅은 살아 있는 유기체로, 그래서 건강할 수도 아플 수도, 그리고 부상당할 수도, 죽을 수도 있는 존재인 것이다. "땅은 단순한 토양이 아니다. 그것은 토양, 식물, 동물의 회로를 거쳐 흐르는 에너지의 원천이다."[6]

레오폴드는 "대지윤리"의 첫 부분을 도덕확대주의를 제안함으로써 시작한다. 그는 '윤리의 확대'에 대해 말하면서, "대지윤리는 토양, 물, 식물, 동물, 집합적으로 대지를 포함하도록 공동체의 영역을 확대하는 것일 뿐이다"라고 말한다. 현재 "우리는 아직까지 대지윤리를 신봉하고 있지는 않지만, 새들이 생명권의 차원에서 계속 존재해야 한다는 것을 인정할 지점에는 도달했다."[7] 그의 제안은 도덕적 고려, 즉 그가 '생명권'이라고 말한 것을 새, 토양, 물, 식물, 동물에로 확대 적용해야 한다는 것이다.

그렇다고 해서 레오폴드가 자연물들이 인간의 이익을 위해 관리될 수 있는 '자원'으로 사용될 수 있고, 사용되어야 한다는 생각을 포기한 것

---

6) Leopold, "The Land Ethic", *Sand County Almanac*, 253쪽.

7) 같은 책, 253, 239, 247쪽.

은 아니다. 따라서 레오폴드를 싱어나 레건, 스톤 같은 동물권이나 식물권의 옹호자로서 해석하기는 어렵다.[8] 물론 동물에게 도덕적 권리를 부여하는 입장과 자원으로 사용하려는 입장을 양립시키기는 쉽지 않다. 레오폴드의 오랜 사냥 습관은 그가 동물권 옹호 진영에 가담하게 하는 것을 불가능하게 한다.

언뜻 보기에 일관되지 못한 것으로 보이는 것도 대지윤리를 전체주의로 해석한다면, 해소될 수 있는 문제이다. 도덕적 지위를 부여받는 것은 '대지 공동체'이고, 개별 구성원들은 자원이다. '생태의식'은 인간 또한 자연의 '정복자'가 아니라 생명공동체의 구성원이라는 사실을 가르쳐 준다. 생태학은 개별 존재가 아니라 생명권 전체로 도덕적 고려의 초점을 변화시킨다.

따라서 레오폴드의 저작에 나타나고 있는 도덕 확대주의는 다른 유형의 개체들을 위한 여지를 만들어 주어야 한다고 요구하는 것이 아니다. 레오폴드가 요구하는 것은 개체로부터 공동체에로 관심의 변화이다. 우리는 공동체, 상징적으로 표현하자면 대지에 도덕적 지위를 부여해야 한다는 것이다.

대지윤리의 핵심 주장은 레오폴드의 가장 유명하면서도 논쟁을 유발하는 다음 문장으로 간단히 요약된다.

> 어떤 것은 그것이 생명공동체의 온전함, 안정, 아름다움을 보전하는

---

8) 이 점은 캘리코트에 의해 강력히 주장되었다. J. Baird Callicott, "Animal Liberation : A Triangular Affair," *Environmental Ethics* 2 (1980) : 311~338쪽. 캘리코트는 후기 논문에서는 그의 주장을 다소 온건하게 표현하지만, 레오폴드의 입장과 동물해방론이 양립 불가능하다는 그의 소신은 변함없다. J. Baird Callicott, *In Defense of the Land Ethic*. 그리고 Jon Moline도 이와 유사한 주장을 한다."Aldo Leopold and the Moral Community," *Environmental Ethics* 8 (1986), 99~120쪽.

경향에 따라 옳다. 그리고 그 반대면 그르다.[9)]

이 원리와 생태학적 관찰과 결합해 구체적인 규범이 도출될 수 있다. 레오폴드는 생명공동체의 본질을 설명하기 위해서, '생명 피라미드', 또는 '대지 피라미드'의 이미지를 사용한다. 이것은 엘튼의 기능적 공동체 모델과 탠슬리의 에너지 모델의 요소를 갖고 있기 때문에 중요하다. 대지 피라미드는 태양에너지가 흐르는 생명 요소와 무생명 요소로 이뤄진 고도로 유기적인 구조이다. 이 구조는 제일 밑바닥에 흙, 그 다음 식물, 곤충, 새, 설치류, 그 다음에 원숭이와 육식동물에 이르는 다양한 동물 집단을 포함하는 피라미드로 표현될 수 있다.[10)]

각각의 종들은 자신이 먹는 먹이에 따라 여러 층으로 나눠진다. 포식자보다 먹이의 숫자가 훨씬 많아야 한다.(만일 그렇지 않다면, 포식자들은 금방 굶어 죽을 것이다). 위로 층이 올라가면 갈수록 개체 수는 줄어든다. 먹이와 다른 여러 가지의 의존 방식을 먹이사슬이라고 부른다.

> 각각의 종들은 여러 사슬의 고리이다. 사슴은 떡갈나무 이외에도 백여 종의 식물을 먹는다. 소는 옥수수 말고도 백 종의 식물을 먹는다. 따라서 이것들은 둘 다 백 개의 사슬을 가지고 있다. 피라미드는 매우 복잡한 사슬이어서 무질서해 보인다. 그러나 체계가 안정되었다는 사실은 그것이 고도로 유기적인 구조임을 말해 준다. 그리고 체계가 잘 유지되느냐는 그것을 이루는 다양한 부분들의 협력과 경쟁에 달려 있다.[11)]

여기에서 우리는 몇 가지 일반적인 규범적 처방에 도달할 수 있다.

---

9) Leopold, *Sand County Almanac*, 262쪽.

10) 같은 책, 252쪽.

11) 같은 책, 252~253쪽.

'고도로 유기적인 구조의 복합성'을 전제한다면, 바보만이 외면상 무용해 보이는 부분을 버릴 것이다. 그래서 첫째 일반규칙은 다양한 생명형태를 보전하는 것이다. 왜냐하면 생태학자들 조차도 이러한 복합적 체계가 어떻게 작동하는가를 제대로 알 수 없기 때문이다.

이 복잡한 구조는 수백만 년의 진화 과정을 통해 전개되어 왔기 때문에, 그것에 대한 인간의 간섭은 항상 무익하고 강압적인 형태를 띤다. 체계가 변하면, 체계를 구성하는 모든 요소들이 다 그것에 적응해 변해야 한다. 진화 과정에서 보이듯, 체계의 변화는 아주 느리게 일어나며, 체계는 자기 스스로를 규제하는 면이 있다. 그런데 생태계에 대한 인간의 개입처럼, 변화가 급작스럽고, 폭력적인 방식으로 일어난다면, 재난은 불을 보듯 뻔하다. 따라서 우리는 생태계를 부드럽게 다루어야 한다. 토착 식물과 동물들은 바로 그 지역에서 가장 잘 적응해 온 존재라고 보아야 한다. 외래 종을 새로 들여오는 것은 재난을 자초하는 것이다. 화학 살충제, 제초제, 비료를 사용하는 것도 마찬가지이다.

레오폴드의 『A Sand County Almanac(샌드 카운티의 1년)』을 읽다보면, 안정되고 조화로운 생태적 관계가 어떤 것인지 알 수 있다. 샌드 카운티의 농장에서 생활하는 레오폴드의 이미지는 대지와 건강한 관계를 맺는 인간의 전형을 보여준다. 소규모의 자급자족형 농장 생활이 일반화될 수만 있다면, 아마도 그것이야말로 이상적인 생태적 삶에 가까운 삶의 양식이라고 느낄 것이다.

다음 2월의 모습은 감동적인 많은 장면들 중 하나다.

> 농장을 소유하지 않으면, 두 가지 정신적 위험이 있다. 하나는 아침식사가 마치 식료품점에서 온다고 생각할 위험이 있다는 것, 다른 하나는 난방열이 난로에서 생긴다고 생각할 위험이 있다는 것이다. 첫번째

> 위험을 피하기 위해서는 가급적 식료품점이 없는 곳에서 채소밭을 가꿀 필요가 있다. 그리고 두 번째 위험을 피하기 위해서는 가급적 난로가 없는 곳에서 떡갈나무를 받침대 위에 놓고 쪼개는 일을 할 필요가 있다. 2월의 눈보라가 휘몰아칠 때, 자기의 다리 정강이를 따뜻하게 위해 떡갈나무를 자르고, 쪼개고, 끌어당겨서, 쌓으면서, 온 정신을 일하는 데 쏟는다면 그는 열이 어디에서 오는지를 알게 될 것이다. 그리고 이것들은 도시에서 난방기 앞에서 다리를 꼬고 주말을 보내는 사람들이 알 수 없는 것들이다.[12]

이 문장의 다음 내용은 레오폴드가 떡갈나무의 전 생애를 추적하는 것이다. 땔감으로 사용된 떡갈나무는 지난 7월 폭풍 때 번개가 치면서 쓰러진 나무이다. 번개는 이 떡갈나무의 삶에 종지부를 찍었고, 우리에게 세 조각의 땔감을 유산으로 남겨 주었다. 레오폴드는 이 늙은 나무의 죽음을 슬퍼하면서도, 그 나무의 자식들이 이미 근처에 뿌리를 내렸다는 사실에 안도한다. 1년간 말린 후 떡갈나무는 손으로 잘려졌다. 한 번 톱질할 때마다 나이테에 각인 되어 있는 떡갈나무의 생애가 하나씩 잘리는 것이다. 레오폴드는 톱질하면서 나무의 삶을 추적한다. 나무가 처음 도토리에서 발아한 남북전쟁 때까지 세월을 거슬러 올라가면서 나무의 삶의 변화를 하나하나 되새겨 본다. 떡갈나무는 이제 생애를 마치면서 한 줌의 재가 되어 농가에 열을 제공해 준다. 그리고 재는 퇴비가 되어 땅으로 돌아간다. 그리고 빨간 사과가 되어 나타나거나, 도토리를 먹는 데 여념이 없는 다람쥐로 조만간 다시 나타날 것이다.[13]

커다란 떡갈나무의 죽음 그 자체는 슬픈 것이긴 하지만, 이것은 넓은 시각에서 보아야 한다. 인간을 포함해 모든 살아 있는 것은 생태공동체

---

12) 같은 책, 6~7쪽.

13) 같은 책, 6~19쪽.

의 구성원인 것이다. 떡갈나무는 비록 땔감으로 사용되지만, 생태공동체의 구성원으로 존중되어야 한다. 한 그루의 떡갈나무가 죽고, 다른 종들은 그것을 소비함으로써 혜택을 얻는다. 조화롭고 안정된 관계에서 공동체의 각 구성원들은 다른 존재들이 삶을 영위하는 데 사용되는 '자원'이다. 떡갈나무는 죽었지만, 살아 있는 것이다. 자원은 사용되지만, 다시 생태계로 돌아가 '재순환'되는 것이다. 공동체는 이러한 무한한 상호의존성으로 특징된다. 그리고 생태계의 건강은 그것의 장기적인 안정과 온전함에 있다.

여기서 우리는 대지윤리를 매력 있는 철학적 대안이게끔 해주는 몇 가지 측면을 볼 수 있다. 첫째, 대지윤리는 상당히 포괄적(comprehensive)인 시야를 제공한다. 언뜻 보기에도 그것은 모두는 아니지만 대개의 환경 관련 문제들에 대한 의사결정 절차를 제공한다. 동물해방운동과 달리, 그것은 환경오염, 자연보전, 에너지, 자원 고갈 등 다양한 문제에 대한 체계적인 접근을 가능하게 한다.

둘째, 그것은 개체주의적 생명중심적 접근이 갖고 있는 직관에 반하는 결론들 중 상당 부분을 피할 수 있다. 우리는 모기를 죽일 것인가, 나무를 자를 것인가, 잔디밭을 갈아엎을 것인가 등 사소한 문제들에 지나치게 매달릴 필요가 없다. 생태계가 건강하게 계속 작동할 수 있는가가 주요 관심거리인 것이다.

끝으로 대지윤리는 철저히 탈인간중심적이다. 그러한 입장에 따르면, 인간은 생태공동체에서 특권을 갖고 있지 않다. 인간은 대지의 '정복자'가 아니라 대지 공동체의 단순한 '구성원'일 뿐이다. 이러한 사고의 변화는 자연물과 체계에 도덕적 지위를 부여해 줄뿐만 아니라, 생태학의 교훈과도 일치한다. 많은 환경론자들에 있어서 이것은 타당한 환경윤리가 되기 위한 가장 중요한 전제조건이다.

9.3 레오폴드의 전체주의

대지윤리를 평가하기 전에, 레오폴드의 전체주의적 입장의 본질을 이해하는 것이 중요하다. 방금 인용했던 문장은 레오폴드가 윤리적 전체주의(ethical holism)의 형태를 취하고 있다는 것을 명확히 보여준다.

이러한 입장에서는 사슴 군집의 온전함, 안정, 아름다움이 보전되는 한에서 개체 사슴을 죽이는 것은 윤리적으로 허용될 수 있다. 실제로 사슴의 지나친 개체 수는 사슴 개체군의 안정뿐만 아니라 사슴이 속한 전체 생태계의 온전함을 해칠 때가 많다. 이 경우 우리는 사슴을 선별해 죽일 의무마저도 있을 수 있다.

그러나 생태공동체와 관련해 윤리적 전체주의를 채택하는 것이 왜 합리적인가? 우리는 레오폴드의 저작에서 이에 대한 세 가지 답변을 찾아볼 수 있다. 첫째, 자원관리와 관련한 의사결정에서 윤리적 전체주의는 우리가 취할 수 있는 가장 '현실적인(practical)' 접근방식이다. 둘째, 윤리적 전체주의는 생태학에 함축되어 있는 '인식론적' 전체주의에 의해 함축된다. 끝으로, 윤리적 전체주의는 생태적 전체의 '형이상학적' 실재성을 인정한다.

윤리적 전체주의를 채택하는 현실적인 이유는 부분적으로는 개체주의적 사유가 실패했기 때문이다. 역사는 개체 식물과 동물에 대해서만 생각할 경우, 잘못되고 위험한 대지관리정책을 초래한다는 점을 잘 보여준다. 생태계의 상호의존성을 무시하는 것은 필연적으로 생태계의 파괴를 초래한다는 것을 보여주는 많은 증거들이 있다. 예를 들어, 레오폴드는 포식자의 대량 살상이 사슴 개체군에 미치는 영향을 언급했다. 그래서 생태계의 도덕적 지위를 인정하는 것—예를 들어 레오폴드의 '산처럼 생각하기'에서 보이듯—이 이러한 오류를 방지하는 한 가지 방법이 될 것이다. 레오폴드는 목장주, 농부, 사냥꾼, 정책 결정자들을 상대로 글을 쓸 때, 윤리적 전체주의에 대한 현실적인 접근 방식을 취하는 경향이 있다.

인식론적 전체주의는 생태학에 대한 충분한 이해는 전체적이고, 기능적인 설명에서만 나온다는 주장에서 나온다. 예를 들어 늑대에 대한 충분한 이해는 늑대가 생태계에서 차지하는 역할에 대한 설명을 포함한다. 생명공동체의 구성원으로서 늑대는 생태계의 전반적인 안정과 온전함에서 중요한 역할을 담당한다. 개체 유기체의 가치는 부분적으로는 그것의 기능, 역할, 작업, 관계 등에서 나온다. 요약하면 가치는 전체주의적 윤리에서 부여되어야 한다. 그래서 개체 유기체가 아니라 요인들에 도덕적 고려를 부여하는 윤리적 관점을 채택할 이유를 생태학이 제공한다.

우리는 앞서 인용한 문장을 통해 대지 그 자체를 살아 있는 존재로 간주해야 한다는 레오폴드의 주장을 보았다. 유기체 모델이 함축한 형이상학적 전체주의는 윤리적 전체주의를 승인하는 또 하나의 논거를 제공한다. 러시아 철학자인 오우스펜스키(Ouspensky)를 인용하면서, 레오폴드는 지구의 각 부분—땅, 산, 강, 대기—을 신체의 장기로 간주하는 것이 가능하다고 주장했다. 지구가 죽은 물질이라는 우리의 생각은 부분적으로는 지구의 생명과정이 매우 느리고, 또 너무나도 복잡하게 상호관계를 맺고 있기 때문에, 우리가 그러한 점을 인식하지 못한 데에서 비롯된다. 형이상학적 전체주의와 윤리적 전체주의의 연관성을 밝히는 문장에서, 레오폴드는 다음과 같이 말하고 있다.

> 철학은 따라서 우리가 도덕적 죄책감 없이는 지구를 파괴할 수는 없는 이유, 즉 '죽은' 지구가 사실은 생명성을 보유한 유기체이기 때문에

지구를 존중하지 않으면 안 될 이유를 제시해야 한다.[14]

지구 자체가 살아 있다면, 그리고 그것에 '건강한, 아픈, 성장하는, 죽어가고 있는' 이라는 형용사를 부여할 수 있다면, 지구가 도덕적 고려를 받을 가치가 있다고 주장할 수 있는 것이다.

그러나 윤리적 전체주의를 채택할 여러 가지 이유가 있다고 말하는 것이 문제의 생명적 '전체'의 본질을 설명해주는 것은 아니다. 우리가 앞장에서 보았듯이, 생태학자들은 생태계에 대한 서로 다른 모델에 의존하고 있으며, 이들 모델들은 각기 다른 윤리적 함축을 갖고 있다. 그렇다면 '생명공동체'를 정확히 어떻게 규정해야 하는가? 생태계의 활동을 가장 잘 설명하는 것은 어떤 모델인가?

앞서 말했듯이, 레오폴드가 살았던 시기는 생태학의 발전사에서 초기에 해당되기 때문에, 그의 저작에서 세 가지 모델 모두가 발견된다는 것은 그리 놀랄만한 사실이 아니다. 우리는 이미 지구는 '살아 있는 유기체'라는 레오폴드의 문장을 인용한 바 있다. "대지윤리"의 상당 부분은 공동체 모델에 의존한다. '먹이사슬'의 이미지는 엘튼의 기능주의적 공동체 모델과 강하게 관련된다. 하지만 레오폴드는 엘튼의 모델을 사용하는 와중에도, 탠슬리의 에너지 모델의 개념을 사용한다. "식물은 에너지를 태양으로부터 얻는다. 이 에너지는 여러 층의 먹이사슬로 나타나는 상(相 biota)으로 불리는 회로를 통해 흐른다".[15] 우리가 생산자와 소비자의 먹이사슬을 통해 흐르는 '먹이'에 초점을 맞추느냐, 아니면 '회로'를 통해 흐르는 '에너지'에 초점을 맞추느냐는 윤리적으로 중요한 문제이다.

---

14) Leopold, "Some Fundamentals of Conservation", 95쪽.

15) Leopold, *Sand County Almanac*, 252쪽.

'건강'과 '죽음'이라는 표현을 예로 들어 보자. 레오폴드는 종종 대지의 건강을 보전할 의무가 우리에게 있다고 강조하면서, 대지가 죽어 가는 여러 사례를 거론하면서 유감을 표시했다. 그러나 건강과 죽음이라는 표현은 유기체에 대해서는 직접 적용될 수 있는 표현이지만, 공동체와 에너지에 대해서는 단지 일종의 비유일 뿐이다. 물론 건강이 소중하기는 하겠지만, 건강이란 표현이 비유로 사용된다면, 그것은 도대체 무슨 의미가 있겠는가? 또한 유기체가 온전하고 안정적이라는 것과 공동체와 에너지 회로가 온전하고 안정적이라는 것은 전적으로 다른 문제이다.

생태계에 대한 레오폴드의 모델은 도대체 어떤 것인가? 이에 대한 정직한 답변은 레오폴드가 이들 모델들의 의미를, 특히 윤리적 의미를 정확히 알지 못했다는 것이다. 레오폴드의 후기 저작에서 유기체 모델은 거의 포기되는 것으로 보인다.[16] 그러나 "대지윤리"를 그의 가장 완숙한 작품으로 본다면, 그는 공동체 모델과 에너지 모델의 구분의 중요성을 잘 알지 못했다고 결론지어야 할 것이다. 이것의 중요성은 다음 부분에서 검토할 것이다.

9.4 대지윤리에 대한 비판: 사실과 가치

레오폴드의 대지윤리에 대한 비판은 크게 두 가지로 나눌 수 있다. 첫째, 생태학적 사실로부터 윤리적 가치로 나가는 것에 대한 비판, 둘째, 전체주의의 윤리적 함의에 대한 비판이 그것이다. 첫번째가 '자연주의적 오류'에 대한 것이라면, 두번째는 생태계의 본질에 관한 것이다.

8장에서 보았듯이, 자연적 사실에서 윤리적 가치를 근거지우려는 시

---

16) 이에 대해서는 J. Baird Callicott, "Conceptual Foundations" in *In Defense of the Land Ethic*, 87~90쪽.

도들에 대한 비판은 '존재'와 '당위', 즉 '사실 판단'과 '가치 판단'의 논리적 차이가 있다는 것이다. 지난 수십 년 동안 많은 철학자들은 자연적인 것에 대한 기술에서 어떤 것이 옳거나 좋다고 보는 결론짓는 것을 자연주의적 오류라고 부르면서 잘못된 것이라고 거부해 왔다. 생태계의 온전함과 안정을 옳고 그름과 동일시하는 레오폴드의 지침 – 어떤 것은 그것이 생명공동체의 온전함, 안정, 아름다움을 보전하는 경향에 따라 옳다. 그리고 그 반대면 그르다 – 은 자연주의적 오류를 범한 대표적인 추리 형태이다.

언뜻 보기에 만일 레오폴드가 유기체 모델을 채택한다면, 사실과 당위의 간격을 메우는 한 가지 방법은 아리스토텔레스적 전통에 의해 옹호된 목적론적 추리 유형일 것이다. 유기체 모델은 생태계를 어떤 항상적인 균형점을 향해 나아가는 유기적 전체로 본다. 그렇다면 나름의 온전함과 안정을 가진 유기적 전체의 정상적 발전에 대한 자연과학적 기술로부터 체계를 구성하는 요소들이 좋은지 나쁜지, 또는 옳은지, 그른지, 아니면 건강한지, 건강하지 않은지를 추론해 낼 수도 있을 것이다. 가령 포식자는 생태계의 개체 수를 조절하는 데 공헌하기 때문에, 포식자는 좋으며, 따라서 보호해야 한다는 것이 한 가지 예가 될 것이다. (올림픽 공원의 산 염소처럼) 외래종을 죽이거나, (옐로스톤의 늑대처럼) 토착종을 재도입하는 정책도 올바른 정책인데, 그 이유는 그것을 통해 생태계의 자연적 온전함을 유지할 수 있기 때문이다.

그러나 아직 문제가 해결되지 않았다는 사실에 유념해야 한다. 즉 왜 우리는 생태계의 온전함과 안정을 왜 소중하게 생각해야 하는가?

이 문제를 해결하는 한 가지 방법은 생태계는 더 큰 단위의 생태계의 안정과 온전함에 이바지한다고 주장하는 것이다. 그래서 심장이 인간의 신체에서 중요한 기능을 담당하는 것처럼, 습지는 더 큰 유기적 전체에서 중요한 기능을 담당하고 있다고 말하는 것이다. 그리고 이 방식을 따른다면, 레오폴드가 그랬듯이 지구가 가장 큰 유기적 전체로 고려될 것이다. 하지만 이것은 문제를 해결하는 것이 아니라, 문제를 한 단계 뒤로 연장하는 것에 불과하다. 지구의 안정과 온전함은 왜 가치 있는가 하는 문제가 제기되기 때문이다. 그러나 대지윤리는 지구는 지구 구성원의 복지에 이바지한다든지 하는 도구주의적, 개체주의적 근거를 취할 수는 없다. 따라서 결국 대지윤리는 지구 자체의 목적론적 목표가 있다는 것을 가정할 수밖에 없다. 그리고 여기서 목적론적 모델은 붕괴하고 만다. 생태학도 철학도 지구의 목표(텔로스)가 무엇인지에 대해 적절하게 설명할 수 없기 때문이다.

대지윤리가 취할 수 있는 두번째 방법은 개별 유기체와 마찬가지로 생태계도 발전 단계가 있다고 주장하는 것이다. 의학이 인간의 정상적 성장 단계에 기초해 인간의 복지와 건강의 중요함을 말하는 것처럼, 생태학도 생태계의 정상적 성장 단계에 기초해 생태계의 복지와 건강의 중요함을 말하는 것이다. 하지만 이것은 모든 지역에서 생태적 천이가 목표하는 단 하나의 극상단계가 있다는 것, 즉 '극상군집'의 존재를 가정해야만 한다. 하지만 생태계가 다양한 방식으로 변화, 발전한다는 것을 전제한다면 이 방법은 설득력이 없다. 예를 들어 어떤 들의 개체군은 잡초, 다년생 식물과 식물, 그리고 관목을 거쳐, 소나무 숲, 떡갈나무 숲으로 일련의 생태적인 변화를 겪는다. 이때 생태계의 안정과 온전함은 무엇인가? 초지와 관목을 보전해야 하는가? 아니면 소나무 숲을 보전해야 하는가? 아니면 전적으로 간섭해서는 안 되는가? 여기서 중요한 점은 우리는 이런 문제를 의미있게 물을 수 있다는 것이다. 따라서 생태적 사실로부터 윤리적 가치로 도약할 수 있느냐 하는 문제는 아직 해결되지 않은 문제이다.

이제 남은 방법은 유기체 모델을 포기하고, 대신 공동체 모델이나 에너지 모델을 채택하는 것이다. 하지만 이중 어떤 것도 문제를 해결하지는 못한다. 공동체 모델에 따르면, 개체는 다른 개체에 대해 기능적인 관계를 맺는데, 문제는 먹이사슬 자체의 기능을 가정할 근거가 없다는 것이다. 물론 개별 유기체나 종이 먹이사슬 내에서 차지하는 역할에 대해서는 기능적인 가치 평가를 할 수 있을 것이다. 가령 잔디밭에 진딧물이 많은 것은 무당벌레에게는 좋다. 그러나 문제는 왜 먹이사슬 또는 어떤 특정 먹이사슬이 그 자체로 소중한가 하는 문제는 아직 답변되지 않았다는 것이다. 에너지 흐름에 대해서는 더 더욱 그렇다. 왜 우리는 먹이사슬, 또는 에너지 흐름의 안정과 온전함을 보전해야 하는가?

이 반론의 철학적 의미는 다음과 같이 요약할 수 있다. 레오폴드의 규범적 결론(어떤 것은 그것이 생명공동체의 온전함, 안정, 아름다움을 보전하는 경향에 따라 옳다. 그리고 그 반대면 그르다)은 어떤 방식에서 생태학의 사실로부터 도출되는 것으로 보인다. 하지만 생태계에 온전함, 안정, 아름다움을 귀속시키는 사실적, 의미적 토대가 실제로 존재한다고 할지라도(생태학 모델에 대한 논의에서 보았듯이, 이것을 실제 검증된 사실로 보기는 어렵다.), 이러한 사실들이 가치와 관련된 결론으로 연결되는지는 분명하지 않다.[17]

생태적 기능은 아리스토텔레스의 의미에서처럼 어떤 목표를 향하는 것이라고 말한다면, 그래서 부분은 더 큰 전체를 위해, 그리고 전체는 자기 나름의 목표를 가진 전체라고 말한다면, 우리는 규범적 결론에 도달할 수 있는 일정한 토대를 가지게 될지도 모른다. 그러나 2장에서 보

17) 이러한 맥락에서 온전함의 개념을 이용한 치밀한 논변으로는 Laura Westra, *An Environmental Proposal Ethics : The Principle of Integrity* (Lanham, Md : Rowman and Littlefield, 1994).

았듯이, 자연선택에 대한 진화론적 관점에서 보자면, 생물학에서 목적론적 설명은 맞지 않는다. 진화론적 관점에서 생태계의 구성원들은 앞으로의 목표, 또는 의도 때문에 그렇게 기능하는 것이 아니라, 과거에 그러한 자신의 행동이 적응에 유리했다고 판정되었기 때문에 그렇게 기능하는 것이다.

옐로스톤의 늑대의 예를 들어보자. 생태계에서 늑대라는 포식자는 어떻게 기능하는가 하는 문제를 다룰 때, 우리는 늑대는 엘크를 먹음으로써 생태계의 안정과 평형을 유지하기 위해서(in order to) 존재하는 것으로 생각하기 쉽다. 그러나 진화론적 관점에서 보면, 늑대가 엘크를 먹이로 삼는 이유는 과거 그러한 행위가 적응에 유리한 것으로 판명되었고, 그러한 행위를 한 늑대들이 살아 남아 번식을 했기 때문이다. 생태계의 기능적 활동에 대한 이러한 회고적(back-looking) 설명은 어떤 기능적 활동이 옳거나 좋다고 결론지을 하등의 이유가 없음을 보여준다. 2장에서 말했듯이, "자연은 선도 악도 아니다. 자연은 단지 그럴 따름이다."

그러나 이러한 비판의 힘을 과대평가 해서는 안 된다. 비판의 핵심은 자연적 사실에 기초해 윤리적 판단을 뒷받침할 수 없다는 것이 아니라, 어떤 것이 옳으냐 그르냐를 증명하려면 그것이 정상적이거나 자연적이라고 말하는 것 이상을 필요로 한다는 것이다. 생태학적 사실은 그 자체로 생태적 온전함과 안정이 윤리적 가치라는 것을 '증명'해 주지 않는다.

우리는 "대지윤리"에서 레오폴드가 이 문제에 어떻게 대처하는지 볼 수 있다. 윤리를 대지에로 확대하는 것에 함의된 윤리적 혁명은 인간의 심리상태가 근본적으로 바뀔 때에만 가능하다고 레오폴드는 주장한다. 도덕과 생태 교육을 통한 심리의 변화야말로 존재와 당위의 간극을 메울 수 있다는 것이다.

> 대지와의 윤리적 관계는 대지에 대한 사랑, 존경, 감탄, 그리고 대지의 가치에 대한 높은 관심 없이는 지속될 수 없다. 여기서 가치라는 것은 경제적 가치보다 더 넓은, 철학적 의미의 가치를 말하는 것이다.[18)]

이 문장은 생태계로 윤리를 확대하는 윤리적 전체주의는 인간이 대지에 대한 태도를 바꿀 때만이 가능하다는 것을 말해 준다. 대지를 사랑하고, 존경하고, 감탄할 때에만 우리는 대지에 이롭게 행동할 근거를 갖는다는 것이다. 그러나 우리 인간은 어떻게 대지에 대한 사랑, 감탄, 존경에로 다가갈 수 있는가? "대지에 대한 생태적인 가치 평가의 전제조건 중의 하나가 생태학에 대한 이해이다".[19)] 결국 생태학의 자연적 사실이 직접 윤리적 결론을 이끄는 것이 아니다. 그것은 태도의 변화를 이끌고, 그것을 통해 윤리적 가치의 변화를 이끌어 낸다. 따라서 우리는 그것이 자연적이거나 정상적이어서가 아니라, 우리가 생태학으로부터 배워서, 대지를 사랑하고, 존경하며, 감탄하기 때문에, 생태계의 보전을 소중하게 여긴다.[20)] 이러한 관점에서, 생태학은 규범윤리보다는 도덕교육에 더 관심을 갖는다.

하지만 이러한 접근법을 취한다면, '안정과 온전함의 원리'는 원래 갖고 있던 힘의 상당 부분을 상실한다. 즉 여기서 이 원리는 "대지공동체의 온전함, 안정, 아름다움을 보전하는 방식으로 행위 하라"라고 직접적으로 요구하는 '규범적' 원리가 아니다. 그것은 단지 일정한 방식으로

---

18) Leopold, *Sand County Almanac*, 261쪽.

19) 같은 책, 262쪽.

20) 이것에 대한 옹호는 캘리코트에 의해 보다 상세히 행해졌다. J. Baird Callicott, "Hume's Is/ought Dichotomy and the Relation of Ecology to Leopold's Land Ethic", in *In Defence of the Land Ethic* (Albany, NY : SUNY Press, 1989), 117～127쪽. 어디에서 레오폴드가 끝나고, 어디에서 캘리코트가 시작하는지는 가끔 불명확하지만, 대지윤리에 대한 캘리코트의 해석과 정당화는 항상 읽을 만한 가치가 있다.

생각하도록 사람들에게 '권고'하는 원리이다. 그리고 그것은 아마 다음과 같은 내용이 될 것이다. "경제적 도구적 관점에서만 생각하지 마라. 그 대신 어떤 것은 대지공동체의 온전함, 안정, 아름다움을 보전하는 만큼 옳거나 그르다고 생각하도록 노력하라." 레오폴드가 주장했듯이, 이 원리는 윤리적 고려를 대지로 확대 적용하는 것을 막는 장애물에 대한 도전이 될 것이다. 이것은 경제학적인 사고방식에 대한 도전이요, 대안이다. 그러나 이것은 대지를 위해 행위 해야 한다는 독립적 근거는 제공하지 못한다.

9.5 대지윤리에 대한 비판: 전체주의 윤리

대지윤리에 대한 두 번째 비판은 전체주의에 대한 것이다. 이러한 비판은 크게 두 가지로 나눌 수 있다. 첫째, 생태계의 가치를 정당화하는 것이 가능한가? 둘째, 그것의 윤리적 함의를 받아들일 수 있는가?

대지윤리의 전체주의 성향에 대한 가장 중대한 윤리학적 비판은 대지윤리는 전체의 선을 위해 개체의 선을 희생하는 것을 용인한다는 점이다. 우리가 '생명공동체'의 관점에서 옳고 그름을 정의한다면, 공동체의 선을 위해 개별 구성원 – 예를 들면, 인간 – 을 희생시킬 수 있다는 것이다. 예를 들어, 레오폴드는 생명 공동체의 안정과 온전함을 보전하기 위해 개별 동물들을 사냥할 수 있다고 본다. 그리고 그는 인간을 생명 공동체의 평등한 구성원으로 본다. 그렇다면 레오폴드의 입장에서는 대지 공동체의 온전함, 안정, 아름다움을 위해서는 인간사냥도 허용할 수밖에 없다는 결론이 나온다는 것이다.

이런 반론은 다양한 비판자들에 의해 다양한 방식으로 제기되어 왔다. 킬(Marti Kheel)은 윤리적 전체주의를 '토탈리즘'으로 규정하고 있고,

캐츠(Eric Katz)는 레오폴드의 입장이 개체에 대한 존중을 파괴한다고 주장한다.21) 또한 레건(Tom Regan)은 레오폴드의 입장을 '환경파시즘'이라고 부르면서, 다음과 같이 비판하고 있다.

> 권리에 기초한 환경윤리를 발전시키는 것의 어려움은 도덕적 권리의 개체주의적 성격과 자연에 대한 전체주의적 관점을 조화시키는 대에 있다. … 레오폴드는 여기서 후자의 입장을 잘 보여준다.… 그런데 이러한 견해는 '생명 공동체의 온전함, 안정, 아름다움'이란 명분아래 생명 공동체의 이익을 위해 개체를 희생시킬 수도 있다는 것을 함축한다. 이런 점을 감안할 때, 개체의 권리 개념이 환경파시즘이라고 불리는 견해와 화해하기는 어렵다.22)

이것은 중대한 비판이다. 따라서 대지윤리의 옹호자들이 이 문제에 대한 적절한 답변을 하지 못한다면, 우리는 다른 곳에서 환경윤리의 대안을 찾아야 한다.

이에 대한 한 가지 대안은 실용주의적 전체주의를 발전시키는 것이다. 가령 현재 나타나는 극심한 환경파괴를 전제한다면, 마치 생태계가 그 자체로 도덕적 지위를 가지는 것처럼(as if) 간주하는 것이 좋다는 것이다. 하지만 이것은 문제를 해결하는 것이 아니라, 문제를 연장시키는 것에 불과하다. 생명 공동체의 선과 개별 인간의 선이 충돌할 경우, 우리는 어떻게 해야 하는가? 공동체에 도덕적 지위를 부여하고, 공동체의 이익을 인간의 이익보다 중요한 것으로 간주할 것인가, 아니면 생태계

---

21) Marti Kheel, "The Liberation of Nature : A Circular Affair", *Environmental Ethics* 7 (Summer 1985), 135~149쪽. 그리고 Eric Katz, "Organicism, Community, and the Substitution Problem", *Environmental Ethics* 7 (Fall 1985), 241~256쪽.

22) Tom Regan, *The Case for Animal Rights* (Berkeley : University of California Press, 1983), 361~362쪽.

보전이란 허울을 벗어 던지고, 인간의 이익을 중시할 것인가? 전자의 경우라면 환경파시즘이란 비판에 직면할 것이고, 후자의 경우라면, 전체주의를 포기하는 것이 될 것이다.

이에 대한 또 다른 접근이 마리에타(Don Marietta)에 의해 이루어졌다.[23] 그는 윤리적 전체주의가 다양한 함의를 가질 수 있다고 주장한다. 그에 따르면, 앞서의 생명 공동체의 온전함과 안정에 대한 레오폴드의 문장은 생명공동체의 선이 옳고 그름의 1) 유일한(only) 원천이라는 것을 의미할 수도 2) 가장 중요한(most important) 원천이라는 것을 의미할 수도 3) 한 가지(one) 원천을 의미할 수도 있다.

마리에타는 생명 공동체의 선을 옳고 그름의 유일한 원천으로 보거나, 또는 가장 중요한 원천으로 보는 것은 정당화될 수 없다고 주장한다. 이러한 극단적인 입장은 인간을 오직 생물학적 존재로만 본다는 점에서 환원주의적이다. 하지만 인간은 생물학적 존재 이상의 존재이기 때문에, 만족할만한 윤리라면 인간과 관계된 광범위한 요인들을 모두 고려해야 한다. 그리고 그것은 인간이 자연에서 생물학적 역할을 갖고 있다는 사실을 포함하긴 하지만, 그런 사실에 제한되지 않는다.

그래서 마리에타는 윤리적 전체주의는 옳고 그름의 한 가지 새로운 원천을 윤리학에 도입하는 것으로 보아야 한다고 결론짓는다. 그리고 윤리적 전체주의는 그것을 옳고 그름의 유일한 또는 가장 중요한 원천이라고 볼 때에만 파시즘이란 비판에 무너지는 것이다. 그에 따르면, 우리는 몇 개의 구체적인 강력한 행위규칙들을 가지고 행위 판단을 하기에는 도덕적 상황이 너무 복잡하다는 사실을 인정해야 한다. 전체주의는 다른 이론들이 간과한 '상황의 복잡성'에 주목한 것이고, 따라서 그

23) Don E. Marietta, Jr., "Environmental Holism and Individuals", *Environmental Ethics* 10 (Fall 1988), 251~258쪽.

것을 신봉한다고 해서 필연적으로 환경파시즘에 빠지는 것은 아니다.

그러나 이런 식으로 레오폴드의 전체주의가 정당화될 것 같지는 않다. 레오폴드의 원리는 마리에타가 거부한 일종의 강력한 규칙으로 제안된 것으로 보이기 때문이다. 이 원리에 따르면, 어떤 것은 옳거나 그른 것이지, 어중간한 것은 없다는 것이다. 그래서 이 원리는 마리에타가 받아들이는 도덕 다원주의의 여지를 남기지 않는다. 그러나 이 두 견해를 종합할 몇 가지 방안이 있다.

첫번째 방안은 마리에타의 제안을 수용해, 도덕적으로 복잡한 세계에서 어떤 행위는 어떤 방식에서는 옳지만, 다른 방식에서는 그르다는 것을 인정하는 것이다. 예를 들면 농부가 수확량을 늘리기 위해서 습지를 메우는 것은 옳은 행위이면서 동시에 그른 행위일 수 있다. 생태중심적 관점에서 보자면, 이것은 그른 행동이다. 하지만 경제 파산에 직면한 그 농부 집안의 입장에서 보자면, 이것은 옳은 행동이다. 이런 경우, 옳고 그름은 단지 각각의 방향에서 좋은, 그럴듯한 이유가 제시될 수 있다는 것을 의미할 뿐이다.

두 번째 방안은 몰린(Jon Moline)의 해석에 따른 것이다.[24] 몰린의 해석은 레오폴드의 문장에서 '어떤 것(a thing)'이란 단어에 초점을 맞춘다. 몰린에 따르면, 여기서 '어떤 것'이 개별 행위를 의미한다면, 레오폴드는 여지없이 환경파시즘이란 비판에 직면한다. 그러나 '어떤 것'이 행위 유형, 또는 규칙, 태도를 의미한다면, 환경파시즘이란 비판은 적절하지 않다. 몰린은 전자의 입장을 '직접 전체주의'로, 후자의 입장을 '간접 전체주의'라고 부른다. 그리고 레오폴드는 간접전체주의로 읽혀져야 한다고 주장한다.

---

24) Jon Moline, "Aldo Leopold and the Moral Community", *Environmental Ethics* 8 (Summer 1986), 99~120쪽.

> 나는 레오폴드가 간접 전체주의자라고 주장한다. 즉 그는 전체주의적 기준을 행위에 직접 적용시키는 것이 아니라, 관습, 규칙, 지침, 태도에 대한 비판을 통해서 간접적으로만 행위에 적용시키기 때문이다. 그는 무엇보다도 우리의 행동이 사고방식과 욕구 방식에서 나온다는 점에 주목해, 사고방식과 욕구 방식을 비판한 것이다.[25)]

몰린의 주장은 7장에서 다룬 바 있는 성품의 윤리학과도 관련된다. 그에 따르면, 레오폴드의 '온전함과 안정' 의 원리는 인간의 성품, 태도, 성향, 사고와 욕구 방식에 대한 규범적 지침으로 간주되어야 한다. 그것은 우리가 어떤 종류의 사람, 어떤 성품을 가진 사람이 되어야 하는 것에 대한 것이지, 어떤 행위를 해야 하는가에 대한 것이 아니다.

하지만 비판자들이 보기에 직접 전체주의나 간접 전체주의나 결국은 별반 차이가 없다.[26)] 구체적 사례에서 간접 전체주의와 직접 전체주의는 같은 처방을 내놓거나 아니면 다른 처방을 내놓거나 둘 중의 하나이다. 만일 같은 처방을 내놓는다면, 이 두 가지는 실제 차이가 없는 것이다. 만일 다른 처방을 내놓는다면, 간접 전체주의는 전체주의가 아닌 셈이다. 왜냐하면 전체주의적 결론을 포기했기 때문이다.

그러나 이러한 비판은 구체적 상황에서 항상 하나의 확실한 처방이 존재하리라는 가정에서만 효력이 있다고 생각된다. 레오폴드는 생태학자도 어떤 것이 생명 공동체의 온전함과 안정을 보전할지 정확히 알 수 없다고 누차에 걸쳐 지적한 바 있다.

---

25) 같은 책, 105쪽.

26) 같은 책, 106쪽. 이 비판은 행위 공리주의와 규칙 공리주의의 논쟁으로 잘 알려진 것이다. David Lyons, *Forms and Limits of Utilitarianism* (Oxford, England : Clarendon Press, 1965), 118쪽.

> 보통 사람들은 오늘날 과학자들이 공동체의 작동방식을 정확히 안다고 생각한다. 그런데 이것은 사실 과학자들이 알지 못하는 것을 안다고 가정하는 것이다. 과학자는 공동체의 작동방식을 정확히 알 수 없다. 다만 그는 생명 메커니즘이 너무 복잡해서 그것의 작동방식을 완벽히 알 수 없다는 것만을 알 따름이다.[27]

생태계의 복잡성을 전제한다면, 그리고 생태계가 계속적으로 변화한다는 것을 전제한다면, 우리는 구체적 상황에서 어떤 것이 확실히 생태계의 온전함과 안정을 보전할 것이라고 생각해서는 안 된다. 하지만 그렇다면 행위에 대한 직접적인 지침으로서 레오폴드의 원리는 공허하고 부적절한 것이 되고 만다는 문제점이 발생한다.

이제 자연의 생태적 복잡성에 대한 레오폴드의 인식과 우리 세계의 도덕적 복잡성에 대한 마리에타의 인식, 그리고 몰린의 간접 전체주의를 종합해 문제 해결의 실마리를 찾아보자. 생태학은 자연의 생태계가 매우 복잡하다는 것을 가르쳐준다. 우리는 자연에 대한 기계론적 관점을 버리고, 생태계에 대한 급작스런 인위적인 조작에 대해 의심의 눈초리로 보아야 한다. 한편 마리에타는 도덕적 상황이 복잡하다는 점에 주목한다. 이 두 가지 관점을 결합한다면, 생태윤리는 근본적으로 불확실하다고 결론져야 한다. 즉 구체적인 사례에서 우리는 어떤 행위가 윤리적으로 타당한 행위인지를 결코 알 수 없다. 우리는 생태계에 대해 충분히 알 수 없고, 서로 대립하는 가치들이 서로 다른 방향에서 우리를 이끌 수 있다. 이런 상황에서 대안이 될 수 있는 것이 몰린의 제안이다.

이러한 상황에서 우리는 생태계의 온전함과 안정을 보전하는 경향이 있는 태도나 성향, 관습에 인도되어야 한다. 일반적으로 이것은 사랑,

---

27) Leopold, *Sand County Almanac*, 240~241쪽.

존경, 감탄의 태도이다. 실제 상황에서 이것은 자연 생태계에 대한 상대적으로 보수적인 태도를 함축한다. 그것은 인위적인 변화보다는 자연적이고 진화적인 변화를, 외래 동식물보다는 토착 동식물을, 급속한 변화보다는 느린 변화를, 환경문제에 대한 기계적이고, 인위적이고, 조작적인 해결책보다는 생물학적 해결책을 선호한다.

이러한 입장에서 레오폴드의 윤리는 행위나 행위 규칙이 아니라, 도덕적 성향, 또는 덕에 초점을 둔다. 우리는 어떤 행위나 결정이 올바른지를 정확히 구체적으로 규정할 수는 없다. 그러나 과연 어떤 사람이 책임 있게 행위 하고 있는가에 대해서는 적어도 판단할 수 있다. 그 사람이 '사랑과 존경'의 성품으로부터 행위 한다면, 그의 결정은 책임 있는 것이 된다. 생태학의 세계와 도덕의 세계의 복잡성을 고려한다면, 어떤 도덕규칙도 분명한 실천적인 충고를 제공하지는 않는다. 이러한 상황에서 우리가 할 수 있는 최선의 길은 어떤 인간이 내리는 최선의 판단에 의존하는 것이다. 여기서 이 사람은 생명공동체를 사랑하고, 존경하며, 감탄하는 사람이다. 그리고 그가 어떤 결정을 내리든지 간에, 그것은 윤리적으로 책임 있는 결정이다. 물론 그렇다할지라도, 과연 그가 내리는 판단이 어떤 것인지에 대해서는 미리 규정할 방법은 없다

레오폴드의 전체주의에 대한 최종적인 논의를 하기 전에, 먼저 숙고해 볼 것이 있다. 철학적 비판자들은 이러한 논리가 별 설득력이 없다고 볼 수 있다. 그들에 따르면, 덕 있는 사람이 어떤 행위를 하든 간에, 그것은 결국 표현될 수 있는 규칙(또는 격률)이라는 것이다. 그리고 그것은 유사한 상황에서 적용되거나, 적용되지 않거나 둘 중의 하나이다. 만일 적용되는 것이라면 우리는 행위를 지도할 규칙을 갖는 셈이고, 또한 그 규칙에 대한 철학적 검토 작업을 할 수 있게 된다. 반면 적용되는 것이 아니라면, 우리는 윤리를 포기하고, 우리의 판단을 자의적인 결정에 맡

기는 꼴이 된다.

하지만 꼭 그런 식으로만 바라볼 필요는 없다고 생각한다. 의료윤리에서 제기되는 다음의 예가 이러한 입장을 설명하는 데 유용할 것이다. 심각한 생리적 질환을 앓아 복잡한 기술 장치에 의지해서만 살 수 있는 경우가 최근 많아졌다. 상당수의 국가에서는 이에 대비해 '생전에 미리 행한 유언(living wills)'의 효력을 인성하는 법안을 통과시켰다. 그래서 사람들은 자기가 판단을 내릴 만한 능력이 있을 때, 미리 자신들의 생명 보조 장치를 제거할 조건을 규정할 수 있다. 우리는 여기서 자기 결정의 원리를 받아들이고 있는 것이다. 이러한 방식을 통해 자기 나름의 판단 능력이 있는 사람들은 의료 행위를 거부할 수 있다.

이 문제와 생태학자들이 처한 문제는 다르지 않다. 과학은, 이 경우에는 의학이 되는데, 종종 불확실하다. 인간의 신체 조직은 매우 복잡하기 때문에 의사는 환자의 증상을 확실히 알 수 없다. 따라서 유언장을 작성할 때, 사람들은 극단적인 불확실성에 처한다. 즉 자신이 처한 상황에 대해, 증상에 대해, 그리고 미래에 어떤 기술을 이용할 수 있는지에 대해 확실히 알 수 없는 것이다. 또한 그들은 도덕적 불확실성에 처해 있다. 생명 보조 장치를 떼야 한다는 것에 대해서도, 그리고 떼어서는 안 된다는 것에 대해서도 모두 그럴듯한 이유가 있을 수 있다.

사안의 복잡성을 감안해 우리는 유언은 직접적인 지침이 아니라 단지 간접적인 지침이어야 한다고 주장할 수 있다. 즉 유언장은 누가 의사결정을 할 자격이 있는지를 규정하는 것이지, 구체적으로 어떻게 의사결정을 해야 하는지를 규정하는 것은 아니라는 것이다. 그래서 우리는 사랑하는 사람—가령, 배우자, 부모, 자식—이 자기를 위해 결정할 자격이 있다고 유언할 수 있다. 그리고 이것은 그 사람이 내리는 결정이 어떤 것이든지 간에 그것은 올바른 결정이라는 것이다. 그 사람의 판단이 정당한 이유는 그 사람의 성품에 연유한다. 유언장을 작성하면서, 우리는 다음과 같은 생각을 한다. 그 사람은 나를 사랑하고, 또한 합리적이고, 사려가 깊으며, 감성 또한 풍부한 사람이기 때문에, 그는 복잡한 상황에서 나름의 최선의 결정을 내릴 것이다. 나는 이러한 결정이 사실 나조차도 명확히 할 수 없는 매우 어려운 결정이라는 것을 인정하며, 또한 결정이 어떻게 내리든지 간에 그 결정에 찬성하거나 반대하는 그럴듯한 이유가 있을 수 있다는 점을 인정한다.

이러한 해석은 레오폴드를 오늘날의 아리스토텔레스주의자들의 입장과 유사한 것으로 만든다. 아리스토텔레스 윤리학과 마찬가지로, 대지윤리는 어떤 궁극적인 도덕 규칙이나 원리를 옹호하는 것이 아니라 윤리적 성품의 형성에 초점을 맞추고 있는 것이다. 아리스토텔레스에 있어서, 도덕교육과 도덕 심리학은 윤리의 발전에서 중요한 역할을 담당한다. 이것이 그럴듯한 독해인가, 그렇지 않은가는 다시 논의해야 할 것이다. 여기서는 대지윤리에 대한 중대한 반론이 있긴 하지만, 대지윤리가 이러한 반론에 대응할 능력이 없지는 않다는 점만 지적하고자 한다.

이제 레오폴드의 전체주의적 윤리에 대한 마지막 반론을 살펴보자. 생태계의 가치를 정당화하는 것이 가능한가? 우리는 생태학자들이 생태계에 대한 서로 다른 모델들을 옹호해 왔다는 것을 보았다. 유기체 모델, 공동체 모델, 에너지 모델이 그것이다. 이 중 어떤 것이 대지윤리에 적절할까?

레오폴드는 때때로 유기체 모델을 채택한다. 대지는 그 자체 살아 있는 유기체이다. 어떤 방식에서 이것은 대지윤리에 가장 어울리는 모델이다. 생태계를 유기적 전체로 볼 때, 우리는 생태학적 사실에서 온전함과 안정, 건강, 복지 같은 가치와 관련된 개념들로 가장 잘 추론해 나갈 수 있다.

의학과 수의학은 이런 추론이 가능할 수 있다는 강력한 예를 제공한다. 개별 유기체의 정상적인 성장에 대한 과학적 이해가 있다고 전제한다면, 의학은 병을 진단하고, 건강을 증진시킬 능력이 있다고 할 수 있다. 만일 생태계가 개별 유기체와 비슷한 존재라고 판정된다면, 의학과 마찬가지로 생태학은 과학과 가치를 종합할 가능성이 있는 것이다.

그러나 우리는 이미 생태학자들이 유기체 모델을 버렸다는 사실을 알고 있다. 레오폴드는 생태전체주의를 주장하기 위해 생태학에 의존했지만, 생태학은 이제 유기체 모델이 부적절한 모델이라고 선언했다. 유기체 모델에 대한 고전적인 반론은 탠슬리의 저작에서 발견된다.[28)]

탠슬리는 생태계가 유기체라는 것은 단지 비유(metaphor)일 따름이라고 주장했다. 즉 생태계가 실제로는 유기체가 아니라는 것이다. 신체의 장기는 신체 안에서 존재하지만, 각 개별 생명체는 생태계 외부에서 존재한다. 그리고 생태계는 유기체와 달리 '통일성(unity)'과 '한정성(definiteness)'을 갖지 않는다. 따라서 생태계의 구성원들은 다른 체계로 들어가 그 체계의 구성원이 될 능력이 있다. 생태계의 구성원들이 갖는 이러한 독립성은 생태계의 구성원과 신체 장기가 서로 다르다는 점을 말해 준다.

그렇다면 레오폴드의 전체주의는 공동체-기능주의적 모델로 이해되어야 할 것이다. 여기서 생태계의 구성원들은 전체의 부분이나 신체의 장기가 아니라, 서로 기능적으로 의존하는 관계이다. 개별 유기체는 자기가 먹는 것과 자기가 먹히는 것과 관련해 생명공동체나 먹이사슬의 한 부분이다. 개별 유기체의 배열과 그들의 관계가 체계를 구성하는 것

---

28) Arthur Tansley, "The Use and Abuse of Vegetational Concepts", 284~307쪽. 또한 초기 논문인 "The Classification of Vegetation and the Concept of Development", *Journal of Ecology* 8(1920), 118~149쪽. 그리고 생태학의 역사에 대해서는 Donald Worster, *Nature's Ecology*를 참고할 것.

이다.

그러나 이러한 설명이 레오폴드의 윤리가 필요로 하는 부분을 제공하는가? 레오폴드는 공동체의 구성원이 아니라 공동체가 도덕적 고려 대상이라는 점을 분명히 했다. 그리고 공동체의 복지를 재는 척도는 '온전함과 안정'이다. 그런데 '유기체의 안정과 온전함'이라는 표현은 말이 되지만, 도대체 '먹이사슬의 안정과 온전함'이란 말은 무슨 말인가?

지금 문제가 되는 것을 고려해 보자. 레오폴드에 대한 지금까지의 독해에 따르면, 인간은 생명 공동체에 대한 사랑, 존경, 감탄으로부터 행위 해야 한다. 그러나 이것은 공동체가 자기 나름의 이익과 선을 갖고 있을 때만이 가능한 것으로 보인다.(만일 그렇지 않다면, 구성원들의 선을 확보하기 위한 수단으로만 공동체의 선을 위해 행동하는 것이다. 그리고 이것은 전체주의적 관점을 포기한다는 것을 의미한다.) 그러나 우리가 생명 공동체를 존경하고 사랑할 수 있다고 주장하는 것은 합리적인가? 레오폴드의 입장은 그렇다는 것이다. 공동체는 자기의 이익을 가지고 있으며, 그것의 이익은 그것의 온전함과 안정이기 때문에 공동체는 사랑받고 존경받을 수 있다는 것이다. 그러나 생명공동체를 온전함과 안정을 소유할 수 있는 종류의 것이라고 할 수 있을까?

특정 시점의 공동체는 그럴 수도 있을 것이다. 예를 들어, 작은 연못은 그것이 고갈되지 않을 때, 그리고 그것의 다양한 생명군집들이 유지되고 있을 때, 그리고 기후가 변화하지 않을 때, 그리고 인위적이거나 비토착적인 요소들이 개입되지 않을 때, 요약하면 그것의 기능적 관계들이 유지될 때, 온전함과 안정을 소유한다고 말할 수 있다. 그러나 우리가 앞에서 보았듯이, 생태계는 고정적인 것이 아니다. 자연의 생물학적, 화학적, 지질학적, 기후적 변화를 통해, 생명 공동체는 스스로 변화해간다. 그렇다면 우리는 특정한 온전함과 안정을 보전하기 위해 자연과정에 간섭할 것인가, 아니면 이들 자연과정이 계속되도록 방임해, 온전함과 안정에 대한 우리의 감정을 포기할 것인가 하는 선택에 직면한다. 올림픽공원의 염소와 옐로스톤의 늑대의 예는 이런 문제를 매우 드라마틱하게 제기한다.

그러나 아마도 생명 공동체는 공동체의 특정 구성원들이나, 특정 구성원들의 배열이 아니라, 생물학적 과정과 관계가 유지될 수 있는 조건을 말하는 것으로 이해될 수 있다. 그래서 생태계, 그것은 지금 지역(locale)과 비슷한 의미인데, 그것이 생물학적 과정을 유지할 수 있을 때 온전함과 안정을 가진다고 할 수 있다. 그래서 건강한 공동체는 영양분이 풍부하고, 침식되지 않은 표토와 산성화되지 않은 비, 그리고 살충제와 제초제가 없는 땅, 그리고 특정 종의 개체수가 지나치게 많지 않은 것을 의미한다.

하지만 이러한 답변에는 몇 가지 문제점이 있다. 첫째, 생태계의 건강이란 개념 안에 너무 많은 것을 집어넣고 있다는 점이다. 어떤 생물학적 과정은 스스로 가장 생태적으로 열악한 지역에서도 생존할 능력이 있음을 보여왔다. 예를 들어, HIV, 천연두, 마마 등은 생태학적 이상과 거리가 먼 조건에서 왕성하게 번성한다. 우리는 어떤 생물학적 과정이 체계의 건강에 이바지하고, 그렇지 않은가를 판단할 그 이상의 표준을 필요로 한다.

더욱 중요한 것은 이러한 답변은 대지윤리를 도구적이고 비전체주의적 가치에 근거 지우는 것으로 보인다는 점이다. 실제로 이러한 답변은 생태계의 온전함과 안정을 보전해야 하는 이유는 그것이 고유의 가치를 갖고 있기 때문이 아니라, 그것은 고유의 가치를 가지고 있는 다른 것들의 복지에 공헌하기 때문이라고 말하는 것이다.

9.6 캘리코트의 수정

1970년대 중반 이후로, 미국의 철학자 캘리코트(J. Baird Callicott)는 레오폴드의 대지윤리를 옹호하는 글을 광범위하게 써 왔다.[29] 캘리코트의 저작은 레오폴드의 사상에 대한 훌륭한 통찰을 보여 주며, 대지윤리에 대한 창조적 독해를 가능하게 해 준다. 캘리코트의 저술은 레오폴드의 접근이 환경윤리 연구의 풍부한 원천으로 남아있다는 사실을 증명해 준다.

자연주의적 오류라는 반론의 근저에는 사실(존재) 언명과 가치(당위) 언명사이에는 논리적인 차이가 있다는 전제가 깔려 있다. 사실언명은 인간의 판단과 독립적인 것이며, 따라서 객관적이다. 반면 가치언명은 인간의 판단에 의존하며, 따라서 주관적이다. 이렇게 본다면, 규범윤리의 주요 목표는 사실로부터 가치를 추리하는 것일지도 모른다. 그러나 사실만으로는 규범적 결론을 이끌어내는 데 충분하지 못하다.

캘리코트는 레오폴드를 흄(David Hume)과 스미스(Adam Smith)에서 시작해 다윈(Charles Darwin)을 거치는 윤리적 전통 안에 위치지움으로써 존재와 당위의 간격을 메우려 한다. 캘리코트에 따르면, 이 전통에서 윤리의 핵심은 도덕감(moral sentiment)이다. 이 전통에서 윤리는 느낌, 태도, 성향, 애정이라는 부르는 인간의 감정으로부터 나온다. 흄에 있어서, 동정(sympathy)은 인간의 가장 기본적인 감정 중의 하나이다. 인간은 다른 사람과 하나가 될 수 있고, 따라서 함께 하는 감정, 즉 동정을 느낄 수 있다. 윤리는 이 감정에서 유래한다. 그래서 윤리적 당위는 세계에 대한 단순한 사실에서 나오는 것이 아니라, 우리에 대한 사실에서 나오는 것이다.(존재와 당위의 차이를 그렇게 명확히 인식한 사람도 결국 흄이다.)

---

29) 캘리코트의 중요한 논문들 중 상당수는 *In Defense of the Land Ethic*에 실려 있다.

고의적 살인이 어째서 도덕적으로 잘못된 것인지 알아보려면 자신의 마음을 들여다보면 된다고 흄은 말한다. 우리 자신의 마음을 들여다보면 불승인의 감정(sentiment of disapprobation)의 감정을 발견할 것이고, 이것이 살인이 나쁜 이유이다. 악은 사실의 문제이다. 그러나 그것은 "우리 마음 안에 있는 사실이지, 대상에 있는 사실은 아니다."

도덕감이 어떻게 존재와 당위의 간격을 메우는지 알아보자. 순전히 서술적이고 사실적인 존재(is) 언명에서 시작해보자. 마당에 어린아이가 쓰러져 있고, 무릎에 상처가 났다. 아이는 울고 있다. 그는 나의 아들이다. 이 언명들로부터 내가 달려가서 아들을 달래고 돌보아야 한다고 우리는 결론지을 것이다. 왜 내가 아들에게로 달려가야 하냐는 물음에 대해 흄은 "그는 너의 아들이고, 너는 그를 사랑하기 때문이다."라고 답할 것이다. 흄에 따르면, 그가 나의 아들이라는 언명은 그 자체로 논리적으로 당위언명을 이끌어내지는 않는다. 그 언명은 추가언명과 결합할 때 당위언명을 이끌어 낸다. 여기서 추가언명은 나에 대한, 그리고 일반적으로는 인간에 대한 언명으로 부모는 자신의 아이를 사랑한다는 언명이다. 그리고 이 추가언명 또한 사실언명이다. 결국 가치판단은 인간심리의 기저에 그 뿌리를 두고 있다.

캘리코트는 이러한 접근이 다윈에서 더 발전되었으며, 이후에 레오폴드에 의해 선택되어, 대지윤리 안에서 통합되었다고 본다.

> 대지윤리에서 레오폴드가 (비록 생략하고는 있지만)분명히 암시하고 있는 다윈의 설명은 아마도 모든 포유류에 공통적인 부모와 자식의 애정에서 시작한다. 부모와 자손간의 애정과 동정의 끈은 가까운 친족들로 이루어진 작은 집단을 형성하게 해 준다. 가족 구성원을 결합시켜 주는 부모와 자식간의 애정은 우연히 덜 가까운 친족에로 확대되었고, 그로 인해 친족집단은 확대되었다. 그리고 새롭게 확대된 친족집단은 보

> 다 성공적으로 자신을 방어하고, 보다 효과적으로 자신을 부양할 수 있었다. 즉 그 집단의 구성원들의 포괄적 적응(inclusive fitness)이 증가한 것이다. 그래서 더 널리 퍼진 가족애는 전체 집단에 퍼지게 된다, 퍼진 가족애를 다윈은 '사회적 감정'이라고 부르는데, 이는 흄과 스미스를 그대로 계승한 것이다.[30]

사실과 가치의 간격을 메우는 애정과 동정의 감정은 이렇게 개인에서 확장되어 사회 전체를 포괄하게 된다. 레오폴드에 따르면, "대지윤리는 단순히 공동체의 범위를 땅, 물, 식물, 동물, 그리고 이것들의 집합적 표현인 대지에로 확대한 것일 뿐이다."[31]

캘리코트의 해석에서 레오폴드는 흄과 다윈이 속한 전통의 일부이다. 레오폴드는 가족과 공동체에 대한 유대를 생명공동체의 다른 구성원들을 포함하도록 확장할 것을 요구한다. 그래서 존재로부터 당위로의 추론, 생태계의 파괴라는 사실로부터 환경보호활동이라는 당위로의 추론은 아이가 아프다는 사실로부터 아이를 도와야 한다는 당위로의 추론과 논리적으로 동일한 것이다. 캘리코트에 따르면, 대지윤리의 논리는 다음과 같다.

> 자연선택은 인간에게 친족과 공동체 구성원에 대해 유대감을 느끼고, 도덕적으로 반응하고 하나됨을 느끼는 능력을 부여했다. 또한 오늘날 자연환경, 즉 대지는 하나의 공동체로 생각된다. 따라서 환경윤리 또는 대지윤리는 가능하고 동시에 필요하다. 여기서 대지윤리가 가능하다는 것은 이제는 생명심리학적, 인지적 조건이 성숙되었다는 것이고, 필요하다는 것은 인간이 집단적인 힘에서 자연의 온전함, 다양성, 안정을 깨

30) Callicott, "Conceptual Foundations of the Vand Ethic", 79쪽. 캘리코트는 이러한 주장의 근거로서 다윈의 『인간의 유래』, 특히 4장을 인용하고 있다.

31) 레오폴드, 앞의 책, 239쪽.

뜨릴 능력을 획득했기 때문이다.[32)]

이러한 해석은 레오폴드를 탁월한 지적 전통의 일부로 위치시키지만, 전혀 문제가 없는 것은 아니다. 아마 가장 중대한 반론은 주지하듯이 감정은 윤리의 기초로는 불안정하다는 것이다. 인간은 동정과 애정, 협력에서 행위 할 때도 있지만, 이기심과 증오, 경쟁에서 행위 할 때도 있다. 그렇다면 인간의 본성은 인간들간의 유대감의 기초도 되지만, 정반대로 단절의 기초도 된다. 그래서 다음과 같은 문제가 제기된다. 왜 대지에 대해 나는 증오감이 아니라 동정을 확대해야 하는가? 우리는 대지에 대해 부정적인 감정이 아니라 긍정적인 감정을 개발해야 하는가?

가족과 공동체의 복지라는 명분을 내걸고 생태계의 온전함, 안정, 아름다움을 파괴하는 상황이 발생한다는 점을 인정한다면, 이 반론은 실천적으로 중요한 의미를 지닌다. 예를 들어, 세계의 많은 지역에서 가족들의 생계를 위해 사람들은 열대우림, 야생지, 멸종 위기에 처한 종을 파괴한다. 그런 경우 도덕감은 생태계를 보호하기보다는 파괴하는 유인으로 작용할 것이다. 대지윤리를 도덕감에 근거해 정립하려 한다면, 이런 감정의 이름으로 대지를 파괴하는 사람들에게 할 말이 없게 된다.

이 문제는 흄의 윤리학에 대해 칸트가 제기했던 비판과 같은 것이다. 칸트가 보기에 인간의 심리는 윤리학의 충분한 기초가 될 수 없다. 왜냐하면 그것은 만일 당신이 그를 염려한다면, 그에게 해를 가해서는 안 된다는 정도의 단지 조건적인 명령만을 부여하기 때문이다. 하지만 칸트가 보기에 윤리학은 이성적 존재라면 반드시 지켜야 할 절대적인 명령을 부과할 수 있어야 한다. 당위는 개인의 감정, 태도, 느낌에 의존해서는 안 된다.

---

32) Callicott, 앞의 글, 83쪽.

하지만 철학자들도 해결하지 못한 문제를 레오폴드에게 요구하는 것은 공정하지 못한 것이다. 칸트의 온갖 노력에도 불구하고, 철학자들은 이 문제에 대한 합의에 아직 도달하고 있지 못하다. 캘리코트는 대지윤리의 윤리적 기초에 대해 사려 깊지만, 논쟁을 유발하는 해석을 한 바 있다. 서양의 주류 철학은 최소한 정언(절대)명령의 가능성과 비교해 볼 때, 대지윤리의 윤리적 기초가 확고한 것은 아니라고 본다. 어쩌면 서양 철학자들이 윤리학에 너무 많은 것을 요구하는 것인지도 모른다. 우리가 바랄 수 있는 최선의 것은 감정과 동감, 사랑에 기초한 윤리학일 수도 있다. 그리고 그것은 윤리학의 출발점으로 그리 나쁜 것만은 아니다.

전체주의에 대한 반론에 캘리코트는 다음과 같이 대응한다. 캘리코트에 따르면, 대지윤리는 형이상학적 전체주의를 채택하는데, 이것은 상당한 윤리적 함의를 지닌다. 우리는 8장에서 이미 레오폴드의 형이상학적 전체주의에 대한 캘리코트의 해석을 만난 바 있다. 기능과 에너지라는 생태학의 용어를 사용해 레오폴드의 먹이피라미드를 설명하면서, 캘리코트는 관계와 전체의 형이상학적 우위를 주장한다.

> 생태학은 유기체의 다른 유기체와 환경간의 관계를 다루는 학문이다. …대상의 존재론적 우위와 관계의 존재론적 종속이 고전적인 서양과학의 특징이었는데, 이것은 생태학에서 완전히 역전된다. 즉 유기체가 생태적 관계를 규정하는 것이 아니라, 생태적 관계가 유기체의 본질을 규정한다. 종은 그것이 생태계의 적소로 적응할 때, 자신의 본질을 획득하는 것이다. 체계 자체, 즉 생태계가 그것의 구성요소들을 말 그대로 형성하고 만드는 것이다.[33]

또 다른 곳에서 캘리코트는 다음과 같이 말한다.

---

33) 앞의 글, 87쪽.

> 근대 생물학의 관점에서 종은 생태계의 적소에 자신을 적응시킨다. 다른 유기체(포식자, 먹이, 기생생물, 죽은 유기체)와의 현실적 관계, 그리고 물리적, 화학적 조건(기온, 복사열, 염분, 바람, 토양, 물pH)과의 현실적 관계가 자신의 외적 형태, 즉 신진대사 과정, 생리 과정, 재생산 과정을 규정하고, 심지어는 자신의 심리적, 정신적 능력마저도 결정한다.[34]

근대 생태학에 기초해 캘리코트는 "각 부분의 본질은 전체에 대한 그것의 관계를 통해서 결정되기 때문에, 사물보다는 관계가 우선하며, 구성요소보다는 생태계가 논리적으로 우선한다"고 주장한다.[35] 그래서 생태학적 전체주의는 우리를 실재 배후의 본질로 안내한다. 캘리코트는 생태학은 형이상학적 함의만 지니는 것이 아니라, 윤리학적인 결론에로 나아간다고 믿는다.

> 생태학적 관점에서 개별 유기체는 분화되긴 했지만 연속적인 전체에 비해 덜 분명한 대상이기 때문에, 자아와 타자의 구분은 흐릿해진다.… 상상력을 통해 자기 내부로부터 밖으로 이동함에 따라, 나 자신과 나의 환경의 명확한 경계를 발견하기가 불가능하다.… 실로 세계는 나의 확대된 몸이다.[36]

그래서 "나를 관계로 보는 것은 이기주의를 환경주의로 전환시킨다." 나는 자연과 하나이고, 따라서 자연을 보호하는 것이 나 자신의 이익이기 때문이다. 즉 환경주의와 이기주의는 서로 통하는 것이다. 여기서 캘

34) Callicott, "The Metaphysical Implication of Ecology", in *In Defense of Land Ethic*, 110쪽.

35) 같은 글, 110~111쪽.

36) 같은 글, 112~113쪽.

리코트는 생태학에서 형이상학으로, 그리고 다시 윤리학으로 추론한 것이다. 그리고 형이상학은 생태학적 사실과 윤리적 가치로의 다리 역할을 한다.

여기서 두 가지 문제가 제기된다. 과연 생태학은 캘리코트가 주장하는 전체주의를 채택할 근거를 마련해주는가? 그리고 전체주의는 타당한 환경윤리에로 우리를 이끄는가?

놀랄 필요 없이 캘리코트의 주장은 중대한 문제에 봉착한다. 첫째, 8장의 생태학 모델에 대한 우리의 논의에서 보았듯이, 생태학자들은 캘리코트가 대지윤리에 귀속시킨 기능주의적, 에너지 모델이 자연에 대한 정확한 서술인지에 대해 아직 합의하지 못했다. 더욱 중요한 사실은 과학적 관찰에서 형이상학적 결론을 이끌어내려는 시도에 대해서는 주의할 필요가 있다는 것이다. 실제로 대부분의 철학자들은 형이상학과 인식론이 과학보다 앞선다고 주장한다. 과학적 주장과 관찰은 무엇이 실재이고, 무엇이 알려질 수 있는가에 대한 일련의 가정을 전제하기 때문이다. 과학은 철학적 가정 없이는 시작할 수 없기 때문에, 과학으로부터 철학적 결론을 이끌어내는 것은 논점선취이다.[37)]

현재 우리의 관심 사항은 생태학에서 형이상학으로의 추론보다는 형이상학적 전체주의로부터 환경주의라는 윤리로의 추론이다. 캘리코트는 개인의 목적적 가치는 서양철학의 전제라는 점을 상기시킨다. 우리가 기억하듯이, 동물해방론이나 생명중심주의 등의 윤리적 확대주의에서는 목적적 가치가 핵심 주제였다. 캘리코트는 인간 이외의 자연물에 목적

---

37) 이 주장을 제기하는 통찰력 있고, 설득력 있는 글로는, Andrew Brennan, *Thinking About Nature : An Investigation of Nature, Value, and Ecology* (Athnes : University of Georgia Press, 1988), 그리고 Karen Warren & Jim Cheney, "Ecosystem Ecology and Metaphysical Ecology : A Case Study" in *Environmental Ethics* 15(1993 여름), 99~116쪽.

적 가치를 부여하는 것보다는 생태학적 전체주의가 더 중요한 것이라고 말함으로써 이 문제에 대답한다. 인간은 목적적 가치를 소유한다고 가정되며(만일 인간이 목적적 가치를 갖고 있지 않다면, 상황은 어떻게 될까?), 그리고 우리의 자아와 자연을 명확히 구분할 수 없기 때문에, 자연에 목적적 가치를 부여하는 것은 정당하다는 것이다.

그러나 자아와 자연의 이러한 종합은 형이상학적 종합이기는 하지만, 심리학적 종합은 아니다. 캘리코트의 주장이 설사 형이상학적으로 타당하다 할지라도, 우리 대부분에 있어서 자아와 자연의 구분은 명확하고, 직접적이고, 현실적인 것이다. 확실히 나는 나와 자연이 하나라는 것을 믿지 못하겠다. 레오폴드와 캘리코트를 따라 흄의 입장에서 말하자면, 나는 나와 자연이 하나라는 것을 '느끼지(feel)' 못한다. 자아와 타자 사이에 확고한 경계(그것이 형이상학적인 것이든, 아니면 자연적인 것이든)가 없다는 주장은 그 자체로 우리가 무엇을 해야 하는가를 확립할 만큼 충분한 것은 아니다. 실제로 여기서 자연주의적 오류의 문제가 다시 제기된다.

캘리코트의 형이상학적 전체주의에서 도출될 수 있는 윤리적 결론을 살펴보자. 자아가 형이상학적으로나 심리학적으로나 자연계와 하나가 된다고 가정하자. 그렇다면 나는 무엇을 해야 하는가? 캘리코트는 새로운 '계몽된 자기이익'에 기초해 나는 이전에 나에게 부여했던 목적적 가치를 자연계에 부여해야 한다고 주장한다. 그러나 이것은 이전에 자연에 부여했던 도구적 가치를 나에게 확대하는 것은 아닌가? 왜 나는 전체의 선을 위해 나를 희생하는 것을 주저해서는 안 되는가? 더 일반적으로 말한다면, 더 큰 선의 이름 아래 인간의 목적적 가치를 상실하는 것이 아닌가? 파시즘의 유령이 배회하고 있는 것이다.

윤리학적 전체주의에 대한 반론은 전체의 복지를 위해 개인의 복지를 희생해서 되겠느냐는 것이다. 원래 개인에게 부여했던 목적적 가치가 전체로 이전됨에 따라, 개인은 목적적 가치가 없는 상태로 방치될 가능성이 제기되는 것이다. 우리가 우리의 애정을 자아에서 대지에로 확대함에 따라, 자아는 완전히 전체에 함몰되어, 도덕적 지위를 상실하게 될지도 모른다.

캘리코트는 확실히 이런 반론에 대답할 수 있는 토대를 자기 내에 갖고 있다. 때때로 그는 우리는 '우리의 둥지가 되는 중첩되는 여러 공동체(nested and overlapping communities)'안에 존재한다고 말하면서, 처음에는 우리의 애정이 자아와 가족에로 제한된 중심서클에서 이후에 점차 더욱 큰 공동체로 확대된다고 주장한다.[38] 이 모델에 의하면, 우리는 가까운 내부집단에 이전에 부여했던 최초의 우선적 가치를 부정하지 않으면서도 도덕적 고려가능성의 자격을 대지에로 확대할 수 있다. 그러나 내부집단, 즉 나나 가족에 대한 책임과 외부 집단, 즉 생태계와 야생지에 대한 책임이 서로 충돌하는 상황이 벌어진다면, 나는 어떻게 해야 하는가? 만일 외부집단에 충실하다면, 파시즘이란 비판이 제기될 것이고, 나와 가족 같은 내부 집단에 충실하다면, 전체주의는 자연계의 윤리적 지위를 발전시킨 것이 아닌 셈이다. 그렇다면 문제는 전혀 해결된 것이 아니다.

이러한 논의를 통해서 배운 것은 무엇인가? 우리는 레오폴드의 영감있고, 독창적이고 장중한 저작에서 너무 많이 벗어났다. 레오폴드의 주장을 반론으로부터 방어하면서, 우리는 우리 자신이 철학적 논의에 깊이 빠져, 환경문제에 대한 논의로부터 상당히 이탈했음을 알았다. 그러

38) 이러한 견해는 캘리코트의 다음 글에서 가장 선명하게 나타나다."Animal Liberation an Environmental Ethics : Back Together Again", in *In Defense of Land Ethic*, 3장.

나 이것은 철학의 계속적인 필요성을 보여주는 하나의 증거다. 이 책 전체를 통해서 보았듯이, 환경문제는 우리가 어떻게 살아야 하는가 하는 근본적인 문제를 제기한다. 우리는 이 근본적인 문제가 쉽게 답변되리라고 기대해서는 안 될 것이다.

9.7 요약 및 결론

대지윤리는 일련의 중대한 철학적 반론에 대해서 만족할 만한 해명을 하지 못했다. 하지만 그럼에도 불구하고, 레오폴드의 작업은 환경에 대한 철학적 반성의 가능성을 보여주었다. 아마도 그가 행한 최대의 공헌은 생태계와 관계에 주목해 생태적 전체가 진지한 도덕적 대우를 받을 가치가 있다는 것을 보였다는 점이다. 다만 이러한 고려가 직접적인 도덕적 지위인가, 아니면 간접적인 도덕적 지위인가 하는 문제는 더 탐구해야 할 문제이다.

생각해 봅시다

1. 농부와 목장주인들은 가축을 보호하기 위해, 코요테나 늑대와 같은 포식동물을 죽여도 되는가? 이것은 이익이 상충하는 사례인데, 정부는 이 문제에 어떻게 대처해야 하는가?
2. 당신은 옐로스톤 생태계에 늑대를 다시 도입하는 계획에 찬성하는가? 만일 그렇다면, 그 이유를 말해보라.
3. 사슴의 개체수가 지나치게 많을 때, 사슴 사냥을 해야 하는가, 아니면 해서는 안 되는가? 이와 관련해 싱어나 레건의 입장과 레오폴드의 입장을 비교해 보자. 여러분은 어떤 입장을 지지하는가? 그리고 그 이유는 무엇인가?
4. 인간이 생명 공동체의 평등한 시민이라는 견해에 동조하는가? 인간을 자연의 지배자로 보는 입장과 평등한 시민으로 보는 입장도 아닌 그 중간입장은 없는가?
5. 레오폴드는 지구가 생명성을 지닌 일종의 유기체라고 주장한다. 살아 있는 유기체와 무생물의 차이는 정확히 무엇인가? 지구는 과연 살아 있은 존재인가?
6. 지구에 대해 '건강한'. '건강하지 못한'이라는 표현이 가능한가? 그러한 표현은 단지 비유에 불과한가? '건강한' 생태계가 의미하는 것은 도대체 무엇인가?
7. 1장에서 질문된 문제, 즉 자연적인 것은 모든지 다 좋은가 하는 문제로 돌아가자. 이 문제에 대한 여러분의 생각은 그때나 지금이나 마찬가지인가, 아니면 변했는가?

10장. 근본생태주의

사례 10 : 환경운동 - 합법과 비합법

과학과 철학은 한계가 있다. 과학과 철학의 역할은 환경 파괴의 심각성을 깨닫게 하는 데 그친다. 즉 과학적, 철학적 분석을 통해 어떤 결론에 도달한다 할지라도, 그것을 어떻게 공공정책에 반영할 것인가 하는 정치적 문제에 직면한다. 가령 우리는 과학적, 철학적 추리를 통해 야생지를 보전하거나, 멸종 위기에 처한 종을 보호하는 것이 옳다는 확신에 도달할 수 있다. 그러나 그렇다고 문제가 해결되는 것은 아니다. 즉 공공정책 차원에서 이러한 결정에 도달하기 위해서는 어떻게 해야 하는가 하는 문제는 또 다른 문제이다. 이런 문제는 특히 생태 이익을 보호하는 것이 상당한 경제적, 정치적 비용을 요구할 때 제기된다. 환경이익과 견고하고 강력한 기업과 정부의 이익은 자주 충돌한다.

미네랄 킹 계곡도 바로 이런 경우에 해당한다. 여기에서는 월트 디즈니 사와 미 산림청이 동맹을 맺고 기업과 정부의 이익을 대변하고 있고, 시에라 클럽이 환경이익을 대변하고 있다. 시에라 클럽은 자신의 의사를 관철시키기 위해 소송이라는 전통적인 방식에 의존했다. 지난 20년 동안 소송은 환경운동의 중요한 정치 전략의 하나였다.

환경운동은 소송의 형태 이외에도 행정부와 입법부, 더 나아가 민간 부문에서도 나타났다. 그 구체적인 예로는 입법을 위한 로비활동, 편지 보내기 운동, 특정 정치 후보 지원, 월요집회, 시위행진, 불매운동 등이 있고, 이것들은 현대환경정책에 다양한 영향을 미쳤다. 이러한 행동들은 기존 제도권 내에서의 활동을 통해서 효과적인 변화가 가능하리라는 가정에서 나온 것이다.

그러나 법적 장치가 제대로 기능하지 못할 때, 어떻게 해야 하는가 하는 문제가 발생한다. 정치과정은 사회문제에 대한 반응이 느리기로 악명 높다. 그리고 법이 개입하기 전에 회복 불가능한 환경 침해가 발생할 수 있다. 더욱이 비판자들이 보기에 현재의 정치 경제 체제는 당면한 환경문제에 상당 부분 책임이 있다. 오염 유발자와 개발론자들의 경제적, 정치적 영향력, 느슨한 법 집행, 언론의 편견과 불충분한 보도, 이기심, 경쟁, 소비를 부추기는 경제 체제, 자기 재산을 거의 마음대로 사용하는 것을 허용하는 사유재산 제도는 제도권 내의 활동의 효과를 감소시키는 요인들이다. 그렇다고 해서 비합법

(illegal) 운동이 정당화될 수 있는가?

비합법 활동은 두 가지로 구분할 수 있다. 오랜 전통을 갖고 있는 시민불복종이 그 하나고, 다른 하나는 에코사보타지(ecosabotage), 또는 에코테러리즘(ecoterrorism)이라고 불리는 것이다.[1)]

시민 불복종의 역사는 소크라테스, 예수에서 시작해 소로우와 간디, 마틴 루터 킹을 거쳐 현재에 이르고 있다. 시민 불복종은 도덕적인 이유에서 정부 정책에 반대해, 그것을 저지하기 위한 수단으로 법에 불복종하는 것이다. 시민 불복종의 주요 옹호자들은 대부분 비폭력을 고수했고, 공개적으로 자신의 행동에 대한 책임(처벌)을 감수했다.

환경운동가들의 행위 상당 부분이 시민불복종에 해당된다. 그린피스가 시민불복종으로 가장 유명한 단체일 것이다. 그린피스 대원들은 출입이 금지된 핵실험지역에 배를 타고 들어가고, 오염을 비난하는 깃발을 걸기 위해 굴뚝에 기어올라가고, 포경선의 작업을 방해하고, 포경선으로 돌진하기도 한다. 이러한 행동은 형법에 저촉되거나 경범죄에 해당되는 일이긴 하지만, 인명이나 재산에 대해서는 별 위험을 주지 않는다. 이러한 행동을 지지하는 사람들은 미국에서 20세기의 민권운동가의 시민불복종이 정당한 것처럼, 자신들의 행동도 정당하다고 주장할 것이다.

또한 지금은 사람들이 환경문제의 심각성을 이제서야 서서히 인식하기 시작한 수준에 불과해, 다수의 대중들이 문제의 심각성을 제대로 알지 못하기 때문에, 정상적인 정치적, 법적 절차를 가지고는 변화가 이루어지고 어렵다고 주장할 수도 있다. 시민 불복종 행위는 언론에 보도되고, 환경운동가의 체포와 재판이 여론화된다면, 여론의 주목을 이끌어내고, 대중의 행동을 유도하는 매우 효과적인 수단이다. 법의 위반에서 오는 부정적 결과를 최소화하고, 행동이 신중하고 비폭력으로 이루어졌고, 또한 결과도 좋았다면, 시민불복종은 정당화될 수 있을 것이다.

또한 우리가 아무런 정치적 행동도 하지 않는다면, 환경 파괴는 더욱 심각해질 것이다. 이 점을 고려해 볼 때 시민 불복종은 정당화될 수 있을 것이다. 하지만 그렇다고 해서 시민불복종 이외의 다른 형태의 운동도 정당화되는가? 가령 민간인이나 민간기업에 대한 불법적 행동은 정당화될 수 있을까? '멍키렌치'(방해전략)라 불리는 사유재산 침해 행위는 도덕적으로 정당화될 수 있는가? 그리고 '에코테러리즘'이라 불리는 개인에 대한 폭력은 정당화될 수 있는가?

'멍키렌치(monkey wrenching)'라는 용어는 애비(Edward Abbey)의 소설 『멍키 렌치

---

1) 이러한 구분에 대한 탁월한 논의는 Michael Martin, "Ecosabotage and Civil Disobedience", *Environmental Ethics* 12 (Winter 1990), 291~310쪽.

갱』이란 소설에서 시작하는 일련의 글을 통해 유명해졌다. 얼스 퍼스트!란 급진적 환경운동단체는 대놓고 멍키렌치를 옹호하지는 않았지만, 사실상 조장하는 측면이 없지 않다. 드볼(Bill Devall)에 따르면, 멍키 렌치는 특정 장소의 환경 파괴에 사용되는 조형물을 의도적으로 못쓰게 하는 행위로 정의된다.[2] 예를 들어, 배의 기어나 벌목장비를 해체해 못쓰게 만드는 것이다. 드볼은 에코사보타지 또는 '에코타즈(ecotage)'를 '어떤 장소를 방어하기 위해 환경파괴와 관련된 기술적, 관료적 행위가 이루어지지 못하도록 하는 것'이라고 정의한다. 멍키 렌치의 전형적인 예에는 나무에 쇠못 넣기(커다란 쇠못을 나무에 넣어, 벌목을 못하게 한다), 공사차량이나 벌목차량의 가스 탱크에 모래 뿌리기, 전력선 절단 등이 있다. 동물해방운동단체가 동물을 구하는 과정에서 실험실을 파괴하는 것도 마찬가지로 재산침해 행위라고 볼 수 있다.

시민 불복종과는 달리, 멍키 렌치와 에코사보타지는 발각되지 않기 위해 야밤에 행해지곤 한다. 예를 들어, 1986년 세퍼드 해 보전협회는 항구에 정박해 있던 아이슬란드 국적의 포경선 두 척을 침몰시켰다. 이들은 야밤에 은밀히 배에 잠입해 해수판을 열어, 배를 가라앉혔다. 이것은 시민불복종행위와 달리 일종의 재산침해 행위이며, 폭력적인 행위는 아니지만, 인명이 죽거나 다칠 가능성이 있다. 벌목꾼들이 벌목 도중 톱이 쇠 대못과 부딪혀 부상당한 것은 잘 알려진 일이다.

세퍼드 해 보전협회 대원들은 두 척의 배를 침몰시켰지만, 세 번째 배를 침몰시키는 것은 포기했다. 왜냐하면 야간 경비원이 배에 승선해 있는 것을 발견했기 때문이다. 그들은 미리 사람은 다치지 않게 하기로 결의했던 것이다. 이것은 1985년 있었던 프랑스 정부의 그린피스 대원에 대한 조치와 대조된다. 그린피스는 프랑스가 핵무기 실험을 계획했던 제한 해역으로 그들의 배 '레인보우 전사(Rainbow Warrior)'를 띠웠다. 프랑스 정부는 위조 여권을 가진 정보부원을 뉴질랜드로 잠입시켜, 레인보우 전사를 침몰시켰다. 그리고 배가 침몰하면서 그 시간 배에 타고 있었던 승무원이 죽었다.

이것은 서구의 전통에서 정부가 사회적 목표를 성취한다는 명분 아래 폭력과 살인을 정당화해 왔던 것을 상기시킨다. 폭력이 정당화되는 명분은 두 가지인데, '정당방위'와 '정의로운 전쟁' 이 그것이다. 다른 대안이 없는 상황에서 죄 없는 생명을 보호하기 위해 폭력을 사용하는 것은 우리 문화에서 어느 정도 승인되어왔다. 그렇다면, 인간이 아닌 다른 생명을 보호하기 위해 폭력을 사용하는 것도 정당화될 수 있는가? '정당방위'나 '정의로운 전쟁' 같은 명분이 생태문제에도 확대 적용될 수 있는가?

---

2) Bill Devall, *Simple in Means, Rich in Ends : Practicing Deep Ecology* (Layton, UT : Gibbs Smith Publishing, 1988).

10.1 서론

여기서는 근본생태주의(Deep Ecology) 운동을 검토하겠다. 대지윤리와 달리, 근본생태주의는 하나의 원천으로부터 발전된 것도, 그리고 체계적인 철학도 아니다. '근본생태주의'란 개념은 탈인간중심적 이론 일반을 지칭하기도 하고[3], 때로는 노르웨이의 철학자, 네스(Arne Naess)의 매우 전문적인 철학인 '생태철학 T'를 지칭하기도 하는 등, 매우 다양하게 사용된다. 최근 근본생태주의는 주로 네스와 드볼(Bill Devall), 세션즈(George Sessions)의 저작에서 발전된 환경문제에 대한 접근을 가리키는 것으로 통용된다.[4] 여기서도 이것을 다룰 것이다.

'근본적(deep)'과 '피상적(shallow)'의 구분은 1973년 네스에 의해 처음 도입되었다.[5] 네스는 '피상적 생태운동'을 '오염과 자원 고갈에 대한 투쟁'에만 관심 있는 운동으로 규정한다. 그것의 핵심 목표는 '선진국 국민의 건강과 풍요'를 보호하는 것이다. 반면 근본생태주의는 '환경 안에 있는 인간'이란 관점을 거부하고, 전체주의적이고 탈인간중심적인 접근에 동조해 '관계적이고, 전체 장(total-field)적'인 관점을 취한다.

네스의 취지를 살려 쉽게 설명하자면, 이것은 증상과 근본 원인의 관

---

3) 예를 들면, '근본적'과 '피상적'의 구분은 반디비어와 피어스의 저작에도 나온다. Donald VanDeVeer and Christine Pierce, *People, Penguins, and Plastic Trees* (Belmont, CA : Wadsworth, 1986), 69~70쪽. 여기서 피상적 생태주의는 자연은 인간의 필요, 이익, 선과 독립된 어떤 독자적인 가치도 갖고 있지 않다는 입장을 지칭하고, 근본적 생태주의는 자연은 인간의 이익과 무관하게 자기 고유의 가치를 갖고 있다는 입장이다.

4) 다음을 참고할 것. Arne Naess, *Ecology, Community, and Lifestyle* (Cambridge, England : Cambridge University Press, 1989). Bill Devall and George Sessions, *Deep Ecology : Living as if Nature Mattered* (Salt Lake City : Peregrine Smith Books, 1985).

5) Arne Naess, "The Shallow and the Deep, Long-Range Ecology Movement", *Inquiry* 16 (1973), 95~100쪽.

계로 설명할 수 있다. 오염과 자원 고갈의 문제에 초점을 맞추는 피상적 접근은 직접적이고 단기적인 효과만 노린다. 재채기와 기침이 우리의 일상생활을 피곤하게 하는 것처럼, 오염과 자원 고갈은 산업사회의 생활양식을 피곤하게 한다. 하지만 의사가 기침과 재채기의 근본원인은 도외시한 채 그것의 대증적 증상만 문제삼는 것이 잘못인 것처럼, 환경 운동가들이 그것의 사회적 인간적 원인을 검토하지 않고, 오염과 자원 고갈을 문제삼는 것은 잘못이다.

물론 '근본생태주의'는 다양한 접근 방식을 지칭한다. 그 중에서도 근본생태주의가 철학적 접근인 이유는 현재의 환경 위기는 근본적인 철학적 이유에서 찾을 수 있다는 그들의 신념 때문이다. 따라서 그들의 관점에서 보자면, 현재 위기에 대한 '치료책'은 철학적 관점을 근본적으로 바꿀 때에만 가능하다. 이러한 변화는 개인 차원의 것이기도 하지만, 사회문화 차원의 것이기도 하다. 따라서 기본적인 경제적, 이데올로기적 구조를 바꾸어야 한다.[6] 요약하면, 우리 자신도 변해야 하지만, 문화도 바뀌야 한다. 드볼과 세션즈에 따르면, 이러한 변화는 완전히 새로운 것이 아니라, '오래 전부터 있었던 것을 자각하는 것'이다. 이것은 '생태의식'을 계발하는 것이며, '인간과 식물, 동물, 지구의 통일성'을 인정하는 '생태적, 철학적, 영성적 접근'이다.[7]

철학 운동으로서 근본생태주의는 환경 파괴에 책임 있는 지배적인 세계관을 비판하는 동시에 그것의 대안이 될 수 있는 철학적 세계관을 제시하려 한다. 급진적 환경운동가들 중의 상당수는 — 예를 들면 얼스 퍼스트! — 근본생태주의가 자신들의 운동을 정당화하는 철학을 제공한다

6) Arne Naess, "A Defense of the Deep Ecology Movement", *Environmental Ethics* 6 (Fall 1984), 264쪽.

7) Devall and Sessions, 앞의 책, ix쪽.

고 본다.

그러나 철학적 세계관의 급진적 변화에 대한 요구는 곧바로 중대한 반론에 직면한다. 급진적 변화는 정의(定義)에 의해 그것의 출발점(현재의 세계관)과 다른 것인데, 현재의 세계관에 휩싸인 우리가 어떻게 그것을 이해하고 설명할 수 있는가 하는 문제가 제기되기 때문이다. 자신의 개인적, 문화적 세계관이나 이데올로기에서 나와, 그것을 전적으로 다른 것과 어떻게 비교할 수 있을까?

근본생태주의는 이러한 과제를 해결하기 위해 다양한 전략을 채택한다. 여기에는 시민 불복종과 에코사보타지 등의 정치활동도 포함되지만, 시, 불교, 영성주의 등 다양한 수단이 포괄된다. 그 중에서도 가장 유용한 전략은 아마도 일반원리에 관한 '강령(platform)'에 우선 합의하는 것이다. 강령은 다양한 근본생태주의 운동이 통합될 수 있는 핵심으로 작용한다. 이것을 근본생태주의에 대한 논의의 출발점으로 삼겠다.

10.2 근본생태주의의 강령

근본생태주의자들은 현재의 위기 상황을 해결하기 위해서는 개인적, 사회적 관행을 바꾸는 정도로는 부족하고, 세계관을 근본적으로 바꿔야 한다고 생각한다. 이와 관련해 근본생태주의자들은 두 가지 방향 모색을 한다. 우선, 변화를 위해 요구되는 일을 하는 것이다. 근본생태주의자들은 과학자, 예술가, 활동가로서의 그들의 작업이 이러한 변화를 위한 것으로 생각한다. 다른 한편에서 근본생태주의자들은 현재의 위기에 책임 있는 지배적인 세계관을 대체하기 위한 대안적 철학을 발전시키려 한다. 네스는 그런 문제를 다루고, 대안적 세계관을 모색하는 분야를 생태철학(ecophiolosophy)으로, 그리고 그 중의 특정 움직임을 생태지혜

(ecosophy)라고 부른다. 어떤 변화를 위해 취할 수 있는 전략이 여러 개 있을 수 있듯이, 생태지혜 또한 여러 개가 있을 수 있다.

근본생태주의자들의 의도와 취하는 형태가 다양하다는 점을 감안해, 네스와 세션즈는 강령을 그들이 가진 공동의 원리로 이해하고 발전시켰다. 이 원리는 운동의 성격을 설명해 주고, 정당화하는 근거를 제시한다. 따라서 이것은 철학적 사변에는 별 관심이 없다. 강령은 그것에 대한 다양한 철학적 해석을 가능하게 할만큼 일반적인 것으로, 그리고 실제 문제에 대한 피상적 접근과 근본적 접근을 구분할 수 있을 만큼 특수한 것으로 의도되었다.[8]

네스와 세션즈는 다음 8개의 원리로 구성된 강령을 발표한다.[9]

1.인간과 지구상에 존재하는 모든 생명체의 번성은 본질적(intrinsic) 가치를 지닌다. 생명체의 가치는 협의의 인간의 목적에서 나오는 유용성과 무관하다.

2. 생명의 풍요로움과 다양성은 그 자체로 가치 있고, 인간과 지구상에 존재하는 모든 생명체의 삶이 번성하는 데 이바지한다.

3. 인간은 없어서는 안될 본질적 (vital) 필요를 충족시키는 경우를 제외하고는 생명의 풍요로움과 다양성을 축소시킬 권리가 없다.

4. 현재 자연계에 대한 인간의 간섭은 과도하며, 상황은 급속히 악화되고 있다.

5. 인간의 삶과 문화의 번성은 인구의 근본적인 축소가 있어야 가능

8) 이러한 구분에 대해서는 로덴버그의 서문을 많이 참고했다. David Rothenberg의 "Introduction" to Naess, *Ecology, Community, and Lifestyle*.

9) 강령은 드볼과 세션즈의 책, 5장에서는 '기본 원리(basic principles)'로, 네스의 책에서는 '강령(platform)'으로 표현되고 있다. Naess, *Ecology, community, and Lifestyle*, 26～27쪽.

하다. 자연계의 번영도 인구 축소를 필요로 한다.

6. 더 나은 삶의 조건의 중요한 변화는 정치적 변혁을 필요로 한다. 그리고 정치적 변혁을 통해 기본적인 경제적, 기술적, 이데올로기의 구조를 변화시킬 수 있다.

7. 이데올로기의 변화는 생활 수준의 향상에 접착하는 것이 아니라, 삶의 질의 의미를 인식하는 것이다. 큰(big) 것과 위대한(great) 것의 차이에 대한 심대한 자각이 있어야 한다.

8. 이점을 인식하는 사람들은 필요한 변화를 위해 각자에게 요구되는 행동을 할 의무가 있다.

이들 원리들은 실제 환경문제와 관련된 다양한 구체적인 주장을 설명하고 지지한다. 예를 들어, 열대우림의 계속적인 파괴와 관련해, 우리는 원리 1, 2, 3에 호소할 수 있다. 또한 원리 5와 7은 자원 보전, 인구문제, 소비 문제, 원자력 문제와 관계된 에너지 문제를 다루는 데 중요하다.

강령은 생태학이 근본생태주의에 미치는 영향을 잘 보여준다는 점도 중요하다. 어떤 의미에서 생태학은 원리 4와 5의 직접적인 이유를 제공한다. 그리고 원리 1과 2의 의미를 설명하고 방어하는 데에도 관계된다. 그리고 생태학은 비환원주의적, 전체주의적 세계관을 뒷받침한다는 의미에서 생태철학에 중요하다.

이제 생태학과 철학의 관계에 대해 살펴보자.

10.3 생태학과 생태철학

대지윤리와 마찬가지로, 근본생태주의도 여러 가지 이유에서 생태학에 의존한다. 우선 생태학은 자연 생태계의 작동 방식에 대해 정보를 많이 준다. 생태학은 환경의 무질서를 진단하고, 무질서를 교정하는 정책을 입안하는 데 필요하다. 그래서 생태학은 자연 생태계에 대한 이해의 기반인 동시에, 여러 평가와 추천이 이루어지는 기반이다.

더 구체적으로 이야기하자면, 생태학은 환경문제에 대한 섣부른 기술적 처방에 대해 경고한다. 레오폴드가 다룬 문제를 다시 다루면서 네스는 환경 변화에 대한 무익하고, 강압적인 접근 방식에 대해 논의한다. 그에 따르면, 생태학과 보전생물학에서 나온 결론은 "종종 무지에 기반한 것"이다. 즉 "과학자들은 심지어는 작은 규모의 생태계에 대해 새로운 화학적 소재가 미치는 결과도 정확히 예측할 수 없다". 과학적 무지를 감안할 때, 입증 책임은 자연계에 대한 개입 정책을 주장하는 사람에게 있다.

> 왜 간섭론자에게 입증 책임이 있을까? 생태계는 일반적으로 특정한 안정 상태에 있으며, 이러한 상태가 간섭과 그로 인해 야기되는 예측 불가능하고 광범위한 변화 상태보다는 인류에게 유익하다고 볼 나름의 이유가 있다. 일반적으로 간섭이 심각한 바람직하지 못한 결과를 산출한 후에 이를 원래 상태로 복원시키는 것은 불가능하다.[10]

따라서 생태학은 철학에 많은 공헌을 한다. 이는 과학이 윤리학적 분석에 공헌하는 것과 마찬가지 방식이다. 생태학적 지식을 가질 경우, 우리는 세계에 대해 더 잘 알 수 있고, 윤리적 평가와 처방을 더 잘 내릴 수 있게 된다. 생태학적 이해는 새로운 통찰을 제공하기 때문에, 생태학에 기반한 윤리학은 새로운 가치 평가와 처방을 내릴 수 있다고 기대할 수 있다.

---

10) Naess, *Ecology, Community, and Lifestyle*, 26~27쪽.

그러나 네스는 생태학에 지나치게 의존해서는 안 된다고 경고한다. 과학으로서 생태학은 근본생태주의자의 목표에 공헌할 수 있지만, 생태학이 환경문제에 대한 궁극적 판단자라고 생각해서는 안 된다. 생태학을 궁극적 과학이라고 보는 입장을 네스는 '생태학주의(ecologism)'라고 부르면서, 그것의 위험성을 지적한다.

생태학주의에는 두 가지 서로 관련된 위험이 도사리고 있다. 첫째, 생태학을 '모든 것을 포괄하는 세계관'으로 볼 위험이다. 이것은 마치 생태학이 모든 환경문제에 대한 해결책을 제시할 수 있는 것처럼 볼 때, 발생한다. 생태학주의는 생태학의 개념을 지나치게 일반화하고 보편화한다.[11] 물론 과학으로서 생태학은 자연계를 이해하는 데 중요한 공헌을 한다. 하지만 상당수의 문제들이 인식론적이고 철학적인 측면을 가진다는 점을 인식해야 한다. 생태학은 철학적 분석에 대한 대안은 아닌 것이다.

네스는 생태학이 근본적인 철학적 물음에 대한 사유 모델을 제공할 수는 있다고 믿는다. 이러한 물음에는 "개체란 무엇인가?", "어떤 것이 본질적 가치와 도덕적 지위를 갖는가?"등과 같은 물음이 포함된다. 생태학은 이런 물음에 대한 새로운 접근 방식을 제시할 수 있고, 이러한 접근은 대안적인 생태철학을 발전시키는 데 도움이 된다. 그러나 이러한 모델은 그것의 도움을 받아 발전된 철학적 입장의 타당성을 증명해 주지는 않는다.

두 번째 위험은 우리가 개별 문제에 대한 해결책을 생태학에 과도하게 의존할 때 발생한다. 환경문제에 대한 신속한 기술적 처방을 바라는 '피상적 희망'으로 말미암아, 생태학을 개별 문제에 대한 과학적 답변을 제공해 주는 또 다른 과학으로 볼 가능성이 있다. 근본생태주의의 기본

---

11) 같은 책, 39~40쪽.

취지에 어울리게, 네스는 야생지 파괴와 멸종 같은 환경문제는 우리가 어떻게 살아야 하는가에 대한 근본적 물음과 관계된다고 본다. 그런데 현 상황의 지속을 바라는 사람들은 이런 철학적 문제가 갖는 정치적 함축을 애써 회피하려는 경향이 있다.

'생태과학'의 발전에 따라 물리학과 기계론에 기초한 모델은 무너지고, 생태학적 모델이 부상하고 있다. 그런데 '생태과학'은 단순히 하나의 피상적인 접근을 또 다른 피상적 접근으로 대체하는 데 이용될 가능성이 있다고 네스는 우려한다. 그렇게 된다면, 생태학은 증상을 다루는 단지 하나의 새로운 수단으로 전락하면서, 환경 위기의 근본 원인을 깊이 탐구하려는 시도를 좌절시킬 것이다. 그렇다면 생태학은 보다 근본적인 문제에 대한 이탈이 될 수 있다. 그러면서 문화의 기본 가정을 문제삼는 운동을 탈선시키려는 정치 전략의 일부로 생태학이 이용될 위험이 있다. 네스는 이와 관련해 근본생태주의 운동의 정치적 성격을 분명히 해야 하며, 그러기 위해서는 '탈 정치화 전략에 대한 투쟁'을 전개할 필요가 있다고 주장한다.[12] 예를 들어, 생태학에 의존하는 것은 시민들을 소극적으로 만들고, 정책 결정을 전문가에게 맡기게 할 수 있다. 또한 생태학의 모델 중에는 19세기 사회진화론과 유사한 자유방임적 태도를 공고히 하는 모델도 있다.

10.4 형이상학적 생태학

앞에서 제시되었듯이, 과학으로서의 생태학은 환경 위기의 배경이 되는 근본적인 문제에 대한 사유 모델을 제공한다. 생태학에서 영감을 얻어, 근본생태주의자들은 다양성, 전체주의, 상호의존성, 관계 등과 같은

12) 같은 책, 130~133쪽.

문제에 내해 생태학으로 통찰하는 대안적 세계관을 추구한다. 따라서 근본생태주의는 환경위기의 뿌리를 근본적인 철학적 원인에서 찾는 입장이라고 규정된다. 이러한 입장에 따르면, 기본적인 세계관과 관행을 바꿔야 환경문제는 해결될 수 있다. 이러한 근본 문제에는 "인간의 본질은 무엇인가?", "인간과 자연의 나머지 부분과의 관계는 어떤 것인가?" 등이 포함된다. 이러한 물음은 전통적으로 형이상학의 문제였다. 그래서 근본생태주의는 윤리학과도 연관되지만, 형이상학과 존재론과도 연관된다. 여기서는 형이상학적인 문제를 다루겠다.

근본생태주의자들은 현재의 환경문제들 중 상당 부분의 원인이 근대 산업사회의 지배적인 철학에 전제되어 있는 형이상학에 있다고 본다. 근본생태주의는 과학적 생태학이 아니라, 형이상학적 생태학에 초점을 맞춘다.

근대 산업사회에 뿌리를 두고 있는 지배적인 형이상학은 기본적으로 '개체주의적'이고 '환원주의적'이다.[13] 이것은 개체만이 실재한다고 주장하면서, 대상을 가장 기본적인 요소로 환원함으로써 실재의 기본적인 수준에 접근한다. 그리고 그것에 따르면, 가장 기본적인 요소들이 무엇이든 간에, 요소들은 엄밀한 물리적 법칙에 따라 서로 관계를 맺는다. 그리고 지배적인 세계관은 인간을 자연의 나머지 부분과 근본적으로 다른 존재로 본다. 개별 인간으로서, 우리는 '마음' 또는 '자유의지', 또는 '영혼'을 갖고 있는데, 이것이 우리를 나머지 자연을 지배하는 엄격한 기계적 결정론으로부터 해방시켜 준다. 지배적인 세계관은 '형이상학적 전체주의'를 거부한다.

지배적인 세계관에 대한 거부가 근본생태주의의 형이상학에서 핵심이다. 생태학으로부터 단서를 얻어, 근본생태주의의 형이상학은 개체 인

---

13) Devall and Sessions, 앞의 책, 3장.

간이 자연으로부터 독립되어 있다는 관점, 즉 이른바 '자연 안의 인간(man in nature)'이란 관점을 거부한다. 대신 그들은 형이상학적 전체주의를 신봉한다. 그것에 따르면, 우리 인간은 주변 환경의 일부이지, 그것과 분리된 존재가 아니다. 인간은 환경의 다른 요소들과의 관계에 의해 구성된다. 중요한 의미에서 환경은 — 여기에는 생명과 무생명이 다 포괄되는데 — 우리 인간이 어떤 존재인지를 규정한다.

'관계적, 전체-장적 이미지'에 대한 네스의 주장에서 보이듯, 그는 우리 인간이 관계에 의해 형성된다고 본다. 인간들간의 관계, 그리고 인간과 자연의 관계가 없다면, 인간은 말 그대로 지금과는 완전히 다른 존재가 될 것이다. 인간을 사회적, 자연적 환경으로부터 고립된 개체로 환원시키는 철학은 근본적으로 잘못된 것이다.

오스트레일리아의 철학자이자 근본생태주의자인 폭스(Warwick Fox)는 이점을 다음과 같이 말한다.

> 존재의 장(場)에서는 확고한 존재론적 구분이 불가능하다. 즉 인간과 비인간적 영역의 이분법은 존재하지 않는다.… 그것의 경계를 인정하는 만큼 근본적인 생태의식이 부족한 것이다.[14)]

어떤 의미에서 근본생태주의자들은 개체의 실재성 — 최소한 서양철학에서 말하는 — 을 부정한다. 체계, 즉 '전체 장' 안의 관계로부터 분리되어 존재하는 개체는 있을 수 없다. 인간의 본성은 자연과 분리될 수 없다. 인간을 개체로 보는 관점은 지배적인 세계관이 인간을 보는 관점이고, 이것은 실재에 대한 왜곡으로, 매우 위험하고 잘못된 형이상학이다.

---

14) Warwick Fox, "Deep Ecology : A New Philosophy for Out Time?", *Ecologist* 14 (1984), 5~6, 194~200쪽. 그리고 드볼과 세션즈의 책, 66쪽.

여기에서 보이듯 확실히 근본생태주의의 내용은 철학과 관련된다. 그리고 그것은 확실히 서양철학의 주류로부터의 급진적 이탈이다. 그러나 앞에서 보았듯이, 관점의 근본적 변화에 대한 요구는 그것을 이해하는 데에 어려움이 있다. 하지만 우리는 그러한 입장을 이해할 수 있다는 희망을 가지고 다음과 같이 접근하고자 한다.

우선 우리는 생태학에서 힌트를 얻어 출발할 수 있다. 생태계를 태양에너지와 화학에너지가 흐르는 에너지 회로로 본다면, 개별 유기체를 화학적, 생물학적 과정보다 덜 영구적이고, 덜 실재적인 존재로 볼 수 있다. 개별 유기체는 왔다가 사라지지만, 과정은 환경 조건이 허용하는 한 계속된다. 개별 유기체는 화학적 과정이 일어나는 장소(location)로 생각할 수 있다. 네스의 용어를 빌자면, 개별 유기체가 다른 실체와의 관계에 의해 구성된다는 형이상학적 결론을 생태학은 '제안하고, 고취하며, 강화한다'.

이러한 결론에 도달하는 또 다른 접근 방식은 '개별 유기체가 살아 있다는 것'의 의미가 무엇인가를 고찰하는 것이다. 최소한 일정한 화학적, 생물학적 과정이 계속되어야만 개별 유기체는 살아 있다. 이 과정이 그치면, 유기체의 삶도 그친다. 그래서 유기체가 생존하기 위해서는 먼저 과정이 있어야 한다. 과정이 존재할 때, 삶도 존재한다, 따라서 과정은 삶의 필요충분조건이다. 화학적, 생물학적 과정은 삶의 필요충분조건이기 때문에, 과정은 개별 유기체보다 더 실재적이거나, 최소한 개별유기체만큼은 실재적이라고 말할 수 있다.

이와 유사한 주장이 생명물리학자인 모로비츠(Harold Morowitz)에 의해 행해졌다.

> 근대 생태학의 관점에서 보았을 때, 모든 생명체는 흩어져 사라지는

> (dissipative) 구조이다. 즉 그것은 그 자체로 지속되는 것이 아니라, 체계에서 에너지의 연속적인 흐름의 결과로 지속된다. … 이러한 관점에서 개체의 실재성은 의심스럽다. 왜냐하면 그것은 그 자체로 존재하는 것이 아니라 우주의 에너지 흐름의 국지적 요동으로서만 존재하는 것이기 때문이다. … 다음의 예가 이런 사실을 이해하는 데 도움이 된다. 흐르는 물줄기의 소용돌이를 생각해 보자. 소용돌이는 영원히 변화하는 물분자로 이루어진 구조이다. 그것은 과거 서구적 의미의 실재로 존재하지 않는다. 그것은 물의 흐름이 있을 때만 존재하는 것이다. 흐름이 멈추면 소용돌이도 사라진다. 같은 의미에서 생물학적 실체가 이루어지는 구조는 일시적이며, 고정적이지 않은 실체이다. 그것은 구조와 형태를 유지하기 위해 에너지의 항상적 흐름에 의존하는 계속 변화하는 분자들로 이루어진다.[15]

끝으로 '개체주의'(individualism)라는 개념을 살펴봄으로써 형이상학적 생태학을 더 잘 이해할 수 있다. 보통 우리는 개체라는 말이 의미하는 것이 무엇인지를 잘 알고 있다고 생각한다. 보통 우리는 개체(individual)를 명사로 사용하지만, 그 말은 형용사로 사용할 때 정확한 것이 된다.

밖에 나가 자기가 본 개체(individual)들을 세어 보라는 명령을 받았다고 가정해 보자. 아마 여러분들은 그것의 의미가 개체 인간을 세어 보라는 말로 이해할 수도 있겠지만, '어떤 개체요'라고 물어볼 수도 있을 것이다. 이것은 개체에 대해 말할 때, 우리는 이미 우리의 경험을 특정 방식으로 결정하는 형이상학 또는 세계관을 채택했다는 것을 말해 준다.

---

15) Harold Morowitz, "Biology as a Cosmological Science", *Main Currents in Modern Thought* 28(1972), 156쪽. 캘리코트는 이 부분을 인용하면서, 세밀히 검토한다. J. Baird Callicott, "Metaphysical Implication of Ecology", *Environmental Ethics* 9(1986), 300~315쪽. 여기서 캘리코트는 17세기 물리학에서 기계론적 모델이 나왔던 것처럼, 이것을 대치하는 생태학에서도 '공고한 형이상학적 합의'가 나오고 있다고 주장한다.

우리의 일상언어는 고립되고 분리된 유기체들이 가장 실재적이라는 형이상학을 전제하는 것으로 보인다. 그러나 마찬가지로 개체 공동체, 개체 생태계, 개체 종, 개체 화학적 순환을 언급한다고 가정해보자. 또는 개체 신체부분, 개체 장기, 개체 세포, 개체 분자, 개체 원자 등을 언급할 수 있다고 가정해보자. 개체 인간은 더 큰 개체(예를 들면, 종이나 생태계)의 부분이거나 더 작은 개체(예를 들면, 장기, 세포)의 집합체로 볼 수 있다.

이것의 의미는 세계는 '개체'와 '전체'같은 범주로 처음부터 나눠지지는 않는다는 것이다. 오히려 세계를 이해하는 특정 방식이, 그리고 세계를 이해하는 특정 필요가 개체로 간주되는 것과 전체로 간주되는 것을 결정한다. 근본생태주의에 따르면, 지배적인 세계관은 개체와 주위환경의 인위적 구분을 전제한다. 이 형이상학은 그것이 환경 파괴를 결과함으로써 위험한 것임이 판명되었다. 생태학에 의해 고취된 대안적 형이상학을 통해 우리는 환경문제를 극복할 수 있다.

10.5 형이상학에서 윤리학으로

근본생태주의에서 철학적으로 가장 도전적인 측면은 형이상학이고, 형이상학에서규범이론이 도출된다. 이 책의 전반부에서 우리는 표준적인 윤리이론들이 어떻게 환경문제에 적용되는지를 살펴보았다. 그때 나는 환경문제와 관련해 전통 윤리학이 한계점에 도달했다고 주장하는 최근의 비판자들에 대해 언급한 적이 있다. 근본생태주의를 중심으로 대안적 입장이 전통적 입장과 어떻게 얼마나 다른지 살펴보자.

환경문제는 새로운 윤리학뿐만 아니라 새로운 형이상학을 요구한다. 여기서는 근본생태주의자들이 형이상학적 생태학에서 윤리적, 정치적 관심으로 넘어가는 과정을 살펴본다. 환경철학의 목표는 실재에 대한 대안적 방식에 대한 형이상학적, 인식론적, 윤리학적 설명을 제공하는 것이다.

서양의 철학적 전통에서 가장 근본적이고, 공통적인 구분은 객관성(objectivity)과 주관성(subjectivity)의 구분이다. 서양의 주류 형이상학은, 특히 존재론 분야는 실재의 본질을 고찰하는 분야이다. 여기서 실재 세계는 인간과 독립해 존재하는 것으로 간주된다. 이것이 객관 세계이고, 과학의 목표는 이러한 실재를 이해하는 것이다. 그러한 한에서 과학적 주장은 '참되고', '객관적'인데, 그 이유는 과학적 주장이 실재와 대응하기 때문이다.

인간(주관)은 세계를 해석하고, 판단하고, 지각하며, 가치 평가하며, 감정을 느낀다. 이러한 인간적 요소들은 '주관적'이다. 그리고 그것들은 인간에 의존하기 때문에, 실재 세계에 대한 '객관적' 진리로 오해되어서는 안 된다.

이러한 구분은 인식론 및 윤리학과 관련하여 중요한 함의를 갖고 있다. 근본생태주의자들은 이러한 구분이 자연을 이해하고, 가치 평가하는 데 부정적인 영향을 미친다고 믿는다. 인식론에서 그러한 구분을 따르게 되면, 자연에 대한 객관적 기술은 측정될 수 있고, 검증될 수 있다고 보게 된다. 반면 자연에 대한 주관적 판단은 자의적이고, 예측 불가능하며, 편견적이고, 검증 불가능하다. 객관적인 기술은 합리적이고 참일 수도 있지만, 주관적인 판단은 그럴 수가 없다. 윤리학에서 가치(당위)에 대한 주관적 판단은 사실(존재)에 대한 객관적 기술에서 도출될 수 없다.

이러한 구분을 정교하게 하기 위해, 17세기의 철학자들은 제 1(primary)성질과 제 2(secondary)성질을 구분한다. 제 1성질은 대상 안에 존재하는 성질로, 대상을 참되고, 객관적으로 표현하는 것으로 간주된다. 크기, 형태, 질량, 연장, 운동이 제 1성질의 예이다. 그것들은 대상 안에 존재하는 성질이다. 반면 제 2성질은 대상과 관찰자의 상호작용의 결과로 존재하는 것이다. 대상의 색깔, 감촉, 맛, 냄새 등이 제 2성질에 해당된다. 그것들은 그것들을 경험하는 인식자가 있어야만 존재할 수 있다. 제 2성질은 인식자에게 의존하기 때문에 주관적인 것이지, 대상 그 자체의 일부는 아니다.

이러한 시각에서 보자면, 과학의 역할은 대상의 제 1성질을 완벽하게 기술하는 것이다. 제 1성질은 모두 수학적 개념으로 기술될 수 있기 때문에, '참된' 세계는 수학적 물리학과 역학의 세계가 된다. 예를 들어 '참된' 나무는 색깔을 갖고 있지 않다. 나무들은 빛의 파장만을 반영할 뿐이다. 그래서 만일 우리가 다른 눈을 갖고 있다면, 나무도 다르게 보일 것이다. 또한 나무는 '무겁지' 않고, 다만 질량을 가질 뿐이다. 만일 우리가 지금보다 더 크고, 힘센 존재라면, 나무는 지금 보이는 것처럼 무겁지 않을 것이다. 그래서 색깔, 무게, 취미 같은 제 2성질에 대한 기술은 과학적으로 부적절한 것이 된다. 그것들은 참되지도, 합리적이지도, 객관적이지도 않다.

제 3(tertiary)성질에 대한 판단은 자연물에 대한 한층 더 복잡한 기술로, 제 2성질에 대한 기술보다도 덜 객관적이고, 덜 참되다. 예를 들어, 나무를 '장엄하다', '아름답다', '경외감을 불러일으킨다'고 서술하는 것은 단지 개인의 의견을 말하는 것뿐이다. 색깔은 대상과 주체의 상호작용(굴절된 빛의 파장과 신경세포의 반응)을 통해서 존재하는 것이지만, 아름다움은 전적으로 관찰자의 눈에서 존재하는 것이다.

이러한 구분과 이러한 구분으로부터 나오는 가치적인 결론들이 어떻게 주관과 객관의 구분에 의존하는지를 알아보자. 근본생태주의자들은 인간 주체가 본질적으로 자연계에 속하는 것으로 생각한다. 이렇게 생각할 경우, 주관과 객관, 실재적인 것과 지각된 것, 사실과 가치의 이분법의 근거는 취약해진다. 물론 우리는 이러한 구분을 여전히 할 수 있고, 또 이러한 구분은 우리에게 편리한 면이 있긴 하지만, 그것이 가진 형이상학적 우선성은 사라진다. 실재 세계는 '외부에' 존재하지 않으며, 우리와 분리되어 존재하지도 않는다. 우리는 실재 세계 안에서 존재한다. 우리의 지각, 판단, 가치 평가는 과학의 추상적 판단만큼이나 실재적인 것이다. 또한 우리의 가치 평가와 판단은 과학적 판단만큼 합리적이고, 참되고, 객관적이다.

이제 이러한 구분이 환경문제에 대한 논의에서 어떤 역할을 수행하는지 살펴보자. 지배적인 세계관을 신봉하는 사람들은 종종 환경론자들을 이성보다 감정을 앞세우는 감상주의자(sentimentalist)로 취급한다. 지배적인 세계관에 따르면, 떡갈나무는 실제로는 탄소, 산소, 질소의 순환 과정에서 나름의 역할을 하는 탄소와 물분자가 모인 것뿐이다. 만일 순환 과정에서 떡갈나무의 기능을 대체할 기술적 수단을 개발할 수 있다면, 탄소를 가구나 목재 같이 더 유용한 용도에 사용하는 것이 더 합리적이다. 떡갈나무의 '장엄한' 모습을 보전하기 위해 개발에 반대하는 것은 단지 감상적인 감정일 뿐이다. 그런 감상적이고, 감정적인 입장은 의사결정에 부적절한 것이다. 지배적인 세계관에 따르면, 그러한 입장은 합리적이지도, 객관적이지도, 과학적이지도 않다.

> 개발론자와 보전주의자의 대립은 실재하는(real) 것을 경험하는 데 나타나는 어려움을 보여준다. 보전주의자들이 실재로서 경험하고 보는 것을 개발론자들은 경험하고 보지 못한다. 그리고 그 역도 마찬가지이다. 보전주의자들은 숲을 하나의 통일체, 게스탈트로 보고 느낀다. '숲의 심장'에 대해 말할 때, 그들은 '기하학적 중심'에 대해 말하는 것이 아니다. 개발론자들은 숲의 양을 보고, 숲을 관통하는 도로는 전체 숲의 작

> 은 부분만을 차지한다고 주장한다. 그리고 그 정도의 일에 난리법석을 피우냐고 주장한다. 그리고 보전주의자의 주장에 대해, 도로는 숲의 중심을 건드리지 않는다고 주장할 것이다. 그러면서 숲의 심장은 구했다고 생각할 것이다. 이러한 차이는 윤리적인 것이라기보다는 존재론적인 것이다.… 보전주의자들이 보기에, 개발론자들은 일종의 심한 맹목증에 걸려 있다. 어떤 환경윤리를 채택하느냐는 실재를 바라보는 방식에 달려 있다.[16]

많은 근본생태주의자들에 따르면, 개체와 자연을 구분할 수 있어야 객관적 판단과 주관적 판단도 구분할 수 있다. 이러한 구분은 과학과 기술의 판단을 인식론적으로 정당화된 것으로 보는 반면, 윤리학과 미학의 가치평가적 판단을 부정적인 것으로 보는 근거를 제공한다. 근본생태주의자들이 개체와 자연의 구분에 도전하는 것은 결국 객관과 주관의 구분에 도전하는 것이다. 그리고 이것을 통해 야생의 가치와 아름다움에 대한 가치판단이 과학적 판단만큼 합리적으로 정당화될 가능성이 열린다.

네스는 단순한 감정적 반응과 감정의 폭발이 합리적 판단은 아니라는 점을 신중하게 인정한다. 단순한 감정 표현은 합리적인 논증과 대화로 연결되지는 않는다. 하지만 강렬한 감정에 의해 촉발된 가치판단은 '명확한 인지적 기능'을 갖는다. 숲의 파괴에 대한 분노의 감정이나 '파괴를 그만둬라!' 같은 명령은 그 자체로 참인 문장도 거짓 문장도 아니다. 하지만 '산허리가 파괴되었다'는 판단은 합리적 평가에 열려져 있고, 참일 수도 있다. 생태철학이 해결해야 할 과제는 환경에 대한 판단이 참이고 합리적인 것으로 증명될 수 있는 조건을 규명하는 것이다.

이 문제에 대한 네스의 접근은 관계적 속성과 게스탈트(Gestalt)[17]의

---

16) Naess, *Ecology, Community, and Lifestyle*, 66쪽.

개념과 관련해 설명될 수 있다. '파괴되었다' 같은 속성은 네스가 게스탈트 또는 총체성(totality)이라고 부른 맥락에서만 이해될 수 있다. 환경보전주의자와 개발론자는 서로 다른 실재를 경험한다. 그들의 개념과 지각은 서로 다른 맥락에서 발생하고, 서로 다른 개념과 지각에 관계된다. 이러한 맥락을 가정한다면, 이들의 판단은 모두 의미 있고, 그러한 방식에서 '합리적'이다. 동시에 둘 중의 어느 것도 자신이 '더 잘 실재를 반영한다'고 특권을 주장할 수 없다.

하지만 문제는 보전주의자와 개발론자는 무엇을 해야 하는가에 대해 서로 다른 결론을 내놓고 있다는 것이다. 그들의 실천적 처방은 서로 다른 게스탈트에 놓여 있는 것이다. 그리고 각각의 게스탈트가 의미 있다면, 그리고 둘 중 어느 것도 특권적 지위를 누릴 수 없다면, 우리는 어떤 행위가 더 합리적인가를 결정할 방도가 없다. 과연 보전주의자의 세계관과 개발론자의 세계관 중에서 우리는 어떻게 판단해야 하는가?

어떤 의미에서, 합리적 대화는 이 지점에서 끝난다. 각각의 세계관은 합리성에 대한 자기 나름의 표준을 갖고 있으며, 자기 나름의 가치와 실재를 가진다. 그런데 네스는 계속적인 대화를 통해 구체적 사례에서 어느 것이 낫다는 결론을 이끌어 낼 수 있다고 생각한다. 네스는 우리가 자신의 생각만이 옳다는 '절대주의'를 거부하고, 자기의 규범을 명료화하고, 반대자와의 대화를 정직하고 비폭력적으로 한다면, 이것이 가능하다고 주장한다. 그에 따르면,

> 만일 어떤 사람이 'x를 거부하는 것이 옳다'고 말하고, 그 말을 들은

17) 역주: 게스탈트는 심리학의 용어다. 게스탈트는 경험적 사실을 구성하는 요소의 총체로부터 도출되지 않는 동일성, 총체성을 의미한다. 게스탈트 심리학에 따르면, 생리적, 심리적 현상은 반사 또는 감각과 같은 개별적 요소의 총화가 아니라, 전체성, 내적 법칙을 가진 형태를 통해 일어난다.

> 사람이 'x를 거부하는 것은 옳지 않다'고 말했다고 해서, 싸움이 일어날 필요가 없다. 그것은 둘간의 토론이 필요하다는 것을 의미하고, 토론을 통해 가치의 우선성을 밝히면 된다.[18]

이 지점에서 다른 근본생태주의자들은 소설, 시, 이야기, 신화, 의례 등에 의존한다. 자신의 가치관을 선언하고, 그러한 가치관에 따라 살면서 자신의 삶을 통해 그러한 가치관의 우월성을 입증하는 종교적 자세는 근본생태주의의 세계관을 전달하는 한 가지 방법이다. 이러한 방법은 근본생태주의와는 다른 방식으로 실재를 보는 사람들에게 근본생태주의의 세계관을 이해시키기 위한 것이다. 근본생태주의의 개념, 규범, 가치, 형이상학을 공유하지 않는 사람에게 언어를 통해 근본생태주의의 이념을 설명하고 설득시킬 수는 없는 것이다. 근본생태주의의 인식론은 사람들의 세계관을 근본적으로 바꾸도록 고무하는 방식에 대한 탐구와 관련된다.

10.6 자아실현과 생명중심적 평등

근본생태주의의 실천윤리는 10.2에서 논의된 '강령'에 잘 나타나있다. 강령에 나타난 원리들은 환경운동을 설명하고 정당화하기 위해 직접 구체적인 상황에 적용될 수 있는 것들이다. 그러나 추상적, 철학적 수준에서 근본생태주의의 가장 궁극적인 규범은 두 가지이다. 이 두 가지 규범은 그보다 더 근본적인 원리나 가치로부터 도출되지 않는다는 의미에서 궁극적인 규범이다. 따라서 이 두 규범에 대한 더 이상의 윤리적 정당화는 불가능하다. 이 규범들은 근본생태주의의 추상적 형이상학

---

18) 같은 책, 70~71쪽.

과 구체적인 윤리강령을 연결시켜주는 것으로 볼 수 있다.

두 개의 궁극적인 규범은 '자아실현(self-realization)'과 '생명중심적 평등(biocentric equality)'의 원리이다. 자아실현은 자기를 자연과의 상호연관을 통해서 존재하는 것으로 이해하는 과정이다. 생명중심적 평등은 모든 생명체가 상호연관된 전체의 평등한 구성원이며, 따라서 동등한 본질적 가치를 가진다는 사실을 인정하는 것이다.

자아실현이란 개념은 철학의 역사만큼 오래된 것이긴 하지만, 근본생태주의에서는 독특한 의미로 사용된다. "너 자신을 알라"와 같은 고대 그리스의 지침과 "반성되지 않은 삶은 살 가치가 없다"는 소크라테스의 주장은 좋은 삶이 '자기반성'과 '자아실현' 과정과 관계 있다는 것을 함축한다. 선을 내적 가능성의 실현으로 보는 목적론도 같은 맥락이다. 이러한 전통이 말하는 바는 자기반성 과정을 통해서 사소하고, 피상적이고, 일시적인 이익을 넘어, 더 깊고, 더 핵심적이고, 지속적인 이익을 추구하자는 것이다. 자아실현의 개념을 이해하기 위해서는 먼저 피상적 이익과 근본적 이익을 구분해야 한다.

먼저 '필요(need)', '이익(interest)', '욕구(want)'에 대한 구분에서 논의를 시작하자. 필요는 생존에 필요한 요소라고 이해하면 된다. 음식, 옷, 집, 오염되지 않은 공기와 물이 필요의 명확한 예가 된다. 이익은 복지에 이바지하는 요소들이다. 우정, 교육, 건강 등이 이익에 해당될 것이다. 욕구는 직접적인 욕망이요, 원하는 목표이다. 방학, 한 컵의 주스, 자유로운 점심 등이 욕구의 예이다.

필요, 이익, 욕구는 겹치는 부분이 있다. 영양가 있는 음식과 깨끗한 공기는 우리가 필요로 하는 부분이면서, 우리에게 이익이 되고, 우리가 실제 원하는 것일 것이다. 하지만 이것들은 서로 충돌하는 부분도 있다. 양질의 교육 기회를 얻고, 집에서 공부하는 것이 우리에게 이익이긴 하지만, 우리는 친구와 파티를 즐기기를 원한다.

욕구는 개인의 심리와 관련된 문제이다. 욕구는 행위의 동기가 되기도 한다. 또한 욕구는 계발되고, 선택되고, 학습되고, 선전에 의해 창출되기도 한다. 반면 이익은 직접적인 심리상태와는 관련이 없다. 그것은 개인의 선(善)과 관계되며, 따라서 선택의 문제는 아니다. 이익은 이해되고, 발견되는 것이지, 선택되는 것은 아니다.

많은 철학적 전통은 이러한 구분에 기초해 윤리를 설명한다. 욕구는 보통 개인적 선택, 사회 문화의 산물로 간주될 수 있다. 욕구는 그것이 개인의 개인적인 배경, 역사적 배경, 문화적 배경에 의존한다는 면에서 피상적이고, 일시적인 것이다. 다양한 윤리적 전통에 따르면, 일시적인 욕구와 이성적 존재로서의 근본적인 이익은 서로 다른 것이다. 좋은 삶은 근본적이고 참된 이익을 추구하는 삶이다. 결국 참된 자기이익이 인간의 선이라 할 수 있다.

따라서 이러한 전통들에서는 두 개의 자아(two selves)를 구분한다. 하나는 자기의 의식적인 신념, 욕구, 내용들로 구성되는 자아이다. 다른 하나의 자아는 이러한 자아의 배후에 있는 인간의 참된 본성이다. '너 자신을 알라'는 말은 피상적 자아를 넘어, 자신의 참된 배후의 본성을 발견하라는 말이다. 그리스 철학, 기독교, 불교, 낭만주의, 마르크시즘 등 다양한 전통에서 자아실현을 좋은 삶의 근간으로 본다.

자아실현은 근본생태주의에서도 비슷한 역할을 담당한다. 그러나 근본생태주의에 있어서, 배후의 '큰 자아(Self)'는 자연과 함께 있는 자아이다. 큰 자아실현은 자기를 더 큰 전체의 일부로 인식하는 자기 반성 과정이다. 이것은 인간과 비인간, 자기와 타자 사이의 어떤 확고한 존재론적 구분도 없다는 것을 이해하는 과정이다. 큰 자아는 형이상학적 전체주의에서 말하는 자아이다. 인간으로서 우리의 본질이 자연계의 다른 부분과의 관계에 의해 규정된다고 한다면, 큰자아실현은 자연과 나의 하나됨을 인식하는 과정이라고 할 수 있다.

서양철학의 여러 전통에서 자아실현은 자신의 분리된, 개인적, 개별적 본성을 발전시키기 위한 수단이었다. 근본생태주의자들도 자아실현, 자기 이익, 자기 충족 같은 개념들을 어느 정도 간직하지만, 개체주의적 자아관은 거부한다. 근본생태주의자들은 개체주의적 자아 모델과 전체주의적이고, 관계적인 자아 모델을 구분하면서, 자아(self)와 큰 자아(Self)를 구분한다. 큰자아는 자아가 자신을 큰자아로 인식하는 과정이면서, 큰자기의 이익을 자기이익으로 보는 과정이다.

드볼과 세션즈는 이것을 다음과 같이 요약한다.

> 상당수의 종교가 갖는 정신적 전통과 마찬가지로, 큰 자아실현이라는 근본생태주의의 규범은 기본적으로 쾌락적 기쁨을 추구하는 고립된 자아로 정의되는 근대 서구적 자아를 넘어선다. … 좁은 자아에 대한 사회적으로 입력된 의식은 우리를 우리 사회에서 지배적인 방식의 제물로 만든다. … 우리가 우리 자신을 고립되고 협소한 경쟁적 자아를 보지 않고, 가족과 친구, 궁극적으로는 모든 인간과 하나가 될 때, 우리는 정신적으로 성장하는 것이다. 그러나 근본생태주의에서는 자아의 더 큰 성숙과 성장을 요구해, 인간을 넘어 모든 자연과의 일체화를 추구한다.[19]

두 번째 궁극적 이념은 생명 평등의 원리이다. 드볼과 세션즈는 다음과 같이 말한다.

> 생명계에 존재하는 모든 것은 살고 번성할 평등한 권리를 가지며, 자

---

19) Devall and Sessions, 앞의 책, 66~67쪽.

기 나름의 삶을 전개하고 큰 자아의 맥락 안에서 자기를 실현할 평등한 권리가 있다. 모든 유기체와 생태권에 존재하는 모든 실재는 상호연관된 전체의 한 부분으로, 본질적 가치에서 동등하다.[20]

어떤 의미에서 생명중심적 평등 사상은 7장에서 다룬 테일러의 생명중심주의와 같은 입장이다. 테일러는 평등한 내재적 가치 개념에 기초해 생명중심윤리를 옹호한다. 테일러의 생명중심주의는 전통적인 서양철학에 뿌리박은 것이다. 테일러의 입장은 유기체를 개별적 삶의 중심으로 보는 '개체주의'에서 발전된 것이다. 반면 근본생태주의의 생명중심적 평등은 서양에서 오랜 역사를 지닌 '형이상학적 전체주의'에서 발전한 것이다. 생명 공동체의 구성원들은 그것들이 본질적 가치를 갖고 있는 개체이기 때문이 아니라, 생명 공동체의 구성원이기 때문에 평등한 도덕적 가치를 소유한다는 것이다.

테일러의 입장과 근본생태주의의 입장은 차이가 있는가? 만일 차이가 있다면, 근본생태주의자들이 인간의 이익과 자연의 이익이 충돌할 때, 타협을 더 하지 않으려는 경향이 있다. 인간의 이익과 자연의 이익이 갈등할 때, 근본생태주의자들이 인간의 간섭에 더 반대한다. 앞서 보았듯이, 테일러는 갈등 해결의 합리적인 수단을 내놓으려고 상당히 노력한다. 반면 근본생태주의자들은 테일러의 이러한 시도는 인간의 이익을 상위에 놓는 위계(hierarchy)를 결과할 가능성이 높다고 본다.[21] 근본생태주의는 자신들이 민주적이면서 덜 위계적인 평등을 추구한다고 생각한다.

하지만 꼭 그렇게만 볼 수는 없다. 근본생태주의의 강령 또한 인간의

---

20) 같은 책, 67쪽.

21) 같은 책, 68쪽.

본질적 필요를 충족하기 위해 생명의 풍요로움과 다양성의 축소를 허용하기 때문이다. 그렇다면 기본적 필요와 비기본적 필요에 대한 테일러의 구분은 위계적이고, 자신들의 주장은 위계적이 아니라고 주장하는 것은 사실 이해가 안 된다. 여기서 유념해야 할 것은 '본질적(vital) 필요'의 내용이 무엇인가 하는 것이다. 네스는 생활 수준이 높은 선진국의 경우, 실업 문제는 (동식물의) 본질적 필요보다 앞설 수 없다고 본다. 반면 드볼과 세션즈는 "본질적 필요에는 정신적으로 성장하고 성숙한 인간이 되는 것, 다른 인간과 친밀한 관계를 맺는 것이 포함될 뿐만 아니라, 자연경관과의 '사랑, 놀이, 창조적 표현, 친밀한 관계' 등도 포함된다"고 주장한다.[22] 여기서 근본생태주의의 윤리적, 실천적 함의는 개체주의 철학에서 발생한 테일러의 생명중심주의의 그것과 다르다는 것을 알 수 있다.

그렇다면 구체적으로 근본생태주의의 실천적 함의는 무엇인가? 이와 관련해 두 가지를 언급할 수 있다. 첫째, 근본생태주의자들은 '지구를 부드럽게 밟는' 생활양식을 발전시켜야 한다고 주장한다. 이것은 단순하고, 기술에 너무 의존하지 않고, 자급자족적인, 탈중심적인 공동체 안에서 살아야 한다는 것을 의미한다. 둘째, 공동체는 전통적인 정치조직과는 달리, 생명권역(bioregion)에 맞게 지역적으로 조직되어야 한다. 그리고 생활양식은 최소한의 소비적 물질적 욕구만 인정되는 간소한 것이어야 한다. 그리고 물질적 욕망이란 것도 그 자체 절대적인 것이 아니라, 인간사회의 인위적 산물이라는 점을 알 필요가 있다. 그리고 "지구와 다른 종에 가능한 한 영향을 주지 않으면서 살아야 한다."[23] 이것은

22) Naess, *Ecology, Community, and Lifestyle*, 30쪽. 그리고 드볼과 세션즈의 책, 68쪽.
23) Devall과 Sessions, 앞의 책, 68쪽. 그리고 Naess, *Ecology, Community, and Lifestyle*, 4장.

지역공동체는 주위환경과 조화롭고 스스로 조절할 수 있는 관계를 맺어야 한다는 것을 의미한다. 이것은 '자연의 지배'가 아니라, '자연과의 조화'를 추구하는 공동체의 이념, 즉 '에코토피아(ecotopia)'의 이념이다.

10.7 비판

근본생태주의는 환경 관련 논쟁에서 중심 잣대로 작용한다. 근본생태주의는 지배적 세계관을 문제삼기 때문에, 근본생태주의에 대한 비판도 많다. 비판들 중에는 공정한 것도, 그렇지 않은 것도 있다.

앞에서 언급했듯이, 근본생태주의는 어떤 특정 철학도, 체계적인 철학도 아니다. 그것은 환경문제에 대한 기본 가정을 공유하는 철학자 집단과 운동가 집단의 입장을 통칭하는 것이다. 그것은 철학과 환경운동을 모두 포괄하는 하나의 운동이다.

이러한 다양성을 감안한다면, 근본생태주의에 대한 엄밀한 비판이 나오기는 어렵다. 예를 들어, 얼스 퍼스트!의 전략은 근본생태주의자들에 의해 논점을 벗어난 것으로 비판될 수 있다. 왜냐하면 모든 근본생태주의자들이 얼스 퍼스트!의 전략에 다 동의하는 것은 아니기 때문이다. 또한 근본생태주의의 자아실현 개념은 추상적이고 애매하다는 반론이 있는데, 이 반론은 정치운동을 선호하는 성향이 있는 근본생태주의자들에게는 맞지 않을 것이다.

물론 근본생태주의들자에게서 나타나는 이 애매함 자체가 비판의 대상이 된다. 사실 근본생태주의의 주장들은 너무 일반적이고 광범위해, 공허한 측면마저 있다. 도교, 헤라클레이토스, 스피노자, 화이트헤드, 간디, 불교, 토착 인디언 문화, 토마스 제퍼슨, 소로우, 거드리(Woody Guthrie) 등 다양한 사상에서 영감을 얻는 운동이기 때문에, 잘해야 절충

적이고, 최악의 경우 규정하기 어려운 것이 된다.

근본생태주의의 애매함은 비판자들을 좌절시키기도 한다. 왜냐하면 비판자들이 근본생태주의의 특정 주장을 비판했을 때, 어느새 그들의 비판 표적이 이동했다는 것을 볼 수 있기 때문이다. 그것은 또한 대화의 중단을 낳을 수도 있다. 왜냐하면 비판자들이 포인트를 놓친다든지, 아니면 부적절하든지, 또는 근본생태주의를 오해했다는 식으로 일소해버릴 수도 있기 때문이다.[24]

또 다른 비판으로는 근본생태주의가 갖는 전체주의적이고 탈인간중심적 성향과 관련해 파시즘이라는 비판이 있다. 생명중심적 평등은 인간의 이익을 생명공동체뿐만 아니라, 다른 생명체의 이익과 동등한 것으로 보는 이념이다. 하지만 이 평등의 이념이 개인은 실재하지 않고, 전체가 실재한다는 형이상학적 주장이나, 인간이 환경파괴의 주범이라는 주장과 결합되면, 근본생태주의는 인간혐오주의로 비쳐진다. 즉 인간은 다른 생명체와 다를 바가 없고, 실제로는 환경파괴를 자행한 죄인이라는 것이다. 이런 관점에서 본다면, 인간의 복지는 도덕적 우선성을 지니지 않는다.

뱀을 쏘느니 차라리 인간을 쏘겠다는 『Desert Solitarie』에서의 애비(Edward Abbey)의 주장과 에티오피아 사람들이 굶어 죽도록 내버려두어야 한다는 포어맨(Dave Foreman)의 주장이 인간혐오를 보여주는 좋은 예일 것이다.

물론 근본생태주의자들은 그런 주장을 부정한다는 점도 말할 필요가 있다. 예를 들어 폭스(W. Fox)는 근본생태주의는 인간 자체를 비판하는

---

24) 예를 들어 세션즈는 근본생태주의에 대한 일련의 비판들을 한 페이지도 안 되는 분량으로 다루면서, "잘못된 해석과 오해에 기초하고 있다"고 하면서 일소해 버린다. Sessions(편), *Deep Ecology for the Twenty-First Century*, xii-xiii쪽 참고.

것이 아니라 인간 중심주의를 비판하는 것이라고 지적한다.[25] 이 주장은 근본생태주의는 인간이 목적적 가치를 가진다는 것을 부정하는 것이 아니라, 단지 인간만이 목적적 가치를 가진다는 것을 부정하는 것이라는 견해를 나갈 수 있다.

그러나 바로 앞장에서 제기됐던 동일한 반론이 여기에도 적용될 수 있다. 인간의 이익과 자연계의 이익이 충돌할 때, 어떻게 해야 하는가? 그런 경우 만일 인간의 편을 든다면, 이는 탈인간중심적 전체주의를 포기하는 것이다. 반면 자연의 편을 든다면, 이는 근본생태주의가 부정하길 원했던 인간혐오주의에 빠지는 것이다. 여기서 근본생태주의자들은 기본필요의 명확한 위계를 확정해야 된다는 요구가 나올 수 있다.

이외에도 다양한 반론이 다양한 집단에 의해 제기된다. 비판자들이 보기에 근본생태주의의 문제점은 인간중심주의와 지배적인 세계관을 비판하면서 지나치게 일반화하고 있다는 것이다. 하지만 비판자들이 보기에 모든 인간이, 그리고 모든 인간의 시각이 환경문제에 똑같이 책임이 있는 것이 아니다. 근본생태주의자들은 지배적인 세계관을 비판하면서, 모든 인간들이 다 지배의 원흉은 아니라는 점을 인식하지 못한다. 그 결과 근본생태주의의 비판은 너무 산만하며, 대안 또한 산만하다.[26]

한 가지 비판이 인도의 생태학자 구하(Ramachandra Guha)에 의해 제기되었다. 구하는 근본생태주의자들은 자신들의 주장이 보편적인 것이라고 말하지만, 실상은 미국의 이데올로기, 구체적으로는 야생지 보전운동의 급진파의 견해를 대변하는 것이라고 주장한다. 구하가 보기에 근

---

25) Warwick Fox, "The Deep Ecology-Ecofeminism Debate" in Sessions(편). *Deep Ecology for the Twenty-First Century*. 279쪽.

26) Ramachandra Guha, "Radical American Environmentalism and Wilderness Preservation : A Third World Critique", *Environmental Ethics* 11(1989 봄), 71~84쪽.

본생태주의가 실행에 옮겨질 경우, 비참한 결과를 초래하는데, 특히 후진국의 빈민과 농부들에게 끔찍한 결과를 초래할 것이다. 구아에 따르면, 인도는 사람들이 정착한 지 오래되고, 인구밀도가 높은 나라이고, 이 나라의 농업은 자연과의 상당히 균형 있는 관계를 유지하고 있다. 그런데 생명중심적 평등과 야생지 보전 정책을 인도 같은 나라에 적용한다면, 부는 가난한 자에서 부자에로 이전되고, 가난한 사람들은 살고 있는 지역에서 쫓겨날 것이다.

그가 보기에 근본생태주의의 강령을 후진국에 적용하는 것은 다음과 같은 서구 제국주의의 논리이다. 즉 "우리(서양의 환경주의자인)는 너희(후진국 국민)에게 어떤 것이 좋은 것인지를 잘 안다. 우리의 경험과 문화로부터 일반화하라. 그러면 너희가 어떻게 살아야 하는지를 알 수 있을 것이다. 자연을 자원으로 더 이상 보지 말라. 설령 그것이 너희들의 최저 생활을 고착화하는 것일지라도 자연을 보전하고 존중하라."

구하는 근본생태주의가 동양의 철학과 전통을 잘못 도용하고 있다고 비판한다. 힌두교와 불교, 도교를 마치 환경주의와 일치된 하나의 세계관인양 인용하는 것은 역사를 왜곡하는 것이다. 하지만 서양문화뿐만 아니라 동양문화도 사실은 자연을 조작해왔고, 중대한 환경파괴를 야기해왔다.

따라서 근본생태주의는 후진국 국민의 환경문제 해결에는 별 도움이 안 된다. 기껏해야 그것은 적절하지 못한 해결책이며, 최악의 경우, 이미 사회적 지배, 정치적 지배의 희생자인 그들에게 해를 끼치는 일이다.

이와 유사한 비판이 사회생태주의와 생태여성주의 계열의 학자들에 의해 제기되었다. 이들은 환경위기의 근본 원인을 찾는다는 측면에서는 근본생태주의와 동일하나, 근본생태주의자들이 관심을 너무 추상적인 수준에 두고 있다고 비판한다. 그들이 보기에 환경위기의 원인들은 훨씬 더 국지적인 수준에서 존재한다. 즉 현대사회의 사회적, 경제적, 위계 구조에 원인이 있는 것이다. 이들 철학자들에 의하면, 근본생태주의는 인간중심주의를 비판하면서, 인간들의 차이점을 인식하지 못한다. 물론 하나의 지배적인 세계관이 존재하긴 하지만, 많은 사람들이 그것에 의해 억압되어 있다는 사실을 근본생태주의자들은 인정해야 한다. 즉 모든 인간들이 환경파괴에 똑같은 책임이 있는 것이 아니며, 모든 인간들이 똑같이 인간 중심적인 지배적 세계관을 신봉하는 것도 아니다. 비판자들은 더 이상 추상적인 지배적 세계관에서 원인을 찾을 것이 아니라, 자연뿐만 아니라 인간을 지배하는 구체적 관행과 제도를 규명하려고 노력한다. 구하는 후진국, 특히 가난한 사람들의 시각에 초점을 맞춰야 한다고 주장한다. 사회생태주의자들은 사회적, 경제적 엘리트의 지배와 물질주의적 소비 문화를 환경파괴의 주범으로 주장한다. 그리고 생태여성주의자들은 환경지배의 원인과 여성억압의 원인은 서로 연관된 것이라고 주장한다.

이들은 근본생태주의가 인간중심주의에 대한 비판을 지나치게 일반화하고 있다고 비판하는 것이다. 인간중심윤리를 거부하고, 환경파괴에 대한 책임이 모든 인간에게 똑같이 있다고 주장하는 것은 후진국의 국민, 특히 가난하고 억압받는 자, 그리고 여성에게 부당하게 책임을 뒤집어씌우는 것이라고 본다. 11장에서는 이러한 비판들을 다룰 것이다.

10.8 요약 및 결론

이 장에서는 근본생태주의와 연관된 가장 일반적인 철학적 주제와 개념들을 개괄적으로 알아보았다. 근본생태주의는 생태중심적이면서 탈인간중심적인 체계적인 환경철학을 발전시키려는 시도들 중 명확한 것으로는 첫번째 시도이다. 다른 접근들보다 그것은 환경위기가 단순히 윤리적인 문제가 아니라는 점을 이해시켜주었다. 환경문제는 형이상학과 인식론, 윤리학, 정치철학을 포함한 철학의 근본문제를 제기하는 것이다.

생각해 봅시다

1. 환경보호를 위해 시민 불복종 행위를 하는 것은 정당한가? 정당화된다면, 언제 어떤 일이 왜 정당화되는가? 오래된 숲의 벌목을 막기 위해 쇠못을 나무에 끼어놓아도 되는가?
2. 개체(individual)란 무엇인가? 개체 생명체는 무엇인가? 개체라는 말은 맥락에 따라 다른 의미를 갖는가? 그것에 대한 답변은 윤리적으로 어떤 의미를 지니는가?
3. "이것은 큰 나무다"라는 문장이 "이것은 장엄한 나무다"라는 문장보다 더 객관적인가? 이 두 문장을 설명하려면 어떻게 해야 하고, 옹호하려면 어떻게 해야 하는가?
4. 고전파 경제학자들은 인간은 항상 자기 이익이라는 동기를 갖는다고 주장한다. 이번 장에서는 자아와 큰자아의 차이에 대해 논의했는데, 당신은 인간의 동기에 대한 경제학자의 입장에 동의하는가? 큰자아실현을 주장하는 근본생태주의의 입장은 "인간은 개조되어야 한다"는 것을 필요로 하는가?
5. 철학 이론과 정치 운동의 관계에 대해 생각해 보자. 이론이 운동을 이끌어야 하는가, 아니면 행동이 이론의 타당성을 결정하는가? 윤리적 원리에 대해 먼저 결정한 다음, 무엇을 할 것인가를 결정할 것인가, 아니면 먼저 무엇을 할 것인가를 결정한 다음, 그것에 맞는 철학을 개발할 것인가?
6. 인간의 문화에는 인간 중심적인 세계관이라고 말할 만한 일관성과 통일성이 존재하는가? 그 중에서도 특히 인간 중심적인 신념과 가치에는 어떤 것이 있는가?

11장. 사회생태주의와 생태여성주의

사례 11 : 지속 가능한 농업과 나무껴안기

2차 세계대전이 끝난 이후로 미국의 농업 생산은 전례 없는 성공을 누려 왔다. 미국에서 다른 산업이 이 정도로 성공을 누린 적이 없다. 미국 농업이 현재의 엄청난 생산 능력에 이르기까지는 여러 가지의 요인이 있겠으나, 그 중에서도 농장의 기계화와 전문화, 화학비료와 화학 살충제, 특수 교배 작물 등이 가장 중요한 요인들이다. 요약하면, 미국 농장은 경제적, 기술적인 측면에서 성공을 거둔 고전적인 성공 사례이다. 과학과 기술은 효율성을 증대시켜, 최소한의 투입으로 최대한의 산출이 가능하게 되었다.

그러나 일종의 산업적 농업(agribusiness)이라고 할 수 있는 현대 농업이 전혀 문제가 없는 것은 아니다. 고도로 효율적인 현대 농장은 기계류, 비싼 비료, 살충제, 교배종자의 구매를 위해 차입금에 의존한다. 또한 인구 증가와 이와 관련된 도시의 기형적 팽창은 농장의 가격을 상승시켰다. 이런 자본주의적 상황에서, 많은 농부들, 특히 소규모 가족 농장들이 심한 타격을 받고 있다. 그들은 높은 생산성에도 불구하고, 항상 파산의 위험에 시달리고 있다. 1980년대에 1930년대의 더스트 볼(Dust Bowl)[1]이래 전례 없는 비율로 발생한 저당권 상실과 여기에서 비롯된 '농장의 위기'에 여론의 관심이 집중되었다.

이런 경제적 상황은 중요한 환경문제를 야기하는 영농 방식을 조장하고 있다. 토양 침식, 비옥도 상실, 지하수와 토양의 오염, 곡물과 경작자의 살충제 중독은 모두 산업적 영농 방식의 부산물이다. 또한 영농의 기계화는 화석연료에 상당히 의존하는데, 이 또한 환경 비용을 야기하고 있다.

이러한 문제에 대처하기 위해 대안적 영농 모델을 발전시키려는 생태운동이 발전하고 있다. 이 모델은 '유기적(organic)', '대안적(alternative)', '재생 가능한(renewable)', '저-투입(low-input)', '생태적(ecological)', '재생적(regenerative)' 등 다양한 이름으로 불리는데, 이중에서도 가장 호응을 받는 이름이 '지속 가능한(sustainable)' 농업이다.[2]

---

1) 역주 : 1930년대에 미국 중남부 지방에서 흙모래 폭풍 피해를 입은 것을 말한다.

2) 지속 가능한 농업에 대해서는 잭슨과 캔서스주 Salina시에 있는 the Land Institute에서 나온 저작들을 참고할 것. Jackson, *New Root for Agriculture* (Omaha :

언뜻 보기에, 지속 가능한 농업은 현대기술영농에서 파생된 여러 개별문제들에 대한 반발로 나타난 것뿐이다. 작물순환농법, 컨투어 경작[3], 살충제와 화학제초제 안 쓰기, 곡물 다양화, 재생가능한 자원과 연료의 사용, 재활용, 퇴비화 작업 등은 모두 개별 문제들에 대한 해결책이다. 일반적으로 지속 가능한 농업은 장기적으로 지탱가능하고, 환경적으로 안전한 농업을 계속하게 해주는 경작방식을 채택한다. 그래서 외지에서 생산되는 상업 자원에 덜 의존하고, 대신 농장 근처에서 생산될 수 있는 자원에 의존하는 것이다.

지속 가능한 농업은 기술적, 과학적 영농을 포기하자는 것이 아니다. 그것은 과학적 생태학, 기술공학과 전통적인 재래기술을 결합한 것이다. 하지만 이것은 생산성과 경제적 효율성을 최우선으로 하는 것을 포기하거나, 최소한 생산성의 개념을 재정립하는 것이다. 그래서 이것은 농장의 이미지를 공장에서 자연생태계로 바꾸는 것이다.

그러나 지속 가능한 농업은 개별 영농문제에 대한 단순히 '신속한 기술적 처방' 에 머무르지 않는다. 이러한 접근법의 옹호자로 유명한 잭슨(Wes Jackson)의 말을 빌자면, "지속가능한 농업이 발전함에 따라, '지속 가능한'이란 단어가 복잡한 '정치적' 단어임이 분명해지고 있다."[4] 그렇다면 어떻게 영농기술이 정치운동과 관련되는가?

첫째, 농업이 사회 전체에 거대한 영향을 미친다는 것은 명확하다. 1980년 수만 개의 농장이 저당권을 상실, 파산 상태에 처했을 때, 국가 전체에 주는 미치는 정치적 충격은 대단했다. 수천 개의 지역 공동체, 수백 개의 군(카운티), 수십 개의 주가 80년대의 농장의 위기로 인해 경제적, 정치적, 사회적 어려움을 겪었다. 직접적 의미에서 농장의 위기는 정치적 위기이다.

둘째. 현대 산업 농업으로부터의 대규모 이탈은 기존에 있는 산업 인프라와 관련해 가공할 만한 장애에 부닥친다. 자본, 기계, 기타 물품을 공급해 주고, 농산물의 유통, 가공, 분배, 판매 수단을 제공했던 모든 제도들이 변화의 장애물이다.

또한 지속 가능한 농업으로의 변화는 농산물의 최종소비자의 변화를 필요로 한다. 저기술의, 다양화된, 유기적 농업은 가격, 이용 편의, 선택 편의, 모양새 면에서 기존보다

University of Nebraska Press, 1980). 기타 다음의 저작들도 유용하다. Soule and Jon Piper, *Faming in Nature's Image : An Ecological Approach to Agriculture* (Washington, U : Island Press, 1992), 그리고 John Reganold, Robert Papendick, and James Parr, "Sustainable Agriculture" in *Scientific American* 266, no.6 (June 1990), 112～120쪽.

3) 역주 : 토지의 침식을 막기 위해 등고선을 따라 경작하는 것.

4) Wes Jackson, "Making Sustainable Agriculture Work," in Robert Clark(편), *Our Sustainable Table* (San Francisco : North Point Press, 1990), 140쪽.

열악하기 때문이다. 지속 가능한 농업으로의 변화는 사회적, 경제적, 개인적 습성의 변화를 요구한다.

끝으로, 지속 가능한 농업은 자유와 민주주의 같은 정치적 가치에도 중대한 영향을 미칠 수 있다. 지속 가능한 농장은 일종의 독립농장으로 외부의 통제와 지배로부터 자유로운 농장이다. 이러한 독립성으로 말미암아, 농장과 관계된 의사결정은 지역적 수준에서 그것에 의해 영향을 직접적으로 받는 사람들에 의해 행해져야 한다. 제퍼슨이 예견했듯이, 소규모 자족자급형 농장은 민주주의를 유지하는 데 필요한 다양한 공민(civic)문화를 발전시킬 수 있다.

세계적으로 칩코(Chipko)운동은 환경운동 및 여성운동과 관련된 가장 유명한 사건 중 하나다. 칩코는 힌두어로 '껴안기(hugging)'에 해당하는 말에서 따온 말로, 인도 북부의 여성들이 상업적 채굴을 못하게 나무를 말 그대로 껴안은 것을 의미한다. 이 운동이 우리의 관심을 끄는 이유는 경제적, 정치적, 환경적, 페미니즘적, 윤리적 관심이 이것 안에 다 들어 있기 때문이다.

인도 북부 산악지역은 거대한 중앙평원에서 네팔과 티베트에 이르는 히말라야의 정상까지 뻗어 있는 지역이다. 이 지역의 사람들은 대개 작은 촌락에 살면서, 생계를 위한 재래식 농업을 영위하고, 가축을 키우고, 인근 숲에서 사료를 구하고, 숲의 생산물을 판매하는 방법으로 여러 세대 동안 생존해왔다.

전통적으로 이곳의 여성들은 노동의 상당 부분을 담당했다. 요리, 청소, 아이 양육 등 전통적인 집안 일뿐만 아니라, 작물을 재배하고, 가축을 돌보고, 요리와 난방에 쓸 장작을 구하는 것도 여성의 몫이었다. 다른 많은 사회와 마찬가지로 인도경제가 산업화되고, 중앙평원의 경지면적이 확대됨에 따라, 노동의 수요가 증가했고, 더 많은 수의 남자들이 평원과 도시로 일자리를 찾아 마을을 떠났다. 이를 통해 여성들에게는 더 많은 일들이 남겨지게 되었다.

19세기까지 지역주민들은 숲에 아무런 제한 없이 출입할 수 있었고, 자연과 안정된 경제적이고 생태적인 관계를 유지했다. 19세기부터 정부(처음에는 영국식민정부였고, 독립한 후에는 인도정부)는 국유림에 대한 통제를 시작했는데, 최근 수십 년 동안 급속히 통제를 강화해왔다. 정부의 근본 목표는 숲을 상업적 자원으로 관리하는 것이었다. 물론 최근 몇 년 동안 인도정부는 이 지역을 자연보전지역으로 보전하는 데 어느 정도 흥미를 보이긴 했다.

1970년대 초반 발생한 두 개의 사건을 통해 칩코운동이 일어나게 됐다. 1970년 몬순 기후는 이 지역 전역에 심각한 홍수와 산사태를 낳았다. 많은 사람들이 죽었고, 많은 가정이 파괴되고, 작물과 가축이 유실되었다. 최악의 참사 중 몇 가지는 심하게 남벌된 산언덕 아래 마을에서 발생했다.(홍수와 산사태는 1973년, 77년, 78년, 79년 연속적으로 발생했다.) 여성들이 가사의 대부분을 책임지고 있었기 때문에, 이 사건들은 특히 여성과 아이에 가혹한 일이었다. 지역 주민들은 정부의 정책이었던 광범위한 벌목과 개간작업이 홍수와 산사태, 침식을 더 심하게 했다는 사실을 알았다.

이 일이 있기 몇 해 전 이 지역의 노동자들은 Dasholi Gram Swarajya Sangh(DGSS)이라는 협동조합을 만들어, 지역산업을 발전시키고, 지역의 고용을 증진하고자 했다. 협동조합은 이 지역에서 사용할 목재를 채취하고, 다른 임업생산물을 생산해 이들 자원을 지역경제에 이용할 목적으로 관련 허가권을 얻기 위해 정부 입찰에 참여했다. 1973년 정부는 농기구 생산에 필요한 땔감나무를 자르려는 협동조합의 요구를 거절한 반면, 스포츠 용품을 생산하기 위해 훨씬 더 많은 나무를 자르려는 상업 회사에게는 허가권을 주었다. 협동조합은 이 결정에 항의하는 반대 시위를 조직하였고, 많은 시위자들이 상업적 벌목을 못하게 하기 위해 나무를 껴안을 것이라고 위협했다. 당시 심각한 시위의 위협으로 어떤 벌목도 할 수 없었다.

그 다음해, 정부는 레니(Reni)숲을 포함해 그 지역의 대규모 산림의 벌목권에 대한 입찰을 실시한다고 발표했다. 최근의 홍수와 협동조합 사태는 서로 결합하면서 대규모 상업적 벌목에 저항하는 강력한 시위를 발생하게 했다. 벌목이 예정된 주에 정부는 협동조합의 지도자들을 여러 지역에서 회합을 갖자고 초청했고, 레니 지역의 남자들을 재정 문제를 토론하는 회합을 갖자는 이유로 다른 도시에 초대했다.

남자들의 대부분이 마을을 떠났고, 벌목꾼들은 벌목을 위해 그 지역으로 이동했다. 이런 사실이 마을에 퍼지면서, 그 지역의 여성인 데비(Gaura Devi)는 마을 여성들을 규합해, 벌목에 항의하고자 숲으로 들어갔다. 칩코운동에서 가장 유명한 이 사건을 통해 데비와 그녀를 따르는 사람들은 벌목꾼과 대치했고, 결국 벌목꾼들은 나무 한 그루 자르지 못하고 퇴각했다. 칩코운동의 이러한 투쟁방법은 일찍이 한 세대 전 간디가 옹호한 바 있는 비폭력 시민 불복종운동을 계승한 것이다.

레니 사건으로 정부는 그 지역의 벌목정책을 재검토하지 않으면 안 되었다. 레니 숲의 생태적 중요성에 대한 연구가 나오면서, 정부는 10년간 상업적 용도의 벌목을 중지한다고 발표했다. 그후 몇 년 동안 칩코운동은 다른 지역에 전파되었고, 대량벌목을 못하게 하는 데 성공을 거듭했다. 이 사건들에서 여성들은 중요한 역할을 계속 수행했고, 부분적으로는 그 결과로서 정치참여의 폭을 확대할 수 있었다.[5)]

11.1 서론

이 장에서는 '사회생태주의(social ecology)'와 '생태여성주의(ecofeminism)'라 불리는 환경문제에 대한 접근 방식을 검토하겠다. 사회생태주의와 생태여성주의는 많은 차이가 있지만, 유사점도 많기 때문에 한꺼번에 논의할 수 있다.

사회생태주의는 북친(Murray Bookchin) 한 사람의 저작과 관계되며, 따라서 비교적 통일된 이론적 시각을 가지고 있다.[6] 반면 생태여성주의는 다양한 측면을 갖고 있기 때문에 하나의 통일된 생태철학 이론이라기보다는 생태문제에 대한 일반적인 관점으로 이해될 수 있다. 일반적으로 생태여성주의는 생태문제에 대한 분석에서 다양한 페미니즘 철학을 이용한다. 페미니즘 철학 자체가 다양한 시각을 보이고 있기 때문에, 생태여성주의도 다양하다.[7] 그럼에도 불구하고, 생태여성주의 이론들은 중요한 유사점이 있으며, 또한 생태여성주의와 사회생태주의도 중요한 유사점이 있다.

---

5) 칩코운동에 대해서 더 알고 싶으면 다음을 참고할 것. Shobita Jain, "Standing Up for trees : Women's Role in the Chipko Movement" in Sally Sontheimer(편), *Women and the Environment*(New York : Monthly Review Press, 1991). 그리고 Ramachandra Guha, *The Unquiet Woods*(Berkeley : University of California Press, 1989). 여기서 Jain은 칩코운동을 여성운동의 성격이 강한 것으로 보는 반면, Guha는 농민봉기의 성격이 강한 것으로 보고 있기 때문에, 이 둘을 대조해 보는 것도 흥미 있을 것이다.

6) 북친의 견해에 대해서는 다음을 특히 참고할 것. *The Ecology of Freedom* (Palo Alto : Cheshire Books, 1982). 그리고 *The Philosophy of Social Ecology* (Montreal : Black Rose Books, 1990).

7) 생태여성주의의 철학적 측면에 관한 중요한 자료로는 미국철학협회의 *Newsletter on Feminism and Philosophy* 90, no. 3 (Fall 1991)이 있다. 여기에는 Warren이 쓴 생태여성주의에 대한 개괄과 Warren과 Carol Adams가 편집한 문헌 목록이 수록되어 있다.

이러한 유사성을 이해하기 위해서는 사회생태주의와 생태여성주의의 두 가지 단면을 구분해야 한다. 각각의 접근은 생태 위기의 배후 원인의 규명과 관련된 분석적(analytic) 측면을 포함한다. 또한 그것들은 생태적으로 건전한 미래에 대한 대안적 시각을 제안하는 프로그램적(programatic)인 측면을 갖고 있다. 사회생태주의와 생태여성주의는 생태문제에 대한 일반적 분석에서 많은 공통점을 보이고 있다. 각각은 생태파괴를 통제와 지배라는 사회문제와 관계된 것으로 본다. 하지만 그것들은 사회문제에 대한 설명이 다르고, 사회변혁을 위한 프로그램도 다르다.

사회생태주의와 생태여성주의는 환경 위기의 원인을 사회에서 찾는다. 근본생태주의와 달리, 그것들은 환경파괴의 근본 원인이 지배적인 철학이나 세계관에 있다고 보지 않는다. 그것들은 근본생태주의가 지나치게 추상적이고 일반적인 요인에만 관심이 있다고 주장한다. 그리고 근본생태주의는 환경파괴의 인간적, 사회적 원인을 무시하는 경향이 있다고 본다. 또한 야생지 보전에는 지나친 관심을 보이지만, 환경파괴와 관련된 인간의 손실은 무시한다고 본다. 또한 그것들은 환경문제의 근본 원인이 전통윤리에 있다고 보지도 않으며, 또한 이들 윤리의 적용에 있다고 보지도 않는다.

사회생태주의자들과 생태여성주의자들은 생태 위기의 근원이 일정한 사회적 요인에 있다고 주장한다. 특히 그들은 인간의 지배와 자연의 파괴가 몇몇 인간이 타자에 대해 지배하고 통제하는 '지배'와 '위계'라는 사회적 유형에서 나온다고 본다. 그래서 이들은 관심의 방향을 형이상학과 윤리학의 문제에서, 사회 정치철학의 문제로 바꾼다.

개별 인간과 사회 조직이 어떤 관계를 맺는가가 중요 관심사다. 보통 사회는 인간에 의해 인간의 목적에 이바지하는 방식으로 조직된 인간의 창조물이라고 생각한다. 따라서 사회를 검토할 때는 사회의 목표와 목적이 무엇이냐고 물어야 한다. 그러나 우리는 또한 어떤 특정 제도가 그 안에 살고 있는 사람들에게 어떤 것을 행하고 있는가를 물을 필요가 있다. 즉 사회가 인간을 위해 무엇을 하는 가뿐만 아니라, 특정 사회가 인간에게 무엇을 하고 있는가를 물을 필요가 있다. 사회생태주의와 생태여성주의들은 많은 사회구조가 타자의 이익을 위해 사회 구성원을 억압하도록 기능 한다고 주장한다. 또한 억압적인 사회구조는 자연계에 대한 지배를 포함하여 일체의 지배 형태를 조장하는 사고방식과 생활 방식을 강화하도록 기능한다.

북친은 이것을 다음과 같이 간단한 정식으로 요약하고 있다. "인간에 의한 자연의 지배라는 관념은 인간에 의한 인간의 지배에 뿌리를 둔다."[8] 유사한 방식으로 최초의 페미니즘 사상가 중 한 사람인 로이터(Rosemary Radford Reuther)는 생태문제와 관련해 다음과 같이 말하고 있다.

> 관계의 기본 모델이 지배의 모델인 사회에서는 여성의 해방도, 생태문제의 해결도 불가능하다는 점을 여성들은 인식해야 한다. 따라서 여성들은 사회경제적 관계와 이러한 사회의 기본 가치를 근본적으로 변혁하기 위해서는 여성운동의 요구와 생태운동의 요구를 결합시켜야 한다.[9]

이러한 입장에서 환경 파괴는 인간의 지배형태의 일종인 자연에 대한 인간의 지배로 가장 잘 이해될 수 있다. 이러한 위기를 완벽하게 이해하

---

8) Bookchin, *The Ecology of Freedom*, 1쪽

9) Rosemary Radford Reuther, *New Woman/ New Earth* (New York : Seabury, 1975), 204쪽.

기 위해서 사회생태주의자들과 생태여성주의자들은 보다 일반적인 인간에 대한 인간의 지배형태를 이해할 필요가 있다는 데 동의한다. 생태위기를 제대로 이해하기 위해서는 사회 정치철학의 근본문제를 다루어야 한다. 사회 안에 존재하는 지배와 억압의 유형을 규명하고 분석해야 하고, 정의(正義)의 철학적 관점에서 이러한 유형들을 평가해야 한다. 따라서 대안적인 생태적 입장은 모든 인간이 지배와 억압에서 자유로운 사회정의의 모델에 기반해야 한다.

사회 지배의 다양한 유형에 대한 분석과 정의의 대안적 개념과 관련해 사회생태주의와 생태여성주의의 차이를 규명할 수 있다. 사회생태주의자들은 환경 파괴를 일반적이고 광범위한 지배와 위계 형태의 하나로 본다. 이러한 지배와 위계 형태에는 사유재산권, 자본주의, 관료주의, 국가뿐만 아니라 인종주의, 성차별주의, 계급구조 등의 사회적 관행과 사회구조가 모두 포함된다. 이들 사회적 관행과 제도는 일정 인간이 다른 인간에 대해 권력과 지배를 행사하는 사회적 위계를 확립한다. 사회생태주의자들은 정의에 대한 아나키스트적 관점을 옹호한다. 그것에 따르면, 인간의 자유는 외적 강제와 심리적 조작이 없는 상태인데, 인간의 자유야말로 정의의 본질적인 요소이다.

반면 생태여성주의자들은 여성의 억압을 사회적 지배의 주요 유형으로 본다.[10] 생태여성주의자들은 여성의 억압과 자연의 억압사이에 존재하는 밀접한 연관을 규명한다. 그 결과 그들은 페미니즘 운동의 목표는 환경운동의 목표와 비슷하다고 믿는다. 하지만 생태여성주의자들은 여

---

10) 이것은 단지 일반적인 성격 규정일 뿐이다. Reuther와 Val Plumwood, 그리고 Karen Warren 등은 여성의 억압이 중요한 것이긴 하나, 지배적인 억압의 형태는 아니라고 본다. 하지만 다른 페미니스트들은 여성의 억압을 중요한 사회적 지배 형태로 본다. 예를 들면, 급진주의적 페미니스트들은 여성의 억압이 다른 보다 더 기본적인 억압 형태로 환원될 수 없다고 본다.

성의 억압에 대해 다양한 분석을 내놓고 있으며, 억압을 비판하고, 대안적인 비지배적인 사회 모델을 발전시키는 데 있어서도 다양한 설명을 한다.[11]

생태문제와 여성문제의 유사성과 관련해 와렌(Karen Waren)은 다음과 같이 강조하고 있다.

> 여성의 지배와 자연의 지배의 역사적, 경험적, 개념적, 이론적, 상징적 관계에 주목해야 한다. 생태여성주의에 따르면, 이러한 연관을 보지 못할 경우, 여성과 자연에 대한 착취가 계속될 것이고, 페미니즘의 관점에서 적절하지 못한 정책, 이론, 관행이 계속 나올 것이다.[12]

11.2 사회정의의 이론들

앞장에서 윤리학은 '우리'는 어떻게 살아야 하는가 같은 근본문제를 다룬다고 말한 바 있다. 하지만 여기서 '우리'는 우리 각각을 개별적으로 지칭하는 것인가, 아니면 우리를 집합적으로 지칭하는 것인가? 전자의 의미라면 윤리학은 도덕과 관계된 것이며, 후자의 의미라면 윤리학은 사회정의와 관계된 것이다. 정의는 우리 모두가 '함께' 어떻게 살아야 하는가 하는 문제를 다룬다. 정의는 사회, 정치철학의 제 1원리라고 말할 수 있다. "우리는 함께 어떻게 살아야 하는가?"와 "무엇이 정의인가?"는 이런 관점에서 보면 같은 문제이다.

어떤 의미에서 도덕철학은 정의이론이 전개되는 배경이다. 도덕철학

---

11) 사회정의에 대한 페미니스트들의 다양한 관점을 알려면 다음의 책이 제일 좋다. Alison Jaggar, *Feminist Politics and Human Nature* (Totowa : Rowman & Littlefield, 1988).

12) Karen Warren, "Introduction" *Hypatia* 6, no.1 (Spring 1991), 1쪽.

은 다른 문제들도 다루지만, 우리 각자가 다른 사람들에 대해 갖는 책임과 권리의 문제를 다룬다. 그렇다면 우리는 우리 각각이 개별적으로 갖는 권리와 책임을 존중해야 한다는 것이 정의 문제에 대한 부분적인 답변이 될 것이다. 그러나 도덕철학이 정의에 관한 모든 문제를 다 포괄하는 것은 아니다. 공동체에서 더불어 사는 것은 공동체에서 살 때만 발생하는 이득과 부담을 결과한다. 더욱이 사회제도와 관행은 개인들에게 영향을 미친다. 정의는 이러한 문제들도 역시 다루어야 하는 것이다. 사회의 이득과 부담은 어떻게 분배되어야 하는가? 사회제도는 인간을 어떻게 대우해야 하는가? 요약하자면, 각자는 사회로부터 어떤 대우를 받을 자격이 있는가?

일반적으로 정의는 각자에게 그의 몫을 주는 것이라고 말한다. 정의이론은 그가 받는 몫이라는 것이 정확히 어떤 것인가 하는 문제와 관련해 입장이 나눠진다. 서양의 철학전통에서 이 문제에 대한 논의는 정의는 같은 것을 같게 대우하는 것이라는 아리스토텔레스의 주장에서 대부분 시작된다. 종종 '정의의 형식적 원리'라고 불리는 이것은 사람들이 차등한 대우를 받는 것을 정당화하는 그 어떤 차이를 갖고 있지 않는 한, 평등하게 대우해야 한다는 것을 의미한다. 그러나 이것은 단지 형식적인 원리일 뿐이다. 우리는 사람들을 평등하게 대우하는 것이 무엇인지, 이 원리로부터 어떤 구체적인 지침이 나오는지 해석해야 하는 것이다.

예를 들어, 공리주의적 정의관에 따르면, 모든 사람의 이익을 똑같은 가치를 지닌 것으로(각자는 하나로 계산되지, 그 이상도 그 이하도 아니다) 대우해야 한다. 그래서 전체선을 극대화하는 공평무사한 규칙을 사회적 이득과 부담을 분배하는 문제에 적용한다. 앞에서 논의했듯이, 공리주의자들은 환경자원은 개체들의 이익의 총만족을 극대화하는 방식으로 분배해야 한다고 주장한다. 그리고 여기서 말하는 개체에는 아마 미래세대의 인간과 동물도 포함될 수 있을 것이다.

그러나 많은 철학자들, 특히 칸트 윤리학에 우호적인 철학자들은 공리주의적 정의관에 대한 중대한 반론을 제기해왔다. 그들은 총행복을 극대화하는 공리주의의 원리는 개개인이 가진 존엄성을 존중하지 못한다고 주장한다. 이들의 입장에서 개인을 사회적 총 이익을 산출하기 위한 단순한 수단으로서 대우해서는 안 된다. 총 이득을 극대화하려는 공리주의의 목표는 이득을 얻기 위해 지불해야 하는 대가가 부담의 불공정한 배분방식과 연관된다면, 부당한 것이 된다. 대신 정의는 모든 시민들에게 이득과 부담을 공정하고 무사공평하게 분배할 것을 요구한다.

미국의 철학자 롤즈(John Rawls)는 정의에 관한 가장 강력하고 영향력 있는 이론을 발전시켰다. 롤즈는 로크와 칸트의 전통을 계승해 정의에 관한 사회계약론적 접근을 시도한다.[13]

롤즈의 정의 이론은 두 가지 중요한 구성요소로 이루어졌다. 정의의 원리를 결정하는 방법과 그 방법으로부터 도출되는 구체적 원리가 그것이다. 방법은 로크와 칸트에 의해 일찍이 사용된 일종의 가상적인 사회계약이다. 합리적이고, 자기이익에 관심있는 각 개인들이 사회의 기본원리를 선택하고 합의하기 위해 모였다고 가정하자. 원리의 공정성과 공평무사성을 확보하기 위해, 각 개인들은 자기 자신의 구체적인 신상에 대해 모른다고 가정해보자. 즉 자신의 능력과 무능력, 재능과 약점을 모른다고 가정해보자. 롤즈의 개념을 사용하자면, 그들은 무지의 베일 뒤에서 원리들을 선택하는 것이다. 각각의 개인들이 수단이 아니라, 목적으로서 대우받는 것을 확보하기 위해서 이들 개인들은 원리들에 대해 만장일치로 합의해야 한다고 가정하자. 롤즈가 '원초적 상황(original position)'이라고 부르는 이 공평무사한 최초의 조건은 선택된 원리가 공

13) John Rawls, *A Theory of Justice*(Cambridge, Mass : Harvard University Press, 1971).

정하다는 것을 보장해준다.

롤즈는 원초적 상황에서 정의의 기본적인 두 원리를 이끌어낸다. 첫 번째 원리는 각 개인들은 최대한의 자유에 대한 동등한 권리를 가진다는 것이다. 개인들은 가능한 한 많은 자유를 요구할 것이고, 합리적이고 자기 이익을 추구하는 개인이라면 다른 사람에게 더 많은 자유를 주기 위해 자신의 평등을 희생하려고 하지 않기 때문이다. 두 번째 원리는 불평등한 분배가 최소수혜자에게 이득이 되지 않는 한, 사회적, 경제적 이득과 부담은 평등하게 분배되어야 한다는 것이다. 즉 그리고 불평등으로 인한 이득은 각자가 평등한 기회를 가진 직책에 개방될 때에만 허용될 수 있다는 것이다. 롤즈는 합리적인 사람이라면 '최소극대화(maximin)' 전략을 따를 것이기 때문에 이 원리들을 받아들일 것이라고 믿는다. 즉 만일 당신이 사회의 어떤 위치에 처했는지 알지 못한다면, 그리고 이득과 부담의 분배 문제에 대해 합의해야 한다면, 당신은 잠재적 이득을 극대화하려기 보다는 잠재적 해를 최소화하는 보수적인 전략을 선택할 것이라는 것이다.(예를 들어보자. 가령 모든 저금을 털어 복권을 사겠는가, 아니면 안전한 저축구좌에 돈을 넣어 두겠는가? 즉 최대이득의 가능성을 위해 커다란 위험을 감수하겠는가, 아니면 약간의 이득을 위해 사소한 위험만을 감수할 것인가?)

정의에 대해 간략하게나마 논의한 상태에서 사회생태주의자들과 생태여성주의자들이 제기한 문제들을 고찰해보자. 사회의 이득과 부담은 어떻게 분배되어야 하는가? 누가 이득을 취하고, 누가 부담을 감수하는가? 이득과 부담에 대한 현재의 분배는 공정한가? 더 나아가 이런 사회는 어떤 인간, 즉 어떤 성품을 갖고, 어떤 가치와 태도를 취하는 인간을 만들어낼 것인가?

구체적으로 환경편익과 부담은 무엇인가? 이 책에서 든 몇 가지 문제를 고려해 보자. 대기오염과 수질오염, 유독 폐기물 더미, 살충제 중독, 과잉인구, 야생지의 상실, 개발, 지구온난화 등에서 편익과 부담은 무엇인가? 누가 환경피해라는 부담을 감수하고, 누가 그로 인한 이득을 취하는가? 환경론자들이 추진하는 정책으로 인한 이득은 누가 갖는가? 그런 정책의 피해자는 누구인가? 사회생태주의자들과 생태여성주의자들은 "인간은 환경파괴로 인해 고통을 겪고 있다"나 "인간은 야생지 보전을 통해 이득을 얻을 것이다" 같은 일반적 인간의 차원에서 이 문제를 답변하는 사람을 비판한다. 그런 일반적 주장은 사람들간의 중요한 차이를 놓친다. 이제 누가 이득을 취하고, 누가 부담을 감수하는가 하는 문제를 구체적으로 검토할 필요가 있다.

11.3 환경정의와 환경 인종주의

환경정의는 환경편익과 환경부담의 사회적 분배 문제를 다룬다. 이득과 부담을 불평등하게 배분하는 사회는 원천적으로 부정의한 사회이다. 많은 관찰자들에 따르면, 상당수의 환경정책은 이득과 부담을 불공평하게 배분한다. 더 구체적으로 이야기하자면, 사회는 자주 부담을 가장 열악한 위치에 있는 사람들에게 분배한다. 빈민과 유색인이 그 예인데, 여기서 '환경 인종주의'가 잘 나타난다. 더욱이 칩코운동에서 드러나듯, 남성보다 여성이 환경부담을 더 감수한다는 사실을 보여주는 증거도 있다. 따라서 우리는 '환경 성차별주의'에도 관심을 가질 필요가 있다.

여기서는 지면관계상 환경정의에 대해 철저히 검토할 수는 없고, 간략히 검토할 것이다. 이것에 대한 검토는 사회생태주의자들과 생태여성주의자들이 제기한 철학적 주장을 이해하기 위한 배경이 될 것이다.

오염 및 유독 폐기물이 야기하는 건강 및 안전에 대한 위험의 분배

문제를 고려해보자. 1970년대 중반 이후로, 많은 연구자들과 활동가들은 유색인 마을이 직면한 불공평한 위험에 주목하기 시작했다. 사회학자 벌러드(Robert D. Bullard)는 이 연구의 선두 주자이다. 여러 번에 걸쳐 벌러드는 유독 폐기물 더미, 쓰레기 매립지, 소각장, 그리고 오염산업체가 빈민과 소수민족이 사는 인구밀집지역이나 인근 지역에 위치한다는 사실을 확인했다. 벌러드는 『National Law Journal』에 실린 1992년 연구를 인용하면서, 다음과 같이 결론짓는다.

> 미국 정부가 유독 폐기물 지역을 청소하고, 오염자를 처벌하는 방식은 인종에 따라 차이가 난다. 흑인이나 히스패닉, 기타 소수민족이 사는 마을보다 백인마을에서 정부의 조치는 더 신속하고, 말끔하게 이루어지고, 또한 처벌도 더 엄격하다. 마을이 부유하냐, 가난하냐에 따라 정부의 환경보호도 차이가 나는 것이다.[14)]

환경파괴를 예방하는 것부터 환경을 정화하는 것까지, 그리고 오염자를 처벌하는 데에 이르기까지, 환경법은 백인의 마을보다는 소수민족의 마을에서 훨씬 더 제도적으로 느슨하게 실행된다.

이 연구는 <인종정의에 대한 미국 기독교 협의회>에 의해 행해진 이전의 연구를 확인해주고 있다. 1982년 이루어진 『미국에서의 유독 폐기물과 인종』이란 연구보고서는 인종이야말로 유독 폐기물 처리장소의 위치를 잘 보여주는 시금석이라고 주장한다. 그리고 이 보고서는 강력한 증거에 의해 뒷받침된다. 그래서 만일 당신이 유색인이라면, 당신은 유독 폐기물 더미, 쓰레기 매립장, 소각장, 오염기업체 인근 지역에 살

---

14) Marianne Lavelle & Marcia Coyle, "Unequal Protection", *National Law Journal* 21 (1992년 9월). 이것은 벌러드에 의해 인용됐다. Robert Bullard, *Unequal Protection* (San Francisco : Sierra Club Books, 1994), 9쪽.

가능성이 백인보다 훨씬 더 높다. 만일 당신이 흑인지역에 산다면, 백인 거주 지역에 사는 것보다 오염이 청소될 가능성도 더 적고, 또한 오염자도 더 가벼운 처벌을 받게 되는 환경에서 살 것이다.[15)]

이는 국제적 차원에서도 마찬가지다. 가난한 국가는 환경파괴 — 산림 개간, 사막화, 공기 및 수질 오염 — 를 겪을 가능성이 더 높다. 그리고 가난한 국가에서도 가장 가난한 사람이 환경파괴로 고통 당할 가능성이 더 높다. 식민주의의 역사적 유산을 보면 이런 사실을 알 수 있다. 오늘날 후진국 중 많은 국가들이 지난 수십 년 동안 식민지 또는 준 식민지 상태로, 유럽과 미국이 산업을 발전시키고, 높은 생활수준을 유지하는데 자연자원을 공급해왔다. 식민통치자들은 이들 국가의 자연자원을 수탈하면서, 그 지역공동체에 환경비용을 전혀 지불하지 않았다.

경제적 사고 방식에도 이런 부정의의 유산이 숨어 있다. 비용-편익분석에 따르면, 가장 적은 가치가 있는 사람과 장소에 환경위험을 분배하는 것이 가장 비용이 덜 들며, 따라서 효율적이다. 예를 들어 쓰레기 소각장을 건설할 때, 가장 재산가치가 낮은 지역에 건설하는 것이 경제적으로 타당하다. 그래야 비용이 적게 들기 때문이다.

철학자 웨스트라(Laura Westra)는 이런 사고방식이 잘 드러난 예로 세계은행(Word Bank)의 문서를 들고 있다. 웨스트라는 세계은행의 수석

---

15) 벌러드의 저작은 이런 주장의 탄탄한 기초가 된다. 그 외의 참고문헌으로는 Robert D. Bullard, *Dumping in Dixie : Race, Class, and Environmental Quality* (Boulder : Westview, 1990). Bunyan Bryant(편), *Environmental Justice*(Washington, D.C : Island Press, 1995). Laura Westra & Peter Wenz, *Faces of Environmental Racism* (Lanham, Md : Rowman and Littlefield, 1995). 벌러드와 브라이언트의 책은 정책에 대한 것으로 활동가들을 위한 책이다. 반면 웨스트라와 웬츠는 철학자이다. 정의론적 관점에서 환경문제를 다룬 책으로는 Peter Wenz, *Environmental Justice* (Albany : State University of New York, 1988). 또한 인종정의에 대한 미국 기독교 협의회, *Toxic Wastes and Role in the United States*(New York : United Church of Christ, 1987).

경제학자 섬머스 (Lawrence Summers)를 인용한다.

> 건강에 유해한 오염 비용은 부상자와 사망자의 그 전 수입이 얼마였느냐에 달려 있다. 이러한 관점에서 건강에 유해한 오염의 일정부분은 가장 비용이 적게 드는 국가, 즉 가장 임금이 낮은 국가에 있어야 한다. 나는 저임금 국가에 오염폐기물을 버리는 것 배후에 있는 이러한 경제논리는 불가피한 것으로 본다. 그리고 우리는 이런 엄연한 현실을 인정해야 한다.[16]

세계은행은 국가간의 채무업무를 맡고 있으며, 따라서 후진국의 경제에 엄청난 영향력을 갖고 있기 때문에, 이런 태도에는 더 중대한 문제점이 있다고 생각한다. 아마도 가장 조야한 형태의 공리주의를 예외로 한다면, 이 사례를 공정하다거나 정의롭다고 말하는 정의에 관한 이론은 없을 것이다. 이 사례들 대부분은 확실히 불평등은 그것이 최소수혜자에게 이득이 될 경우에만 정당화된다는 롤즈의 원칙에 어긋난다. 또한 이 정책으로 인해 부담을 지는 사람들에게는 정책 결정과 관련된 투표권이 부여되지 않았기 때문에 롤즈의 제 1원리에도 어긋난다.

환경 부정의와 환경 인종차별주의를 고착화하는 정책은 너무나 흔해서 굳이 더 예를 들을 필요도 없다. 인구정책들 중 많은 것들이 가난한 자와 소수민족에 부당하게 부담을 주는 것으로 보인다. 인구성장을 환경파괴의 주요 원인으로 보는 사람들은 가난한 자, 특히 가난한 여성들로 하여금 아이를 많이 갖고 싶게 하는 문화적, 경제적 요인들을 무시한다. 소수민족에 대한 억압적인 인구조절정책의 역사—여기에는 노예제, 나치즘, 인종분리정책, 소수민족이 다 포함되는데—를 감안한다면, 부

16) Laura Westra, "A Transgenic Dinner? Ethical and Social Issues in Biotechnology and Agriculture", *Journal of Social Philosophy* 24(1993 여름), 215~232쪽.

유한 백인 환경주의자들이 주장하는 인구정책에 대해 소수민족이 회의적인 이유가 납득이 된다.

세계 기아와 인구성장에 대한 고전적 논문에서, 생태학자 하딘(Garrett Hardin)은 인구과잉이 인간의 생존에 중대한 위협이 되고 있다고 주장한다.[17] 구명보트의 비유를 통해서, 하딘은 인구의 과잉은 지구의 수용능력을 초과함으로써 우리 모두를 침몰시킬 것이라고 주장한다. 이에 대한 대안으로 하딘은 기아로 굶어 죽어가는 사람들에 대한 식량원조를 중단해야 한다고 주장한다. 식량원조는 가난한 자들 사이에서 더 큰 인구폭발을 야기할 것이고, 이것은 지구의 수용능력에 더 큰 부담을 준다는 이유에서다.

하딘에 대한 비판자들은 그런 정책이 가장 불리한 위치에 있는 인간, 자기를 보호할 능력이 없는 인간들에게 막대한 피해를 끼칠 것이라고 주장한다. 그들에 의하면, 그런 정책은 또한 가장 좋은 위치에 있는 사람(이미 구명보트에 승선한 사람)의 이익만을 보호해 준다. 하딘이 제안한 정책은 선진국의 사람들, 특히 권력과 특권을 가진 사람들은 자신들의 안락한 생활수준을 유지할 수 있는 반면, 가장 불리한 위치에 있는 사람은 굶어 죽을 수밖에 없다는 것을 의미한다. 즉 우리는 구명보트 안에 있지만 그들은 그렇지 않은 것이다. 구명보트에는 우리와 함께 우리 소비사회의 안락한 온갖 창조물들이 있기 때문에, 그들을 태울 공간이 없는 것이다. 정의의 관점에서 보면, 이 정책은 도저히 받아들이기 어렵다.

또한 많은 보전주의 정책은 엘리트계층에게는 이득이 되는 반면, 취약계층에게는 피해를 야기한다. 우리는 근본생태주의에 대한 구하의 비판을 앞장에서 이미 본 바 있다. 이것은 1992년 리오데자네이로에서 열

---

17) Garret Hardin, "Lifeboats Ethics : The Case Against Helping the Poor", *Psychology Today* 8(1974년 9월), 38～126쪽.

린 지구정상회담의 주요 테마이기도 하다. 유럽과 북미에서 온 많은 환경론자들은 야생지역과 열대우림, 생물 다양성을 보전하기 위해 개발과 인구성장을 제한해야 한다고 주장했다. 물론 이 정책은 상당 부분 후진국을 표적으로 삼았다. 산업화가 덜된 지구의 남반구에서 온 많은 사람들이 보기에 이 정책으로 인한 이득은 산업화된 북반구 사람들이 갖는 반면, 정작 그 비용은 남반구 사람들이 져야 하는 것이다. 그것은 마치 북반구의 환경론자들이 "우리 문화는 안락하고 건강한 생활수준을 향유하기 위해 환경재난을 초래했다. 우리가 그랬다고 해서 너희들도 우리와 유사한 생활수준을 추구해서는 안 된다. 그러면 남아있는 야생지와 열대우림, 생물다양성이 파괴될 것이기 때문이다. 물론 우리는 이런 것들보다 경제발전을 더 소중히 여겼다. 그러나 너희는 그래서는 안 된다."고 말하는 것과 같다.

끝으로, 몇몇 관찰자들은 환경부정의가 드러나는 대부분의 사례에서 여성과 아이들이 특히 환경파괴에 노출되어 있다고 지적한다. 오염물질, 살충제, 독극물 등이 야기하는 잠재적 해는 여성들에게 불공평하게 배분된다.18)

발전하고 있는 세계의 많은 지역에서 여성들은 삼중의 부담을 떠맡아야 한다. 여성들은 우선 요리나 집안 유지 등 가사를 돌보아야 한다. 또한 여성들은 집 밖에서도 일을 해야 한다. 가축과 작물을 돌보는 것이 대표적인 예이다. 또한 여성들은 전세계적으로 남성보다 유동성이 부족해, 오염과 비위생적 조건에 노출되어 있다. 여성들은 기계를 사용하지 않은 곡물 수확을 해야 하고, 따라서 살충제에 관련된 위험에 더 노출되

---

18) Leonie Caldecott & Stephanie LeLan(편), *Reclaim the Earth*(London : Women's Press, 1983). Vandana Shiva, *Staying Alive : Women, Ecology, and Development*(London : Zed, 1988).

어 있는 것이다. 또한 장작과 식수를 구하는 것도 여성의 몫이다. 그래서 여성들은 숲에 마음대로 들어갈 수 없는 것에 더 고통스러울 수밖에 없고, 또한 물의 오염 때문에 더 고통스러울 수밖에 없다. 한 관찰자에 따르면, 후진국에서 죽는 아이의 34.6%가 깨끗한 식수의 부족에 의한 것이다.[19] 칩코운동이 보여주듯, 후진국에서의 환경파괴와 개발은 여성들에게 특별한 부담을 준다. 물론 인구정책도 남성이 경험하지 못하는 방식으로 여성에게 부담을 준다. 여성과 아이들은 과잉인구의 피해를 더 당한다. 반면 인구를 조절할 책임은 여성에게 있는 것으로 보통 생각된다.[20]

11.4 북친의 사회생태주의

북친은 사회의 지배와 자연의 지배의 연관성에 대해 40년 이상 글을 써 온 사회이론가이다. 그의 견해는 '자유주의적(libertarian) 사회생태주의', '생태아나키즘(eco-anarchism)', '사회생태주의(social ecology)' 등 다양한 이름으로 불리지만, 가장 일반적으로 불리는 것은 사회생태주의이다. 여기서 나는 북친의 저작에서 발전된 사회철학을 '사회생태주의'라는 이름으로 국한해 부르겠다.

사회생태주의는 마르크스주의적 사회주의, 자유주의적 아나키즘, 아리스토텔레스와 헤겔과 '유기체주의' 등 다양한 철학적 전통에 뿌리를 두고 있다. 다양한 전통들에 대해서 자세히 서술하는 것은 이 책의 분량을 넘기 때문에, 여기서는 사회생태주의를 이해하는 데 필요한 부분만을 다룰 것이다.

---

19) 이 추산은 유니세프에 의한 것이다. UNISEF, *State of the World's Children*(1988).
20) Annabel Rodda, *Women and the Environment*(London : Zed, 1991), 68～80쪽.

먼저 북친이 사회생태주의에 의해 의미하는 것과 그것과 생태문제의 관련성을 검토할 필요가 있다. 북친은 특히 위계(hierarchy)에 관심이 많은데, 그는 위계를 다음과 같이 설명하고 있다.

> 복종과 명령의 문화적, 전통적, 심리적 체계는 계급과 국가라는 개념이 지칭하는 단순한 경제적, 정치적 체계가 아니다. 따라서 위계와 지배는 '계급 없는', '정부 없는' 사회에서도 여전히 지속될 수 있다. 내가 지배라고 말할 때, 그것은 '늙은이의 젊은이의 지배', '어떤 인종에 의한 다른 인종의 지배', 자신들이 더 고상한 사회적 이익을 갖고 있다고 주장하는 '관료들에 의한 대중의 지배', '도시에 의한 농촌의 지배', '정신에 의한 육체의 지배', '피상적 도구적 합리성에 의한 영혼의 지배'를 말한다.21)

그래서 위계는 최소한 두 집단, 즉 피지배 집단과 그 집단에 대해 권력을 행사하는 지배 집단의 존재를 함축한다. 이러한 권력이 있기 때문에 '우월한' 집단이 '열등한' 집단에게 복종을 명령하는 것이 가능하다. 위계는 지배의 사회제도를 발전시키고, 이 제도로 말미암아 우월한 집단은 자신들의 의도대로 열등한 집단을 조작할 수 있게 되고, 열등한 집단은 그들 자신의 참된 목적을 추구하는 것을 방해받게 된다.

이 인용문에서 북친은 자신의 견해를 마르크스주의 및 무정부주의와 구분한다. 마르크스주의자와는 달리, 북친은 사회적 위계와 지배의 기본 형태가 경제적 계급이라고 생각하지 않는다. 또한 무정부주의자와는 달리, 북친은 근대 국가가 사회적 지배의 주요 기제라고 보지 않는다. 그의 견해에서는 경제적 계급과 국가 관료 없이도 지배 구조가 있을 수 있다.

---

21) Bookchin, *The Ecology of Freedom*, 4쪽.

또한 이 인용문은 물리적 지배와 권력이 사회적 통제의 유일한 형태라고는 보지 않는다. 위계는 사회적 조건이기도 하지만, 동시에 의식 상태이기도 하다. 사람들은 외부의 힘에 의해서도 억압되지만, 자신의 의식, 자신의 지식과 믿음에 의해서도 억압될 수 있다. 그래서 북친은 우월한 집단은 쾌락적이고 만족스런 삶을 즐기는 반면 열등한 집단은 고역과 희생적 삶을 받아들이게 되는 위계의 사회구조의 '내면화(internalize)'과정에 주목한다.[22] 앞에서 말했지만, 자유는 단순히 외적 강제의 부재 상태를 의미하지 않는다. 『자유의 생태학』이란 그의 고전적 책에서, 북친은 구석기 시대부터 현대에 이르기까지 사회에 존재했던 다양한 위계와 지배의 형태의 역사를 보여준다.

그러나 자연의 지배는 사회적 위계와 지배 유형에서 '연유한다'는 북친의 주장과 관련해 북친의 특징적인 측면은 무엇인가? 이 주장을 정확히 어떻게 이해해야 하는가?

먼저 주목해야 점은 북친이 마르크스주의적 관점을 완전히 역전시켰다는 점이다. 마르크시즘에서 부와 계급 구조를 산출해, 계급 갈등과 억압을 가능하게 했던 것은 자연을 지배하는 인간의 능력이었다. 반면 북친은 지배의 사회구조가 자연의 지배보다 선행한다고 주장한다.

북친은 또한 사회의 지배와 자연의 지배의 필연적 연관을 부정함으로써 마르크시즘과 자신의 입장을 구분한다. 그는 위계적 사회가 자연친화적 관계를 가질 가능성도, 비위계적 사회가 자연을 학대할 가능성도 있다고 본다.[23] 오히려 그는 사회 지배의 형태가 어떻게 자연의 지배를

---

22) 같은 책, 4~8쪽.

23) 다음 내용은 상당 부분 북친의 글에서 발췌한 것이다. Bookchin, "Recovering Evolution : A Reply to Eckersley and Fox," *Environmental Ethics* 12 (Fall 1990), 253~273쪽.

지지하는 '문화 차원의 심리' 또는 '이데올로기'를 조장하는가를 규명하려 한다.

사회생태주의는 다음과 같이 요약될 수 있다. 고도의 위계가 존재하는 사회가 자연을 학대하고, 파괴할 가능성도 높다. 사회적 위계는 자연을 지배하고 착취하는 동기와 수단이 되는 심리적 조건과 물질적 조건을 제공한다. 위계적인 사회에서 사회제도와 사회 관행은 통제를 용이하게 하는 방식으로 만들어진다. 가령, 경제적 효율성을 사회적 이념으로 하는 사회가 있다고 가정해 보자. 그런 사회에서 성공의 척도는 지배와 통제 능력이다. 자기를 위해 일해줄 사람이 많을수록, 그리고 부와 권력이 많고, 지위가 높을 수록, 성공한 삶이 된다. 그런 사회에서 성공은 자연의 지배와 통제와 동일시된다. 이러한 분석을 더 잘 이해하기 위해서는 사회생태주의의 또 다른 측면, 즉 북친이 '유기체주의 전통'이라고 부른 것을 간략하게나마 논의할 필요가 있다.

사회철학의 '유기체주의 전통'은 개인과 사회의 관계에 초점을 맞춘다. 그것은 개인은 사회의 산물에 불과하다고 믿는 입장과 사회는 개인의 집합에 불과하다고 믿는 입장의 중간 입장을 취한다. 보통 공동체라고 불려지는 유기적 사회는 철학에서 말하는 일종의 변증법적 관계를 개인과 맺는다. 즉 공동체는 인간의 행위와 결정에 의해 만들어지고, 인간은 공동체에 의해 만들어진다. 사회의 제도, 관행, 가치, 신념들은 개인의 인격 형성에 영향을 미친다. 나의 아이덴터티는 대부분 나의 사회적 역할, 사회의 역사, 사회환경에 의해 구성된다. 그러나 유기체주의 전통에서는 사회를 인간 밖에서 인간을 형성하고 통제하는 외적 힘으로 보지 않는다. 사회는 그 자체 인간의 행위와 결정의 산물인 것이다. 그래서 변증법적 관점에 따르면, 인간이 사회를 만들지만, 동시에 사회가 인간을 만든다.

사회사에 대한 이러한 이해를 전제한다면, 우리는 북친의 기본적인 사회적, 윤리적 지향점을 이해할 수 있다. 인간은 사회사에 의해 형성되고 만들어질 수밖에 없다. 하지만 인간은 이러한 사실을 모른 채 살수도 있고, 또한 이러한 사실을 의식하면서, 그리고 그것에 대해 책임을 느끼면서 살수도 있다. 그런데 인간에 있어서 가장 중요한 가치는 의식적이고, '자결적인(self-determining)'인 활동이다. 왜냐하면 이러한 활동을 통해서만 인간은 의식하고 사유하는 존재로서의 자신의 자연적 잠재능력을 실현하기 때문이다.

어떻게 의식적이고, 자결적인 활동이 가능한가? 그것은 인간이 육체적 억압뿐만 아니라, 사회적, 법적, 심리적, 지적, 감정적 억압 형태를 포함한 일체의 외부의 통제와 지배로부터 자유로울 때에만 가능하다. 그래서 유일하게 참되고 정의로운 사회는 인간이 모든 형태의 통제와 지배로부터 자유로운 사회이다. 이러한 사회가 북친의 '자유주의적 아나키즘(libertarian anarchism)'이 목표로 하는 사회이다. 철학적 아나키즘은 어떤 강압적인 권위도 정당화될 수 없다고 주장한다. 다른 방식으로 표현하자면, 철학적 아나키즘은 모든 권위에 대한 권리주장은 권력이나 강제의 위장된 형태이라고 주장하는 것이다.

이러한 관점에서 따르면, 정의로운 공동체는 공동의 필요와 목표에 이바지하도록 만들어진 사회이다. 그것은 자연에 대한 지배이건, 인간에 대한 지배이건 간에, 일체의 지배가 없는 사회이다. 또한 그것은 참여와 자유와 같은 민주주의적 가치가 규범이 되는 사회일 것이다. 북친은 이러한 정의로운 사회를 어떤 개인이나 집단의 타자에 대한 권력 행사를 가능하게 해주는 제도와 관습이 없는 사회라고 보았다. 그러한 사회는 의사결정이 탈중심화되고, 개인들이 서로 보완해 주고, 협력하며, 서로를 지배하지 않는 사회일 것이다. 그리고 그러한 아나키스트적 사회는

생태계에도 적합할 것이다. 즉 그것은 다양화되고, 균형 있고, 조화로운 사회일 것이다.[24]

이러한 철학적 목표를 가정한다면, 지속 가능한 농업과 적정 기술 같은 관행이 북친의 이상적인 사회적, 생태적 공동체에서 어떻게 핵심적인 역할을 하는지를 알 수 있다. 지속 가능한 농업은 개별 영농문제들에 대한 해결책이 모인 것이 아니라, 인간적, 자연적 환경 모두가 지배의 제도와 관행으로부터 자유로운 생활양식이다. 그래서 적절한 기술은 개인을 외적인 강제에 의한 통제로부터 자유롭게 해 줄 것이다. 지속가능한 농업과 적정기술은 의사결정기구를 탈중심적이고 다양하게 만든다. 이러한 의미에서 이것들은 민주적인 관행이다. 의사결정은 가장 영향받는 당사자들에 의해 직접적으로 행해진다. 지속 가능한 농업과 적정기술은 지역공동체가 지속 가능하고, 자급적이게 하는 공동체의 생활양식을 강화한다. 이러한 세계에서 인간은 참된 자유를 경험할 것이고, 그리고 이러한 세계에서만 인간은 자연환경과 조화롭게 살 수 있을 것이다. 북친에 따르면, 인간의 지배로부터의 자연의 해방은 인간이 인간의 지배로부터 자유로운 세계에서만 이루어질 수 있다는 것은 우연이 아니다.

11.5 비판적 고찰

북친의 사회생태주의에 대해 몇 가지 반론이 제기될 수 있다. 반론은 크게 보아 두 가지이다. 하나는 사회의 지배와 자연의 지배의 관계에 대한 것이고,[25] 다른 하나는 자연의 진화론적 발전에서 인간의 역할에 관

24) Murray Bookchin, "Ecology and Revoluntionary Thought" (1965), 이 논문은 다음의 책에 발표되었다. *Post-Scarcity Anarchism* (Berkeley, CA : Ramparts, 1971), 80쪽.

25) 예를 들어 다음을 보아라. Robin Eckersley, *Environmentalism and Political Theory* (Albany : SUNY Press, 1972), 148～154쪽.

한 것이다.[26]

우리는 북친이 사회의 지배와 자연의 지배 사이의 필연적 연관을 명확히 거부했다는 것을 보았다. 즉 전자가 후자의 원인은 아니라는 것이다. 그렇다면 이것들의 관계는 어떤 것인가? 북친의 대답은 항상 명확하지가 않다. 하지만 이 문제에 대해 확실한 답변을 할 수 없다면, 사회생태주의는 특히 실천적 문제와 관련해 설득력을 상당 부분 상실하게 된다.

사회의 지배와 자연의 지배의 강력한 인과적 연관을 인정하는 것은 사회의 위계를 없애지 않으면, 환경문제도 해결할 수 없다는 것을 의미한다. 이러한 입장에 서면, 정책에 대한 요구 방향은 분명해진다. 즉 생태문제에 앞서 먼저 사회문제를 다뤄야 한다. 그러나 만일 이러한 연관이 확실한 것이 아니라고 본다면, 정책의 우선성 또한 확실하지 않게 된다. 그래서 사회 위계의 문제와 무관하게 먼저 환경문제를 다룰 수 있고, 그렇다면 사회생태주의의 적절성에 대해 의문이 생기게 된다.

공정하게 보자면, 북친의 견해는 이러한 반론이 가정하는 것보다는 정교하다. 그가 보기에 연관은 필연적인 것도, 인과적인 것도 아니다. 하지만 그렇다고 해서 단순한 우연도 아니다. 북친은 사회 위계와 자연 지배의 이념(idea)사이에는 역사적 연관이 존재한다고 주장한다.[27] 역사적으로 볼 때, 위계적 사회는 사회의 진보를 자연에 대한 지배와 통제로 보는 것을 조장해 왔다. 결국 이들의 관계는 상호 상승적인 것이다. 따라서 우리는 두 문제를 동시에 다룰 필요가 있다. 하나를 다루는 것은

---

26) Eckersley, *Environmentalism and Political Throry*, 154~160쪽. 그리고 "Divining Evolution : The Ecological Ethics of Murray Bookchin," *Environmental Ethics 11* (1989), 99~116쪽.

27) Bookchin, "Recovering Evolution", 262~266쪽.

결국 다른 하나를 다루는 것이다. 보다 자연 친화적인 관계로의 변화는 (지속 가능한 농업의 정치적 성격에 대한 논의가 보여주듯이) 사회제도의 변화를 유발할 것이다. 우리의 사회관계를 덜 위계적이고, 더 탈중심적 조직으로 바꾸는 것은 (적정기술에 대한 논의가 보여주듯이) 자연과의 우호적인 관계를 고무한다.

북친에 대한 두 번째 반론은 자연의 진화를 이끄는 인간의 역할을 그가 인정하는 것과 관련된다. 북친은 인간을 자연의 진화를 이끌고, 그것을 위해 의식적으로 노력할 능력이 있는 진화의 '후견자(steward)'로 본다. 비판자들이 보기에 이것은 자연의 이익보다 인간의 이익에 특권을 부여하고, 인간에게 진화의 주도권을 부여하고, 인간 자신의 목적대로 자연을 움직이는 것을 허용할 의도를 보인 것이다.[28] 비판자들은 이것은 일종의 인간중심주의로 현재의 생태 위기를 낳은 태도라고 주장한다.

이러한 비판은 인간의 합리성과 인간사회를 자연 진화의 산물로, '자기 의식이 부여된 자연(nature rendered self-consciousness)'으로 북친이 기술한 데에서 나온다. 이러한 기초 위에서 북친은 인간을 자연으로부터 분리하거나 인간 존재의 특이성을 부정하거나 격하하는 어떤 입장도 거부한다. 그는 생명중심윤리와 근본생태주의를 인간의 합리적 능력을 격하하는 철학적 견해의 목록 안에 포함시킨다. 그에 따르면, 사회생태주의는 고상한 르네상스적 의미에서 '휴머니즘적'인 것이다. "그것은 하늘에서 땅으로, 미신에서 이성으로, 신성에서 인간—회색곰이나 고래와 마찬가지로 자연 진화의 산물인—으로 관점의 변화를 요구하는 휴머니즘이다."[29]

---

28) Eckersley, "Divining Evolution", 99쪽.

29) Murray Bookchin, "Social Ecology Versus Deep Ecology", *Socialist Review* 18, nos. 1-2 (1988), 27~28쪽.

북친은 합리성, 의사소통능력, 문화, 사회 등 인간 진화의 특징들을 '제 2자연(second nature)'이라고 해서 원래 상태의 자연을 의미하는 '제 1자연'(first nature)과 구분한다. 그는 이러한 구분이 질적인 차이가 아니라 정도의 차이에 의한 것이라고 강조하지만, 이것은 인간이 생명중심 윤리, 대지윤리, 근본생태주의에서 말하는 '생명공동체의 평등한 시민'은 아니라는 것을 의미한다. 북친에 따르면,

> 자연의 진화는 인간에게 우리가 사회라고 부르는 고도로 제도화된 공동체의 형식에 의하여 제 1자연을 의식적으로 변화시키기 위해 제 1자연에 대한 의도적인 개입자가 될 능력을 부여할 뿐만 아니라, 필연성을 부여해 왔다. …지적인, 의사소통적인, 사회적인 이러한 인간적 특성들 모두는 자연 진화에서 나왔을 뿐만 아니라, 의식적으로 생명 다양성을 증진시키고, 고통을 줄이고, 생태적으로 가치 있는 새로운 생명체의 진화를 촉진하고, 단순한 변화가 주는 무자비한 결과와 재난스런 사건이 주는 영향을 줄이는 방향으로 자연 진화에 사용될 수 있다.[30]

북친은 자신의 주장이 인간중심적 목적에서 인간이 자연을 지배하고 통제해야 한다는 것을 의미하는 것은 아니라고 말한다. 그에 따르면, 오늘날 존재하는 제 2자연은 사회적 위계와 지배의 이념에 의해 형성된 것이다. 따라서 이것에게 자연계에 대한 통제를 맡기는 것은 잘못이다. 레오폴드를 상기시키는 어조로 레오폴드는 제 1자연의 복잡성을 강조하고, 자연을 변화시키는 여하한 활동에도 보수적이고 신중한 접근을 강력히 추천한다. 그럼에도 불구하고, 그는 자신의 최초 입장이 갖는 함축으로부터 물러서지 않는다. 자연 진화의 일부이자, 정교하고 합리적 사고 능력을 유일하게 보유한 존재인 인류는 자연진화과정의 후견자로서

30) 같은 책, 28쪽.

행위 할 책임이 있다.

1980년 후반 벌어진 북친과 여러 근본생태주의자간의 격렬한 논쟁은 이 점과 관련된 것이다. 근본생태주의자들은 북친의 입장을 인간중심주의라고 비난하면서, 그의 견해는 '인간이 고등한(higher) 생명체'라는 견해를 견지하고 있다고 비난했다.[31] 반면 북친은 근본생태주의를 인간 혐오의 공격적인 철학이라고 비난했다.[32] 이 논쟁을 간략하게나마 개괄하는 것이 북친을 이해하는 데 도움이 된다.

근본생태주의에 대한 북친의 비판은 모든 생명체에 동등한 도덕적 가치를 부여하는 생명중심윤리나 생태중심윤리 모두에 적용될 수 있다. 이 논쟁에서 북친은 몇몇 근본생태주의자들과 얼스 퍼스트!의 구성원들에게 비판의 초점을 맞췄다. 그에 따르면, 이들의 견해는 기아나 에이즈가 인구과잉과 생태 파괴에 대한 자연의 복수라는 것을 함의한다. 그리고 이것은 에티오피아나 소말리아 같은 나라에서 굶고 있는 아이들을 수용 능력과 인구 동학에 관한 생태적 법칙의 이름 아래 죽도록 내버려둬야 한다는 것을 함축한다. 북친은 생명중심철학에서 곧바로 이러한 함의들이 도출된다고 강력히 비판한다.

근본생태주의의 생명중심 원리가 인간이 레밍이라는 다람쥐와 본질

---

31) Judi Bari, "Why I am Not a Misanthrope." *Earth First!*, Frbruary 2, 1991, 25쪽. 그리고 북친에 대한 다른 근본생태주의자의 비판은 Christopher Manes, *Green Rage : Radical Environmentalism and the Unmaking of Civilization* (Boston : Little, Brown, 1990). Warwick Fox, *Towards a Transpersonal Ecology* (Boston : Shambhala, 1990). 이 논쟁에 대한 훌륭한 개괄서는 Steve Chase(편), *Defending the Earth : A Dialogue Between Murray Bookchin and Dave Foreman* (Boston : South End Press, 1991).

32) 다음의 글을 참고할 것. Bookchin, *Social Ecology Versus Deep Ecology* (Burlington, VT : Green Program Project, 1988). 이 글은 다음의 잡지에 재 수록되었다. *Socialist Review 18*, nos. 1-2 (1988), 11~29쪽.

> 적 가치와 도덕적 중요성에서 별 차이가 없다고 보는 것이라면, 그리고 인간이 다른 종과 마찬가지로 자연의 법칙에 종속된 존재라고 보는 것이라면, 이러한 극단적 주장이 근본생태주의 철학에서 논리적(logically)으로 도출된다.[33]

생명중심주의의 원리가 가진 또 한 가지 문제점은 모든 인간을 생태파괴에 똑같이 책임있는 것으로 본다는 것이다. 환경파괴의 원인이 인간중심주의에 귀속되고, 대안으로서 생명중심적 윤리가 제시된다. 그러나 북친은 '인류'가 문제의 원인이며, 인류가 자연계를 파괴하고 있다는 견해를 거부한다.

> 누구로부터 생명계를 보호해야 할지에 대해 물어 보아야 한다. 인류로부터? 인간 종(種)으로부터? 사람들로부터? 아니면 위계적 사회 관계를 가진 특정 사회와 특정 문화로부터…? 탈사회적이고, 종(種)중심적 사고방식의 문제점은 피해자들을 비판한다는 점이다. 할렘의 흑인 아이가 엑손의 사장과 환경 위기에 똑같은 책임이 있다고 말하는 것은, 죄인은 올가미에서 풀어 주고, 엉뚱한 사람에게 죄를 뒤집어 씌우는 것이다.[34]

여기서 우리는 근본생태주의와 생명중심주의에 대한 도전으로서 북친 철학의 핵심적 통찰을 엿볼 수 있다. 생태 위기의 원인을 이해하기 위해서는 사회가 어떻게 조직되는가를 살펴볼 필요가 있다. 사회는 인간의 창조물이며, 어떤 사회 형태들은 인간으로 하여금 자연을 지배하고 파괴하도록 조장하는 태도를 야기한다. 그러나 사회는 인간의 창조물이기 때문에, 인간은 사회를 변화시킬 수 있다. 북친은 인간의 결정과

---

33) *Defending the Earth*, 125쪽.

34) 같은 책, 30~31쪽.

가치가 환경 파괴의 중요 원인이기도 하지만, 그것은 또한 환경문제 해결에서 중요한 역할을 할 수 있다는 점을 상기시켜 준다.

11.6 생태여성주의 : 자연의 지배와 여성의 지배

생태여성주의는 사회의 지배와 자연의 지배의 연관을 고찰하는 다양한 접근 방식이다. 프랑소와즈 드본느(Francoise d'Eaubonne)가 1974년 처음 사용한 이래, 생태여성주의 진영에서 흥미로운 저술과 연구가 많이 나왔다.[35] 와렌(Karren Warren)이 기술한대로,

> 생태여성주의는 여성의 지배와 자연의 지배에는 역사적, 경험적, 상징적, 이론적인 중요 연관이 있기 때문에, 이런 연관을 이해하는 것이 페미니즘과 환경윤리 모두에 중요하다고 보는 입장이다.[36]

생태여성주의는 환경철학에서도 최근에 발전한 것이다. 그리고 앞의 인용문에서 보이듯, 많은 저작들이 페미니즘과 생태운동의 연관을 탐구하는 데 집중되어 있다. 하지만 이러한 접근에서 이미 중요한 철학적 공헌들이 나왔다.

여성의 억압에 대한 페미니스트들의 입장을 다양하기 때문에 여성의 지배와 자연의 지배의 관계에 대해서도 다양한 입장이 있을 수밖에 없

---

35) Francoise d'Eaubonne, *Le Feminisme ou la Mort* (Paris : Pierre Horay, 1974). 철학적으로 유용한 최근의 자료는 *Hypatia* 6. no. 1 (Spring 1991), 그리고 생태여성주의에 대한 자료는 American Philosophical Association, *Newsletter on Feminism* 90, no. 3 (Fall 1991)과 91, no. 1 (Spring 1992). 논문과 인터뷰 외에, 유용한 실러버스와 문헌목록이 수록되어 있다.

36) Karen J. Warren, "The Power and Promise of Ecological Feminism", *Environmental Ethics* 12 (Summer 1990), 126쪽.

다. 다음에서 나는 자연의 지배와 여성의 지배의 여러 가지 관계에 대해서 언급하고, 이러한 철학적, 환경적 의미에 대해서 개괄하겠다.

먼저 지배 체계의 가장 일반적 특징에 대한 논의, 와렌이 '지배의 논리'라고 불렀던 것에서 논의를 시작해 보자.[37] 지배의 논리는 두 집단(예를 들면, 남성과 여성)을 몇 가지 특징(예를 들면, 남성은 합리적이고, 여성은 감정적이다)과, 이러한 특징에 대해 부여되는 가치 위계(예를 들면, 이성은 감정보다 우월하다)에 의해 구분함으로써, 우월한 특징을 갖고 있지 못한다는 사실에 의해(예를 들면, 남성은 여성보다 더 이성적이고, 덜 감정적이기 때문에, 여성을 지배할 위치에 있어야 한다) 어느 한 집단의 종속을 정당화하는 사고 유형이다. 이것이 페미니스트들이 거부하는 일반적 사고 유형이고, 이러한 지배 논리에 대한 분석에 따라 다양한 페미니즘이 나눠질 수 있다.

페미니즘 사상을 분류하는 한 가지 틀이 재거(Alison Jaggar)에 의해 개발되었는데[38], 이것은 이후 많은 생태여성주의자들에게 영향을 미쳤다. 재거는 페미니즘을 자유주의, 마르크시즘, 급진주의, 사회주의로 구분한

---

37) 다음을 참고할 것. Karen J. Warren, "Feminism and Ecology : Making Connectionsm," *Environmental Ethics* 9 (Spring 1987), 3~20쪽. "The Power and Promise of Ecological Feminism", *Environmental Ethics* 12 (Summer 1990), 125~146쪽. 초기의 논문에서 Warren은 지배의 논리를 가부장제의 특징으로 보았다. 하지만 최근에는 모든 억압적 형태를 포함하는 것으로 입장을 바꾸었다. 이러한 점에서 그의 입장은 위계에 대한 북친의 일반적 논의와 더욱 가깝게 되었다.

38) 자유주의적, 마르크스주의적, 급진주의적, 사회주의적 페미니즘에 대한 고전적 논의는 재거의 글에서 발견할 수 있다. Alison Jaggar, *Feminist Politics and Human Nature* (Totowa, NJ : Rowman & Allanheld, 1983). 이러한 입장들과 생태문제의 관계에 대해서는 다음을 참고할 것. Karen Warren, "Feminism and Ecology : Making Connections". 그리고 Carolyn Merchant, "Ecofeminism and Feminist Theory", in Irene Diamond and gloria Feman Orenstein(편), *Reweaving the World* (San Francisco : Sierra club Books, 1990), 100~105쪽. 그리고 Val Pulumwood, "Feminism and Ecofeminism", *The Ecologist* 22, no. 1 (January-February 1992), 8~13쪽.

다. 이들 각각은 여성의 억압과 대안적 사회철학에 대해 나름의 설명과 대안을 제시한다. 예를 들면, 자유주의적 페미니스트들은 남성과 여성의 어떤 적절한 차이도 거부한다. 자유주의적 페미니스트들은 칸트와 공리주의자처럼, 모든 인간은 자유롭고, 이성적인 존재이기 때문에, 여성에 대한 그 어떠한 불평등한 대우도 도덕적 평등을 부인하는 것이며, 따라서 부당하다고 주장한다. 이러한 분석의 결과로, 자유주의적 페미니스트들은 차별을 위치 지우고, 평등한 권리와 기회를 확보하는 투쟁에 온갖 정력을 쏟는다.

마르크스주의적 페미니스트들은 여성은 가사노동, 즉 의존적인 노동에 종사하기 때문에 억압된다고 주장한다. 이들은 예를 들면, 로크의 사유재산권 이론은 여성의 노동이 무시되는 맥락에서만 의미 있을 수 있다고 주장한다. 무소유의 땅에 '남성'이 '자신의 노동을 결합시키기 위한' 전제조건은 여성이 온종일 가사노동에 종사함으로써 남성들로 하여금 땅을 축적하는 데 필요한 자유시간을 확보해 주는 것이다. 물론 가사노동은 가정에 대한 소유권을 여성에게 부여하지 않는다. 여성들이 경제적, 정치적 착취로부터 해방되기 위해서는 독립적이고 생산적인 노동형태에 참여하는 방법밖에 없다. 사회주의적 페미니스트들은 마르크시스트 엄격한 계급 분석을 거부한다. 그들에 따르면, 여성의 억압 배후에는 복잡한 사회관계망이 존재한다. 이러한 관계에는 경제적 요소와 더불어 성 역할과 성 정체성에 대한 전통적인 유형이 포함된다.

급진주의적 페미니스트들은 남녀의 생물학적, 성적 차이가 여성 억압의 토대라고 본다. 이 입장은 여성의 억압이 더 근본적인 다른 억압 형태로 환원될 수 있다는 것을 거부한다는 의미에서 '급진적(radical)'이다. 우리의 문화는 여성을 생물학적 견지에서 규정해왔다. 생물학적 차이로 말미암아 여성은 오로지 어머니, 아내, 성적 배우자의 역할에 전념하게 되었고, 그래서 여성에 대한 남성의 지배는 정당하다는 논리가 나오게 된다. 임신, 양육, 성적 배우자의 역할로 말미암아, 여성은 남성보다 자신의 신체에 의해 더 통제되고, 더 소극적이고, 더 감정적이게 된다. 여기에 지배의 논리가 가정되어, 남성이 여성보다 이성적이고, 능동적이기 때문에 여성을 지배해야 한다는 결론이 나오게 된다.

이러한 사고방식의 문제점을 인식한 몇몇 급진적 페미니스트들은 전통적인 성 역할의 철폐를 통해서만 여성의 억압을 종식시킬 수 있다고 주장한다. 초기의 몇몇 급진적 페미니스트 중에는 유니섹스 또는 '여성의 남성화(androgynous)' 문화를 추구해야 한다고 주장한 사람도 있고, 반면 여성과 남성의 분리를 주장한 사람도 있다. 한편 지배의 논리를 완전히 거꾸로 반전시킨 사람도 있다. 그것은 남녀의 생물학적, 성적 차이를 거부하지 않고, 오히려 여성성을 고무하고, 널리 알리는 것이다. 즉 여성이 남성과 다르게 경험하고, 다르게 이해하고, 다르게 가치평가한다는 입장을 받아들이면서, 전통적인 남성 중심적이고, 가부장적인 정치, 문화, 윤리에 대한 대안으로서 페미니즘적 정치, 문화, 윤리를 모색한다.

생태문제에 대한 저작 중 상당 부분이 급진주의적 페미니즘에서 나왔다. 이른바 '문화적 생태여성주의'라는 입장은[39] 세계를 경험하고, 이해하고, 가치평가하는 여성 특유의, 신뢰할 만한 방식이 있다는 관점을 취한다. 문화적 생태여성주의는 여성의 시각이 자연과 거의 유사한 것이었고, 그러한 과정에서 여성은 자연과 마찬가지로 체계적으로 억압되어 왔다고 본다. 그러나 그들은 자유주의적 생태여성주의자들과는 달리 여성과 자연의 연관을 부정하지 않고, "여성, 자연, 육체, 감정 등 가부장적 문화가 폄하해 왔던 것들을 재평가하고, 찬미하고, 옹호하는 것에 기

39) 이 용어는 Val Plumwood가 사용한 것이다. "Current Trends in Ecofeminism," *The Ecologist* 22, no.1 (January-February 1992), 10쪽.

반을 둔 대안적인 여성 문화를 창출함으로써 생태문제와 다른 여러 문제를 치유하려 한다."[40]

대안적인 여성 문화와 생태문제의 연관은 다양한 방식으로 탐구되어 왔다. 여기서는 다음 두 가지를 간략히 다루려 한다. 첫째 돌봄과 관계성에 기반한 생태윤리와 둘째 여성 신성 운동이 그것이다.

과거 남성은 이성적이고, 객관적인 존재로, 반면 여성은 감정적이고, 지나치게 개인적인 존재로 규정되어 왔는데, 이것은 여성에 대한 일종의 억압 기제로 작용해 왔다. 그리고 이러한 틀 안에서 지배적인 모델은 도덕의 영역을 추상적, 이성적, 보편적 원리로 이해했다. 자연법, 공리주의, 의무론 등 전통적인 윤리이론들이 이런 윤리학의 구체적인 예이다. 어머니로서, 아내로서 여성에게 중요한 가치들—돌봄(care), 관계성, 사랑, 책임—은 윤리이론의 중심부가 아니라, 변방에 머무르게 된다.

최근 수십 년 동안, 몇몇 페미니스트들은 여성의 역할과 전통적으로 관계되어 왔던 것들, 즉 '돌봄의 윤리(ethics of care)'로 불렸던 것들을 윤리이론의 전면에 부상시켰다. 길리건(Carol Gilligan), 노딩스(Nel Noddings), 루딕(Sara Ruddick)의 저작의 주목하면서[41], 이들은 추상적 규칙과 원리를 폄하하는 대신, 돌봄과 관계성에 초점을 맞추는 맥락적 윤리를 규명하고, 옹호했다. 도덕법칙, 권리, 의무, 책무, 정의 등과 같은 전통적인 윤리 개념들은 이익이 상충하는 세계, 그래서 정의의 요구가 인간의 자유를 제한하는 세계, 그래서 도덕과 이기주의가 싸우는 세계를 전제한다. 반면 돌봄의 윤리는 갈등 대신 협력이 있고, 대립 대신 관

40) 같은 책, 10쪽.

41) Carol Gilligan, *In a Different Voice : Psychological Theory and Women's Development* (Cambridge : Harvard University Press, 1982) : Nel Noddings, *Caring : A Feminine Approach to Ethics and Moral Education* (Berkeley : University of California Press, 1984) : Sara Ruddick, *Maternal Thinking* (New York : Ballantine Books, 1989).

계성이 있고, 권리와 의무 대신 타인에 대한 배려가 있는 세계에서 논의를 시작한다. 그러한 세계는 '개인의 자율', '간섭으로부터 자유' 같은 추상적 원리 대신 모정과 우정이 도덕적 이념으로 기능하는 도덕적 세계이다.

왜 돌봄의 윤리가 특별히 여성의 관점인가에 대해서 페미니스트들은 여러 가지 설명을 한다. 일반적으로 노딩스와 루딕 같은 페미니스트들은 돌봄의 윤리가 출산의 경험이나 어머니의 경험과 같은 여성의 삶의 경험에 더 적절하다고 본다. 추상적인 윤리 원리나 규칙은 아이를 낳고, 기르는 생활과는 맞지 않는다. 권리, 의무, 자율, 정의, 규칙, 법 등의 개념들은 어머니와 자식의 관계에서는 어색하고, 부적절하다.

이러한 관찰에 기초해 몇몇 문화적 생태여성주의자들은 돌봄의 윤리학을 구축한다. 그들은 역사적으로 여성이 남성보다 자연에 가까운 존재로 묘사되었다는 사실을 인정한다. 하지만 이러한 묘사가 여성에 대한 폭력의 기초로 사용되었다고 비판하는 그리핀(Susan Griffin)과는 달리[42], 그들은 이것을 인간과 자연의 자애로운(benevolent)관계의 기초로 본다. 이러한 관점에서 돌봄의 윤리학은 인간과 자연의 관계를 어머니와 자식의 관계로 본다. 그리고 돌봄을 남성보다 더 직접적으로 경험하도록 교육받은 여성들이 자연의 이익에 대한 최적의 대변자라고 본다.

돌봄의 윤리학과 이 책 앞부분에서 다룬 덕과 성품의 문제를 연관시켜 보자. 돌봄의 관점은 추상적이고 보편적인 규칙으로 이해되는 윤리를 초월한다. 여기서 도덕적 인간은 "나는 무엇을 해야만 하는가?"를 묻

---

42) 여성과 자연의 관계, 그리고 거기에서 나오는 억압과 폭력의 문제를 다룬 최초의, 그리고 가장 뛰어난 글은 다음 두 가지이다. Susan Griffin, *Women and Nature : The Roaring Inside Her* (New York : Harper & Row, 1978). 그리고 Carolyn Merchant, *The Death of Mature : Women, Ecology, and the Scientific Revolution* (New York : Harper & Row, 1980).

는 자유롭고, 독립적인 개인이 아니다. 대신 돌봄의 관점은 돌봄의 관계와 결속의 본질을 규명하면서, 구체적 관계에 초점을 맞춘다. 구체적 관계를 탐구하는 과정에서 추상적이고 일반적인 원리들은 성품의 윤리학과 덕의 윤리학으로 대체된다. 예를 들면 '자애로운 어머니' 같은 좋은 인간이 돌봄의 윤리가 지향하는 것이다. 도덕적 행위는 추상적 일반적 원리에 일치하는 행위가 아니라, 좋은 사람에 의해 행해지는 행위이다.

이것과 환경문제는 어떻게 관계되는가? 다시 앞의 문제를 고찰해 보자. 많은 철학자들은 '미래세대에 대한 의무'에 대해 의문을 제기해왔다. 왜냐하면 미래의 인간들은 도덕적 지위가 부여되는 추상적, 일반적 조건에 해당되지 않기 때문이다. 돌봄의 윤리학은 그런 추상적인 문제에는 관심이 없다. 그것은 많은 사람들이 실제로 미래의 사람들에게 닥칠 일들을 걱정하고 있다는 생생한 실제 경험에서 논의를 출발한다. 또한 돌봄의 윤리학은 동물해방론과는 달리 동물의 도덕적 지위 같은 추상적 문제에서 헤매지 않는다. 대신 "우리는 동물에 대해서 배려하는가?", "우리는 동물과 관계를 맺는가?", "동물에 대한 우리의 사랑의 기초는 무엇인가?" 하는 것들이 중요한 문제가 된다.[43] 또한 도덕적 지위나 도덕적 고려 가능성 같은 전반적 논의도 마찬가지로 물음의 방향이 바뀐다. 우리는 자연 환경과 실제 관계를 맺으며, 또한 관계를 맺을 수 있다. 그리고 이러한 사실을 무시하는 추상적 윤리이론은 부적절하다. 끝으로 돌봄의 윤리는 레오폴드의 입장과도 일맥상통한다. 레오폴드는 대지윤리의 추상적 원리를 적용하기 전에, 먼저 대지를 사랑하고, 존경하고, 감탄해야 한다고 주장한 바 있다. 끝으로 나무를 보호하기 위해

43) '여성과 동물'에 대한 유용한 문헌 목록이 Carol Adams와 Karen Warren이 편집한 '여성과 환경'의 문헌 목록 속에 포함되어 있다. American Philosophical Association, *Newsletter on Feminism and Philosophy* 90, no. 3 (Fall 1991), 148~157쪽

나무를 껴안는 칩코운동에 나타난 여성의 강력한 이미지는 여성의 경험으로서 돌봄의 윤리를 잘 보여준다.

여성의 신성(spirituality) 운동은 자연과 여성의 유대를 탐구해 왔던 문화적 생태여성주의자들의 두 번째 영역이다.[44] 서양의 주류 종교에서, 신은 자연의 밖에서 자연을 초월해 존재하는 것으로 간주되었다. 자연은 단순한 질료일 뿐이며, 수동적이고, 비활성의, 형태 없는, 죽은 존재였다. 신은 생명을 창조해, 대기 안으로 불어넣었다. 그런 전통은 여성과 자연을 결부시킨다. 여성은 신체에 의존하고, 수동적이라는 이유에서이다. 여성은 성직자, 랍비, 주교, 교황이 될 자격을 부여하는 특별한 신성을 결핍한 존재로 간주된다. 그래서 주류 종교에서 여성과 자연은 함께 추락하는 것이다.

많은 문화적 생태여성주의자들은 이러한 경향을 반전시키는 신학이나 영성주의를 추구한다.[45] 그들에 따르면, 우리는 여성, 자연, 신성의 하나됨을 알고, 경배해야 한다. 신을 지구로, 여성으로 이해하는 고대의 종교에 주목하면서, 그들은 여신이 자연 안에 영원히 존재하고, 자연 세계에서 신성함을 드러낸다고 본다. 그래서 지구는 신성한 존재로 경배되고, 지구를 사랑하거나 돌보는 것은 생태적 책임일 뿐만 아니라, 영성적인 것이다. 예를 들면, 어머니 자연이나 그리스의 여신 가이아를 찬미

44) Irene Diamond과 Gloria Feman Orenstein이 편집한 *Reweaving the World*는 여성의 신성에 대한 여러 논문들과 유용한 문헌 목록을 수록하고 있다. 또한 다음의 책들을 참고하라. Carol Christ, *Laughter of Aphrodite : Reflections on a Journey to the Goddess* (San Francisco : Harper & Row, 1987). Rosemary Radford Reuther, *New Woman/New Earth* (New York : Seabury Press, 1975). Starhawk, *The Spiral Dance : A Rebirth of the Ancient Religion of the Great Goddess* (San Francisco : Harper & Row, 1986).

45) '여성의 영성주의'라는 보다 일반적 주제에 대한 고전적 논의로는 다음 두 가지가 있다. Rosemary Radford Reuther, *New Woman/New Earth*. Mary Daly, *GYN/Ecology : The Metaethics of Radical Feminism* (Boston : Beacon Press, 1978). 하지만 이들은 영성주의에 대한 나의 개괄에는 동의하지 않을 것이다.

하는 것은 여성과 자연의 신성함을 찬미하는 것이다.

11.7 생태여성주의 : 최근의 발전

하지만 많은 페미니스트들이 세계를 이해하고, 경험하고, 가치 평가하는 여성 고유의 방식이 존재한다는 견해를 받아들이기를 꺼린다. 그들은 여성을 남성보다 '자연에 가까운' 존재로 보는 것 안에 내재된 이원론을 승인할 경우, 위계와 지배의 사유 방식을 오히려 강화할 가능성이 있다고 두려워한다. 철학자 플럼우드(Val Plumwood)는 문화적 여성생태주의를 '무비판적 전도의 페미니즘'이라고 부르면서, 새롭게 정교한 형태로 여성의 억압을 영속화하는 이론으로 본다.[46] 또한 킹(Ynestra King)은 문화적 생태여성주의는 문화와 자연의 이분법을 가정하는데, 이러한 가정의 배후에는 가부장적 심리상태에 대한 '무의식적 연루'가 깔려 있다고 주장한다.[47]

급진주의적 페미니즘에 뿌리를 둔 문화적 생태여성주의 대신, 플럼우드와 와렌은 '제 3의 파도의 페미니즘'을 추구한다. 그들에 따르면, "그것은 통합적이고, 이행적인 페미니즘으로 우리를 네 가지 주요 페미니즘 이론에서 벗어나 페미니즘의 이론과 실천에 핵심적인 책임 있는 생태적 시각을 추구하게 해준다".[48] 이러한 접근은 아직 초기 단계에 머무르고 있지만, 나는 '이행적 페미니즘'이 나가는 방향을 간단히 소개할

46) Val Plumwood, "Feminism and Ecofeminism", 12쪽.

47) Ynestra King, "Feminism and the Revolt against Nature", *Heresies #13 : Feminism and Ecology* 4, no.1 (1981), 15쪽.

48) 이 인용문은 와렌의 글에서 따온 것이다. Karen Warren, "Feminism and Ecology," 17~18쪽. 그리고 제 3의 파도의 페미니즘(third wave of feminism)이란 표현은 플럼우드의 것이다. Val Plumwood, "Feminism and Ecofeminism", 12~13쪽.

것이다.

내가 고려하는 견해는 와렌과 플럼우드의 시각에서 나타나는 것들이다. 제 3의 파도의 페미니즘을 소개하기 위해서는 제 1의 파도의, 제 2의 파도의 페미니즘에 대한 플럼우드의 논의를 살펴볼 필요가 있다. 플럼우드에 따르면, 제 1파도의 페미니즘의 전형은 자유주의적 페미니즘이다. 그것은 차별을 종식시키고, 여성의 평등을 추구한다. 이것의 문제점은 남성적 특징과 특질이 지배하는 문화에서, 여성의 평등은 여성들에게 지배적인 남성적 특질을 채택하도록 요구하는 것에 불과하다는 점이다. 실제로 여성들은 남성이 될 때에만, 비로소 남성과 평등해질 수 있다. 그런데 문화적 압력은 이와 반대로 강력하게 작용하기 때문에 여성은 완전한 평등에 도달할 수 없다. (이 점은 6장에서의 동물해방론에 대한 비판과 유사하다. 운이 좋아 인간과 닮은 동물만이, 닮은 정도만큼만 도덕적 지위를 부여받는다) 제 1파도의 페미니즘이 갖는 생태적 함의는 끔찍한 것이다. 여성은 남성처럼 자연의 억압자가 될 때에만, 자신을 자연과 동일시하는 억압으로부터 자신을 해방시킬 수 있다.

페미니즘의 제 2의 파도는 앞서 언급한 '무비판적 전도'를 하는 몇몇 페미스트들이 해당된다. 여기서는 여성 특유의 관점이 고무되고, 찬양된다. 하지만 앞에서 말했듯이, 이것은 여성의 억압을 정당화해 왔던 이원론을 받아들임으로써 지배적인 남성 문화에 의해 오히려 선호될 위험이 있다.

제 3의 파도는 자유주의와 급진주의에 대한 대안이다. 이것은 자연의 지배와 여성의 지배가 아주 복잡하게 연관된 것으로 본다. 자연의 지배와 여성의 지배는 그것들이 일반적인 두 가지 지배유형이라는 것 이상으로 아주 복잡하게 연결되어 있다. 여성은 자연에 가까운 것으로 인식되고, 자연은 여성에 가까운 존재로 인식된다. 이러한 인식은 양자의 억압을 상호 강화한다. 환경철학과 생태주의는 공동의 이해와 목표를 갖고 있다는 점을 인식하면서, 서로 단결하여 발전할 필요가 있다.

플럼우드와 와렌은 가장 일반적 수준에서 페미니즘과 생태운동 모두가 이 이원론의 문제를 다루어야 하고, 지배의 논리 배후에 깔린 이원론적 사고방식에 대해 다루어야 한다고 본다. 이것은 물론 이러한 구분을 할 수 없다거나, 차이를 인정할 수 없다고 말하는 것이 아니다. 단지 우리는 이러한 구분이 강자의 강제된 틀을 강화하는 데 사용되는 것을 막아야 한다는 것이다. 이러한 생태여성주의는 여성과 자연의 억압에 공통적인 지배의 형태를 규명하고, 인간과 자연에 대한 대안적, 비이원론적 사고방식을 모색한다는 점에서 페미니즘과 생태주의의 공통점을 발견한다. 이러한 유형의 생태여성주의는 위계와 지배에 대한 북친의 보다 일반적인 분석과도 상당한 공통점을 지닌다.

생태여성주의가 특히 관심을 갖는 이원론적 사고방식은 남성과 여성, 인간과 자연, 이성과 감정, 정신과 육체, 객관과 주관의 분리이다. 이것들은 여성에 대한 남성의 지배, 자연에 대한 인간의 지배, 감정에 대한 이성의 지배, 육체에 대한 정신의 지배, 주관에 대한 객관의 지배를 후원하고, 그것들의 문화적 배경이 된다. 따라서 생태여성주의의 목표는 이원론을 일소하고, 대안적인 사고방식을 발전시키는 것이다.

이러한 생태여성주의가 나가는 가장 흥미로운 방향 중에 하나는 과학, 기술, 자연에 대한 과학적 지식과 관계된 부분이다. 앞에서 지적했듯이, 많은 페미니스트들이 문화가 어떻게 여성과 자연을 동일시해왔는가에 대해 다양한 방식으로 그 역사를 추적해 왔다. 또한 이러한 동일시가 서구 과학에 미친 영향을 탐구한 매우 흥미 있는 연구도 있다. 과학은 이원론의 지배적인 부분으로, 즉 남성적이고, 인간적이고, 이성적이고, 정신적이고, 객관적인 것으로 규정되어 왔다.[49] 페미니스트 과학자인 켈러(Evelyn Fox Keller)는 자연, 여성, 결혼에 대한 특정한 이해 방식이 서구 과학의 초기 발전에 미쳤던 영향을 상세히 설명한다.[50]

켈러는 초기 과학자 베이컨(Francis Bacon)을 인용하면서, 초기 과학의 많은 모델과 메타포들이 어떻게 여성과 자연에 대해 적대적 태도를 무심코 드러내고 있는지를 보여준다. 베이컨에 따르면, 과학은 "정신과 자연의 정숙하고 합법적인 결혼"을 추구한다. 그는 말하기를, "나는 자연에 이르는 진실에 도달해서, 자연을 당신을 위한 존재로, 당신의 노예로 만들 것이다." 과학과 기술은 "자연 과정을 부드럽게 인도할 뿐만 아니라, 자연을 정복하고 복속시켜, 그 밑바닥에서부터 흔들 힘을 갖고 있다."[51] 베이컨의 이러한 묘사는 명확하다. 자연은 여성이고, 그녀는 남자와 결혼하게 되었다. 그리고 남자는 그녀를 복속시켜, 노예로 만들었다. 베이컨은 자연을 여성과 동일시했을 뿐만 아니라, 그것을 지배적이고 학대적인 결혼 형태와 연관시키고 있는 것이다.

이러한 사실은 근대 과학도 마찬가지이다. 과학 이론들은 자연현상을 설명하고 예측하는 능력에 의해 평가된다. 그러나 자연현상을 예측하는 능력은 자연현상을 조절하고, 정복하고, 복속시켜, 인간의 노예로 만드는 기술을 개발하기 위한 전초 단계일 뿐이다. 이것은 가치를 도구적 관점에서만 바라보는 과학이요 기술이다. 즉 우리 인간은 자신의 이익을 위해 자연을 어떻게 이용할 수 있는가? 이러한 과학과 기술은 자연의 도구적 가치 이외의 가치를 거의 인정하지 않는다. 비도구적 가치는 감정의 문제에 해당되기 때문에, 주관적이고, 따라서 과학적으로 부적합하

49) 특히 다음의 글들을 참고할 것. Carolyn Merchant, *Death of Nature*. 그리고 Evelyn Fox Keller, *Refections on Gender and Science* (New Haven : Yale University Press, 1985).

50) Keller, 앞의 책, 특히 3장 "근대 과학의 탄생에서 영혼과 이성"을 참고할 것.

51) Keller, 앞의 책, 36쪽.

다고 거부된다.

최근의 페미니즘 계열의 학자들은 이러한 사고와 행위 방식이 매우 미묘하면서도 공격적인 것이라고 경고하면서, 나름의 대안을 제시한다. 켈러는 유전학자 맥린톡(Barbara McClintock)의 전기를 『유기체에 대한 감정 : 바바라 맥린톡의 생애와 저작』이란 이름으로 발표했다. 이 작품에서, 그는 유기체에 대한 감정을 드러내는 과학적 접근, 즉 여성적 사고방식으로 불리면서 거부되어 왔던 접근 방식에 대해 기술하고 있다. 켈러는 지식에 대한 이러한 접근법을 위해 주류 과학을 포기해야 한다고 주장하지는 않지만, 통제와 지배의 관점에서만 나오는 과학은 중요한 많은 것들을 놓칠 것이라고 주장한다. 독자 여러분들은 지배와 통제 경향이 있는 과학이 자연에 대한 어떤 감정도 용납하지 않는다는 것을 보기 위해서 이 책에서 논의된 여러 사례들을 참고할 수 있을 것이다. 가령 애스원 댐 건설, 핵에너지, 야생지 개발, 동물실험, 해충과 포식동물 박멸이 그것이다. 대안으로서 여러분들은 지속 가능한 농업을 뒷받침해 주는 과학과 기술을 고려해 볼 수 있을 것이다.

이러한 생태여성주의가 고무하는 환경사상의 두 번째 방향은 인간의 행위, 윤리, 지식에 대한 겸손한 시각에서 나온다. 생태여성주의의 제 3의 파도는 맥락주의적, 다원적이고, 포괄적, 전체주의적 사고를 고무한다.[52] 그것은 추상적, 보편적인 윤리적 단언을 피한다는 의미에서 맥락주의적이다. 추상화 과정은 인간과 자연 안에 있는 풍부한 다양성의 인식을 방해한다. 보편으로의 추상화 과정은 지배 집단의 특징을 포착해, 그것을 윤리적, 철학적 이념으로 전환시키는 경향이 강하다. 우리는 이것이 여성, 동물, 자연의 억압을 어떻게 강화하는지를 이미 보았다.

---

52) 이것은 와렌의 글에서 채택한 것이다. Karen Warren, "The Power and Promise", 141~145쪽.

생태여성주의의 제 3의 파도는 다양성과 차이를 존중한다는 의미에서 다원주의적이고, 포괄적이다. 아마도 지배적인 이데올로기의 주요 특징은 존재, 사고, 행위의 단 한 가지 올바른 방식이 있다는 믿음이다. 위계와 지배를 의식적으로 피하는 철학이라면, 다양성을 찬미하고, 환경이론의 한 가지 정답을 확립하려는 시도를 억제해야 한다.

끝으로 이러한 생태여성주의는 인간이 인간적, 자연적 환경의 한 부분이라는 점을 강조한다는 점에서 전체주의적이다. 이 입장은 인간은 자신의 개인적 의식, 자기 고유의 사고, 자기 고유의 선택에 의해 형성되는 추상적인 개인이라는 관점을 거부한다. 이와는 정반대로 인간은 사회적, 자연적 환경의 뗄래야 뗄 수 없는 부분이며, 그것에 의해 창조된다.

11.8 요약 및 결론

근본생태주의, 레오폴드의 대지윤리, 사회생태주의, 생태여성주의는 모두 인간과 자연의 관계에 대한 현대의 지배적 사유 방식을 급진적으로 변혁시켜야 한다고 주장한다. 그중 사회생태주의와 생태여성주의는 환경파괴의 근본 원인에 대해서 보다 구체적이다. 자연의 지배는 보다 일반적인 지배와 통제 유형의 일부이다. 일체의 지배 유형을 인식해 철폐하기 전까지, 우리는 환경문제의 개선을 바랄 수 없다.

사회생태주의와 생태여성주의는 모두 중대한 철학적 반론에 직면한다. 인간의 지배와 자연의 지배의 연관은 정확히 어떤 것인가? 전자가 후자의 원인인가? 아니면 상보적인 관계인가? 어느 하나가 윤리적 우선성을 갖는가? 직접적인 연관은 없고 단지 그냥 비슷하게 발전한 것인가? 지배 형태를 철폐하기 위해 윤리적으로, 철학적으로 적절한 전략은 무엇인가? 여성의 지배와 다른 형태의 사회 지배는 어떤 관계를 갖는가? 생태여성주의는 사회생태주의의 한 분과인가?

생태여성주의는 통일된, 거대한 환경철학을 건설하려는 시도에 저항한다. 특히 생태여성주의에 대한 반론을 검토할 때, 이 점을 인식할 필요가 있다. 생태여성주의에 대한 비판들 중 상당수는 생태여성주의가 보편적, 추상적 답변을 내놓지 못하고 있다는 것과 관련된다. 하지만 보편적, 추상적 답변에 대한 요구는 오히려 생태여성주의자들이 문제로 삼았던 부분이다. 또한 아직 초기 단계에 머무르고 있는 생태여성주의에 대해 너무 많은 것을 요구하는 것은 공정하지 못할 것이다. 그러나 이미 사회생태주의와 생태여성주의는 환경윤리와 환경철학에 중요한 공헌을 했다. 더 이상 사회적 지배와 통제에 대한 논의 없이 환경윤리와 환경철학을 다루는 것이 불가능할 정도가 되었다. 또한 우리는 이들의 논의를 통해서 지속 가능한 농업과 적정기술로 대표되는 대안적 사회제도의 의미와 장점을 이해할 수 있게 되었다.

생각해 봅시다

1. 비판자들은 환경론자들을 '나무를 껴안는 사람(tree huggers)'으로 묘사한다. 이것은 환경론자들을 우스꽝스런 사람으로 조소하려는 의도이다. 이것이 우스꽝스러운 이유는 무엇인가? 이것과 칩코운동에 나타난 나무를 껴안는 의미는 어떻게 비유될 수 있을까?

2. 적정 기술을 사용하는 지속 가능한 농장에서 살 경우, 어떤 덕, 어떤 성품이 계발될 것인지에 대해 토론해 보자. 그리고 대규모 관료조직에서 일할 때 계발되는 덕과 비교해보자.

3. 정신과 육체, 이성과 감정 등의 이원론을 검토해 보자. 그것에 함축되어 있는 가치 위계에 대해서도 토론해보고, 평가해보자.

4. 북친은 인간은 자연에 대한 '의도적인 개입자' 역할을 회피할 수 없고, 또 회피해서도 안 된다고 주장한다. 이것은 '자연이 자기 갈 길을 가도록 내버려둬라' 고 주장하는 근본생태주의자이나 보전주의자들과 직접적으로 충돌하는 것으로 보인다. 이들 상이한 이론들이 옐로스톤 화재, 올림픽 공원의 염소, 칩코운동, 인구정책에 대해 어떤 다른 입장을 표명할지에 대해 토론해 보자.

5. 상원 의원(지금은 부통령인) 엘 고어(Al Gore)는 최근의 책 『균형 속의 지구』에서 유명한 19세기 아일랜드의 감자 기근이 단일 영농 기법에 연유한다고 주장한 바 있다. 즉 아일랜드가 감자라는 단일 종에 과도하게 의존해, 단일 해충이 전체 식량을 파괴했다는 것이다.

이러한 주장은 기근은 '인간의 자연 학대에 대한 자연의 복수'라는 몇몇 근본생태주의자들의 주장을 연상시킨다. 또한 고어는 아일랜드 국민들이 굶주리는 상황에서도 밀과 양이 영국으로 수출되었다고 지적한다. 사회생태주의자들은 아일랜드 대기근의 사회적 원인에 대해 무엇이라고 말할 것인가?

6. 1장에서 로빈슨(Amory Lovins)은 "어떤 답이 나오느냐는 어떤 물음을 던지느냐

에 달려 있다"고 말한 바 있다. 페미니즘적 시각을 취하는 사람들은 애스원 댐, 핵에너지, 포식동물 정책, 인구문제에 관해 어떤 질문을 할 것인가?

에필로그 :

우리는 합의할 수 있을 것인가?

다양한 환경철학들에 대한 지적 여행을 통해 우리는 다음과 같은 문제를 제기하게 된다. 올바른 것이 있는가, 만일 있다면, 그것은 어떤 것인가? 생명중심주의, 대지윤리, 근본생태주의, 사회생태주의, 생태페미니즘 등의 이론을 설명한 것은 철학의 과제 중 절반에 불과하다. 나머지 절반의 과제는 이 중에서 윤리적으로, 철학적으로 가장 타당한 것을 선택하는 것이다. 만일 어떤 것이 타당한지를 결정하지 못한다면, 결론에 도달하지 못한 채 계속 헤매는 것이 아닌가? 앞에서 제기된 회의주의의 문제, 즉 "네가 뭔데 옳고 그름을 말하는가" 라는 문제로 다시 돌아가는 것은 아닌가?

이 지점에서 상대주의가 매력적으로 보일지도 모른다. 우리는 다양한 환경철학 이론들을 살펴보면서, 그것들간에 의견의 불일치가 많았음을 보았다. 동물권 옹호론과 대지윤리가 다르고, 근본생태주의와 사회생태주의가 다르고, 또 생태여성주의가 다르다. 환경윤리는 결국 불일치와 논란만 남기는 것처럼 보인다. 만일 우리가 단 하나의 정답을 결정하지 못한다면, 상대주의자들이 내내 주장하듯, 윤리학은 어떤 객관성도 갖지 못하는 것처럼 보인다. 그렇다면 윤리학은 의견의 영역으로 추락하는 것인가?

회의적인 결론을 내리기에 앞서, 우리는 이들 이론 사이에 불일치점뿐만 아니라 일치점도 있음을 인정해야 한다. 다시 앞으로 되돌아가 이론들 사이에 일치하는 점이 있는지 살펴보자. 일치하는 점에는 환경문제의 진단, 그리고 환경문제 해결과 관련된 몇 가지 지침들이 있다.

환경철학자들은 선호공리주의와 그것을 기반으로 한 고전경제학이 협소한 세계관에 둘러싸여 있기 때문에 거부해야 한다는 데 합의했다. 또한 소비자 수요만으로 환경정책과 환경가치를 결정해서는 안 된다는 합의도 이루어냈다. 그리고 자연계를 시장에서 나타나는 단기적 소비자 선호를 위해 조작되고, 소비되는 단순한 자원으로 보는 것이 환경파괴의 상당부분의 원인이라는 점에 합의했다. 그리고 이에 대해서는 인간중심적 접근이나 탈인간중심적 접근이나, 그리고 생명중심주의나 생태중심주의나, 그리고 미래세대의 인간에 관심이 있는 사람들이나, 동물해방에 관심 있는 사람들이나, 가난한 사람과 주변부 사람들을 위한 사회정의에 관심 있는 사람들이나 모두 의견을 같이 했다.

물론 왜 이러한 접근이 잘못된 것인지에 대해서는 설명이 다양하다. 혹자는 그것이 중요한 인간의 가치를 잘못 이해하거나 무시하기 때문이라고 주장한다. 또한 그것은 멀거나 가까운 미래세대의 인간의 이익을 무시하기 때문이라고 주장하는 사람도 있다. 그리고 사회 주변부의 사람들 – 가난한 사람들, 억압받는 사람들, 소수민족 – 이 제도적으로 시장에서 소외되기 때문이라고 주장하는 사람도 있다. 또한 식물이나 동물, 그리고 자연을 존중하지 않기 때문이라고 주장하는 사람도 있다. 그들은 경제적 세계관을 각기 다른 근거에서 비판하는 것이다. 하지만 그럼에도 불구하고, 그들은 경제적 세계관의 가정과 가치들이 철학적으로, 윤리적으로 잘못된 것이라는 점에 대해서는 모두 동의한다.

더욱이, 이들 다양한 철학들이 서로 다른 대안을 제시한다 할지라도, 몇 가지 생태적 판단에 대해서는 합의점이 떠오르고 있는 중이다. 깨끗한 공기와 물, 음식, 비옥한 토양 같은 꼭 필요한 것들을 생산하는 생태계의 능력이 유한하다는 점에 모두 동의한다. 그리고 자연 생태계는 쓰레기와 오염물질을 동화시키는 유한한 능력만을 갖고 있다는 점, 그리고 자연 생태계가 우리가 이전에 생각한 것보다는 상처받기 쉬우며, 서로 연결되어 있다는 점에 동의한다. 미래세대나 다른 생명체를 위해서뿐만 아니라 우리를 위해서라도 인간의 활동은 덜 거만하게, 그리고 보다 겸손하게 진행될 필요가 있다는 점에도 동의한다.

도덕 다원론

그럼에도 불구하고, 환경철학에서의 합의의 부족은 우리를 곤혹스럽게 만든다. 통일된 윤리적 관점을 추구할만한 이유가 확실히 있다. 윤리는 소크라테스의 말대로 "사소한 문제를 다루는 것이 아니라 어떻게 살아야 하는가 하는 삶의 근본 문제를 다룬다". 그런 중요한 문제에 대한 해소 불가능한 갈등은 윤리적 삶의 토대를 위협하는 것처럼 보인다. 의사결정 방법의 확고한 절차가 없다면, 우리는 의사결정을 위한 어떤 지침도 갖고 있지 못하는 것처럼 보인다. 더욱이 통일되고, 일관된 윤리 없이 산다는 것은 온전하지 못한 삶, 원칙도 중심도 없는 삶일지도 모른다.

도덕철학에서 이 문제는 도덕일원론과 도덕다원론간에 벌어지는 논쟁의 일부이다. 일원론자들은 오직 한 가지 타당한, 올바른 도덕이론이 있을 뿐이라고 주장하는 반면, 다원론자들은 하나 이상의 접근이 타당할 수 있다는 가능성을 받아들인다. 환경정책에 대한 광범위한 불일치와 환경을 바라보는 다양한 관점으로 인해, 도덕다원론에 대한 논쟁은 최근 환경철학자들 사이에서 가열되어 왔다.[1] 도덕 다원론은 이 책의

1) 최근의 논쟁은 스톤에 의해 촉발됐다. *Earth and Other Ethics : The Cases For Moral Pluralism* (New York : Harper and Row, 1987). 그리고 "Moral Pluralism and the

내용을 마지막에 정리하는 데 유용한 테마이기도 하다.

도덕일원론을 주장하는 한 가지 강한 동기는 일원론이 무너졌을 경우, 발생할 사태에 대한 두려움이다. 하나의 통일된 일관된 윤리이론이 없다면, 우리는 윤리적 상대주의로 추락한다는 것이다. 단 하나의 윤리이론이냐 아니면, 합리적 윤리에 대한 탐구를 포기하느냐 둘 중의 하나라는 것이다.

그러나 이것은 도덕다원론이 부정하는 것이다. 다원론은 일원론과 회의주의에 대한 대안이다. 다원론자들은 한 가지 정답이 있다는 일원론자들의 주장도 부정하지만, 어떤 정답도 없다는 상대주의자들의 주장도 거부한다. 대신 그들은 단 한 가지 원리로 환원될 수 없는 다수의 도덕적 진리가 있다고 주장한다. 하지만 일원론자가 보기에 그런 주장은 상대주의와 다름없다.

우리는 이 책의 곳곳에서 여러 종류의 환경가치를 보았다. 수질오염과 살충제 오염 같은 문제는 곧바로 인간을 위협하며, 우리에게 낯익은 윤리적 문제를 제기한다. 핵 폐기물 저장, 지구온난화 같은 문제들은 이러한 관심을 미래세대에로 확장시킨다. 야생지 보전 같은 문제들은 심미적, 정신적, 역사적, 상징적 가치에로 우리의 관심을 확대시킨다. 그리고 더 나아가 동물, 식물, 생태계, 지구 등과 같은 자연물의 도덕적 가치를 고려하도록 촉구하는 주제들도 있었다. 자연에 있는 생물 다양성에 비견될 만큼 환경윤리에는 가치 다양성이 존재하는 것이다.

Course of Environmental Ethics", *Environmental Ethics* 10(1988년 여름), 139~154쪽. 스톤의 견해는 캘리코트에 의해 비판받았다. J. Baird Callicott, "The Case Against Moral Pluralism", *Environmental Ethics* 12(1990년 여름), 99~112쪽. 이 문제에 대한 나의 생각은 웬츠와 노턴의 글에서 도움 받았다. Peter Wenz, "Minimal, Moderate, and Extreme Pluralism", *Environmental Ethics* 15(1993년 봄), 61~74쪽. Bryan Norton, *Toward Unity Among Environmentalists*(New York : Oxford, 1991).

우리는 다양한 가치에 직면해 일원론적 접근을 유지하기 위한 몇 가지 전략을 검토한 바 있다. 동물해방과 관련된 논쟁을 특징짓는 기본적 이익과 비기본적 이익의 구분은 가치다양성을 통일시키려는 한 시도라고 할 수 있다. 생명체들의 이익의 상충문제를 해결하기 위해 폴 테일러가 제시한 일련의 절차적 규칙들도 마찬가지 일환으로 볼 수 있다. 캘리코트가 말한 도덕감의 중심 서클이란 것도 사실 같은 맥락이다. 각각의 계획들은 가치의 영역에 통일성과 일관성을 부여하기 위한 것이다. 이러한 전략은 우리가 갈등을 해소하고, 경합하는 가치들 간의 우선성을 확립하는 단 하나의 길을 발견하지 못한다면, 윤리이론은 불완전하다는 가정을 공유한다.

그러나 아마도 가치의 다양성은 보이는 것처럼 그렇게 나쁜 것은 아니다. 1장에서 우리는 윤리적 판단을 내릴 때, 과학적 모델에 잘못 인도되어서는 안 된다는 경고를 받은 바 있다. 과학과 수학은 자신들이 갖는 합리성의 기준으로서 확실성과 만장일치의 정답을 요구할 것이다. 그러나 이 기준을 윤리학에 적용하는 것은 잘못된 일이다. 윤리문제에 대한 명쾌하고, 만장일치의, 확실한 결정을 추구하는 것은 윤리학에게 아마 너무 많은 것을 요구하는 것이다. 우리는 만장일치의 확실한 답 없이도 윤리문제에 있어서 합리적일 수 있다.

크리스토퍼 스톤은 도덕다원론과 환경윤리에 대한 최근의 저작들에서 합리성의 표준으로 그런 엄밀한 기준을 사용한다. 그는 일원론은 "모든 윤리물음을 포괄하면서 동시에 각각의 물음들에 대해 정답을 산출할 능력이 있는 하나의 일관된 원리들의 체계"와 연관된 것이라고 말한다. 모든 전통적인 윤리이론들은 이런 능력이 없기 때문에, 그리고 상대주의는 받아들일 수 없기 때문에, 스톤은 다원론이 대안이라고 결론짓는다.[2)]

그러나 왜 우리는 윤리학이 답을 창출하는 데 있어서 그렇게 기계적이어야 하냐고 물을 수 있다. 수학, 논리학, 그리고 아마도 수학적 과학이나 수학적 공학을 예외로 한다면, 확실한 결론을 산출하는 학문은 없다. 우리는 수학문제를 풀 때, 관련공식을 제대로 적용한다면, 단 하나의 답변에 도달하리라는 것을 안다.(이것은 컴퓨터가 잘하는 것이다) 그러나 의학과 같은 과학은 다르다. 의학은 때때로 진단과 예측에서 단 하나의 정답을 제공하기도 하지만, 종종 몇 가지 대답이 똑같이 타당할 때가 있다. 훌륭한 의사는 그들의 가방에 다양한 도구를 가지고 다닌다. 수술, 광범위한 약물 치료, 운동, 휴식, 영양, 상담 등이 그것이다. 의학은 만장일치의 규칙을 특정상황에 적용하고, 하나의 정답을 찾는 기계적인 과학이 아니다. 언제, 어디서 어떤 도구를 적용할 것인가를 결정하는 것이 훌륭한 의사가 되는 본질이다. 그리고 규칙을 결정하는 대안이 무질서하지만은 않다는 점에 주목해야 한다. 훌륭한 의사와 돌팔이 의사 간에는 커다란 차이가 있는 것이다.

우리가 어떤 훌륭한 의사에게 다음과 같이 묻는다고 가정하자. 당신이 갖고 있는 다양한 치료방법 중에서 질병을 막고 좋은 건강을 유지하는 데 가장 좋은 방법은 무엇인가요? 확실히 이 경우 적용되는 하나의 최선의 대답은 없으며, 또 모든 것이 다 최선의 대답이 될 수도 있다. 모든 상황에서 최선이 되는 단 하나의 답변은 있을 수 없고, 개별 상황에서 각각의 답변만이 최선이 될 뿐이다. 아마도 이것이 이 책에서 다룬 다양한 환경철학에 대해 생각해야 하는 방식일 것이다. 어떤 이론도 모든 상황에 적용되는 정답이 될 수 없고, 또 각각의 이론은 환경윤리에 중요한 뭔가를 줄 수 있다. 또 각각의 이론은 자연의 가치와 자연 안에

---

2) Christopher Stone, *Earth and Other Ethics : The Cases For Moral Pluralism*(New York : Harper and Row, 1987), 116쪽.

서의 인간의 위치에 대한 다양한 시각을 제공한다.

그래서 일반적이면서 환경과 관련되어 논란이 되는 윤리적 주제들에 대해서 구체적으로 고찰할 때면, 윤리학은 수학과 비슷한가, 아니면 의학과 비슷한가를 먼저 고려해야 한다. 의학이나 윤리학에서 만장일치의 답변을 얻을 수 있으면 얼마나 좋겠는가? 하지만 건강에 있어서도, 그리고 좋은 삶에 있어서도 그런 답변을 기대하기는 힘들어 보인다.

또한 여기서 우리는 철학사로부터 무엇인가를 배울 수 있을 것이다. 윤리학에 대한 저술, 첫 부분에서 아리스토텔레스는 그의 독자들에게 그 주제가 허용하는 것보다 많은 엄밀함과 정확성을 요구하지 말라고 주장한다. 수학자에게 엄밀한 증명을 요구하는 것과, 수사학자에게 그런 증명을 요구하는 것은 다르다. "정치학의 주제인 덕과 정의(正義) 문제에는 많은 차이와 불확실성이 있을 수밖에 없다. 그래서 어떤 사람들은 덕과 정의는 자연에 관한 참의 문제라기보다는 관습의 문제라고 생각할 정도이다."[3] 하지만 윤리학에서 엄밀한 과학적 증명이 불가능하다고 해서, 윤리를 단순히 관습의 문제라고 규정해서는 안 된다. 그것은 윤리학이 복잡하고, 미묘한 문제와 관련된다는 사실을 말해 줄 뿐이다. 윤리학에서 확실한 답변을 요구하는 것은 불합리할 것이다.

아리스토텔레스는 윤리학이 어떤 것이 참이냐가 아니라 어떤 것을 해야만 하는가를 추리하는 것으로 실천적인 이성과 관련된다는 사실을 일깨워주었다. 종종 실천적 의사결정은 배타적이다. 즉 하나를 하면, 다른 것을 못하게 된다. 여기서 일원론에의 유혹이 나온다. 나는 단지 하나만을 할 수 있기 때문에, 윤리학은 구체적인 명확한 충고를 주어야 한다는 것이다. 그러나 다원론은 그런 유혹을 거부한다. 그리고 서로 다른 행위

---

3) Aristotle, 『니코마쿠스 윤리학』, 서광사, 1권 3장.

들이 똑같이 합리적이고, 똑같이 정당화될 수 있다고 주장한다.

훌륭한 부모가 되는 법에 대해 생각해 보자. 부모는 항상 결정해야 한다. 그런 결정 중에는 쉬운 것도, 어려운 것도 있다. 훌륭한 부모는 모든 문제에 대해서 정답을 낼 수 있는 하나의 일관된 원리체계를 가져야 한다고 주장하는 것은 이치에 맞지 않다. 물론 어떤 행위는 명확히 배제되어야 한다. 가령 훌륭한 부모는 아동학대를 해서는 안 된다. 그러나 마찬가지로 명확히 하나의 정답을 가지고 있지 않은 문제들도 있다. 예를 들어, 훌륭한 부모는 아이들에게 자신감을 키워주어야 한다. 그러나 때때로 아이를 편안하게 해주고, 또 아이의 안식처가 되어 주기도 해야 한다. 때때로 이들 원리들은 서로 대립하는 충고를 주기도 한다. 훌륭한 부모는 때때로 뒤로 물러나 아이가 홀로 어려움에 맞서도록 해야 한다. 또한 때때로 아이에게 다가가 아이가 안정을 느낄 수 있도록 도와주기도 해야 한다. 이것을 결정해 주는 기계적인 방법은 없다.(그리고 이것은 확실히 컴퓨터가 할 수 있는 종류의 일도 아니다) 다원론은 이러한 복잡성을 인정하고, 윤리적 삶을 다양하고, 그렇지만 똑같이 중요한 가치들이 균형을 이루어야 하는 많은 상황과 관계된 것으로 특징짓는다.

아리스토텔레스에 따르면, 그런 상황에서는 나이가 많고, 더 큰 경험과 다양한 경험을 가진 성숙한 사람에게 맡기는 것이 최선이다. 그의 이론은 결국 '훌륭한 사람'의 판단에 의존한다. 불확실성과 복잡성에 직면해 우리는 경험이 많고, 현명하고, 도덕적인 성품을 가진 사람의 판단에 의존해야 한다. 복잡한 의료적 판단이나, 부모로서 내려야 하는 판단에 직면했을 때, 우리가 취하는 방법과 별로 다르지 않다. 아마도 우리가 희망할 수 있는 최선의 방법은 경험 많고, 지식이 있는, 배려할 줄 아는 사람의 판단에 의존하는 것이다.

이런 방식으로 우리는 이 책에서 다룬 여러 이론들을 마치 의사의 가방에서 발견할 수 있는 여러 도구들과 같은 것으로 볼 수 있다. 이 이론들은 우리가 환경문제를 진단하고 처방할 때 사용할 수 있는 자원인 셈이다. 어떤 단 하나의 이론도 모든 상황에 적용될 수 있는 정답을 주지 못하지만, 우리에게는 이것들 모두가 필요하다. 책임 있는 시민이라면, 각각의 이론들이 갖고 있는 한계뿐만 아니라, 각각의 이론이 갖는 가치를 잘 알아야 한다. 이것들에 대한 지식은 용기, 겸손, 배려 등과 같은 중요한 덕과 함께 우리가 희망할 수 있는 최선의 것이 될 것이다.

찾아보기